미래를 여는
한국의 역사
1

미래를 여는

# 한국의 역사 1

웅진 지식하우스

역사문제연구소 **기획**

강종훈, 송호정, 윤선태, 임기환 **지음**

**일러두기**

* 본문에 나오는 인명, 지명 등은 가독성을 위해 가급적 원어를 병기하지 않고, 찾아보기에 따로 병기했다.
* 외국 인명과 지명 등은 국립국어원의 외래어표기법을 따랐다. 단, 중국어 고유명사의 경우 신해혁명(1911년) 이전과 이후로 구분하는 원칙에 따라, 1-4권은 한자음으로 표기하고 5권 이후는 중국어 발음대로 표기했다. 하지만 간도, 만주 등의 고유명 사는 한자음대로 읽었다. 일본 지명과 인명은 일본어 발음대로 표기했다.
* 잡지, 신문 등의 정기간행물과 단행본은 『 』로 묶고, 기사, 논문, 영화, 예술작품 등은 「 」로 묶었다.

# 재미있고 믿을 만한 우리 집 역사도서관

이이화_역사학자

오늘날 한국의 역사는 안팎으로 심각한 도전에 직면해 있습니다. 나라 안에서는 한국사를 아주 소홀하게 다루고 있습니다. 정부에서는 국사 교육을 여러 과정 중 하나쯤으로 여겨서 모든 시험 과목에서 빼고 있으며 학교에서는 이런 교육 방침에 따라 한국사를 가르치려 하지 않습니다. 한편 중국에서 '동북공정'이라는 이름으로 고구려와 발해의 역사를 자기네 역사라고 주장하는 괴상한 논리를 펴고 있으며 일본에서는 한국의 식민지 지배에 대해 여전히 반성은커녕 합리화하는 데에 열중하고 있습니다. 이를 두고 역사전쟁이라 불러도 틀리지 않을 것입니다. 이런 과정을 거치면서 한국사는 점점 작아지기도 하고 누더기가 되기도 합니다.

그동안 한국사는 왕조를 중심으로 서술되어 지배자의 역사를 강조한 경우도 있었고 지나친 민족의식으로 균형감을 잃고 한쪽으로 치우친 경우도 있었습니다. 또 민중의 삶을 소홀하게 다루는가 하면 이데올로기의 잣대로 어느 한쪽의 역사를 배제한 경우도 있었습니다. 더구나 남쪽에서 쓴 역사와 북쪽에서 쓴 역사가 서로 달라서 혼란스럽기도 합니다. 이를 어떻게 포괄해서 균형감을 잃지 않고 독자에게 제시할 수 있을지, 역사학자들은 고민을 거듭해왔습니다. 게다가 딱딱한 내용을 이해하기 쉽고 감동을 줄 수 있게 서술하는 방법에 대해서도 역사학자들은 지혜를 짜보았습니다.

이 책『미래를 여는 한국의 역사』는 이런 여러 복잡한 문제를 풀어보려 노력한 흔적이 보입니다. 젊고 참신한 교수들이 참여해 시대로는 선사시대부터 근대사에 이르기까지, 분야로는 제도사에서 생활사에 이르기까지, 오른쪽이나 왼쪽에 치우치지 않고 고루 서술해 균형감을 살리고 있습니다. 또 우리 역사만을 다룬 게 아니라 중국, 일본은 물론 동남아시아 등 여러 나라와 교류한 사실도 담아내고 있습니다. 또 임금의 존호를 어떤 뜻으로 붙였는지부터 노비의 이름은 어떻게 지었는지까지, 한국사 지식의 범위를 넓혀 주고 있습니다.

이런 내용들을 좀 더 이해하기 쉽게 하려는 뜻에서 본문을 복잡하고 산만하지 않게 구성했고, 100여 개의 특강과 생생한 사료를 곁들여 재미와 지식을 더해주고 있습니다. 또 내용을 입체적으로 이해할 수 있도록 희귀한 사진과 지도 등을 잘 배치한 점도 돋보입니다. 이 책은 한국사 지식을 공급해주는 보고(寶庫)여서, '우리 집 도서관'이나 '역사박물관'으로 불러도 과장이 아닐 것입니다.

역사문제연구소의 연구자들과 웅진지식하우스의 출판전문가들이 힘을 합쳐 3년에 걸쳐 이루어낸 책입니다. 우리 역사를 알아보고 싶은 시민이나 학생, 주부나 청소년을 두루 독자의 대상으로 삼았습니다. 이 책을 통해 학교에서나 여느 역사책에서는 배울 수도 없고 알 수도 없는 재미와 지식을 얻을 수 있을 것입니다. 이 늙은 역사학자는 평생 동안 '역사 대중화'에 심혈을 기울여 왔는데 이 책을 추천하는 동기가 바로 여기에 있습니다.

저는 중국에 유학 가 있는 제자들에게서 가끔 전화를 받습니다. 그들의 질문은 "선생님, 지금 논쟁을 벌이고 있는데요. 고구려, 백제, 신라는 같은 민족인가요? 같은 말을 썼나요?" 따위였습니다. 그러면 저는 "에끼, 이 사람아, 그걸 몰라서 지금 야단스럽게 전화를 하는 거야?" 하고 핀잔을 주지만 사실 이런 간단한 상식도 모르는 경우가 많습니다. 하지만 우리가 그걸 모르면 고구려 역사를 중국에 빼앗기고 마는 것입니다. 통일의 그날에 대비하기 위해서라도 우리 역사에 대한 지식은 꼭 필요합니다.

자기의 역사를 모르게 되면 자기의 정체성을 세울 수 없으며 자기 존재를 확인할 수도 없습니다. 족보를 끌어안고 아무리 열심히 조상의 행적을 들여다본다 해도 전체의 흐름을 모르면 바른 지식을 얻을 수 없습니다. 허투루 듣지 말고 한번 짬을 내어 읽어보십시오. 두고두고 큰 도움이 될 것입니다.

# 건강한 시민으로 살아가기 위한 준비

박원순_소셜 디자이너

나는 변호사 출신의 사회운동가지만, 역사에 대한 애정은 남다른 데가 있다고 생각한다. 1975년 학생운동에 연루되어 서울대학에서 제적을 당한 후 다시 시험을 쳐서 다른 대학에 입학한 것도 사학과였다. 이후 변호사가 되어 동분서주하면서 힘을 보탠 곳 역시 한국사를 공부하는 모임이었다. 그 모임이 바로 이 책『미래를 여는 한국의 역사』를 기획한 역사문제연구소의 시작이었다.

왜 역사였을까? 시대의 폭력에 상처 입은 학생이, 부조리한 현실을 바꿔보겠다고 마음먹은 변호사가 답을 구했던 곳이 왜 하필 역사였을까? 그것은 우리 사회를 건강하게 바꾸어 나가는 일, 모든 사람이 자유롭게 토론하며 환경과 사회를 함께 만들어가는 과정, 서로 어울려 살아가는 성숙한 시민들의 공동체. 그리로 갈 길을 알려주는 것이 역사였기 때문이다. 그렇게 내게 역사는 건강한 시민 공동체를 위한 정신적 토대이자 미래를 위한 비전이었다.

따라서 역사는 학교에서 배우는 일련의 선택과목들 중 하나가 아니다. 어린아이가 태어나 건강한 성인으로 자라려면 몸만 자라는 것만으로는 안 된다. 남과 소통하기 위한 말과 글, 배려와 예절, 도덕과 세계관 등 사람을 진정 사람답게 만들어주는 덕목들을 깊이 익히고 깨달아야 한다.

마찬가지로, 한 사람이 성숙한 시민으로 자라나 이웃과 조화롭게 소통하고 시민사회에 의미 있는 기여를 하기 위해선 무엇보다 자기 공동체의 역사에 대해 알아야 한다. 지식을 위한 지식이 아니라 나와 부모와 이웃의 뿌리를 알기 위한 지식, 세계 속의 우리를 알기 위한 지식이 바로 역사 지식이다. 가깝게는 '나의 오늘'을 만들어온 것들에 대한 간접 체험이며, 크게는 앞으로 만들어가야 할 '우리의 내일'을 보여주는 청사진이다. 역사를 모르고는, 내가 없고, 미래가 없다. E. H. 카가 이미 역사는 현재와 미래를 비추는 거울이라고 설파하지 않았던가.

　이 책『미래를 여는 한국의 역사』의 기획 의도가 '건강한 시민을 위한 열린 한국사'라는 말을 듣고 무척 반가웠다. 맨 처음 자그마한 씨를 보탰던 사람으로서의 커다란 보람이요, 우리 사회가 다시금 새로운 '시민'을 움틔우고 있다는 기쁜 신호이기 때문이다. 과거 독재정권과 맞서 싸우던 민주주의 수호자로서의 시민, 약자와 환경을 보살피는 지역공동체의 주체로서의 시민을 넘어 이제 '시민'은 새로운 정의를 요구한다. 그것은 보편적 가치를 주어진 상황에 맞게 꽃피워내는 세계시민, 기존의 제도와 상식에 얽매이지 않고 가능성을 현실로 바꿔내는 상상 설계자로서의 시민이다.

　『미래를 여는 한국의 역사』는 특히 세계와 우리와의 교류를 강조하고 있고, 한국사를 한 나라의 국사라는 관점을 넘어 세계사의 관점으로 보고자 했다는 점에서 정말 '미래를 여는' 한국사 교양서라고 생각한다. 자학적이거나 국수적인 역사관이 아닌 세계사의 관점에서 우리를 돌아볼 때 우리의 가능성도 더욱 잘 보일 것이다.


　역사는 삶의 필수과목이다. 자신의 역사를 자신 있게 외국인 친구에게 이야기할 수 있는 청년, 신문기사의 이면을 깊이 읽고 토론하는 부모와 자녀, 미래를 열린 눈으로 통찰할 수 있는 시민에게 우리의 미래가 있다. 모쪼록 많은 시민들이 읽고 우리와 세계에 대해 이야기하는 마당이 되었으면 한다.

# 새로운 한국사 교양서를 펴내며

이승렬_기획총괄·역사문제연구소 부소장

역사문제연구소가 중구 필동에 있던 1989년, 웅진 출판사의 두 분이 물어물어 연구소를 찾아왔다. 한국사 교양서를 만들고 싶다는 것이었다. 연구소 측에서는 이렇게 말했다. "그동안 역사책에 삽입된 사진과 그림은 글의 장식에 지나지 않았습니다. 텍스트도 이야기가 약하고 딱딱한 정보 중심으로 나열되어 있었습니다. 글과 사진과 그림이 삼위일체가 되어 역사를 입체적인 이미지로 표현하는, 새로운 개념의 역사교양서가 필요합니다." 웅진 측은 이 이야기에 깊이 공감했고, 그렇게 해서 새로운 역사교양서를 만드는 작업이 시작되었다.

본문 내용에 맞는 사진 한 장을 고르기 위해 기획자-편집자-필자들이 모여 하루 종일 자료를 찾고 회의를 했다. 화가들과 디자이너들도 그때 할 수 있는 수고를 다했다. 고대편, 중세편, 근대편 3권으로 이루어진 『사진과 그림으로 보는 한국의 역사』 초판(1993년)은 이렇게 세상에 나올 수 있었다. 그때 필자들과 편집부의 모습은 내게 기분 좋은 추억으로 남아 있다. 독자들은 기획 의도를 잘 이해해주었고, 꾸준한 사랑을 주셨다. 이 책이 출간된 이후에 역사책의 편집과 디자인 방향이 많이 바뀐 것도 또 다른 보람이었다. 어떤 대학생은 이 책을 읽고 웅진 출판사에 입사했다. 그가 2004년도에 『사진과 그림으로 보는 한국 현대사』와 『사진과 그림으로 보는 북한 현대사』를 열렬한 정성으로 편집했다. 그렇게 『사진과 그림으로 보는 한국의 역사』 시리즈는 5권이 되었다.

이제 우리는 18년 만에 새로운 한국사 교양서를 내놓는다. 독자들에게 역사를 입체적으로 보여준다는 처음의 기획 의도는 다시 한번 우리의 나침반이 되어주었다. 이번엔 특히 '건강한 시민을 위한 열린 한국사'라는 콘셉트 아래 기획과 집필, 편집을 진행했다. 누구나 쉽게 읽을 수 있으면서도 시각이 믿을 만하고, 세계사와의 연관성이 잘 드러나는 한국사 교양서를 선보이려 했다.

이를 위해 우선 본문의 서술에 가급적 이야기를 넣으려고 노력했다. 본문의 아래쪽에는 따로 공간을 두어 내용을 입체적으로 보여주는 정보와 자료들을 배치했다. 각 절의 끝에는 특강을 두어 본문에서는 다루지 못했던 사항들을 입체적으로 들여다보았다. 각종 인물과 사상, 사건과 문물 등 우리 역사에서 가장 흥미진진한 이야기들을 만날 수 있을 것이다.

또 가급적 한반도의 역사와 동아시아 국제 관계, 세계사가 어떤 관계를 맺고 있는지를 보여주고자 했다. 외교와 전쟁, 문물과 사상의 교류는 물론이고, 중국과 일본 등 주변국과의 역학 관계가 어떻게 우리 역사와 뗄 수 없이 연관되어 있는지 크고 긴 안목에서 서술하려 했다. 독자들은 오늘날 우리의 현실이 과거부터 오랫동안 반복되어온 것임을 알 수 있을 것이다.

마지막으로, 역사의 중심인 '사람'이 살아 있는 책으로 만들고자 했다. 추상적인 서술과 차가운 도표로 생략될 수 없는, 사람들의 살림살이와 문화를 담고자 했다. 조선시대 농민들의 한해살이부터 한말 이주민의 애환까지, 사람들이 실제로 무엇을 꿈꾸며 어떻게 살았는지에 초점을 맞추었다.

이와 함께 2000여 컷의 이미지 자료를 함께 실었고 새로운 디자인 기법도 적용해보았다. 각종 지도, 도표, 사진 역시 본문과 밀접하게 결합되도록 연출하는 한편, 본문을 읽어나가기에 부담스럽지 않도록 최대한 가독성을 살렸다. 이번 시리즈를 통해 독자들은 최근 역사책이 어떻게 진화하고 있는지를 느낄 수 있을 것이다.


우리 사회에서 '역사 문제'는 늘 정치적 갈등을 유발하는 요인이 되곤 했다. 교과서 문제가 국내에서는 정치적 이념 대립의 장이 되었고, 국제적으로는 뜨거운 외교 쟁점으로 부각되곤 했다. 언제나 그랬듯이 '역사 문제'는 과거의 일이 아니라 현재의 일이었고, 앞으로도 그럴 것이다.

특히 우리는 강대국들에 둘러싸인 한반도의 과거와 현재를 직시할 필요가 있다. 삼국시

대의 고구려, 백제, 신라는 중국 등 주변국과의 전쟁 속에서 부침했다. 고려는 원이 쇠약해
지고 명이 일어나는 격동기에 국운을 다했다. 조선은 도요토미 히데요시가 일본을 통일하
고 그 힘을 대륙으로 뻗을 때 전쟁의 소용돌이에 휘말렸다. 20세기 초 대한제국이 일본의
식민지가 되었을 때나, 1945년 일본의 지배가 끝나고 분단이라는 새로운 비극이 시작된 순
간에나, 우리는 언제나 세계사 속에 살고 있었다. 이제 세계사의 흐름을 의식하지 않고서
는 한국의 역사를 제대로 이해하기 어렵다. 이번 시리즈가 '열린 한국사'를 표방하는 이유다.

　또 우리는 『미래를 여는 한국의 역사』가 '건강한 시민'을 위한 바로미터가 되길 바란다.
한반도가 주변 강대국의 침략을 받을 때마다 가장 고통받고 피해를 본 것은 언제나 평범한
사람들이었다.

　20세기 후반부터 세계사적으로는 냉전 시대가 끝났지만, 한반도에서는 여전히 냉전 시
대가 이어지고 있다. 그 위에 세계화(Globalization), 신자유주의의 확산이라는 사조들이 덧
씌워진 새로운 시대가 만들어지고 있다. 시민들이 소외되고 사회적 양극화가 심화되면서
정치 세력의 분열이 가속화되면, 또다시 한반도는 위험에 빠질 수 있다. 16세기 후반에 일
본의 침략을 받아 전 국토가 유린되었음에도 불구하고 20세기 초 한반도는 일본의 식민지
가 되었듯이, '역사'를 잃어버리면 그러한 일이 반복될 수 있다.

　이제는 시민의 이름으로, 시민의 힘으로 한반도 내의 분열과 대립을 막고, 평화와 안녕을
실천할 수 있는 시대가 되었다. 그것을 위한 수단의 하나가 '역사와 시민'의 대화다. 이 책
이 좁게는 역사학자와 일반 대중이 소통하는 길, 넓게는 시민과 시민, 한국인과 세계 시민
이 소통할 수 있는 통로가 된다면 우리의 작은 노고가 헛되지 않을 것이다.

# 1 원시시대와 국가의 형성 70만 년 전 • 기원전 2세기

# 우리 역사에 대한 탐구를 시작하며

이 땅에는 언제부터 사람이 살게 되었을까? 국가와 민족은 언제 생겨났을까? 누구나 쉽게 갖게 되는 이런 소박한 궁금증으로부터 역사에 대한 탐구가 시작된다. 이런 궁금증에 대한 답을 찾는 과정에서  우리가 흔히 '선사시대〔원시시대〕' 그리고 '고대'라고 부르는 시대의 모습이 이제 어느 정도 윤곽이 드러나게 되었다.

선사先史시대란 글자 그대로 역사시대 이전의 시기를 말한다. 역사시대란 문자로 역사가 기록된 시기를 뜻하기 때문에, 말하자면 선사시대는 역사 기록이 없는 시대다. 역사 기록이 없는 시대를 아는 방법은 당시 사람들이 사용하고 남긴 유적이나 유물을 통해서 추정할 수밖에 없다. 구석기시대와 신석기시대, 청동기시대라는 용어에서도 드러나듯이 도구를 통해 선사시대를 나누어보는 것도 그러한 연유다. 따라서 선사시대 역사상에 대한 이해는 이른바 고고 발굴을 통해 얻어지는 다양한 물질 자료를 통해 구성된다.

한반도에서도 구석기시대와 신석기시대, 청동기시대의 많은 유적과 유물이 나타나고 있으며, 이를 통해 이 땅에서 벌어진 역사 첫걸음의 자취들을 추적하고 있다. 그런데 구석기시대 사람과 신석기시대 사람의 관계를 보면 그 연관성을 찾기 어려우며, 신석기시대 사람과 그 뒤에 등장하는 청동기시대 주민과의 연속성도 불투명하다. 구석기시대에서 청동기시대에 이르는 시기는 주민들의 혈연적 연속성이나 문화의 계기성이 이어지는 것은 아니기 때문에 여기에 관심을 갖기보다는, 인류의 진화 및 문화 발전의 단계성을 이해하는 데 초점을 맞추어야 할 것이다.

그런 점에서 도구의 변화 과정이나 새로운 도구의 등장, 그리고 그러한 도구와 연관되는 새로운 생산 활동의 모습 등에 눈길을 둘 필요가 있다. 어로의 등장, 농경의 시작, 토기의 발명, 금속기의 사용 등은 오늘 우리의 눈으로 보면 소박하기 이를 데 없는 것이지만, 당시에는 인간의 삶과 사회에 획기적인 변화를 불러일으킨 하나의 '혁명'이었다. 현재 우리가 알고 있는 선사시대의 사실이 그리 많지 않기 때문에 이 책에서도 당시의 그러한 역사상을 충분히 그려내지는 못했다. 하지만 그 시대 사람들이 성취한 결과가 매우 놀라운 것이라는 관점으로 바라보아도 좋겠다.

선사시대와 그 이후 역사시대의 구분은 통상 역사 기록의 유무로 나눈다는 점은 앞서 말한 바 있지만, 사실 이는 그리 합리적인 기준이 되기 어렵다. 그래서 보통은 국가의 형성을 선사시대와 역사시대의 경계선으로 설정하고 있다. 물론 '국가'의 등장 시점 역시 확실하게 알기는 어렵지만, 국가의 등장 자체가 그 이전 선사시대의 공동체 사회와는 전혀 달라진 계급 사회의 산물이라는 점에서 가장 적절한 시대 구분의 기준이 될 수 있다.

국가 형성 이후 현재에 이르기까지 역사시대 역시 다양한 방법으로 시기를 나누어보고 있다. 고대-중세-근대라는 시기 구분법이 대표적이지만, 때로는 왕조에 따른 시기 구분도 널리 사용하고 있다. 혹은 양자를 적절하게 결합해 사용하기도 하는데, 예를 들어 '고대'라는 시대를 다시 왕조의 구분법으로 나누어 고조선(시대)-삼국시대-남북국시대(통일신라와 발해)로 나누어보는 것이 좋은 예다. 이 책에서는 이러한 시기 구분법을 어느 정도 염두에 두고 장과 절을 구성했다.

한국사에서 국가의 형성은 곧 만주와 한반도 지역 최초의 국가인 고조선의 등장과 연관된다. 고조선의 등장을 '민족사'의 기원으로 간주하는 견해도 있지만, 이는 '민족'의 개념이나 '민족'의 형성 시기를 오해한 데서 비롯한다. 민족이란 그 자체가 역사적 형성 과정의 산물이기 때문에 역사시대의 출발점에서 민족의 기원을 찾는 것은 잘못이다. '민족'이 역사적 의미를 본격적으로 갖게 되는 것은 근대에 들어서인데, 오히려 현실은 시간을 한참 거슬러 올라간 고대사 영역에서 '민족'이란 관점에서 고대사 인식이 크게 강조되고 있는 실정이다. 이는 역사적 '사실'의 문제가 아니라 민족과 근대 민족국가의 기원을 소급하려는 '인식'의 문제일 뿐이다. 오늘날 고조선 및 한군현을 둘러싼 많은 논의도 결국은 이런 '민족'에 대한 인식 차이에서 나타나는 것인데, 이에 대해 이 책에서는 나름대로 바람직한 이해의 기준을 제시했다.

고조선의 뒤를 잇는 시기를 이른바 '삼국시대'라고 부른다. 그런데 이 용어에는 고구려, 백제, 신라 삼국을 제외한 다른 국가나 정치 세력의 존재가 드러나지 않는 단점이 있다. 대표적으로 6세기 중엽까지 존재한 가야는 물론 만주 지역의 선진적인 국가였던 부여를 비롯해 백제와 신라, 가야의 모태가 되었던 삼한 및 옥저나 동예 같은 존재들이다. 사실상 만주와 한반도 곳곳에 자리 잡고 있었던 이런 여러 정치 세력을 통합해 영역 국가로 성장한 것이 삼국과 가야이며, 이들이 서로 각축을 벌이는 4세기 이후가 되어야 비로소 '삼국시대'에 걸맞은 모습이 된다. 그러나 이들 삼국이 국가의 모습을 갖추어 출발하는 시기가 기원전후까지 올라가기 때문에 두 시기를 모두 묶어서 삼국시대라고 부르는 것이다. 따라서 이 책에서도 4세기를 기준으로 이러한 시기별 역사상의 차이를 드러내고자 했다.

4세기 이후에는 '동아시아'라는 국제 관계의 무대가 본격적으로 펼쳐지게 되었다. 이 무대의 주역들은 만주와 한반도의 고구려·백제·신라·가야를 비롯해 일본열도의 왜, 중국 대륙의 중원 왕조, 북방 초원 지대의 유목국가 등이었다. 이들 국가들은 때로 동맹을 맺기도 하고, 때로 격렬하게 충돌하기도 했다. 외교와 전쟁이 한 국가의 흥망성쇠나 생존을 결정짓는 중요한 키워드인 시대였다.

5~6세기에는 한층 더 안정된 동아시아 국제 질서가 운영되었는데, 이는 중국의 남북조와 북방의 유연, 그리고 고구려 등 가장 강력한 국가들 사이에 세력 균형이 이루어진 결과였다. 이를 배경으로 만주와 한반도 일대에서는 북방 유목 세력과 중원 세력의 영향을 받지 않고 독자적인 국제 질서를 형성하고 있었다.

6세기 말 이후에는 중원의 통일 제국으로 수와 당이 차례로 등장하면서 동아시아 국제 질서에 커다란 파동이 일어났으며, 삼국 간의 항쟁도 이와 깊이 연관되며 전개되었다. 그 결과 고구려와 백제가 멸망했고, 신라가 한반도의 통일국가로 등장했으며, 만주에서는 고구려를 계승한 발해가 성립했다.

이후 9세기까지는 당을 중심으로 하는 국제 질서를 배경으로 문화적으로 율령이나 유교와 불교 문화 등 제반 영역에서 동아시아의 문화적 통합성이 다른 어떤 시기보다 높아졌던 때다. 이러한 국제적 분위기를 배경으로 신라와 발해는 한껏 독자적인 문화의 꽃을 활짝 피우게 되었다.

통일신라와 발해가 함께 공존했던 이 시기를 이른바 '남북국시대'라고 부른다. 이 용어는 남북한으로 나뉘어 있는 현실에 대한 역사의식이 투영되어 등장했으며, 발해사를 한국사의 제자리에 자리매김하는 의미를 갖는다. 그러나 남북국시대라고 해서 통일신라와 발해가 차지하는 역사적 위상과 비중이 동일하다고 생각해서는 곤란하다. 통일신라의 등장 자체가 삼국의 주민과 문화에 대한 어느 정도의 통합을 기반으로 하고 있으며, 이어지는 고려시대 역시 그 이름과는 달리 실제는 통일신라의 영역과 문화를 계승하고 있다는 점에서, 발해와 통일신라는 그 역사적 위상에서 견줄 수 없다. 그러한 점에서 남북국시대에서 고려시대로의 이행은 남북국의 통합 과정이 아니라, 통일신라의 사회 모순을 해결하는 과정에서 나타난 역사의 진전이었다.

선사시대[원시시대]와 고대는 매우 긴 역사적 기간이었다. 그 기간 동안에 인류가 진화하고, 구석기시대에서 철기시대에 이르기까지 문화의 진보가 있었으며, 국가를 형성하고 문명을 일으켰다. 또한 삼국시대와 남북국시대를 거치면서 한국사의 기본 범주와 민족문화의 바탕을 형성했다. 문헌 자료와 물질 자료의 제약으로 이 시대에 대한 이해는 부족한 점이 적지 않지만, 이 시대를 살아간 사람들의 삶은 다른 시대 못지않게 역동적이었음을 기억할 필요가 있다.

▲반구대 바위그림  ▶팔주령

# 원시시대와 국가의 형성

**70만 년 전 · 기원전 2세기**

원시시대 사람들은 여가 시간에 예술품을 만들고, 음식을 담기 위해 토기를 발명하기도 했다. 그리고 죽어서도 삶이 계속 이어지도록 무덤을 만들었다. 다만 원시시대 사람들은 아직 자연의 위협에 대처할 힘이 부족했기 때문에 서로 힘을 합쳐 공동으로 생활했다.

# 한반도에
# 사람이
# 살기 시작하다

**ㅣ 구석기시대의 사회와 문화**

2003년 10월, 제주도 남제주군 대정읍 일대에서 공룡 발자국을 탐사하던 학자들은 흥분에 휩싸였다. 구석기시대의 사람 발자국 화석 100여 점을 비롯해 동식물 화석 수천 점을 발견했기 때문이다. 특히 아시아에서는 처음이자 세계적으로는 일곱 번째로 발견된 구석기시대의 사람 발자국 화석이 사람들의 눈길을 끌었다.

조사 결과, 이 발자국은 5만 년 전에 살았던 호모사피엔스Homo sapiens의 발자국으로 밝혀졌다. 대부분 21~25센티미터의 크기로 요즘 사람과 비슷한 특징을 가지고 있었다. 그런데 이들보다 앞선 시기에도 제주도를 비롯해 한반도 곳곳에는 구석기시대 사람들이 이미 살고 있었다. 그들은 언제부터 한반도에서 살기 시작했을까?

## 인류의 탄생과 한반도의 첫 사람들

우리가 살고 있는 지구가 태어난 때는 까마득히 먼 50억 년 전이다. 당시 지구는 매우 뜨거웠을 뿐만 아니라 가스로 차 있었기 때문에 생명체가 살 수 없었다. 그 뒤 지구는 서서히 열이 식고 가스가 응축되어 생명체가 살 수 있는 조건을 갖추면서 미생물과 여러 동식물이 살게 되었다.

지금으로부터 약 450만 년 전쯤 지구에는 인류의 먼 조상이 나타나 살기 시작했다. 이들은 시간이 지나면서 침팬지와 같은 원인猿人 단계를 거쳐, 점차 새로운 환경에 적응해 사람과 비슷한 모습으로 진화해나갔다. 지금까지 발견된 인류 화석 가운데 가장 오래된 것은 약 300만 년 전쯤 살았던 오스트랄로피테쿠스Australopithecus로, 남아프리카 타웅에서 발견되었다. 지구상에 오스트랄로피테쿠스가 등장한 이래, 인류는 호모하빌리스Homo habilis, 호모에렉투스Homo erectus, 호모사피엔스Homo Sapiens, 그리고 현생인류인 호모사피엔스사피엔스Homo Sapiens Sapiens로 거듭 진화를 했다.

이처럼 인류가 진화하는 동안 지구의 자연환경과 기후도 여러 차례 빙하기와 간빙기를 거치면서 크게 변화했다. 그 결과 지구상에 살고 있는 동식물이 바뀌게 되었으며, 그에 따라 인류 역시 식량을 찾아 여기저기 옮겨 다니며 살아야 했다. 이때 자연과 매

**제주도의 구석기시대 사람 발자국**
한반도를 포함한 동북아시아가 땅으로 연결되었던 구석기시대에는 사람들이 발을 교통수단으로 삼아, 서해에서 일본열도까지 이동하며 살았을 것이다. 이처럼 인류는 이동을 하면서 주위 환경에 적응하며 진화를 거듭했다.

우 밀접한 연관을 가지고 생활한 인류는 지금에 비해 매우 원시적이고, 자연의 위협에 공동으로 대처해야 하는 생활을 했다. 대략 250만 년 전에서 1만 년 전까지에 해당하는 이 시기를 '구석기시대'라고 한다. 인류 역사의 90퍼센트 이상에 해당하는 이 시대에 살았던 사람들은 다양한 뗀석기를 사용해 사냥과 채집으로 생활을 유지해나갔다.

그럼, 한반도에는 언제부터 사람들이 살았을까? 이에 대해 명확한 답을 할 수는 없지만, 지금까지 조사된 많은 유적들을 통해 대략 추측할 수 있다. 한반도 지역에서 확인되는 구석기시대 사람들의 흔적은 대략 70여만 년 전까지 거슬러 올라간다. 지금까지 한반도에서 발견된 구석기시대의 대표적인 유적으로는 평안남도 상원의 검은모루동굴, 평양의 용곡동동굴, 경기도 연천의 전곡리를 비롯한 임진강과 한탄강 일대, 그리고 충청북도 단양의 금굴 등이 있다.

특히 평안남도 상원군 검은모루동굴에서 나온 도구와 동물 뼈는 중국의 주구점周口店, 지금의 서우거우뎬 유적에서 발견된 북경원인이 살았던 시기의 것과 비슷하거나 앞선 것으로 보인다. 북경원인은 50만 년 전쯤에 살았던 호모에렉투스로 밝혀졌다. 따라서 오늘날 한반도를 포함한 동북아시아 일대에도 최소한 이때부터 사람들이 살았을 것이라고 짐작할 수 있다.

한반도에서 발견된 가장 오래된 사람의 뼈는 평양시 역포구역에서 발견된 머리뼈로,



## | 현생인류의 기원은?

현생인류는 5만~1만 2000년 전 사이에 아시아와 유럽, 오스트레일리아, 북아메리카, 남아메리카까지 퍼져 나간 것으로 알려져 있다. 이러한 현생인류의 기원에 대해서는 서로 상반되는 주장이 있다. 하나는 인류의 고향인 아프리카에서 현생인류로 진화했다는 아프리카 기원설이고, 다른 하나는 100만 년 이전에 아프리카를 떠난 인류가 다른 곳으로 퍼져나가 그곳에서 환경에 적응하며 현생인류로 진화했다는 다지역 기원설이다. 최근에는 여성의 미토콘드리아 유전자DNA를 분석한 결과, 현생인류가 약 20만 년 전에 살았던 아프리카 여성에게서 비롯됐다는 주장이 제기되어 관심을 끌고 있다.

**미토콘드리아 이브** 아프리카 흑인 여성을 성경 속의 이브로 묘사한 그림이다.

## | 한반도에서 발견된 구석기시대 사람들



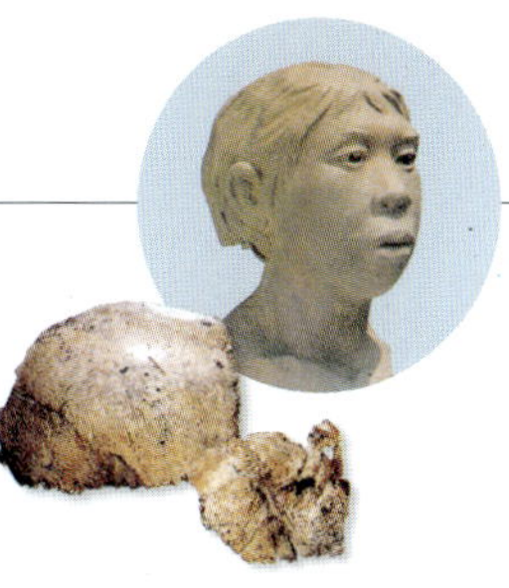

### 역포아이
평양시 역포구역 대현동
동굴유적에서 발견된 머리뼈
조각과 어금니를 토대로 복원한
호모사피엔스의 얼굴이다.

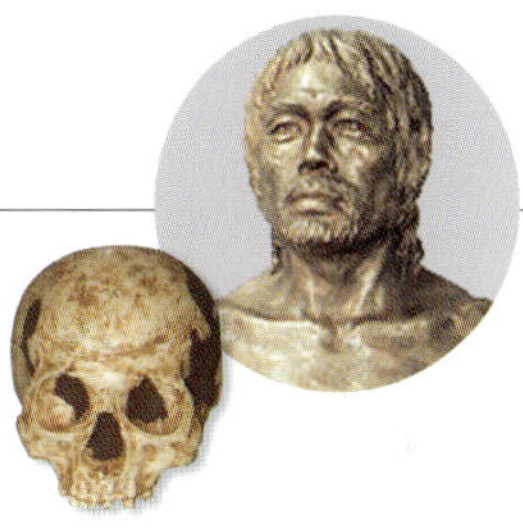

### 용곡사람
평안남도 상원군 용곡동 동굴에서
발견된 머리뼈와 넓적다리뼈로 복원한
호모사피엔스사피엔스다. 머리뼈 화석의
연대는 4만 3000년~4만 5000년 사이로,
구석기시대 후기에 해당한다.

### 승리산사람
평안남도 덕천시 승리산 동굴에서 발견된 아래턱뼈로
복원한 호모사피엔스사피엔스의 얼굴이다.

### 만달사람
평양시 승호구역 만달리동굴에서 발견된
머리뼈·아래턱뼈·엉덩이뼈로 복원한
호모사피엔스사피엔스로, 나이는 25~30세로
추정된다. 이곳에서는 석기·뼈연모·동물화석
따위도 나왔는데, 구석기시대 후기에 속한다.

### 흥수아이
충청북도 청원군 두루봉동굴에서 발견된 인골로,
발견한 사람의 이름을 따서 '흥수아이'라고 불린다.
흥수아이는 약 4만 년 전에 살았던 현생인류로,
110~120센티미터 키에 4~6세 정도인 어린아이이다.

약 10만 년 전부터 지구상에 살았던 호모사피엔스의 것이라고 한다. 이 뼈의 주인공은 13세 정도의 여자아이인데, 역포에서 발견돼 '역포아이'라고 불린다. 이후 한반도에서는 호모사피엔스가 새로운 역사를 만들어갔다. 이처럼 한반도의 구석기시대는 인류 역사의 발전 과정과도 함께했음을 알 수 있다.

## 주먹도끼를 만들고 불을 피우고

인류가 도구로 처음 사용한 것은 나무 막대와 돌이다. 사람들은 처음에 여기저기 흩어져 있는 돌을 골라 쓰다가, 차츰 필요에 따라 여러 가지 도구를 만들어 사용했다. 우선 먼저 돌멩이를 내리쳐서 깨뜨리거나 한쪽 끝을 떼어낸 찍개, 손에 쥐기 좋도록 다듬어 만든 주먹도끼, 가로날도끼, 여러면석기 따위를 만들어 사용했다. 이후 돌을 떼어내고 다듬는 기술이 발달하면서 긁개, 밀개, 찌르개, 새기개 같은 조그맣고 날카로운 도구도 만들고, 동물 뼈나 뿔로도 여러 도구를 만들어 썼다.

　사람들은 이러한 도구를 사용하게 되면서 더 쉽게 식량을 얻을 수 있었다. 주먹도끼·찍개·찌르개를 써서 짐승을 사냥하고, 자르개·긁개·밀개를 써서 짐승 가죽을 벗기거나 고기를 먹기 좋도록 간단히 조리도 했다. 특히 구석기시대 사람들은 불을 이용하면서



**| 구석기시대의 뗀석기들**

음식물을 익혀 먹었다. 이에 따라 식생활에 커다란 변화가 찾아왔다.

인류는 처음에 불을 사용할 줄 몰라서 고기든 채소든 모두 날것으로 먹었다. 그러다 보니 질병에 걸릴 확률이 높았고, 먹을 수 있는 음식의 종류도 제한되었다. 불이 발견되어 날고기나 식물 줄기처럼 질겨서 먹지 못하던 것을 불에 익혀 먹었더니, 소화가 잘되고 단백질을 보충할 수 있었다. 그 결과 먹을거리가 다양해지고 질병이 줄어들면서 수명이 거의 두 배 가까이 늘어났다.

지구상에서 가장 오래전에 불을 사용한 사람들은 북경원인이었다. 지금까지 발굴된 결과에 따르면, 평안남도 상원의 검은모루동굴에서 살았던 사람들이 북경원인과 비슷한 시기에 살았으므로 이때부터 불을 사용하지 않았을까 추측된다. 또 충청남도 공주 석장리에서는 구석기시대 후기 사람들이 살았던 집터가 발굴되었다. 안쪽에 돌을 둥그렇게 둘러 불 피운 흔적이 남아 있다. 충청북도 제천시 창내의 한데유적에서도 자갈돌로 만든 불 땐 자리가 발견되었다. 이 같은 발굴 성과가 한반도에서도 현생인류가 살았던 구석기시대 후기부터 불을 널리 사용했다고 추정할 수 있는 구체적인 증거다.

현대인의 조상인 현생인류는 도구를 만들고 불을 사용함으로써 더욱 진화했다. 특히 지금까지 존재하지 않던 도구를 머릿속에서 상상하고, 그것을 실제로 만들어낼 만큼 지적인 능력도 발달했다. 게다가 이러한 도구를 만들기 위해 사람들은 노동을 통해 협

구석기시대의 전기에는 찍개나 주먹도끼 같은 큰 석기가 만들어졌다. 중기에는 크기가 점차 작아지고 기능도 분화되면서 쓰임새에 따라 다양한 석기들이 만들어졌다. 후기에는 작은 돌날을 나무나 뿔에 결합해 사용한 도구가 만들어졌다. 특히 동북아시아 일대에서 공통적으로 발견되는 슴베찌르개와 작은 돌날석기를 통해 주변 지역과 서로 영향을 주고받았음을 알 수 있다.

동하는 공동생활을 했는데, 이 과정에서 서로 뜻을 전달하거나 알아들을 필요가 있었다. 구석기시대 후기에 살았던 사람들은 손짓이나 발짓을 하거나 소리를 질러 의사소통을 했다. 인류는 점차 상징적인 언어를 사용하기 시작했다.

## 무리 지어 채집과 사냥을 하다

구석기시대 사람들은 주로 동굴이나 바위 그늘에 살면서 채집과 사냥을 통해 식량을 마련했다. 동굴이나 바위 그늘은 그리 높지 않은 산에 있었으며, 그 앞에는 물이 흘러

살기에 아주 좋은 조건을 갖추고 있었다. 충청북도 단양 금굴 같은 동굴유적에는 구석기시대에서 청동기시대까지 사람들이 여러 차례 드나들며 살았던 흔적이 아직도 남아 있다. 또 경기도 연천 전곡리나 충청북도 단양 수양개 같은 한데유적은 강이 동쪽과 서쪽, 그리고 남쪽으로 휘돌아 흐르는 넓은 지역에 자리 잡고 있어서 물을 먹으러 온 동물을 사냥하기에 좋은 곳이었다.

구석기시대 사람들에게 가장 중요한 문제는 생계를 꾸려갈 먹을거리를 얻는 일이었다. 산과 들로 돌아다니며 열매를 따 모으고, 강가나 바닷가의 작은 물고기를 잡아 식량으로 삼았다. 특히 단백질이 풍부한 고기를 얻으려고 짐승을 사냥하기도 했다. 구석

**구석기시대의 마을**
구석기시대 사람들은 주기적으로 이동을 했기 때문에 땅을 깊게 파고 튼튼하게 지은 움집보다는 간단한 막집을 주로 지었다. 사진은 경기도 연천군 전곡리의 구석기시대 마을을 복원한 모습이다. 이 밖에 지금까지 한데유적으로 알려진 곳은 제원 창내유적, 동해의 노봉유적, 화순의 대전유적이다.

기시대 사람들이 조잡한 석기나 나무 막대 같은 도구로 자신보다 훨씬 더 빠르고 힘 센 동물을 사냥하는 것은 결코 쉬운 일이 아니었다. 실제로는 사자 같은 육식동물이 사냥한 말 따위의 초식동물 잔해를 얻어먹는 경우가 더 많았을 것이다.

구석기시대에 한반도는 빙하기와 간빙기를 거치면서 자연환경이 크게 변화했다. 빙하기에는 한대기후의 남방 한계선에, 간빙기에는 아열대기후의 북방 한계선에 위치했다. 그런 만큼 한반도에는 추운 곳에 사는 털코끼리가 살았는가 하면, 열대지방에 사는 코뿔소나 뿔사슴, 원숭이도 있었다. 구석기시대 사람들은 혼자서 사냥을 하러 나갔다가 맹수들을 만나면 꼼짝없이 당하는 경우가 많았다. 그래서 최소한 20~30명씩 모여 사냥을 했다. 구석기시대에는 사냥에 필요한 인원이 그 사회의 규모를 결정했던 것으로 보인다. 이처럼 여럿이 모여 생활한 구석기시대를 '무리 사회'라고 부른다.

구석기시대의 무리 사회는 빈부의 차이나 계급이 없는 평등한 사회였다. 채집과 사냥의 성과물을 서로 공평하게 분배해 공동으로 소비했을 것으로 보인다. 사냥할 짐승이나 채집할 식물이 한곳에 늘 있는 것이 아니므로 생활은 대체로 불안정했다. 이들은 식량 자원이 풍부하고 오랫동안 채집과 사냥을 할 수 있는 생활 터전을 몇 군데 확보한 다음 주기적으로 옮겨 다니는 이동 생활을 하면서 살았다.



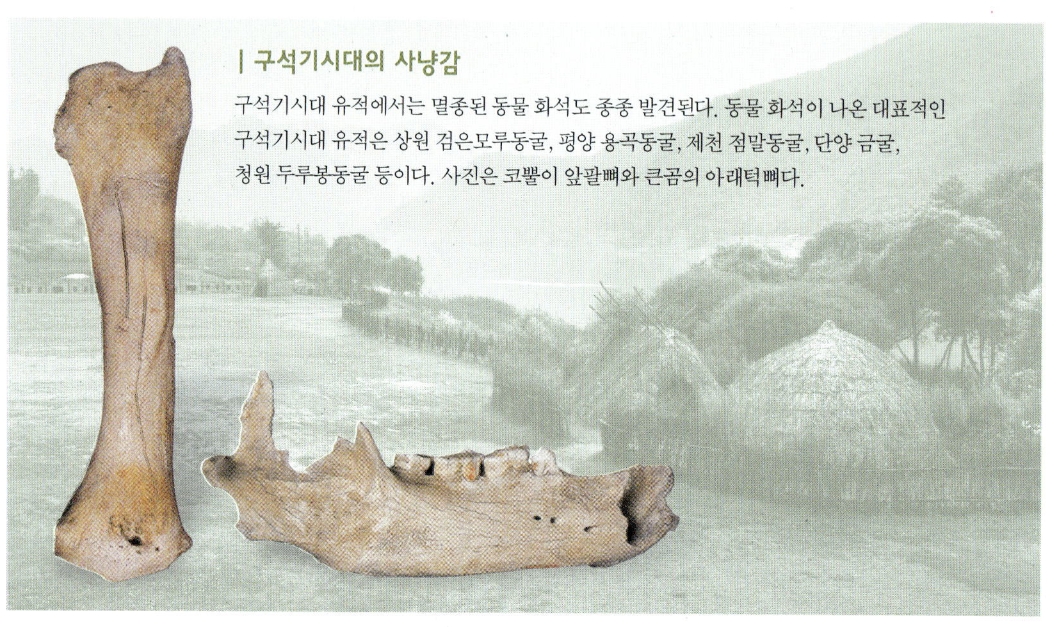

**| 구석기시대의 사냥감**

구석기시대 유적에서는 멸종된 동물 화석도 종종 발견된다. 동물 화석이 나온 대표적인 구석기시대 유적은 상원 검은모루동굴, 평양 용곡동굴, 제천 점말동굴, 단양 금굴, 청원 두루봉동굴 등이다. 사진은 코뿔이 앞팔뼈와 큰곰의 아래턱뼈다.

**라스코 동굴벽화**
서유럽이나 우랄, 몽골 지역에서는 구석기시대 후기에 만들어진 동굴벽화를 비롯해 다양한 예술 행위의 증거들이 발견되고 있으나, 한반도에서는 그 증거가 매우 미약하다.



구석기시대 사람들은 다양한 도구를 이용해 더 많은 사냥감을 잡을 수 있어서 먹고살 걱정을 덜 수가 있었다. 삶의 여유가 생기자 사람들은 머릿속에 담긴 생각이나 느낌, 꿈 따위를 그림으로 그리기 시작했다. 이렇게 해서 구석기시대가 끝나갈 무렵, 인류 최초의 예술이 생겨났다.

구석기시대 사람들은 살던 동굴의 벽이나 자주 사냥을 다니던 산속의 큰 바위에 그림을 그렸다. 사용하던 돌이나 뿔로 만든 도구에도 사냥감을 그려 넣었다. 오늘날 세계적으로 유명한 알타미라 동굴벽화나 라스코 동굴벽화는 이렇게 해서 생겨났다. 우리가 흔히 '비너스'라고 부르는 뚱뚱한 여자 조각상이나 동물 조각상처럼 늘 몸에 지닐 수 있는 특별한 조각품을 만들기도 했다.

**▶얼굴 모양 조각품**
평양시 용곡동굴에서 직경 2.5센티미터가량의 납작하고 둥글게 갈아 만든 뼈에 점열 무늬와 투공으로 얼굴을 표현한 조각품이 발견되었다.

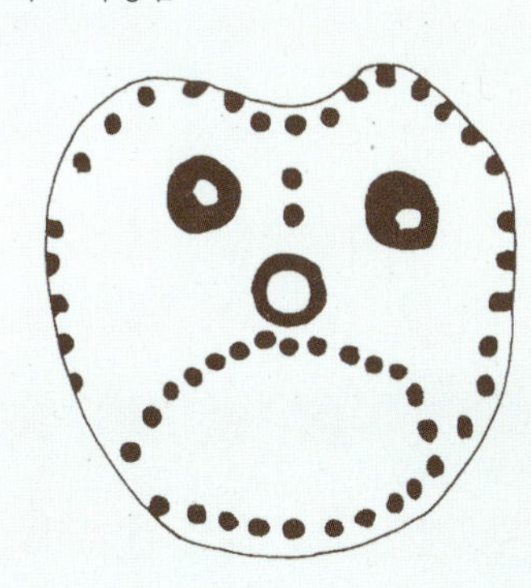

**▶▶빌렌도르프 비너스상**
구석기시대의 비너스는 대개 배와 엉덩이, 가슴 부분이 과장돼 있는데, 다산과 풍요를 바라는 사람들의 바람이 담겨 있는 상징물이다.

# 구석기와 신석기시대의 징검다리

**제주도 고산리 유적 발굴 현장**
최근 우리나라에서도 중석기시대의 석기로 볼 수 있는 유물이 몇몇 유적에서 발굴되어 이 시대의 문화에 대한 사람들의 관심이 차츰 늘어가고 있다. 사진은 제주도 고산리 유적의 발굴 모습이다.

구석기시대 후기에 빙하기가 끝나면서 지구 곳곳에서는 기온과 해수면이 상승함에 따라 커다란 환경 변화가 일어났다. 그 결과 지구상에는 큰 동물들이 북쪽으로 이동하는 대신, 작고 민첩한 동물들이 등장했다. 지금으로부터 약 1만 년 전쯤에 해당하는 이 시기는 바로 후빙기의 첫머리였다. 이때 인류는 여전히 사냥과 채집 생활 단계에 머물러 있었지만, 새로운 환경에 적응하면서 토기를 만들어 썼다. 아직까지 농사를 짓지는 못했다. 학자들은 이 단계를 구석기시대와 신석기시대의 중간 단계라는 의미에서 '중석기시대'라고 한다.

중석기시대 사람들은 구석기시대의 뗀석기 제작 기술을 이어받아 돌날격지직접떼기로 몸돌에서 떼어낸 돌날 모양의 조각을 다듬어 쓰는 솜씨를 한층 더 발달시켰다. 구석기시대 후기에서 중석기시대로 넘어오면, 지역에 따라 특이한 형태의 잔석기세석기 제작 기술이 매우 발달된 모습으로 나타난다. 이러한 잔석기는 대개 반달꼴·세모꼴·마름모꼴인데, 흔히 활촉이나 창의 끝부분에 끼워 쓰는 복합 도구의 하나로 추정된다. 대부분 유럽 서북부 지방에서 나오고 있다.

　현재 우리나라에서 중석기시대의 가능성을 보여주는 유적으로는 전라남도 순천시 주암댐 수몰 지역과 곡성군 옥과면 송전리·주산리 유적을 비롯해, 강원도 홍천읍 하화계리가 대표적이다. 그 밖에 경상남도 통영 상노대도나 거창 임불리, 제주도 고산리에서도 중석기시대의 흔적이 발견되고 있다. 특히 최근에는 제주도 고산리 지역에서 1만 년 전쯤에 만들어진 세석기를 사용한 원시 민무늬토기가 나오면서, 식량 생산 단계로 넘어가는 길목 역할을 했던 중석기시대의 존재 가능성이 점점 더 높아지고 있다.

　중석기시대 사람들의 생활은 삶의 터전을 중심으로 이루어지기 시작했으며, 이러한 생활양식의 변화는 차츰 정착 생활을 촉진시키는 데 큰 역할을 했다. 이때부터 사람들은 한곳에서 오래 머물러 살 수 있는 집을 곳곳에 마련할 수밖에 없었다. 그 결과 작은 마을들이 점점 들어서고, 마을을 중심으로 대를 이어가며 사는 주민들이 생기면서 지역사회의 전통이 확립되어 나갔다.

### 제주도 고산리 지역의 원시무문토기 조각

중석기시대 사람들은 야생 열매를 따 먹으면서 생활 터전 주변에 있는 식량 자원을 체계적으로 활용하기 시작했다. 이 원시무문토기는 눌러떼기 기법으로 만든 뗀석기와 함께 출토되었다.

### 제주도 고산리의 석창

중석기시대 사람들은 여전히 짐승의 뼈나 뿔, 돌 같은 재료를 이용해 생활에 필요한 물건을 만들어 썼다. 고산리의 석창은 수렵 활동을 짐작케 하는 유물로, 구석기시대 후기부터 신석기시대 초기에 사용한 것으로 짐작된다.

### 제주도 고산리의 돌화살촉

돌화살촉은 수렵 중심의 생업을 유지한 사람들이 사용한 대표적인 사냥 도구다. 고산리에서 발견된 돌화살촉은 구석기시대 후기의 슴베찌르개와 매우 닮은 세석기다.

**돌화살촉 복원 모형**

# 토기를 발명하고 한곳에 머물러 살다



후빙기가 시작되면서 한반도는 오늘날과 같은 형태와 자연환경을 지니게 되었다. 빙하기에 살았던 큰 동물 대신 노루·멧돼지·토끼 같은 작은 동물들이 살고, 온·난대 식물이 자라면서 숲이 우거지고, 강가나 바닷가에는 물고기나 고래 같은 새로운 먹을거리도 생겨났다. 사람들은 이런 곳에 머물며 작고 날랜 짐승과 물고기를 잡으려고 돌을 갈아 더욱 정교한 도구를 만들고, 새로이 늘어난 식량을 나르고 저장하기 위해 토기를 만들어 썼다. 이처럼 사람들이 변화된 자연환경에 적응하면서 생활한 시대를 흔히 '신석기시대'라고 한다. 신석기시대의 가장 중요한 변화는 사람들이 원시 농경과 목축을 통해 처음으로 식량을 생산하고, 이를 바탕으로 생활과 문화를 혁명적으로 발전시켰다는 것이다. 이러한 혁명적인 변화를 이끈 원동력은 무엇일까?

## 신석기시대의 아이콘, 토기

인류의 생활양식이 구석기시대에서 신석기시대로 발전하는 데 가장 큰 힘이 된 것은 토기의 발명이다. 구석기시대 사람들은 채집한 식물을 운반할 때 짐승 가죽 또는 나뭇잎으로 싸거나, 풀 또는 나뭇가지로 엮은 바구니를 사용했다. 하지만 오랜 빙하기가 끝나고 기후가 따뜻해지는 신석기시대가 되면서 사람들은 늘어난 식량을 더 편리하게 운반하거나 오랫동안 저장할 수 있는 그릇이 필요했다. 이것이 바로 토기를 발명한 가장 큰 이유다. 토기는 인간이 변화된 자연환경에 적응하려고 발명한 창조적인 작품이라고 할 수 있다.

한반도에서는 신석기시대가 기원전 8000년 경부터 시작된 것으로 추정된다. 지금까지 발견된 신석기시대의 토기로는 주로 덧무늬토기, 누른무늬토기, 빗살무늬토기가 있다. 그중에서 가장 대표적인 것은 빗살무늬토기다. 빗살무늬토기는 기원전 5000년 무렵부터 중서부 지역에서 만들기 시작한 토기로, 이보다 앞서 만든 덧무늬토기나 누른무늬토기에 비해 한반도 곳곳에서 발견되고 있다.

토기는 식량을 운반하거나 저장하는 데 쓸 뿐만 아니라 음식을 조리하는 데도 없어서는 안 될 중요한 발명품이었다. 신석기시대 초기에 주요한 식량 자원이었던 도토리

**덧무늬토기와 누른무늬토기**
토기 겉면에 진흙 띠를 덧붙이거나 손끝으로 집어 눌러서 돋게 만든 덧무늬토기(오른쪽)는 주로 동남해안에서 발견되고 있는데, 기원전 6000년~3500년 무렵까지 사용되었다. 이 시기에는 토기의 아가리 주변에 무늬새기개로 누르거나 찔러서 무늬를 새긴 누른무늬토기(왼쪽)도 함께 사용되었다.

는 너무 떫어서 날것으로 먹을 수 없었다. 그런데 토기에 도토리를 넣고 물을 부어 우려내거나 삶으면 맛있게 먹을 수 있는 식량이 되었다. 이처럼 신석기시대 사람들이 토기를 이용해 음식을 삶거나 쪄서 먹게 되자, 한결 부드러워진 음식으로 인해 소화기관의 부담을 덜고 영양분도 쉽게 흡수할 수 있었다. 게다가 음식 속의 병균이 살균되어 병에 걸릴 확률도 줄어들었다. 따라서 신석기시대에는 사람들의 수명이 길어지면서 인구가 폭발적으로 늘어났다.

신석기시대 후기에는 사람들이 원시적인 농경을 시작했다. 이때 거둬들인 곡식을 그냥 내버려두면 습기가 차서 썩어버리기 일쑤였다. 게다가 벼·기장·귀리·밀 같은 볏과 식물은 너무 거칠거나 단단해서 날것으로 먹기가 쉽지 않았다. 그런데 이런 문제점을 한꺼번에 해결해준 것도 바로 토기였다. 그 결과 사람들의 식생활이 더욱 다양해지면서 한곳에 오랫동안 머물며 생활할 수 있었다.

영국의 고고학자 고든 치일드는 이러한 신석기시대의 변화를 강조해 "인류가 화하변화를 적용한 최초의 대사건이었다"고 말했다. 즉 토기의 발명은 인류 역사상 가장 중요한 기술혁신 가운데 하나였던 것이다.



## | 한반도의 '신석기 혁명'은?

영국의 고고학자 고든 차일드는 인류가 신석기시대에 농경과 목축을 시작하면서 정착 생활을 한 것이야말로 혁명적인 사건이라고 여겨, 이것을 '신석기 혁명'이라고 불렀다.

신석기시대의 생활 모습은 지역에 따라 조금씩 달랐다. 가령 북유럽과 시베리아에서는 수렵과 고기잡이에만 의존한 채 정착 생활을 했는데, 이것은 농경이 없어도 정착 생활이 가능하다는 것을 의미한다. 또 토기의 사용이 정착 생활을 촉진시키는 경우도 있었다. 그래서 한반도를 비롯한 아시아 지역에서는 토기의 발명을 신석기시대의 첫 출발로 본다.

한편 고든 차일드와 달리 정착 생활이 농경과 목축을 통해 식량 생산 단계로 발전시켰을 것이라는 주장도 있다. 최근 우리 학계에서도 신석기시대에 농경이 존재했다는 사실을 인정한다. 하지만 식량 생산 단계였는지, 수렵과 어로에 의존한 단계였는지에 대한 논쟁은 계속되고 있다.

## 물고기를 잡고 농사를 짓고

신석기시대의 주요 생계 수단은 물고기 잡이, 사냥, 야생 식물 채집이었다. 특히 초기에는 사람들이 해안가나 강가에 살면서 사슴뿔 따위로 만든 작살과 낚싯바늘, 그물추가 달린 그물을 이용해 물고기를 잡거나 조개 따위를 채집하는 생활을 주로 했다. 이러한 어로 중심의 생활양식은 신석기시대 사람들을 동굴에서 벗어나 해안이나 강가로 옮아가게 만들었다. 당시 사람들이 먹고 버린 조개껍데기와 생활 도구들이 쌓여 있는 조개더미는 신석기시대의 대표적인 생활 유적이다. 하지만 신석기시대 사람들이 살았던 집터에서는 탄화된 도토리, 갈돌과 갈판, 돌화살촉, 창 따위가 많이 나온다. 채집이나 수렵도 주요한 생계 수단이었음을 말해주고 있다.

신석기시대 후기가 되면 지역에 따라 원시적인 농경이 시작되었다. 한반도와 만주 지역에 살았던 사람들이 주로 재배한 곡물은 조나 피 같은 잡곡류였다. 충청북도 옥천군 대천리에서 발굴된 신석기시대 집터에서는 도토리, 벌집 화석, 보리 이삭, 밀, 콩, 벼의 껍질과 낟알 따위가 나왔다. 또 경기도 일산의 가와지 유적과 김포 가현리 유적에서는 기원전 1500년 이전에 재배한 볍씨가 발견되었다. 이것으로 보아 도토리를 주로 먹던 초기와는 달리, 신석기시대 후기에는 더욱 다양한 식생활이 가능했음을 알 수 있다.

**신석기시대의 다양한 도구들과 그물이 찍힌 토기**
신석기시대 사람들은 쓰임새에 따라 농경용, 공구용, 어로용 따위의 간석기를 만들어 사용했다.

**신석기시대 움집**
신석기시대의 움집터는 한반도 곳곳에서 발견되는데, 황해도 봉산 지탑리,
강원도 양양 오산리, 충청북도 청원 쌍청리, 부산 동삼동 따위가 대표적인 유적이다.
사진은 서울 암사동선사주거지에 복원된 신석기시대의 움집 모형이다.

농경은 처음에 여성들이 주로 했지만 점차 남성들이 맡게 되면서 농사에 쓰는 도구들이 더욱 다양해지고 개선되었다. 처음에는 뿔이나 돌로 만든 괭이를 사용했으나, 점차 돌보습으로 땅을 더 깊게 파서 농사를 지었다. 곡식을 거두어들일 때 사용한 반달 모양의 돌칼도 이때부터 사용했으며, 수확한 곡식 낟알의 껍질을 벗길 때는 갈돌판을 사용했다. 이처럼 신석기시대 사람들은 쓰임새에 맞는 도구를 더욱 정교하게 만들려고 숫돌로 돌이나 뼈를 갈아 간석기를 만들어 사용했다. 특히 전체 또는 부분을 갈거나 형태에 맞춰 잘라내서 날카롭게 도구를 만들어 사용함으로써 이전보다 효율적으로 식량을 얻을 수 있었다. 신석기시대 사람들은 새로운 도구를 사용해 자연을 더욱더 적극적으로 이용하기 시작했다.

## 씨족을 단위로 공동체 생활을 하다

신석기시대 사람들은 대개 강가나 낮은 구릉에 움집을 짓고 살았다. 움집은 땅을 50센티미터 정도 파낸 다음, 흙을 고르게 깔거나 불로 태워서 단단하게 만들었다. 땅에서 올라오는 습기를 막기 위해서였다. 그 다음 기둥과 서까래를 세우고 지붕을 덮었다. 움집은 네다섯 명이 함께 살 수 있는 크기였다. 이러한 움집이 15~20여 채가 한곳에

**움집터**
바닥 한가운데에 화덕을 두고,
그 주변에는 음식을 만드는 공간,
식량을 저장하는 공간, 작업 공간,
잠자는 공간이 따로 마련되었다.

몰려 있는 것으로 보아, 마을을 이루고 살았던 것으로 보인다.

정착 생활은 사람들의 삶을 이전의 이동 생활과는 다르게 변화시켰다. 우선 사람들은 동굴에서 나와 평지에 움집을 짓고, 움집 안에는 곡식의 씨앗이나 음식을 저장할 곳을 따로 만들었다. 먹을거리를 담아두거나 음식을 조리하는 데 쓸 토기와 생활에 필요한 여러 가지 간석기도 함께 만들었다. 특히 빗살무늬토기를 남긴 사람들은 채집과 사냥, 물고기 잡이, 농경을 하면서 씨족을 단위로 수십 명씩 무리를 이루는 공동체 생활을 했다. 채집은 계절적인 속성 때문에 한곳에서 함께하는 것이 일반적이었다. 사냥과 물고기잡이는 물론 농경도 여전히 도구의 한계와 기술 수준이 낮아서 공동 작업이 필요했다. 따라서 신석기시대 사람들은 정착 생활을 하면서 공동으로 식량을 생산하고 공동으로 소비하는 씨족 공동체 생활을 했다.

씨족 공동체는 아이가 태어나면 그 어머니만 확실히 알 수 있는 '모계 씨족사회'였다. 여성들을 중심으로 모여 공동체 생활을 했으며, 그만큼 먹고사는 데 여성들의 역할이 매우 중요했다. 가령 토기를 만들거나 농사짓는 일은 처음에 여성들이 주로 맡았다. 식물에서 실을 뽑아 가락바퀴와 뼈바늘을 사용해 베를 짜고 옷을 만드는 일도 여성들의 몫이었다. 이러한 사실은 여신상이나 임신한 여인상처럼 당시 사람들이 다산과 풍요를 비는 주술적인 의미가 담긴 물건들을 여성으로 형상화했다는 것에서도 확인할 수 있다.

**뼈바늘과 가락바퀴**
평안남도 궁산 조개더미에서는 사슴뼈를 갈아 만든 바늘이 베에 끼워진 채로 발견되었으며, 경상남도 통영 상노대도의 조개더미에서도 뼈바늘이 나왔다. 가락바퀴는 가운데에 난 구멍에 축을 꽂아 회전시켜서 실을 뽑는 도구로, 보통 지름이 4~5센티미터다. 사진은 함경북도 옹기군 서포항과 송평동에서 나온 뼈바늘과 가락바퀴다.

**신석기시대 여성들의 꾸미개**
팔찌나 발찌, 비녀, 귀고리 같은 꾸미개는 주로 주변에서 쉽게 구할 수 있는 조개껍데기, 동물의 뼈나 뿔, 이빨, 옥 따위로 만들었다.

## 자연을 숭배하고 무덤을 만들다

신석기시대 사람들은 여전히 자연환경에 의존할 수밖에 없는 상황에서 자연에 대한 관심이 클 수밖에 없었다. 자신들의 생활을 좌우하는 자연에는 위대한 힘이 있다고 믿었다. 가령 하늘과 땅, 산이나 바다, 나무, 동식물은 신비한 힘이 있어서 비를 내리게 하거나 바람을 일으키고, 먹을 것도 내려준다고 생각했다. 즉, 태양·물·산·바위 같은 자연물에 영혼이 있다는 애니미즘animism과 특정 동식물을 숭배하는 토테미즘 totemism을 가지고 있었다. 또한 사람이 죽어도 영혼은 없어지지 않는다고 생각하는 영혼 숭배와 조상 숭배, 무당과 주술의 힘을 믿는 샤머니즘shamanism도 등장했다.

이때부터 사람들은 신과 영혼에 대해 생각하고, 죽은 다음의 세계에도 관심을 갖게 되었다. 죽은 사람을 위한 장소를 따로 마련하고, 장례를 치르는 절차도 갖추기 시작했다. 장례 의식은 씨족 공동체를 이루는 마을의 지도자를 중심으로 치러졌다.

신석기시대 사람들의 무덤에는 조개무지무덤, 구덩무덤, 독무덤 같은 여러 종류가 있었다. 경상남도 통영 연대도·욕지도, 부산 범방동에서는 조개무지 유적을 발굴하다가 조개더미 아래에 있는 무덤을 발견했다. 이들 무덤은 특별한 매장 시설 없이 땅을 조금 오목하게 파고 시신을 펴서 묻었는데, 신석기시대 무덤에서 가장 많이 볼 수 있는

**신석기시대의 사람 뼈와 팔찌**
신석기시대의 무덤 유적은 그리 많지 않지만 구덩이를 파고 시체를 펴거나 구부려서 묻는 방식,
임시로 매장했다가 뼈만 다시 추려서 매장하는 방식, 질그릇에 뼈를 넣고 묻는 방식 따위가 있었다.
사진은 전라남도 여수시 남면 안도리에서 발견된 사람 뼈(오른쪽)와 조개겁데기로 만든 팔찌(왼쪽)다.

형태다. 또 경상북도 울진 후포리의 바닷가 근처 언덕 꼭대기에서는 집단 무덤도 발견
되었다. 지름이 약 4미터쯤 되는 구덩이에서 40명 이상의 사람 뼈가 나왔다. 다른 곳에
시신을 두었다가 뼈만 따로 추려서 다시 묻은 것이었다.

　　최근에는 부산 동삼동과 경상남도 진주 상촌리에서 토기 항아리에 뼈를 넣은 무덤
도 발견되었다. 우리나라에서 청동기시대의 독무덤이 발견된 적은 있지만, 신석기시
대의 독무덤이 발견된 경우는 거의 드물다. 하지만 토기 항아리에 사람 뼈를 넣고 매
장하는 풍습은 우리나라뿐 아니라 세계 곳곳에서 그 흔적이 발견되고 있다. 이 밖에
강원도 춘천 교동의 동굴 유적에서는 세 사람의 뼈가 발을 중앙으로 모으고 동·서·남
쪽으로 머리를 향한 채 반듯이 묻혀 있었다. 처음에는 집터였던 동굴을 다시 무덤으로
사용한 것이라 짐작된다.

　　신석기시대 사람들은 무덤 속에 시신과 함께 죽은 사람이 먹을 음식을 토기에 담아
넣거나, 그들이 살았을 때 사용한 돌도끼와 돌칼 따위를 함께 껴묻기도 했다. 특히 울진
후포리의 집단 무덤에서는 상당히 많은 돌도끼가 사람 뼈를 덮듯이 깔려 있었다. 돌도
끼를 껴묻는 것이 장례 의식의 하나였을 것으로 짐작된다. 또한 멧돼지와 개, 새 따위를
아주 작은 크기로 만들거나 임신한 여성의 몸과 사람 얼굴을 새긴 조각품을 함께 껴묻
기도 했다. 이러한 물건들은 죽은 사람들이 살았을 때 몸에 지니고 다녔던 꾸미개로 보

**신석기시대 무덤의 껴묻거리**
뾰족한 주둥이를 가진 멧돼지(오른쪽)는 어른 엄지손가락만 한 크기로, 경상남도 통영 욕지도에서 발견되었다. 멧돼지 사냥이 잘되기를 바라면서 만든 것으로
보인다. 경상남도 창녕 조개무지에서는 그물추와 토기 조각, 여러 가지 석기 따위의 껴묻거리가 나오기도 했다.

## | 신석기시대 조각상과 예술품

신석기시대 사람들은 생활이 차츰 안정되고 여유가 생기자, 토기나 석기를 보기 좋게 만들 뿐만 아니라 토기 겉면에 무늬를 새겨 넣거나 돌의 결을 이용해 나름대로 장식 효과를 내기도 했다. 특히 빗살무늬토기에 새겨진 여러 무늬는 자연을 배경으로 살아간 신석기시대 사람들의 자연관을 나타낸 것으로 여겨진다. 이처럼 신석기시대 사람들은 생활 도구에 장식을 함으로써 생각이나 미적인 정서를 표현했으며, 이후 여러 조각품까지도 만들게 되었다.

　신석기시대의 조각품은 주로 돌과 흙, 동물의 뼈나 뿔로 사람이나 동물의 형상을 만든 것들이다. 이러한 조각품은 예술품일 뿐만 아니라 신석기시대의 의식이나 신앙과도 연결되어 있다. 그래서 대부분은 상징적으로 표현되었지만, 당시 생활상을 엿볼 수 있도록 사실적으로 표현한 경우도 있다. 바로 울산광역시 울주군 대곡리의 반구대 바위그림이 그것이다.

**◀얼굴 모양 토기**
경상북도 울진 죽변면에서 나온 신석기시대의 얼굴 모양 토기다. 대충 만든 듯하지만, 눈·코·입이 나름대로 뚜렷하다. 이외에도 신석기시대에는 가리비의 껍데기로 만든 얼굴 모양 조각품도 있다.

**▶흙으로 빚은 여인**
강원도 양양에서 발견된 신석기시대의 여성상으로, 머리와 팔다리는 없지만 잘록한 허리와 가슴이 뚜렷하다. 모계 씨족사회에서 다산과 풍요를 기원하는 의미로 만든 것이다.

**▼반구대 바위그림**
신석기시대 중기에서 철기시대 초기까지 그려진 바위그림으로, 고래·물개·바다거북 같은 바다짐승과 사슴·호랑이·멧돼지·개 따위의 뭍짐승, 그리고 배에 탄 사람 등이 새겨져 있다.

이는데, 사냥이 잘되기를 바라거나 다산과 풍요를 기원한 껴묻거리였다.

## 바다를 건너 교류를 하다

신석기시대의 교역은 매우 일반적이면서 활발하게 이루어진 경제행위였다. 씨족 공동체에서 부족한 물건들을 이웃 집단과 서로 교류하며 직접 물물교환을 했다. 교역 품목으로는 의식주 생활에 필요한 짐승 털가죽과 삼베, 말린 생선, 그물과 짐승 뼈로 만든 도구 따위였다. 조개 팔찌 같은 꾸미개와 흑요석 같은 광물도 주요 거래 품목이었다. 교류 지역은 가까운 곳에서 시작해 점차 중국의 동북 지역이나 일본열도, 러시아 연해주까지 확대되었을 것으로 보인다.

서해안 지역 사람들은 대개 남해안 지역 사람들과 교류를 했지만, 중국 요동반도遼東半島, 지금의 랴오둥 반도와 거리가 가까워 이들과도 교류를 했다. 중국 동북 지역의 채색토기와 요동반도에 흔한 반달칼 따위가 비록 그 수는 많지 않지만 서해안 유적에서 나왔다. 서해를 중심으로 그 주변에 살았던 사람들이 서로 왕래했음을 보여주는 증거다.

부산의 동삼동 유적에서는 조개 팔찌가 수천 점이나 나왔다. 이곳 사람들만 썼다고 보기에는 너무나 많은 양이다. 주변 지역과 교역을 하려고 만든 물품으로 짐작된다. 조

**흑요석기**
흑요석은 화산 지대 같은 특정한 곳에서만 생산되고, 원산지마다 구성 성분이 다르기 때문에 지역 간의 교류를 알 수 있는 유용한 증거다. 우리나라 동해안의 흑요석은 백두산에서 나온 것이고, 남해안의 흑요석은 일본 규슈 지역의 것으로 밝혀졌다.

개 팔찌는 서해안과 동해안은 물론이고 심지어 일본 규슈 지역에서도 나오는데, 서로 직접 교류한 증거라고 할 수 있다. 또한 내륙인 충청북도 단양군 도담리에서도 투박 조개로 만든 팔찌가 발견되었다. 남해안 지역 사람들과 교역해서 얻은 물건일 것이다.

이외에도 석영이나 곱돌처럼 특정한 곳에서만 나는 광물을 교역한 경우도 있다. 이러한 광물은 토기를 만들 때 넣으면 더욱 단단하게 해주는 성질이 있으므로 반드시 필요한 재료였다. 하지만 특정한 곳에서만 구할 수 있기 때문에 이런 광물이 나지 않는 곳에서는 교역을 통해서만 구할 수 있었다. 가령 서울 암사동이나 서해안 유적에서 곱돌을 넣어 만든 토기가 발견되고 있다. 곱돌은 이곳에서 구할 수 없는 광물이다. 따라서 황해도 같은 다른 지역과 교류를 통해서 직접 구했을 것으로 보인다. 이처럼 신석기시대 사람들은 이웃 지역과 교류를 하면서 부족한 물건이나 자원을 얻었을 뿐만 아니라, 필요한 기술과 정보도 서로 교환했을 것이다.

신석기시대 사람들은 농경과 마찬가지로 교역 활동도 씨족을 중심으로 함께했기 때문에 교역 물품을 공동으로 분배했다. 함께 일하고 함께 나누며 더불어 사는 삶을 살았던 것이다. 이러한 신석기시대의 씨족 사회를 이동 생활을 했던 구석기시대의 무리 사회와 함께 흔히 '원시 공동체 사회'라고 부른다.

**조개로 만든 팔찌**
신석기시대의 꾸미개 가운데 하나인 조개 팔찌는 교역 물품으로 널리 이용되었다. 특히 우리나라 동남해안이 생산 중심지였을 가능성이 높은데, 일본 규슈에서도 비슷한 방식으로 만든 조개 팔찌와 함께 이음낚시가 발견되었다. 이외에도 우리나라 남해안의 조개더미에서 발견된 조몬 토기를 통해 두 지역 간의 기술과 정보 교류도 있었음을 짐작해볼 수 있다.

# 필요가 낳은 발명품, 토기



토기는 식량을 효과적으로 운반 또는 저장하거나 음식을 조리할 때 필요한 그릇으로, 인류가 구석기시대의 불 다루는 기술을 이어받아 창조적으로 만들어낸 발명품이다. 토기는 자연환경이 서로 다른 곳에서 나름대로 필요한 용도와 기술 수준에 따라 다양하게 만들어낸 것으로 생각된다.

예컨대 서아시아 지역에서는 일찍부터 농경이 발달하면서 수확한 곡식과 종자를 저장하려고 토기를 만들었다고 한다. 토기가 만들어지기 전에는 불에 굽지 않은 커다란 저장용 그릇이나 땅바닥에 구멍을 파서 안쪽에 점토를 발라 곡식을 저장했다. 이것이 나중에 토기를 발명하는 밑바탕이 되었다.

이와 달리 아메리카 대륙의 서남부 지역에서는 선주민들이 바구니에 점토를 발라 사용하다가 아예 저장만을 위한 그릇을 따로 만들었다고 한다. 그래서 토기는 바구니에서 유래했다는 주장이 오래전부터 나왔다.

중국의 양자강揚子江, 지금의 양쯔강 유역에서는 1만 4000년~1만 3000년 전부터 기후가 온난 습윤해지자, 벼나 견과류 같은 식물이 많아졌는데 이러한 식물로 음식을 조리할 때 토기를 사용했다고 한다. 아무르강 유역에서는 사람들이 어로활동에 대한 의존도가 높아지면서 생활필수품인 기름이나 고기를 얻으려고 토기를 사용했다는 주장도 있다.

이러한 사실로 볼 때, 한반도의 대표적인 토기인 빗살무늬토기도 필요에 따라 그 형태나 기능을 달리해서 만들어낸 독자적인 발명품이라 할 수 있

## | 세계의 여러 토기들

인류가 구석기시대의 불 다루는 기술을 이어받아 만들어낸 발명품이 토기인데, 지역마다 서로 다른 필요에 따라 만들어졌다.

서아시아 지역 토기

이집트 토기

## | 한반도의 여러 빗살무늬토기

다. 예컨대 서울 암사동을 비롯해 경기도와 황해도를 포함한 서해안 지역에서 나온 빗살무늬토기는 밑바닥이 뾰족한 포탄 모양이다. 몸통에는 구멍이 뚫린 것들이 많다. 그 까닭은 무엇일까?

토기의 아가리가 넓고 아래로 내려갈수록 좁아지는 것은 모래가 많은 땅바닥에 꽂아두거나 토기를 거꾸로 엎어서 구덩이를 덮기에 편리한 모양이다. 또 몸통에 구멍을 뚫은 것은 끈으로 묶어서 들고 다니거나 움집 기둥에 매달아놓으려고 그랬을 가능성이 크다. 그러면 토기 바닥이 굳이 편평해야 할 까닭이 없는 것이다.

반면 함경도나 강원도의 동해안에서는 밑바닥이 편평한 빗살무늬토기가 나왔고, 남해안 지역에서는 서해안보다 위아래가 낮고 두툼한 빗살무늬토기도 나왔다. 특히 압록강 지역과 중국의 요동에서는 겉에 색을 칠하고 바닥에 굽이 달린 토기가 나왔다. 문화가 앞선 중국 지역과 교류하면서 다른 곳보다 세련된 그릇을 만들 줄 알았던 것으로 보인다.

이처럼 토기의 모양이 지역마다 다른 까닭은 그곳에 살았던 종족이나 집단마다 문화나 생활 습관이 달랐기 때문이다. 일반적으로 신석기시대와 그 뒤를 잇는 청동기시대에는 크고 작은 여러 종족이 더 나은 자연환경을 찾아 이동하면서 서로 교류하거나 문화적으로 영향을 끼쳤다고 한다. 실제로 한반도와 그 주변에서도 예맥족을 비롯한 여러 종족이 섞여 살았다. 따라서 그들이 살았던 지역의 자연환경에 맞게 특색 있고 독자적인 토기를 만들어 사용했을 것으로 짐작된다.

# 동북아시아에 싹트는 새로운 문명

돌과 나무로 만든 도구를 가지고 자연에 대처했던 원시인들은 청동기라는 금속기를 발명하면서 급격한 사회 변화를 겪는다. 농업생산력의 발달과 잉여생산물의 증가로 사유재산이 생기고 빈부의 차이가 나타났다. 이전까지의 평등한 관계가 사라지면서 계급이 발생했다. 이에 따라 경제력과 권력을 지닌 지배자나 정치 세력이 등장했고, 새로운 사회 질서를 유지하기 위한 인위적 조직체인 국가가 탄생했다.

특히 쇠로 만든 농기구와 무기가 등장함에 따라 농업경제가 더욱 진전되고 불평등한 관계가 심화되면서 집단 간의 갈등과 대립으로 정복 전쟁이 빈번하게 일어났다. 그 결과 지배와 피지배라는 관계 속에서 새로운 역사가 시작되었다. 이처럼 청동기와 철기라는 금속기가 바꿔놓은 역사는 처음에 어떻게 시작되었을까?

## 청동기, 동북아시아에 등장하다

인류가 처음 만든 금속기의 재료는 구리였다. 그런데 구리는 너무 물러서 점차 주석과 아연을 섞어 더 단단한 청동기를 만들어 썼다. 기원전 2000년 무렵, 중국 요령성遼寧省, 지금의 랴오닝성 지역과 한반도에도 청동기 문화가 서서히 퍼지기 시작했다. 기원전 15세기를 지나면서 청동기가 조금씩 유행하다가, 기원전 1000년 이후부터는 본격적으로 청동기를 만들어 썼다.

청동은 여러 도구를 만드는 데 더없이 적당했다. 청동으로 만든 도구들은 나무나 돌로 만든 것과는 달리 빛이 나고 강해서 족장들이 힘을 과시하는 데 아주 좋은 물건이었다. 족장들은 신분에 걸맞은 위세품威勢品, 고대사회에서 신분이 높은 사람들이 권위와 위엄을 나타내려고 사용하거나 지녔던 물건을 청동으로 만들어 사용했다. 당시 족장들은 제사장의 권능을 함께 지녔다. 청동으로 만든 칼이나 청동거울, 청동방울 같은 종교적 권능을 상징하는 의기儀器로 사회를 통합하는 역할을 맡았다. 하지만 청동기는 그 자체가 너무 귀한 물건이어서 일반 사람들은 소유하기 어려웠다. 일반 사람들은 농기구를 주로 나무로

### | 청동기시대의 부족장

부족사회는 혈통이 같으면서도 단순한 가족 단위를 뛰어넘어, 공통의 언어와 문화, 그리고 사고방식 같은 전통에 따라 규정되는 소규모 집단들을 가리킨다. 인류학자들은 대개 신석기시대의 모계 혈통을 중시하던 씨족사회를 거쳐 청동기시대에는 부족사회가 출현한 것으로 본다. 부족사회의 규모가 차츰 커지면서 다른 집단과 연맹을 이루고, 이것이 곧 고대국가를 형성하는 토대가 되었다.

▶ **칼 손잡이 모양 청동기**
족장의 권위를 나타낼 뿐만 아니라, 제사 의식에 사용된 청동기다. 이외에도 청동검을 비롯해 청동거울, 청동방울 따위가 있다.

만들어 사용했을 것으로 여겨진다.

오늘날 요령성과 길림성吉林省, 지금의 지린성 지역을 아우르는 중국 동북부와 한반도 곳곳에서는 청동기를 가진 사람들이 생활했던 흔적이 발견되고 있다. 이들 지역에서는 일찍부터 비파형동검을 비롯해 다양한 청동기를 가진 정치집단들이 등장해 서로 경쟁하면서 차츰 성장하고 있었다.

요령성 일대의 정치집단들은 요하遼河, 지금의 랴오허강를 기준으로 지역마다 조금씩 다른 청동기 문화를 가지고 있었다. 요령성 서쪽 지역에서는 사람들이 농사를 지으면서 목축 생활을 하며 청동기 문화를 발전시켰다. 이들은 산융山戎·동호東胡라 불리는 종족으로, 동검 자루나 그 끝부분에 짐승 모양을 많이 조각했다. 가령 청동으로 말 모양이나 개구리, 가오리 등을 만든 장식품이나 호랑이 따위를 장식한 허리띠 고리를 사용했다. 하지만 이들은 나중에 중국 사람들한테 밀려나 내몽골 지역의 유목민이 되었다.

반면 요하 동쪽이나 한반도에서 나오는 청동기는 중국 황하黃河, 지금의 황허 지역이나 오르도스Ordos, 내몽골 남쪽 끝 지역의 청동기와는 다른 특성이 있다. 대체로 요령성 지역에서 그 뿌리를 찾을 수 있다. 특히 한반도 지역의 청동기는 나중에 요령성 지역의 청동기와도 뚜렷이 구분되는 독특한 형태로 발전한다.

요동이나 한반도에서 나오는 대표적인 청동기는 주로 칼날 모양이 비파라는 악기를

**요서 지역의 청동기**
요서 지역에는 짐승 모양을 장식한 청동기가 주로 많이 나온다. 이곳에 살았던 산융·동호족이 주로 유목 생활을 했음을 말해준다. 특히 요서 지역에서는 실제 사용했던 날이 직선인 검이 많이 나온다.

닮은 '비파형동검'이다. 비파형동검은 장식이 없고 기하학무늬가 있는 청동거울이나 청동단추 같은 작은 장식품들과 함께 발견되고 있다. 기원전 4세기 무렵부터 칼날 모양이 더욱 세련되고 단단해 보이는 형태로 바뀌었다. 이런 칼은 길고 가느다란 모양을 하고 있어서 '세형동검細形銅劍, 좁은놋단검'이라고 부른다. 그런데 이 칼은 우리 조상들의 생활 무대였던 곳에서만 출토된다는 사실을 중시해, '한국식 동검'이라고도 부른다.

사람들은 청동기를 사용하면서 생산도구도 더욱 날카롭고 정교하게 만들었다. 가령 도끼나 끌, 칼, 송곳 같은 청동기를 연장으로 사용해 이전보다도 더 쓰기 좋고 다양한 목재 도구를 만들었다. 이러한 도구의 발달로 청동기시대에는 농경과 목축이 비약적으로 발전하게 되었다. 다만 괭이나 낫, 보습 같은 농기구는 여전히 돌과 나무로 만들었다. 청동기는 너무 물러 잘 부러지기 때문에 농기구로 만들지 않았던 것이다.

청동기시대 사람들이 주로 가꾼 곡식은 조와 피, 기장, 수수였다. 낮은 곳에 위치해 물이 괴어 축축한 땅에서는 벼농사를 짓기도 했다. 이전 시기에도 벼농사를 지은 흔적은 있었지만, 이때부터 본격적으로 벼농사가 발달했다. 농사는 채집이나 사냥, 물고기잡이와는 달리, 씨앗을 뿌리고 오랜 시간과 노동력을 들여 수확물을 거두는 생산 활동이다. 따라서 청동기시대에는 마을이나 집 근처의 땅을 온 식구가 다 같이 경작하는 생활이 기본이었다.

**요동과 한반도 지역의 청동기**
비파형동검과 세형동검은 중국식 동검이나
북방계 오르도스식 동검과는 달리, 자루를 따로 만들어
칼의 몸체에 끼울 수 있도록 만들었다. 이외에도
거친무늬 청동거울이나 청동단추 따위가 대표적이다.

이 무렵부터 돼지나 소, 말, 개 따위 짐승을 우리에 가둬놓고 기르는 것도 보편화되었다. 야생에서 먹을거리를 채집하거나 사냥하는 것보다 농사일과 집짐승 기르는 일이 훨씬 더 중요해졌다. 따라서 청동기시대에는 남성들이 곡식을 생산하는 농사와 고기나 가죽을 생산하는 목축 같은 일을 맡고, 여성들은 마을 안에서 음식과 옷을 만들거나 곡식을 관리하는 일을 맡았다. 도구와 기술이 더욱 발달하면서 생산이 늘어나자, 남성들이 차츰 사회의 주도권을 잡기 시작했다.

청동기시대 사람들은 주로 들판을 앞에 둔 야산 아래나 나지막한 언덕 기슭, 강가에서 마을을 이루고 살았다.

## 국가의 탄생

청동기시대에는 이전까지 모든 사람이 평등했던 원시 공동체 사회가 무너지면서 부자와 가난한 자가 생겨나고, 남을 부리면서 권력을 가진 지배자(군장君長)가 나타났다. 특히 부유하고 권세를 지닌 사람이 집단의 우두머리가 되었다. 이들은 재산과 함께 지위와 권세까지 자손에게 대대로 물려주어 지배층으로 성장했다. 그 결과 마을 내의 여러 집단 사이에 점차 경제적인 우열 관계가 성립되었으며, 잉여생산물과 주요 자원의

**청동기시대 밭 유적과 농경 도구**
청동기시대의 농기구로는 돌과 나무로 만든 돌삽(왼쪽)과 보습, 괭이 따위가 대표적이다. 이러한 농기구의 발달은 잉여생산물을 증가시키고, 농경의 발달을 가져왔다. 이 과정에서 남성들은 노동을 통해 수확한 것을 직접 관리하고, 생산도구나 생산물을 점차 공동으로 하지 않고 개인이 차지하기 시작했다.

이용권을 둘러싼 갈등이 마을 공동체의 기능만으로는 조정하기 어려운 상태가 되었다.

이처럼 잉여생산물을 둘러싼 갈등은 마을 사이에도 점점 커져 치열한 싸움이 자주 발생했다. 마을에는 방어를 위한 환호와 목책木柵이 등장했다. 울산의 검단리나 부여의 송국리 마을이 그러한 예다. 목책은 시간이 지나면서 토성으로 바뀌기도 했다. 이것은 서양에서 말하는 '성채 국가城砦國家'라고도 할 수 있다. 이러한 성채는 그 지역의 여러 촌락을 통괄하는 정치적이고 종교적인 중심지였다.

청동기시대 마을의 강력한 지배자는 권력과 재산을 지키기 위해서 법을 만들어 사람들을 다스리기 시작했다. 관리 조직과 군대를 두고 사람들이 법을 지키도록 감시하거나 법을 어기면 처벌했다. 이로써 역사상 처음으로 국가가 발생했다. 국가를 이룬 지역 공동체들은 다른 지역 공동체와 다툼이 생기면 치열한 전쟁을 벌였다.

청동기시대에는 강력한 청동 무기를 사용해 약탈과 정복 전쟁이 빈번하게 일어났다. 그 결과 전쟁에서 승리하면 재물을 더 많이 갖게 될 뿐만 아니라, 정복자는 포로나 범죄자를 노예로 만들어 생산노동에 동원할 수 있었다. 이렇게 형성된 큰 힘을 지닌 세력을 중심으로 지배와 복속이 진행되면서 더 큰 정치집단이 성장했다. 이것이 문헌에 기록된 '국國'이며, 그 가운데서도 고조선이 우리 역사상 최초의 국가로 등장했다.



## | 청동기의 제작 과정

청동검이나 청동거울을 만들려면 크게 세 단계의 공정을 거친다. 처음에는 동광에서 채취한 광석을 녹여 만든 구리 용액에 주석 등을 섞어 청동 용액을 만든다. 그 다음에 만들고자 하는 청동기 모양을 새긴 곱돌[활석] 거푸집에 청동 용액을 붓는다. 특히 잔무늬 청동거울처럼 정교하고 복잡한 경우에는 거푸집에 곧바로 새기지 못하고 밀랍으로 속틀을 먼저 만들어야 한다. 그리고 나서 거푸집에 청동 용액을 붓고 굳기를 기다려 거푸집을 떼어내면 청동기가 완성된다. 마지막으로 청동기의 표면을 다듬는 과정을 거친다.

청동거울 거푸집

청동 도끼 거푸집

## 철기 문화가 가져온 새로운 역사

동아시아 지역에서 철기 문화가 확산된 시기는 기원전 5세기 이후부터다. 이때 중국은 전국시대戰國時代로, 일곱 개의 제후국이 서로 세력을 다투는 혼란 속에서 유이민들을 통해 철기 문화가 전파되기 시작했다. 특히 기원전 3~2세기 무렵 진秦·한漢 교체기에는 중원 지역과 그 주변에서 발생한 수많은 유이민들이 우리 땅에도 흘러들어 왔다. 그 가운데 위만으로 표현된 집단이 중국의 철제 무기를 바탕으로 세력을 키웠다. 이들은 농기구와 철제 무기를 스스로 만들어 사용했다고 한다.

우리 땅에서 철기의 사용이 일반화되어 생산도구나 무기를 모두 철기로 만들게 된 시기는 기원전 2~1세기 무렵이라고 할 수 있다. 특히 기원전 108년에 중국의 한이 고조선을 멸망시키고 낙랑군을 설치하면서 철기를 본격적으로 생산했다. 그전에는 주로 중국에서 철기를 들여와 사용했다.

쇠는 돌처럼 잘 깨지지도 않고, 청동처럼 무르지도 않으며, 나무처럼 잘 부러지거나 쉽게 닳지도 않는다. 쇠는 돌보다 단단하고, 청동보다 훨씬 더 날카롭게 벼릴 수 있다. 따라서 쇠로 만든 농기구는 힘을 잘 받고, 쇠로 만든 검은 위력이 매우 뛰어났다. 이러한 장점을 가진 철기로 만든 농기구와 무기는 사회 생산력을 높이는 데 중요하게 활용



### |『삼국지三國志』에 나타난 '국가'

'국國'은 고대에 국가가 형성되기 전 단계의 지역에 형성된 정치집단을 일컫는다. 『삼국지』의 「위서」 '동이전'에 따르면, 마한의 목지국, 진한의 사로국, 변한의 구야국 같은 국읍國邑을 포함한 여러 개의 읍락으로 구성되어 있었다.

국읍은 국 안에서 경제적이고 군사적인 문제가 발생했을 때, 이를 조정하고 통솔하는 역할을 했다. 예를 들어 고대사회에서 중요했던 철기의 제작은 국읍의 통제를 받는 집단에서 제작해 국읍을 통해 재분배되거나, 읍락 단위에서 제작되어 취락에 분배되었다.

이처럼 국을 형성하는 가장 기본적인 조직은 읍락邑落인데, 읍락은 자연지리 조건에 따라 형성된 여러 개의 자연 취락으로 구성되었다. 취락은 20명 내외로 구성되는 세대 복합체고, 하나의 세대 복합체는 주거를 달리하며 단혼 부부로 맺어진 세대로 구성되었다.

되었다.

철기는 만드는 기술에 따라 쇳물을 거푸집에 부어 만드는 주조 철기와 쇳덩이를 두들겨 만드는 단조 철기로 나뉜다. 한반도에서는 거푸집으로 주조한 철기보다 쇠를 두들겨서 만든 단조 철기가 널리 쓰였다. 단조 철기는 주조 철기보다 만들기는 어렵지만 훨씬 더 단단해서 농기구나 무기로 많이 사용되었다.

한반도에는 철을 뽑아내는 원료인 철광석이 매우 풍부해서 구리보다 더욱 널리 사용되었다. 청동기는 매우 귀한 금속이어서 지배자들의 위세품 제작에만 사용되고 생산도구로는 제작하지 못했지만, 철기는 쉽게 구해 더욱 단단하게 벼릴 수 있어서 다양한 도구를 제작하는데 사용되었다. 이렇듯 생산도구를 대부분 쇠로 만들어 사용하게 되면서 이전까지 나무나 석기를 주로 사용하던 때보다도 사회 생산력을 더욱 급격하게 높일 수 있었다.

기원전 2~1세기 무렵 한반도 지역에서 만든 쇠따비나 길쭉한 쇠도끼 따위는 철기를 만드는 독특한 방식뿐만 아니라 그 형태도 중국의 철기와는 달랐다. 한반도 사람들이 자연에서 철광석을 캐내고 철 성분을 빼내는 방법과 철기를 제작하는 기술을 터득하게 되자, 여러 기능의 다양한 농기구와 전쟁 무기까지도 쇠로 만들 수 있었다.

한 예로, 납작 쇠도끼는 납작한 쇠날을 주로 나무 자루에 끼워 사용했다. 납작한 쇠

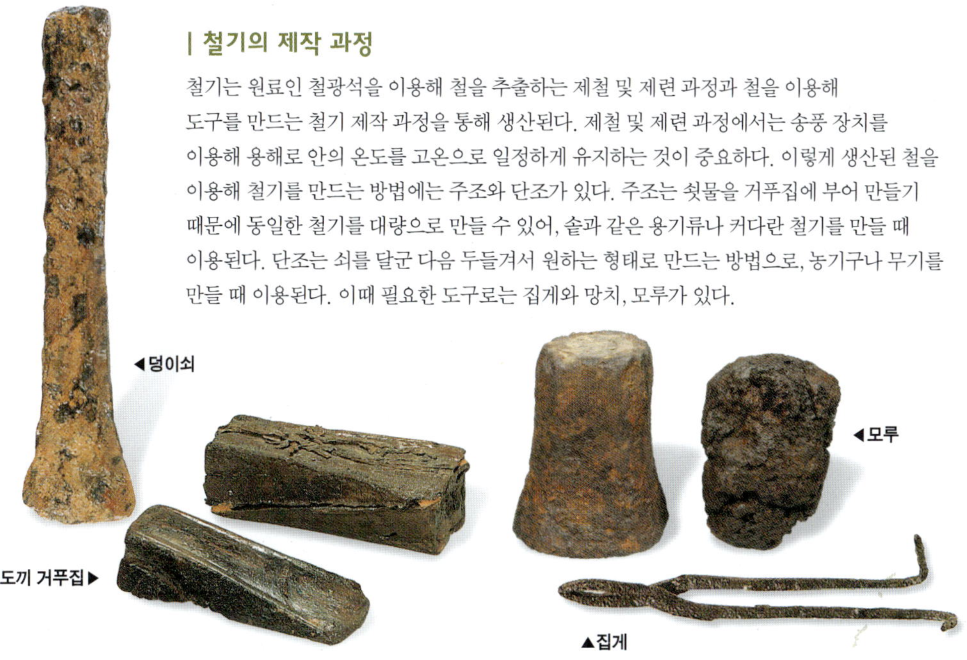



## | 철기의 제작 과정

철기는 원료인 철광석을 이용해 철을 추출하는 제철 및 제련 과정과 철을 이용해 도구를 만드는 철기 제작 과정을 통해 생산된다. 제철 및 제련 과정에서는 송풍 장치를 이용해 용해로 안의 온도를 고온으로 일정하게 유지하는 것이 중요하다. 이렇게 생산된 철을 이용해 철기를 만드는 방법에는 주조와 단조가 있다. 주조는 쇳물을 거푸집에 부어 만들기 때문에 동일한 철기를 대량으로 만들 수 있어, 솥과 같은 용기류나 커다란 철기를 만들 때 이용된다. 단조는 쇠를 달군 다음 두들겨서 원하는 형태로 만드는 방법으로, 농기구나 무기를 만들 때 이용된다. 이때 필요한 도구로는 집게와 망치, 모루가 있다.

처음에는 중국 철기 문화의 영향으로 압록강 유역과 한반도 서북부에서 주조로 만든 호미와 괭이, 낫, 반달칼 따위 농기구가 대부분이었다. 하지만 쇠스랑, 쇠따비, 납작 쇠도끼처럼 철기를 만드는 방식이나 그 형태가 중국의 철기와는 점점 달라졌다.

한의 철기 제작 기술이 차츰 보급되어 칼, 투겁창, 꺾창 같은 무기가 다양하게 만들어지고, 말갖춤도 등장하기 시작했다. 이후 1세기 무렵에는 한반도 남부 지역에서도 철기 제작이 활발해지면서 그 종류와 기능에 따라 더욱더 다양한 형태로 발전했다.

날을 'ㄱ'자 모양의 나무 자루에 묶으면 자귀나 괭이가 되어 나무를 자르거나 땅을 파는 데도 사용할 수 있었다. 이처럼 쇠로 만든 농기구 가운데는 이전에 볼 수 없었던 새로운 발명품도 있었다. 날이 말굽쇠 모양으로 달린 따비와 쇠스랑도 마찬가지였다. 쇠스랑은 날이 서너 갈래로 갈라져 가벼우면서도 흙을 잘 파고 들어가 논과 밭에서 흙을 부수고 땅을 고르는 데 아주 쓸모가 있었다. 이런 농기구는 요즘 농촌에서 사용하는 것과 거의 비슷했다.

이처럼 철기는 우리 역사상 처음으로 세워진 국가인 고조선과 그 주변에서 연맹 왕국을 이루고 있던 부여나 삼한 사회가 국가 형태를 다지는 데 무엇보다 가장 큰 힘이 되었다.

# 농경무늬 청동기에 담긴 메시지

**농경무늬 청동기**
손바닥만 한 청동기의 앞면에 새겨진 그림은 청동기시대 사람들이 농사를 짓는 모습이 분명하다. 이 청동기는 파종기와 추수기에 행해진 농경의례 때 제사장이 옷에 매달고 사용했던 의기로 생각된다.

국립중앙박물관의 청동기 전시실에 들어서면 마치 기와집 모양 같기도 하고 방패 모양 같기도 한 조그만 청동 판이 눈에 띈다. 이 청동 판은 앞면과 뒷면에 농사짓는 그림이 선명하게 새겨져 있어서 '농경무늬 청동기'라는 이름을 얻었다. 지금은 아랫부분이 파손되어 없지만, 남은 부분만으로도 청동기시대 사람들의 생활과 관련해 많은 메시지를 던져주고 있다.

농경무늬 청동기에 새겨진 인물과 동물, 그 밖의 형상들은 모두 간결하면서도 실감나게 표현되어 있다. 특히 남성의 머리에 달린 긴 장식과 성기, 농기구인 따비와 괭이, 밭의 두둑과 고랑, 그리고 새의 주둥이와 꽁지, 다리 따위가 분명하게 묘사되어 있다. 농업 생산의 풍요를 기원하는 주술적인 의미가 담긴 의기儀器로 추측된다. 청동기시대에는 씨앗을 뿌리는 봄에는 풍년을 기원하고, 추수기에는 수확한 곡식에 대해 하늘에 감사하는 제례 의식이 있었다. 이때 의식을 주도하는 제사장은

**농경무늬 청동기에 새겨진 솟대**
솟대는 기다란 나무 위에 곡령신을 불러오는 새를
나무로 만들어 얹은 것이다. 예전에 농촌에서는
섣달이면 마을 어귀에 세워 놓은 솟대에 볍씨를 넣은
주머니를 매달아 풍년을 기원했다.

**농경무늬 청동기에 새겨진 여성과 그릇**
해마다 파종기와 수확기에 농경의례를 지낸 것을 보면,
우리 조상들이 농사와 생활에서 자연과 신에게 얼마나
의지했는지 잘 알 수 있다.

**농경무늬 청동기에 새겨진 따비와 이랑**
농경무늬 청동기에 새겨진 그림을 보면,
청동기시대에 이미 따비로 땅을 갈아
이랑을 만들고 작물을 재배하는 농사
기술이 있었음을 알 수 있다.

이 청동기를 옷에 매달거나 목에 걸고 제사를 지냈을 것이다.

농경무늬 청동기의 앞면에는 한가운데에 세로로 난 띠를 사이에 두고, 오른쪽에는 남성 두 명이 따비와 괭이를 가지고 일하는 모습과 왼쪽에는 여성 한 명이 질그릇에 무엇인가를 담는 모습이 새겨져 있다. 따비와 괭이를 들고 밭을 가는 장면은 씨앗을 뿌리는 파종기를 나타내고, 질그릇에 무엇을 담는 것은 추수기의 수확과 저장을 나타낸 것으로 보인다.

또 뒷면에는 한가운데에 세로로 난 띠를 사이에 두고, 왼쪽과 오른쪽에 각각 Y자 모양으로 뻗은 나뭇가지에 독수리나 매 같은 새가 서로 마주 보고 있다. 나무 위의 새는 예전에 우리 농촌에서 흔히 볼 수 있었던 솟대를 연상케 한다. 고대 사람들은 새가 인간에게 농사의 풍요를 가져다주고 영혼을 저승에 데려다준다고 생각했다. 그래서 샤먼이 새처럼 신과 인간을 이어주는 존재임을 표현한 것으로 볼 수도 있다.

이처럼 농경무늬 청동기에 묘사된 내용은 의례를 통해 농경의 중요성을 전달하는 역할을 했다. 특히 문자가 없던 때에 이런 청동기를 만들어 해마다 부족을 모아놓고 농경의례를 치르며, 농사짓는 방법과 기술을 교육하는 일은 아주 중요했을 것이다. 이때 농경무늬 청동기에 새긴 그림은 사람들에게 문자와 같은 구실을 했을 것이다. 그렇다면 혹시 씨를 뿌리고 곡식을 거두는 때가 얼마나 중요한지를 어린 자녀들에게도 은연중에 가르친 것은 아닐까?

2500년이 지난 오늘날 우리는 이 조그만 농경무늬 청동기를 통해 청동기시대 사람들의 농경 생활을 생생하게 엿볼 수 있다.

# 우리 역사에 등장한 첫 나라



고조선은 보통 단군조선과 기자조선, 그리고 위만조선이라는 세 왕조가 시간과 공간의 차이를 두고서 변천해간 것으로 알려져 있다. 하지만 어떤 책에서는 기자조선의 역사를 부정하고 있으며, 단군조선 또한 신화에 불과하다는 견해도 있다. 이러한 역사 인식은 고조선이 실제로 존재했던 고대국가라는 사실과 상반되어 많은 혼동을 초래하고 있다.

『삼국유사三國遺事』에는 우리 역사상 처음으로 세워진 국가로 고조선이 등장한다. 이 책을 지은 승려 일연은 위만조선보다 이전에 있었던 나라라는 의미로 '고조선'이라 했다. 그러나 오늘날에는 1392년에 이성계가 세운 '조선'과 구별하기 위해 흔히 '고조선'이라고 부른다. 그렇다면 이러한 고조선의 실제 역사는 어떠했을까?

## 단군, 신화에서 역사로!

세계 모든 나라에는 그 나라가 처음에 어떻게 세워졌는지에 대한 신화가 전해 내려온다. 우리 역사에서도 첫 국가인 고조선의 건국 이야기를 담은 단군신화檀君神話가 『삼국유사』에 실려 있는데, 단군에 관한 가장 오래된 기록이다. 이후 문헌들도 우리 역사상 최초의 건국 시조이자 지배자로 단군을 기록하고 있다.

단군신화는 우리 겨레가 처음 나라를 세웠던 역사적인 경험을 신들의 이야기인 신화 형식으로 전하고 있다. 신화는 역사적으로 존재했던 사실을 그대로 전하는 것도 아니며, 그렇다고 전부 환상적으로 꾸며낸 이야기도 아니다. 그렇다면 단군신화의 진실은 무엇일까?

단군신화의 앞부분에는 하늘에서 내려온 환웅이 주인공으로 나오고, 뒷부분에는 지상의 곰이 여성으로 변해 환웅과 함께 낳은 단군왕검이 주인공으로 나온다. 고조선을 세운 단군왕검은 하늘을 상징하는 환웅과 땅을 상징하는 곰의 결합으로 태어난 것이다. 이것은 하늘과 땅의 신비스러운 결합으로 우리 겨레가 탄생했음을 표현한 것이다.

그런데 단군신화가 비록 비현실적인 표현들로 꾸며져 있다고는 하지만 그 속에는 고

**참성단**
강화도 마니산의 참성단에는 단군이 하늘에 제사 지내기 위해 쌓은 단이라는 전설이 전해지고 있다. 단군신화는 곰과 호랑이를 토템으로 숭배하는 토착 집단과 환웅을 대표로 하는 외부 집단이 서로 통합되는 과정에서 고조선이 세워졌음을 말해준다.

조선이 건국될 무렵의 사회 모습과 역사적인 사실들이 함축적으로 반영되어 있다. 예컨대 단군신화에 나오는 비·구름·바람이나 쑥·마늘은 농업을 중시했던 청동기시대의 사회 모습을 나타낸 것으로 볼 수 있다. 또 곰·호랑이와 환웅의 관계는 여러 정치 세력이 서로 무력으로 정복하고 통합되는 과정에서 고조선이 건국되었음을 반영한 것이다. 특히 단군이 1500년 동안이나 나라를 다스렸다는 기록은 제사장을 뜻하는 '단군檀君'과 정치적 우두머리를 뜻하는 '왕검王儉'의 역할을 겸한 지배자가 대대로 고조선의 최고 우두머리였다는 사실을 의미한다. 이것은 단군조선의 역사가 그만큼 오래되고 합법적이었음을 1500년이라는 아주 긴 시간으로 표현한 것이다.

단군신화는 청동기 문화를 기반으로 하는 정치 세력이 여러 부족을 통합해 나라를 세운 사실을 정당화하고 합법화하려는 이념이었다. 그러므로 단군이 세운 조선은 우리 고대사회의 유일한 국가도 아니며, 단군은 우리 민족의 유일한 건국 시조도 아니다. 단군은 우리 역사에서 첫 계급 국가로 출현한 고조선의 건국 시조일 뿐이다.

단군이 첫 계급 국가 고조선의 건국 시조를 말한다면 그 출현 시기는 동아시아에서 청동기 문화가 발전하고 여러 정치체가 출현하는 기원전 10세기 이후라고 할 수 있다.

## | 청동기시대 초기 동북아시아의 여러 종족

고조선 사람들은 오늘날 남만주의 요동반도와 한반도 서북부에 걸친 동북아시아 일대에 흩어져 살았다. 이 지역에는 청동기시대에 산융·동호 같은 종족을 비롯해 예맥족이 살고 있었다. 고조선은 처음에 여러 종족 집단을 느슨하게 통치했지만, 기원전 4~3세기가 되면 중국의 연과 겨룰 만큼 힘이 커진다. 그래서 중국 사람들은 고조선 사람들을 일부러 깎아내리려고 거칠고 '맥' 같은 짐승이 사는 땅에 살고 있는 사람들이란 뜻으로 '예맥족'이라는 이름을 지어주면서 "교만하고 사납다"고 했다.

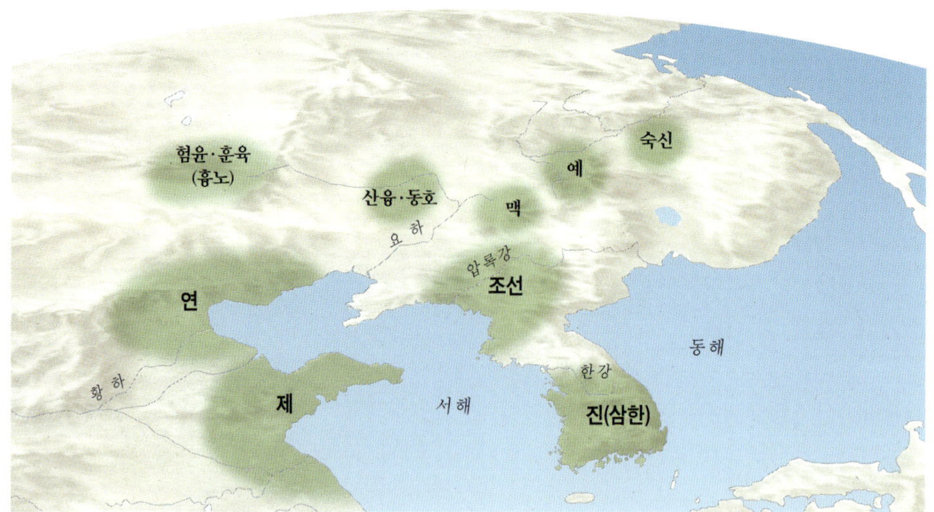

## 동북아시아에 자리 잡은 고조선

'조선朝鮮'은 원래 한 지역의 이름이자 종족의 이름이었다. '조선'이라고 불리는 지역에 사는 종족이 점점 성장해 나라를 세우자, 그 지역 또는 종족의 이름을 나라 이름으로 사용하게 된 것이다. '조선'이라는 이름이 처음 나오는 중국 책 『관자管子』에 따르면, 기원전 7세기 무렵 산동반도山東半島, 지금의 산둥 반도에 있던 제齊가 조선과 짐승 가죽을 교역하고 정치적인 관계도 맺으려 했던 적이 있었다. 조선은 제와 8000리 떨어진 곳에 있다고 했는데, 그만큼 중국과 멀리 떨어진 곳에 조선이 있었다는 의미로 볼 수 있다.

사마천이 쓴 『사기史記』의 「흉노전匈奴傳」을 보면, "조선의 서쪽에 산융·동호 같은 종족이 있어, 100여 개 오랑캐가 하나로 통일되지 못했다"는 기록이 나온다. 그렇다면 조선도 그 서쪽에 있던 오랑캐와 마찬가지로 처음에는 통치 조직을 제대로 갖추지 못한 채 여러 정치집단이 느슨한 연맹체를 이루었을 것으로 짐작할 수 있다.

이러한 사실들로 미루어보아, 청동기시대에 고조선을 세운 정치 세력들은 공간적으로는 오늘날 남만주의 요동반도와 한반도의 서북부에 걸쳐 흩어져 살았을 것이다. 이 지역은 일찍부터 농경이 발달했으며, 이곳 주민들은 언어와 풍속이 서로 비슷한 예족 濊族과 맥족貊族으로 불리는 종족이었다. 고조선은 처음에 조그만 정치 세력이었지만,

**단군왕검 영정**
'단군왕검'이라는 호칭은 중국 동북 지방에서 비파형동검문화를 누렸던 초기 고조선 사회의 지배자가 제사장과 정치 권력자의 지위를 겸하던 우두머리였음을 뜻한다. 그리고 고조선이 요동과 한반도 서북쪽을 배경으로 성장해 나갈 때는 고조선의 최고 지배자를 가리키는 호칭으로 자리 잡았다.

차츰 우세한 청동기 문화를 바탕으로 다른 정치 세력을 정복하거나 통합했을 것이다.

고조선 사람들이 남긴 문화를 흔히 '비파형동검 문화'라고 한다. 비파형동검을 비롯해 고인돌, 미송리형 토기, 팽이형 토기가 그들의 대표적인 유물이다. 특히 탁자식 고인돌은 요동 지역에서 한반도 서북부에 걸쳐 집중적으로 분포하는데, 고조선 사람들의 생활권과 문화권을 짐작케 한다.

기원전 5~4세기 무렵 요동 지역에는 중국의 전국시대라는 혼란기를 틈타 유이민이 계속 이동해오면서, 철기와 움무덤을 토대로 하는 새로운 문화 변동이 일어났다. 이 과정에서 고조선은 중국이나 주변 종족들에게 동북아시아를 대표하는 정치체나 국가로 인식되기 시작했다.『삼국지三國志』에 인용된『위략魏略』을 보면, 기원전 4세기 무렵 '조선후국朝鮮侯國'이 '왕'을 칭하고 연燕을 공격하려고 한 사실과 함께 일정한 수준의 지배 체제를 갖춘 사실이 기록되어 있다. 이처럼 당시 '조선후국'의 왕은 주변에 산재한 정치 집단의 연맹장이라는 직책을 수행하면서, 박사博士·대부大夫 같은 좀 더 전문적인 관료 체계를 마련했다. 이때부터 고조선은 고대국가의 면모를 갖추기 시작했다고 할 수 있다.

## 위만, 고조선을 계승하다

기원전 3세기를 지나면서 고조선과 연의 세력 균형이 깨어졌다. 연은 장수 진개를 보내 요서 지역을 포함한 고조선의 서쪽을 공격했고, 이에 타격을 받은 고조선은 중심지를 한반도 서북쪽으로 옮겨 발전하게 되었다. 이 무렵 남만주 지역과 한반도 지역에는 비파형동검 문화가 세형동검 문화한국식동검 문화로 발전하는데, 그 중심지는 한반도 서북쪽에 위치한 청천강 이남 지역이었다. 세형동검 문화는 돌무지널무덤에서 발견되는 세형동검과 수레 부속구, 주조 철기를 특징으로 하는 문화를 말한다. 이것이 바로 고대국가를 형성한 고조선의 문화라고 할 수 있다.

　한편 한반도 서북쪽에는 기원전 4~3세기부터 중국의 하북·산동 지역 사람들이 이주해 오고 있었다. 기원전 3세기 후반에는 이주민 정치집단이 나타나기 시작해, 기원전 2세기 초에는 독립 정권이 등장했다. 바로 요동 지역에서 망명해온 위만이 고조선의 왕을 내쫓고 세운 정권이다. 새로 왕이 된 위만은 나라 이름을 그대로 '조선'이라고 해 위만이 세운 정권을 흔히 '위만조선'이라고도 부른다. 이때 왕위를 빼앗긴 고조선의 준왕

고인돌

고인돌은 청동기시대 족장의 세력과 권위를 나타낸 무덤이자 지역 집단의 종교적 집회 장소였다. 고인돌의 종류로는 탁자 모양, 바둑판 모양, 개석 모양 등이 있으며, 요동 지역과 한반도에 걸쳐 고루 분포하고 있다.

은 자신을 따르는 신하들과 백성을 데리고 한강 이남으로 내려갔다. 중국 기록에 따르면, 위만에게 쫓겨난 준왕은 남쪽으로 도망해 '한왕韓王'이 되었다고 한다.

위만 정권의 지배층에는 중국에서 이주해온 사람들이 많았다. 위만과 그를 따라온 1000여 명의 유이민은 이미 중국적 세계 질서를 거부한 세력이었지만, 중국의 앞선 철기 문화를 바탕으로 고조선의 발전에 중요한 원동력이 되었다. 위만은 남만주 지역에서 흘러들어 오는 유이민을 계속 포섭해 세력을 키워 나갔다. 이러한 자신감을 바탕으로 위만 정권은 수도인 왕검성을 중심으로 독자적인 문화를 탄생시킬 수 있었다. 고조선만의 독특한 세형동검 문화를 토대로 철기 문화를 받아들여 한층 발전된 문화를 창조한 것이다.

위만 정권은 왕검성을 중심으로 하는 한반도 서북부를 비롯해, 남쪽과 동쪽으로 세력을 계속 확장해나갔다. 주변에 있던 진번과 임둔, 동옥저까지 세력을 넓혔다. 이런 정복을 통해 위만조선은 주변 지역에 대한 지배를 확고히 다지고, 독자적인 세력을 유지하던 정치집단이나 주변 소국들이 요동 지역의 중국 군현과 직접 교역하는 것을 통제할 수 있었다. 이러한 배경에는 위만 정권의 막강한 군사력이나 경제력이 바탕이 되었지만, 한편으로는 당시 북아시아에서 강대한 세력을 형성한 흉노와 연결될 가능성이 중국의 한漢을 견제하는 또 하나의 힘으로 작용했던 것이다.



## | 위만은 누구인가?

『사기』의 「조선열전」에 따르면, 위만은 전한의 고조가 연왕으로 책봉한 노관의 부하 장수였다. 전한 초기의 혼란을 틈타 노관이 오랑캐인 흉노 땅으로 달아나자, 위만은 자신의 세력을 이끌고 전한과 고조선의 경계 지역으로 이주했다.

위만의 초기 거주 지역은 대체로 천산산맥 동쪽에서 청천강 일대에 이르는 너른 지역으로 짐작된다. 위만은 기원전 190년대 중반 무렵 이곳에 들어와 살며 '위만조선'을 세웠다.

위만은 고조선으로 들어올 때 상투를 틀고 오랑캐 옷을 입었다고 한다. 위만조선의 지배층에는 이주민뿐 아니라 토착민 출신으로 높은 지위에 오른 사람도 많았다. 위만조선에서는 고조선계 토착 주민 집단과 중국 유이민계 집단이 함께 정치 운영에 참여했다. 특히 역계경 같은 인물을 보면 출신 지역에 일정한 기반을 가진 토착 고조선인들이 대부분 관리로 임명되었던 것 같다. 따라서 위만조선은 이전의 고조선을 계승한 국가라고 할 수 있다.

## 도둑질한 자는 노비로

고대사회가 지배층과 피지배층으로 나뉘고 국가가 성립한 뒤, 지배층은 발달된 무기로 무장해 밖으로는 정복 전쟁을 치르고 안으로는 엄격한 법률로 지배 체제를 유지해나갔다. 한 사회의 법률에는 그런 사회의 성격과 지배 체제가 잘 드러나는데, 고조선의 범금팔조犯禁八條에도 잘 나타나 있다.

범금팔조는 중국의 『후한서後漢書』에 여덟 가지 중 세 가지만 기록된 채 지금까지 전해지고 있다. 그 내용을 살펴보면 살인자는 사형에 처하고, 상해를 입힌 자는 곡식으로 배상하며, 도둑질한 자는 그 집의 노비로 삼는데 만약 죄를 씻고자 할 때는 50만 전을 내야 한다는 것이다. 이를 통해 고조선 사회에는 권력과 경제력의 차이에 따른 사유재산이 있었으며, 형벌과 노비도 발생했음을 알 수 있다. 또한 원시시대의 관습인 응보주의가 아직 남아 있으나 돈으로 속죄한다는 단서가 있는 만큼 그보다 발전되었다고 볼 수 있다.

이 같은 법률을 통해서 가장 혜택을 받은 사람은 지배층이었다. 예를 들면 도둑질은 대부분 가난에 못 이겨 하는 경우가 많은데, 발각되면 꼼짝없이 노비가 되어야만 했다. 게다가 노비를 면하려면 50만 전을 내야 했다. 도둑질을 할 수밖에 없는 가난한 사람들



**범금팔조**
고조선의 범금팔조를 통해 지배층과 민, 그리고 노비로 구분되는 신분이 이미 형성되었음을 알 수 있다. 고조선의 지배층은 이러한 신분 질서를 유지하기 위해 사람들의 생활이나 사유재산에 대한 침해를 법률로 엄격히 규제했다.

이 그렇게 큰돈을 마련할 수는 없었을 것이다. 또한 남에게 상해를 입힌 경우도 곡식으로 배상했다. 부자들은 곡식을 주면 그만이지만 가난한 사람들한테는 곡식을 내놓는 것조차 가혹한 형벌이었다. 결국 범금팔조는 지배층의 생명과 재산을 보호해주고, 이러한 사회 운영 원리에 거스르는 행동을 엄격히 규제한 법률이었다.

고조선에서는 법률을 통해 사회 체제를 유지하는 한편, 지배층의 상징인 왕을 중심으로 통치 조직을 정비했다. 그러나 왕은 지배층을 대표할 뿐 모든 사람 위에 군림하는 절대적인 존재는 아니었다. 고조선의 통치 조직은 중국과 달리 분화가 덜된 상태였지만 나름대로 독자적인 특징이 있었다. 가장 큰 특징은 자신의 기반을 가진 족장 세력들을 중앙 관료로 편입하는 중층 구조를 가진 관직 체계라는 것이다. 왕은 대거수大渠帥 또는 거수渠帥를 통해 지역사회에 대한 지배력을 발휘했으며, 그 가운데 중앙으로 진출한 사람들이 국가를 이끌어 나갔다. 이 경우 문관직은 모두 상相이라 부르고, 무관직은 장군將軍이라 했다.

이러한 관료제도로 볼 때 고조선은 일정한 정치기구를 갖춘 국가 단계에 도달해 있었으나, 그 사회구조는 여전히 촌락공동체에 토대를 둔 종족 연합 상태를 완전히 벗어나지 못하고 있었다. 한 예로 고조선 말에 우거왕과 뜻이 맞지 않았던 조선상朝鮮相 역계경은 2000여 호를 거느리고 한강 이남으로 옮겨

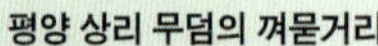

**평양 상리 무덤의 껴묻거리**
고조선에서는 구덩이를 파서 나무곽 안에 나무관을 넣는 덧널무덤을 만들어 썼는데, 평양 상리의 무덤에서는 지배층이 신분을 과시하려고 사용한 한국식 동검과 수레 부속구 따위가 주로 나왔다.

갔다. 역계경이 도착한 곳은 진국辰國이었는데, 대체로 한강 남쪽에 있던 여러 소국을 일컫는 '중국衆國'을 뜻하는 것으로 짐작된다. 당시 상황을 고려해 보면, 역계경과 같은 집단의 대이동은 족적 유대가 없이는 거의 불가능했다.

고조선은 기본적으로 토착 사회의 기반 위에서 국가를 이끌어갔다. 고조선의 관료 체계는 강력한 중앙집권적인 고대국가에 비하면 초보적인 수준이었다고 할 수 있다. 하지만 지역사회를 토대로 여전히 독립적인 힘을 가지고 있던 세력들이 차츰 귀족으로 편입되면서 관직이나 관등의 높낮이에 따라 왕의 지휘를 받았다. 평양의 상리에서 발견된 무덤에서는 화려한 껴묻거리가 출토되었다. 당시 고조선의 지배층이 어떠한 위세를 부렸는지 잘 보여준다. 무덤의 주인공은 세형동검을 허리에 차고 온갖 치레거리로 몸을 꾸몄다. 특히 이 무덤의 주인공은 말이 끄는 수레를 타고 다녔는데, 전쟁이 나면 쇠로 만든 무기를 갖고서 수레를 타고 전장에 나가 싸우기도 했을 것이다.

고조선에는 귀족 아래에 민民이 있고, 다시 그 아래에 노비로 구분되는 신분이 이미 형성되어 있었다. 이러한 신분은 통치 조직이나 대외 관계가 발전함에 따라 왕을 정점으로 하는 위계질서 속에서 차츰 세습되었다. 특히 활발한 대외 정복으로 새로 획득한 땅과 포로를 통해 왕의 권위는 더욱 높아졌다. 또한 동쪽의 예濊나 남쪽의 진辰이 직접 중국의 한漢과 교역하는 것을 막고, 중계무역의 이득을 독점하려고 했다.

# 단군릉과 단군신화

### ● 신화와 역사 사이에서 ●

평양 일대에서 형성된 대동강 문화는 세계 5대 문명의 하나다.

　　　—『우리 민족의 력사적 뿌리』, 사회과학백과출판사

최근 북한 학계에서는 세계 문명의 발상지는 평양의 대동강 유역이고, 대동강 문명이 가장 뛰어나다고 주장하고 있다. 정규 교육과정을 받은 사람이라면 중국의 황하 문명이나 이라크의 메소포타미아 문명 같은 세계 4대 문명에 대해 익히 알고 있다. 그러나 세계 5대 문명이라는 대동강 문명에 대해서는 들어보지 못했을 것이다. 한반도에 존재하는 고대 문명에 대해 그동안 무지했던 까닭은 무엇일까?

단군은 오늘의 평양에서 나라를 세운 후 주변의 소국들을 통합해 접차 영토를 넓혀 나갔으며, 이후 단군이 세운 고조선은 근 3000년 동안 존속하면서 멀리 중국의 만리장성 경계선까지 영역을 확장해 아시아의 강대한 고대국가로 발전했다. 단군이 죽어 묻힌 곳도 역시 평양 일대였다.

　　　—「단군릉발굴 보고문」, 사회과학원, 1993년 10월 2일자

평양시 강동군 대박산에서 '단군릉'이 발굴되었다는 사회과학원의 「보고문」을 보면, 단군은 고조선을 세운 실존 인물임이 확실해 보인다. 조선시대의 역사서에도 평양 강동 지방에 '단군릉'이 있었고, 그에 대한 국가적 차원의 관리가 행해졌음이 기록되어 있다. 이를 근거로 북한 학자들은 단군 무덤의 내부를 조사했다.

그런데 막상 뚜껑을 열어보니, 단군릉은 원래 돌로 무덤 칸을 만들고 흙으로 덮은 이른바 '굴식 돌방무덤' 형태였다. 크기는 동서 273센티미터, 남북 276센티미터로 작은 무덤이었다. 무덤 내부에는 모줄임천장과 함께 '옛 선인'과 '신기한 장수'가 그려진 벽화가 있었다. 이런 사실로 보아 이 무덤은 5세기 이후의 고구려 벽화무덤이 분명했다. 게다가 해방 전 일제가 도굴해 유물은 많이 나오지 않았지만, 금동으로 만든 관이나 허리띠장식, 고구려 토기 조각, 관에 쓰는 못 여섯 개, 남녀 두 사람의 인골이 출토되어 고구려 귀족의 무덤이라는 것이 더욱 명확해졌다.

그런데 왜 고구려 귀족의 무덤이 단군의 무덤으로 판명되었을까? 그것은 무덤 내부에서 출토된 남녀 인골의 연대 측정 결과가 결정적인 근거였기 때문이다. 전자상자성공명법으로 연대를 측정한 결과, 1993년으로부터 5011±267년오차 5.4퍼센트 전이라는 결과가 나왔다. 즉 기원전 3018±267년의 뼈라는 것이 확인된 후 이 인골은 단군과 그 부

인의 뼈로 추정된 것이었다.

이 같은 조사 결과를 바탕으로 북한 학계에서는 우리 민족의 역사적 뿌리 문제에 대해 집중적으로 연구했다. 그리하여 우리 민족은 대동강 유역, 특히 평양 일대에서 발원했다고 주장했다. 이를 증명하려고 한국 고대사 관련 유적·유물의 연대를 2000년 이상 상향 조정하고, 단군신화를 신화로서가 아닌 역사적 사실로서 인정하고 있다. 그리고 평양은 고조선의 중심지일 뿐만 아니라, 평양을 중심으로 하는 대동강 유역은 인류 기원지의 하나이며 한민족의 발상지로 보았다. 세계 4대 문명에 뒤떨어지지 않고 오히려 더 우수한 문명대동강 문명을 꽃피웠기 때문에 또 하나의 세계 문명이 시작된 곳이라는 것이다.

종래 북한 학계는 단군신화가 고조선 사회에서 정치권력이 성립하는 과정을 설명하는 동시에, 정치권력을 정당화하는 논리로 작용했다고 보았다.

실제 단군신화는 환웅으로 상징되는 이주 집단이 곰으로 대변되는 토착 집단을 정복해 동화시키는 과정에서 국가가 출현하는 과정을 말해준다. 정치적 지배자이자 제사장의 기능을 수행한 단군이 통치했던 단군조선은 제정일치 사회였다. 그러나 단군릉의 발굴과 함께 신화는 역사적 사실로 재해석되었고, 단군은 우리 민족의 시조로 부각되었다. 단군은 우리 민족 최초의 지배자로서 실존했던 인물이며, 출생지와 건국지, 무덤이 모두 평양에 있다는 것이다.

그런데 북한 학계의 이런 주장에는 여전히 풀리지 않는 의문점이 있다. 예컨대 단군릉이 고구려의 무덤 양식을 따르고 있는 까닭은 무엇일까?

**단군릉 계단 위의 단군 신하들과 상원평야**
북한 학자들은 고구려 때 단군 신앙이 있었고 그것이 단군릉 개건으로 이어졌다고 하지만, 천제의 자손이라고 믿었던 고구려 사람들한테서 단군 신앙의 흔적을 찾기는 어렵다.

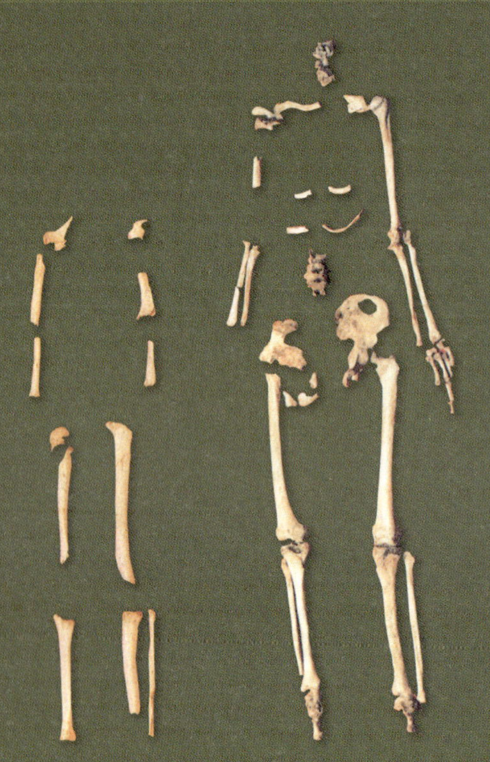

**단군릉에서 발견된 인골**
단군릉에서 발견된 남녀 인골에 대한 연대 측정에서 44회에 걸쳐
1년의 오차도 없이 동일한 결과가 나왔다는 것은 상식적으로
이해할 수 없다.

또 기원전 3000년경의 인골을 단군과 그 부인의
뼈로 단정할 수 있는 근거는 무엇일까?

이에 대해 북한 학자들은 먼저 고구려 때도 단
군 숭배 사상이 있었기 때문에 단군릉을 고구려식
무덤으로 꾸몄다고 해석했다. 그러나 천제天帝의
자손이라고 스스로 믿었던 고구려 사람들한테서
단군 신앙의 흔적을 찾기는 어렵다. 따라서 단군
릉을 고구려 때 개축했다는 근거는 전혀 없다.

게다가 북한 학계의 연대 측정 방법은 너무나
간략해서 그 신뢰성이 떨어진다는 지적이 있다.
설령 연대 측정이 맞다 해도 단군과 그 부인의 인
골임을 어떻게 증명할 것인가. 단군릉은 일제강점
기에 도굴되어 원래 모습이 이미 많이 파괴된 상
태다. 따라서 최근의 발굴 조사로 학술적인 결론
을 내리기는 매우 어렵다.

북한 학계의 단군릉 복원과 단군과 고조선 역
사에 대한 입장을 인정하려면 단군신화를 신화
가 아닌 역사적 사실로 보아야만 가능하다. 그러
나 단군신화는 역사적 사실로 그대로 치환할 수
없다. 단군이라는 고유한 인물은 그 존재를 알 수
없다. 여러 명의 단군제사장이 여러 지역에서 부족
국가를 이끌던 것이 초기 국가를 형성하던 단계
의 우리 역사다.

그렇다면 북한 학계에서 기존 연구 성과를 전
면 부인한 까닭은 무엇일까? 북한 학자들은 우리
민족이 제일 우월하다는 생각을 바탕으로, 그동안
고조선의 중심지가 만주라고 본 것은 사대주의 사
관에 빠져 잘못된 판단을 한 것이라고 보았다. 그
리고 평양 중심의 역사야말로 주체적이고 민족주
의적인 역사 인식이라고 주장하게 된 것이다. 이
러한 북한 학계의 단군릉에 대한 주장은 정치적
논리가 짙게 깔려 있음을 부인할 수가 없다.

우리 학계에서는 여전히 단군을 신화 속의 인
물로 보는 것이 주된 시각이다. 그렇기에 단군 및
단군릉의 문제와 관련해서 단군은 분명 신화 속
의 인물이며 초기 국가가 형성되던 시기의 상징
성을 띠고 있다는 점을 고려해야 한다. 그래야만
국가나 민족이 어려운 시기에 민족적 동질성 회
복에 기여한 단군 신앙이나 민족 시조에 대한 관
념이 우리의 소중한 정신적 자산이며 경험으로 계
속 계승될 수 있을 것이다.

## ❖ 『환단고기』와 『규원사화』의 진실 ❖

고조선의 역사를 연구하는 데 자주 거론되는 책으로 『환단고기桓檀古記』와 『규원사화揆園史話』가 있다. 이 두 책은 단군을 실존 인물로 기술할 뿐만 아니라 단군의 활동을 상세히 기록하고 있지만, 책의 진위 여부를 둘러싸고 많은 논란을 빚고 있다.

『환단고기』는 1911년에 계연수가 묘향산 단군암에서 『삼성기三聖紀』, 『단군세기檀君世紀』, 『북부여기北夫餘紀』, 『태백일사太白逸史』를 필사해서 하나로 묶은 다음, 이기의 감수를 받아 펴낸 것으로 알려져 있다. 그런데 이 책은 세상에 공개되기까지 약 70년이라는 시간이 걸렸다. 계연수나 이유립이 공개를 늦춘 동기도 뚜렷하지 않다. 그리하여 『환단고기』의 실제 편찬 시기에 대한 의혹이 먼저 제기되면서 진위 여부를 둘러싼 논쟁이 시작되었다.

실제로 『환단고기』에는 진위가 의심스러운 표현들이 종종 나온다. 예를 들어, 고구려의 교육기관인 '경당'과 관직을 일컫는 '욕살'이 단군조선 때에도 있었다는 표현이 그렇다. 또한 20세기 이후부터 사용하기 시작한 '문화Culture'나 '원시국가' 같은 용어도 나온다. 특히 문화는 예전부터 '문치교화文治敎化'의 뜻으로 사용해왔지만, 20세기 초에 'Culture'라는 영어가 일본에서 '문화'로 번역되어 우리나라로 전해진 근대 용어다. 그런데 『환단고기』에서는 '문화'를 요즘처럼 'Culture'라는 뜻으로 사용하고 있다. 따라서 『환단고기』는 훨씬 후대에 편찬되었을 가능성이 높다.

한편 『규원사화』는 주로 전승 자료에 의거해서 단군 이야기를 엮은 책으로, 「서문」, 「조판기」, 「태시기」, 「단군기」, 「만설」로 구성되어 있다. 그런데 1676년에 쓰인 것으로 알려진 『규원사화』에도 근대적인 표현이나 주장이 종종 보인다. 특히 「만설」에는 우리나라가 부강한 나라가 되려면 영토가 넓어야 하는데, 그러려면 잃어버린 만주 땅을 되찾아야 한다고도 했다. 민족주의 요소가 강하게 드러나는 부분이다.

또 한글과 한자를 섞어 쓰면 '문화의 계발'이 빨라질 수 있다는 주장도 있다. 한글·한자 병용론은 17세기 사람의 주장이라고 볼 수 없는 근대적인 것이다. 게다가 『환단고기』처럼 근대 용어인 '문화'를 'Culture'의 뜻으로 사용하고 있다.

『환단고기』와 『규원사화』의 주장은 대개 그럴듯하지만, 그 근거가 황당해 진위에 대한 의심을 품지 않을 수 없다. 이 두 책은 한말·일제강점기의 대종교 계통에서 내세운 주장과 매우 흡사하다. 인쇄된 판본은 없고 붓으로 베낀 필사본만 있다는 사실과 근거로 인용한 책 목록 역시 한말 이전이나 지금까지도 전혀 전해지지 않는 기서奇書와 비기秘記들뿐이다.

따라서 『환단고기』와 『규원사화』를 진본으로 보기는 어렵다. 이 책을 토대로 단군과 고조선의 역사를 설명하거나 민족정기의 회복을 주장하려면 사료에 대한 엄정한 비판 정신과 객관적이고도 합리적인 눈으로 한국 상고사를 연구할 필요가 있다.

# 한국 고대사회와 낙랑군



기원전 2세기 무렵, 고조선은 중국 북방에 있는 흉노족과 밀접한 관계를 형성하면서 세력을 확장해나갔다. 그러자 중국의 한漢은 고조선 세력이 더 이상 커지는 것을 막고 동북 지역에 대한 영향력을 키우려고 했다. 특히 한 부제는 고조선을 회유해 흉노와 잡은 손을 끊고자 섭하를 사신으로 보냈다.

그러나 고조선은 한나라의 뜻을 따르지 않았다. 섭하는 배웅 나온 고조선의 장수를 살해하고 패수를 건너 도망쳤다. 이에 분노한 고조선의 우거왕은 군사를 동원해 섭하를 죽였다. 이 사건을 계기로 고조선과 한의 관계는 극도로 나빠졌다. 기원전 109년 가을, 한 무제는 정벌군을 조직해 육지와 바다를 통해 대대적으로 고조선을 공격했다. 과연 고조선은 이 위기에 어떻게 대처했을까?

## 한과 고조선의 한판 승부

고조선은 위만 때부터 한의 외신外臣으로 책봉되면서 주변 나라들과 정치집단을 관리하는 임무를 맡았다. 하지만 위만은 중국에서 받아들인 병위재물兵威財物로 오히려 주변 지역을 복속했다. 손자인 우거왕 때에는 한에서 멀리 떨어진 지리 조건을 이용해 한의 조서詔書를 거부하고, 주변 소국들과 읍락 집단을 독자적으로 통제했다. 특히 중계무역의 이익을 독점하려고 한강 이남에 있는 진국辰國을 비롯해 주변 나라들이 한과 직접 교역하는 것을 금지시켰다.

고조선의 중계무역에 대한 자세한 기록은 없지만, 삼한의 국읍처럼 주변 나라들의 특산물 교역을 중간에서 통제하거나 중계하는 활동을 했을 것이다. 그런데 고조선의 이러한 활동은 한과 위만 사이에 맺은 '외신' 규정에 어긋나는 것이었다. 게다가 고조선은 "흉노의 왼팔이 되었다"라고 기록될 만큼, 북방에 있는 흉노족과 손잡고 중국의 영향력에서 벗어나 독자적인 세력을 형성하려고 했다. 이러한 고조선의 움직임은 주변 지역에 대한 관리와 통제를 맡은 외신의 임무를 지키지 않은 것이기에 중국의 한을 더



### | 기원전 2세기 무렵 동아시아 정세

한이 고조선과 전쟁을 벌인 것은 중계무역의 이익을 빼앗고, 고조선이 흉노와 연결되는 것을 차단하기 위해서였다. 따라서 한은 고조선을 멸망시키고 군현을 설치해 관리를 보내서 일정한 경제적 이익을 보장받으려고 했다.

쇠뇌
여러 개의 화살을 연달아 쏘게 되어 있는 활로, 쇠로 된 발사 장치가 달려 있다. 주로 낙랑 무덤에서 나오고 있다.

욱 자극했다. 마침내 한은 숙적인 흉노와 고조선의 연결을 끊고, 동북아시아를 석권하고자 전쟁을 일으켰다.

한의 누선장군 양복은 수군을 이끌고 산동반도를 떠나 고조선의 수도인 왕검성으로 향했고, 좌장군 순체도 육군을 이끌고 공격에 나섰다. 그러나 한의 군대는 고조선 군대의 완강한 저항으로 성과를 얻을 수 없었다. 이후 전선이 오랫동안 교착되자 한은 정면 대결을 하면서도 고조선의 지배층을 분열시키는 방책을 꾀했다.

고조선의 왕검성 안에서는 오랜 전쟁으로 화친을 주장하는 세력과 결사 항전을 주장하는 세력으로 갈렸다. 그러다 상 노인과 상 한음, 니계상 참, 장군 왕협이 성 밖으로 도망을 쳤다. 이들 가운데 상 노인은 항복하러 가는 도중에 죽었으나, 니계상 참은 사람을 보내 우거왕을 살해하고 결국 투항했다. 이에 고조선의 대신 성기가 성안의 백성들을 지휘하며 끝까지 항전했지만, 결국 왕검성이 함락되면서 고조선은 1년여의 싸움 끝에 멸망했다.

한은 고조선을 멸망시킨 후 그 영역과 주변에 군현郡縣을 설치하고 관리와 군대, 상인들을 이주시켜 식민 도시를 건설했다. 이것을 보통 '한군현'이라고 하는데, '낙랑, 임둔, 진번, 현도'라는 네 개의 군이 설치되었기에 '한사군漢四郡'이라고도 부른다. 진번군과 임둔군은 원래 고조선 주변에 있던 소국의 이름을 그대로 사용한 군현이었는데 곧



## | 중국이 한사군을 설치한 까닭은?

중국의 군현은 본래 황제의 직할지로, 군과 현에는 태수를 비롯해 관리들을 파견해 직접 통치했다. 한사군도 황제 직할지일 뿐만 아니라, 중국적 세계 질서의 확대 과정으로 설치되었다. 한이 동북 지역에 있던 여러 정치 세력을 군현제 아래 묶어두고 통치하려 했던 것이다.

예컨대 중국 군현들은 한韓과 예濊의 거수들에게 관작·인수·의책 따위를 주어 조공 관계를 맺었다. 특히 한은 낙랑을 통해 주변의 여러 정치 세력에 대한 통제와 함께 교역의 이익을 얻으려고 했다.

낙랑군으로부터 '후, 읍군, 읍장' 같은 관직을 받은 동이東夷의 군장들은 특산물을 조공한 답례로 인수, 의책, 철제 무기 같은 중국 문물을 받았다. 동이 군장들은 자신의 세력들을 다스릴 수 있는 권위를 얻어 차츰 정치적인 성장을 해 나갈 수 있었다. 이렇듯 동이 세력은 한사군을 통해 중국적 세계 질서 속에 편제되었던 것이다.

폐지되었다. 현도군도 고구려의 저항으로 더 이상 버티지 못한 채 요하 유역으로 쫓겨 났다가 폐지되었다. 낙랑군은 313년까지 버텼으나 결국 고구려에 통합되고 말았다.

한의 식민 정책을 도맡은 중심지는 대동강 유역에 자리 잡은 낙랑군이었다. 첫 국가 고조선의 중심지에는 선진 문물을 가진 새로운 세력이 토착민과 함께 낙랑군을 이끌어 가게 되었다. 우리 역사상 첫 국가인 고조선의 역사적인 경험은 제대로 계승되지 못한 채 굴절되고 말았다. 하지만 그 외곽에서는 여러 정치 세력이 중국 문명과 접촉하면서 선진 문물을 수용해, 서서히 삼국으로 성장할 수 있는 준비를 하고 있었다.

## 대동강 유역에서 꽃피운 낙랑 문화

낙랑군이 설치되자, 한의 관리와 상인들이 대동강 유역에 집단적으로 이주해서 매우 호화로운 생활을 누렸다. 그들의 집단 거주지로 보이는 평양 서남쪽의 토성리와 그 부 근에서는 한인漢人들의 유적과 무덤이 다수 발견되었다. 이곳에서 나온 금으로 만든 허리띠 버클과 채화칠협 같은 유물을 보면, 당시 낙랑 지역 사람들의 생활이 얼마나 화려하고 사치스러웠는지 알 수 있다.

낙랑군의 중심지인 평양과 그 일대는 사회적으로도 큰 변화가 일어났다. 토착인 중



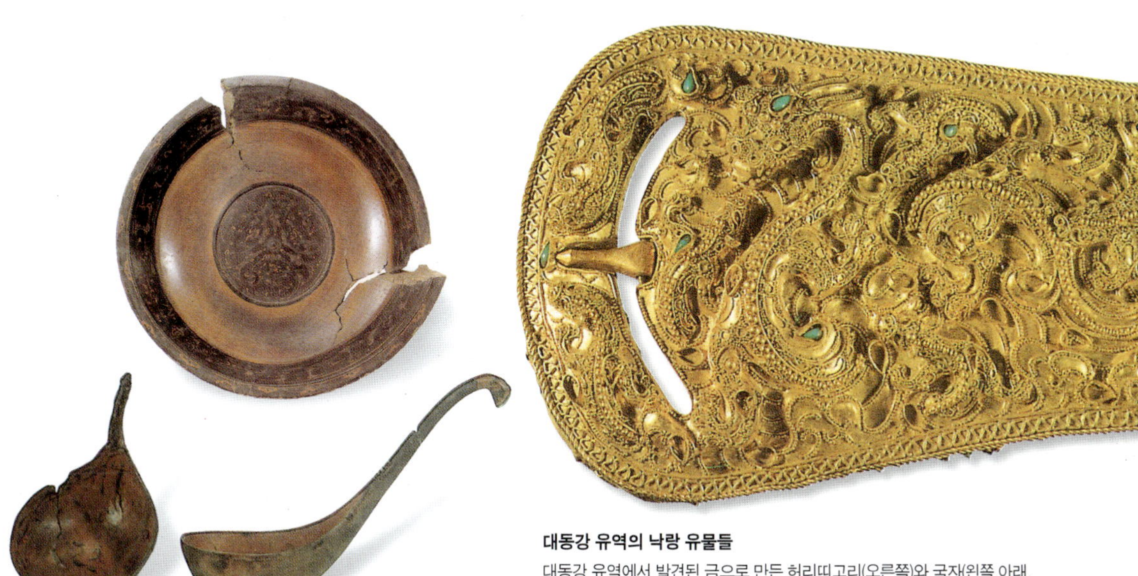

**대동강 유역의 낙랑 유물들**
대동강 유역에서 발견된 금으로 만든 허리띠고리(오른쪽)와 국자(왼쪽 아래, 쟁반(왼쪽 위) 같은 채화칠협을 통해 호화로운 낙랑 문화를 엿볼 수 있다.

에도 재산을 축적하고 한인들과 비슷한 생활을 하는 부유층이 생겨나면서 계급분화가 촉진되었다. 또 사유재산에 대한 보호 관념도 철저해진 반면, 부자의 재산을 약탈하려는 도둑도 늘어났다. 이러한 사회 변화를 반영하듯이 원래 8조밖에 없던 범금犯禁이 한사군 설치 이후에는 60여 조로 늘어났다. 그만큼 사회구조가 복잡해지고, 범죄가 늘어났다는 것을 의미한다.

평양과 그 일대는 외국인이 들끓고, 범죄가 난무하며, 사치와 향락이 휩쓰는 식민지적 국제도시로 변했다. 이를 반영하듯이 낙랑군의 중심지였던 평양시 대동강 남쪽에는 당시 관청이 있던 낙랑토성과 3000여 기에 이르는 고분군이 아직 남아 있다. 평안도와 황해도 일대에도 낙랑군 시절의 유적이 많이 전해지고 있다.

낙랑군은 비록 중국 군현이라고 하더라도 중국에서 건너온 사람들이 모두 지배층이 되었던 것은 아니다. 낙랑군의 지배층에는 한계漢系 주민과 고조선계古朝鮮系 주민이 있었다. 한계 주민 중에는 낙랑군 설치 이전에 이주해서 정착한 토착한인土着漢人과 낙랑군 설치 이후에 유입된 신래한인新來漢人이 있었다. 이러한 한계 주민은 중국의 선진 문물을 한반도 서북쪽에 널리 보급시키는 매개 역할을 하면서 차츰 토착 사회의 구성원이 되어갔다.

한편 고조선 때부터 이 지역에 살았던 토착 지배층은 낙랑군 설치라는 정치적인 격

**평양의 낙랑 토성**
낙랑군에는 25개 현이 있었다. 최근 평양 정백동에서 발견된 호구 목간에 따르면, 기원전 45년경 인구가 28만 361명이었다고 한다. 이후 2년 무렵에는 40만 6748명으로 늘어났으나, 시간이 지남에 따라 점차 규모가 줄어들었다.

변에도 불구하고, 정치·경제 기반을 해체당하지 않은 채 그대로 세력을 유지할 수 있었다. 낙랑군을 설치한 직후에 한에서 파견된 관리가 토착 지배층의 포섭과 통제에만 그치고, 토착민에 대한 통제와 지배는 토착 지배층을 통해 간접적으로 했기 때문이다. 이러한 사실은 무덤을 통해서도 확인할 수 있다. 대표적인 예로 전형적인 덧널무덤인 평양의 정백동 1호분이 있다. 정백동 1호분에서는 세형동검 문화 계통의 유물과 함께 부조예군夫租濊君의 도장이 나왔다. '부조예군'은 '부조夫租, 옥저 지역의 우두머리'라는 뜻이다. 그런데 부조의 우두머리 무덤이 동해안이 아닌 평양에 있는 까닭은 무엇일까? 낙랑군이 부조 지역에 현을 설치하면서 강제로 평양에 옮겨 살도록 했기 때문일 것이다. 이처럼 낙랑군의 중심지인 평양 지역에 토착 지배층의 무덤들이 많은 것은 낙랑군이 이들을 활용해 통치했음을 말해주는 것이다.

낙랑군이 설치된 초기에는 고조선 사람과 한인을 구별하는 현상이 뚜렷했다. 고조선 유민에 대한 편제를 중심으로 군현 지배가 이루어졌기 때문이다. 하지만 군현 지배가 장기화됨에 따라 고조선계 주민과 한계 주민이 점차 융합되어, 1세기 후반에는 평양지역을 중심으로 '낙랑인'으로 불리는 사람들이 나타났다. 한계 주민과 고조선계 주민을 모두 포괄하는 낙랑인의 등장은 중국과 멀리 떨어진 지역에서 고조선이라는 정치체의 형성 경험과 세형동검 문화를 기반으로 한 문화적 독자성, 그리고 중국의 변군邊郡



▶점제현 신사비
낙랑군은 속현의 토착 지배층을 통해 군역과 조부 같은 일정한 의무가 부과된 읍락민을 간접 지배할 수밖에 없었다. 사진은 평안남도 온천군 성현리에서 발견된 비석으로, 낙랑군에 속한 점제현에서 이루어진 산신 숭배와 관련된 내용이 기록되어 있다.

▼부조예군의 도장
부조 땅은 오늘날 동해안의 원산 근처로 추정되는데, 평양에서는 멀리 떨어진 곳이다. 따라서 낙랑군은 속현의 통치를 기본적으로 토착 지배층에게 맡기면서 그들에게 세습적인 지위를 인정했다.

에 대한 차별 정책 등이 복합적으로 작용한 결과라고 할 수 있다.

낙랑인의 등장을 확인할 수 있는 고고학 자료가 바로 귀틀무덤의 유행이다. 귀틀무덤을 보면, 고조선계 주민의 한화漢化 현상과 한계 주민의 토착화 현상이 뒤섞여서 종족적 식별이 더욱 쉽지 않다. 하지만 고조선계와 한계 주민이 차츰 동질성을 지닌 일정한 집단, 즉 낙랑인으로 형성되어가고 있었다는 사실만큼은 분명히 알 수 있다. '낙랑인 왕조'의 반란 사건을 통해서도 이러한 사실을 확인할 수 있다. 왕조는 1세기 초에 중국에서 후한後漢과 신新이 교체되는 혼란을 틈타 반란을 일으켜 태수를 죽이고 7년간 자치를 쟁취한 인물이다. 이때 왕조는 '낙랑군 사람 왕조'로 볼 수 있다.

## 낙랑군의 멸망, 또 다른 역사의 시작

2세기 말부터 낙랑군은 서서히 세력이 약해졌다. 이때 요동 지방에서는 공손씨 세력이 점점 성장하고 있었다. 특히 204년에는 공손강이 후한 말의 혼란을 틈타 낙랑군 둔유현屯有縣, 지금의 황해도 황주 남쪽에 있는 옛 진번군의 땅을 정복하고, 낙랑군과는 별개 지역에 '대방군'을 설치했다. 이 같은 공손씨 세력의 성장은 낙랑군의 군현 지배를 약화시키고, 낙랑인이 대거 남쪽의 한韓 지역으로 이탈하는 결과를 가져왔다. 이후 낙랑군

**귀틀무덤과 나무로 만든 말**
평양 오야리 19호 무덤에서 나온
나무로 만든 말(왼쪽)로, 귀틀무덤
마지막 단계부터 껴묻거리로
특별히 제작되기 시작했다.
귀틀무덤(오른쪽)은 고조선계
주민의 무덤 양식인 덧널무덤에서
발전했지만, 중국 문물을 다량으로
껴묻거나 부부 합장 같은 새로운
변화상도 함께 나타났다.

은 군현의 영역을 더 이상 넓히지 못하고 선진 문물 또한 크게 확산시키지 못한 채, 마침내 313년에 고구려에 통합되고 말았다.

낙랑군이 존속한 420여 년간 주변의 여러 정치 세력을 억압하고 독자적인 발전을 저해한 것은 부정할 수 없다. 하지만 낙랑군의 지배를 받은 지역에 끼친 문화적이고 사회적인 영향은 매우 컸다. 낙랑군은 중국의 선진 문화를 한반도로 들여오는 창구였으며, 이를 통해 주변의 여러 나라와 정치 세력은 중국 문명과 접촉하면서 선진 문물을 수용해 삼한이나 삼국으로 발전할 수 있었다. 따라서 한국 고대국가의 형성 과정에서 낙랑군의 역할은 매우 중요한 의미를 갖는다. 그러므로 낙랑군 설치 이전이나 이후에나 우리 역사의 한 부분으로서 이해할 필요가 있다.

# 한사군, 식민지인가 우리 역사인가?



고조선이 멸망하자 한은 고조선의 일부 지역에 군현을 설치하고 지배하고자 했으나 토착민의 강력한 반발에 부딪혔다. 그리하여 그 세력은 점차 약화되었고 결국 고구려의 공격을 받아 소멸되었다.

－7차 교육과정 『고등학교 국사』 교과서

7차 『고등학교 국사』 교과서에는 한사군이 설치된 사실조차 없었던 것처럼 오해하게끔 모호하게 서술되어 있다. 한사군에 대한 서술 분량도 1974년 이래 점차 줄어들다가, 급기야 1990년판 이래 7차 교육과정 교과서에서는 한사군의 명칭마저도 사라졌다. 역사적 사실과 달리, 이처럼 교과서나 일반 개설서에서 한사군에 대해 그 성격을 제대로 이해할 수 없게끔 서술되어 있는 까닭은 무엇일까? 중국의 식민지였다는 경험이 그다지 유쾌하지만은 않기 때문에 자세한 서술을 기피한 것은 아닐까?

그동안 많은 사람들은 한사군이 우리 역사와 무관하다는 것을 밝히는 것이 곧 식민사관을 극복하는 길이라고 생각하고, 한사군과 고조선의 위치가 어디인가 하는 문제에만 매달려왔다. 그 과정에서 한사군은 한반도에 존재하지 않고 만주에 있었다는 주장까지 나왔다. 특히 일제강점기에 일부 민족주의 역사가들은 한사군을 모두 만주에 있었다고 주장했는데, 이것은 너무 무리한 해석이다. 이런 주장을 따른다면 한반도는 고조선의 영토가 아니었다는 결론에 이르러 역사 해석에 혼란이 생길 수 있다.

그럼, 이러한 한사군은 어디에 설치되었는가? 학자마다 견해 차이가 많으나, 낙랑군은 고조선의 수도였던 지

**낙랑군과 한반도의 교역**
낙랑군은 그 이전 고조선의 중심지 기능을 대신하면서 중국과 주변의 동이 세력을 잇는 교역의 중계지 역할을 맡았다. 사진은 평양 지역에서 나온 동종(왼쪽)과 동형(오른쪽)다.

## ｜낙랑군의 위치를 둘러싼 여러 학설

낙랑군의 역사는 중국의 선진 문명을 흡수하려는 동이 세력의 욕구와 중국 지배에 맞선 저항이라는 양면성을 띠고 전개되었기에, 지금까지도 우리에게 이중의 감정을 남기고 있다.

금의 평양 지역에, 진번군은 황해도 지역에, 현도군은 압록강 중류 지역에, 임둔군은 함경남도 지역으로 추정하는 것이 통설이다. 『사기』의 「조선열전」에는 한사군이 고조선 멸망 후인 기원전 108년에 설치되었다고 명확히 기록되어 있다. 특히 낙랑군 조선현은 고조선 후기위만 정권의 수도인 왕검성 지역에 설치되어, 한의 군현 지배 체제의 중심 역할을 했다고 한다.

지금부터라도 우리 땅에서 400년 이상 존재하며 삼국의 성장과 발전에 많은 영향을 끼친 한사군의 역사에 대해 좀 더 분명하게 정리할 필요가 있다. 우선 낙랑군에 대해 일제강점기에 겪은 일본의 식민지와 똑같은 개념으로 이해해서는 곤란하다. 물론 낙랑군은 중국의 군현으로서 식민지였던 것은 사실이지만, 일제강점기의 조선총독부와는 차이가 있었다. 가령 한은 고조선의 토착 지배층을 포섭하고 통제하는 데 그침으로써 토착 세력의 자치에 의존하는 간접적인 지배를 했다. 이에 반해 조선총독부는 군대를 동원한 직접적인 식민 통치였다고 할 수 있다.

또한 낙랑군은 우리 고대사에도 많은 영향을 끼쳤다. 낙랑군은 고구려, 백제, 신라의 성장 과정에서 길항 관계를 유지했고, 한편으로 중국의 발전된 문물을 받아들여 새로이 성장하기 시작한 삼국의 문화에 큰 영향을 끼치기도 했다. 특히 낙랑 문화는 한반도 남쪽에 있던 삼한의 문화에도 많은 영향을 끼쳤다.

삼한은 조공 무역을 통해 낙랑군의 선진 문물이나 기술을 받아들임으로써 사회분화를 더욱 촉진시킬 수 있었다. 당시 덧널무덤 같은 새로운 무덤 양식과 더불어 청동·철제 무기와 수레·마차의 부속구 같은 고조선 전통의 각종 문물, 그리고 중원에서 유입된 한경漢鏡을 비롯한 중국 문물과 동복·철복 같은 북방 문물들이나 그 제작 기술이 낙랑군과 대방군을 통해 직·간접적으로 유입되었다. 이러한 선진 문물과의 만남은 삼한을 더욱 급변하게 만들어 마침내 고대국가의 형성을 재촉하게 되었다.

낙랑군은 우리 역사의 한 부분으로서 이해할 필요가 있다. 기원전 108년에 설치되어 313년까지 무려 400년 이상 한반도 서북쪽에 존재한 낙랑군에 대한 내용을 교과서나 개설서의 본문 서술에서 빼거나, 지도에 표기하지 않는 것은 고대의 식민 경험을 근대의 식민지 경험과 동일시해서 그 사실을 은폐하려는 의식의 발상이다. 이것이야말로 또 다른 열등의식의 표출이다. 이러한 점에서 낙랑군을 비롯한 한군현은 앞으로 한국 고대사의 일부로서 그 역사적 성격을 밝히는 데 더 많은 연구가 필요한 대상이라고 할 수 있다.

▲말 탄 무사 벽화 조각  ▶청동 자루솥

# 여러 나라의 성장

### 기원전 2세기 · 3세기

고조선이 멸망한 기원전 2세기 무렵, 만주 지역과 한반도 곳곳에서 새로운 나라들이 태동하고 있었다. 먼저 만주 평원에서는 부여가, 한반도 중남부에서는 한과 진국이 그 모습을 드러냈다. 곧이어 압록강 유역에서 고구려가 일어났고, 한과 진국은 얼마 후 마한과 진한으로 이어지면서 변진과 함께 삼한 사회를 형성했다. 그리고 삼한은 통합 과정을 거쳐 백제와 신라, 가야 연맹체로 발전했다. 이들은 모두 철기 문화를 바탕으로 정복 전쟁을 펼치면서 고대국가의 틀을 세워 나갔다.

# 고조선의 뒤를 이어 일어난 나라들

**| 부여와 삼한**

옛날 북방에 탁리국이라는 나라가 있었는데, 그 왕의 시녀가 임신을 했다. 왕이 그녀를 죽이려 하니, 시녀는 "달걀처럼 생긴 신령스런 기운이 제게 내려와 임신을 한 것입니다"라고 했다. 얼마 뒤 시녀가 아들을 낳자, 왕이 돼지우리에 버렸으나 돼지가 입김을 불어 죽지 않았고, 마굿간에 옮겨 놓자 말이 입김을 불어 죽지 않았다. 왕은 이 아이가 천제天帝의 아들일 것이라고 생각하여 그 어미에게 거두어 기르게 하면서, 그 이름을 동명東明이라 하고 항상 말을 사육하도록 했다. 동명이 활을 잘 쏘자, 왕은 자기 나라를 빼앗길까 두려워 죽이려 했다. 이에 동명이 달아나 남쪽의 시엄수라는 강에 도달하여 활로 물을 치니 물고기와 자라가 떠올라서 다리를 만들어주었다. 동명이 물을 건너간 뒤 물고기와 자라가 흩어져버려 추격하던 군사는 건너지 못했다. 동명은 부여 땅에 도읍을 정하고 왕이 되었다.

—『삼국지』의 「동이전」, '부여조'

# 북쪽에서 일어난 부여

많은 사람들의 귀에 익숙한 주몽의 고구려 건국 설화와 매우 흡사하지만, 실은 고구려가 아닌 부여의 건국 설화다. 건국 시조의 이름이 동명이고, 출생과 성장 과정, 새로운 나라를 세우는 과정도 고구려의 건국 설화 내용과 대동소이하다. 그러면 부여 사람들이 고구려의 건국 설화를 베껴서 자신들의 건국 설화로 만들어낸 것일까? 사실은 그와 정반대다. 부여의 건국 설화가 원형이며, 고구려의 건국 설화가 그것을 차용한 것이다.

부여의 건국 시조 동명 설화는 85년경 후한의 왕충이라는 사람이 쓴 『논형論衡』이라는 책에 처음 기록되었다. 이후 『삼국지三國志』를 비롯한 중국의 여러 역사책에 계속 실렸다. 고구려에서 동명 설화를 빌려 자신들의 시조 설화를 만들어낸 것은 대략 4세기 이후의 일로 추정된다. 그렇다면 부여의 동명 설화가 원조이고 고구려의 주몽 설화는 짝퉁이라고 해야 할 텐데, 요즘 사람들한테는 그 짝퉁이 더 많이 알려져 있으니 이를 역사의 아이러니라고 해야 할까?

부여는 고조선의 뒤를 이어 우리 역사상 두 번째로 출현한 국가다. 중국의 길림시吉林市, 지금의 지린시 일대를 중심으로 만주의 송화강松花江, 지금의 쑹화강 유역에서 일어난 부여는 그 최초의 출현 시점을 정확히 알 수 없다. 다만 사마천이 지

## | 서단산문화

서단산문화는 중국 길림성 길림시 일대를 중심으로 한 만주 지역 중부에서 신석기시대 말부터 청동기시대까지 번성했던 문화다. 돌널무덤에서 요동 지역 토기를 닮은 다양한 토기들과 비파형동검, 청동거울 등이 출토되어 고조선과 문화 교류가 있었음을 짐작케 한다.

은 『사기史記』의 「화식열전」에서 연燕의 북쪽에 위치한 나라로 거론된 것을 보면, 아무리 늦어도 기원전 2세기 무렵에 그 모습을 드러낸 것으로 생각해볼 수 있다.

중국의 길림 지역은 일찍부터 청동기 문화가 발전한 곳이었다. 비파형동검과 동모 등을 특징으로 하는 이곳 청동기 문화는 '서단산문화'라고 불리는데, 고조선이 흥기했던 요동 지역의 청동기 문화와 긴밀한 연관성을 보인다. 부여는 이러한 선행 청동기 문화의 기반 위에 새로이 철기 문화를 받아들이는 과정에서 성립한 것으로 추측된다. 부여가 자리 잡았던 만주 평원은 농경과 목축에 유리한 곳이었다. 자연히 물산이 풍부하여 많은 인구를 부양할 수 있었고, 필요한 물자를 얻기 위해 굳이 주변 지역을 약탈해야 할 필요성도 적었다. 3세기 무렵의 상황을 전해주는 『삼국지』에는 당시 부여의 호구가 8만 호에 이르렀다고 한다. 고구려가 3만 호에 불과했던 것과 비교하면 당시 부여의 국세를 넉넉히 짐작할 수 있다.

부여는 한漢을 비롯한 중국의 여러 왕조와 활발한 교류를 가지면서 발전했다. 2세기 중엽에는 부여의 왕이 후한의 수도인 낙양洛陽, 지금의 뤄양을 직접 방문하기도 했으며, 위魏·진晉 시기에도 우호적인 관계는 계속 이어졌다. 이러한 우호 관계는 중국의 역사책에서 부여를 '예의를 아는 나라'라고 긍정적으로 기술한 배경이 되었고, 실제로 진은 부여가 멸망할 위기에 처했을 때 구원을 하기도 했다.



**부여의 초기 중심지로 추정되는 동단산 일대**
송화강을 끼고 있는 길림시의 동단산(사진의 중앙)과 인근 남성자 일대가 부여의 초기 중심지로 추정되고 있다.

부여의 정치체제는 왕을 정점으로 마가, 우가, 저가, 구가로 불리는 '대가大加'들이 국정 운영에 깊숙이 간여하는 부체제의 모습을 띠었다. 대가들은 '사출도四出道'라고 불린 독자적인 지배 영역을 갖고 있었으며, 왕이 실정을 범했을 때는 회의를 통해 교체할 정도로 강력한 힘을 지닌 존재였다. 그렇지만 왕은 가장 유력한 부족을 지지 기반으로 삼아 정치의 구심점 역할을 수행했다. 죽은 후에는 100여 명에 달하는 사람들을 순장할 만큼 권력과 위세를 지닌 상징적인 존재였다.

부여에서도 고조선처럼 엄격한 법속이 시행되었다. 살인자에 대해서는 고조선과 마찬가지로 즉시 사형에 처했지만, 그 가족까지도 노비로 삼는 연좌제를 추가로 시행했다. 또 간음을 한 남녀나 투기가 심한 부인을 사형에 처하는 등 가부장적 사회의 모습을 훨씬 더 강하게 드러냈다.

부여는 대체로 중국 세력과 우호 관계를 유지했지만, 서쪽의 유목 민족이나 남쪽의 고구려와는 적대적 관계 속에서 갈등을 빚은 적이 많았다. 특히 선비족 모용씨 집단과는 불구대천의 원수 관계를 맺었다. 285년에 부여는 모용씨의 침략으로 수도가 함락되어 왕이 자결하는 일이 벌어졌다. 이때 지배층의 일부는 두만강 유역까지 피신하기도 했다. 1년 뒤 진의 도움으로 나라가 회복되기는 했지만, 쇠락한 국세를 다시 일으키기에는 너무 힘이 빠진 상태였다.

**만주 평원에서 확인된 부여 유적, 노하심 분묘군**
중국 길림성 유수현 대파항에서 부여의 대규모 분묘 유적인 노하심 유적이 발굴되었다. 금은 장신구와 각종 철제 무기, 토기 등이 출토되었는데, 주변 유목 민족과의 교류를 엿보게 하는 유물들도 상당수 확인되었다. 사진 중앙의 멀리 보이는 건물 너머가 발굴 지점이다.

310년대에 들어 진이 무너지면서 요동 일대에 대한 중국 세력의 영향력이 사라지자, 부여는 고립무원의 상태에 빠졌다. 얼마 후 모용씨가 세운 전연前燕의 근처로 근거지를 옮긴 부여는 346년에 모용황이 보낸 전연 군대의 급습으로 마침내 멸망하고 말았다.

한편 285년에 두만강 일대로 달아났던 일부 지배층은 그곳에 계속 머물며 독자적으로 세력을 유지하면서 나라를 세웠는데 흔히 '동부여東扶餘'라고 부른다. 동부여는 5세기 초까지 존재하다가 410년에 이르러 고구려의 광개토왕에게 항복해 역사 무대에서 자취를 감추었다. 그리고 원래 부여가 있던 송화강 유역에서도 부여 계통의 종족들이 일부 남아 있었는데, 이들 역시 5세기 말에 고구려에 복속되었다. 이로써 만주 지역에서 부여의 명맥은 완전히 끊기고 만 셈이다.

부여는 그 역사를 상세하게 전해주는 책이 남아 있지 않아 전모를 파악하기가 매우 어렵다. 그렇지만 현재 남아 있는 자료만으로도 부여가 우리 역사에서 차지하는 위상이 결코 낮지 않음을 알 수 있다. 고조선의 뒤를 이어 성립한 우리 민족의 두 번째 국가라는 점이 우선 강조되어야 하지만, 삼국 가운데 고구려와 백제의 왕실이 바로 부여에서 나왔다는 점에 특별히 주목할 필요가 있다. 고구려의 시조인 주몽이 부여에서 내려온 것은 말할 것도 없지만, 남쪽의 백제에서도 부여를 계승했다는 의식이 대단히 강했다. 왕족의 성씨가 부여씨였다는 사실과 538년에 웅진에서 사비로 도읍을 옮길 때 나



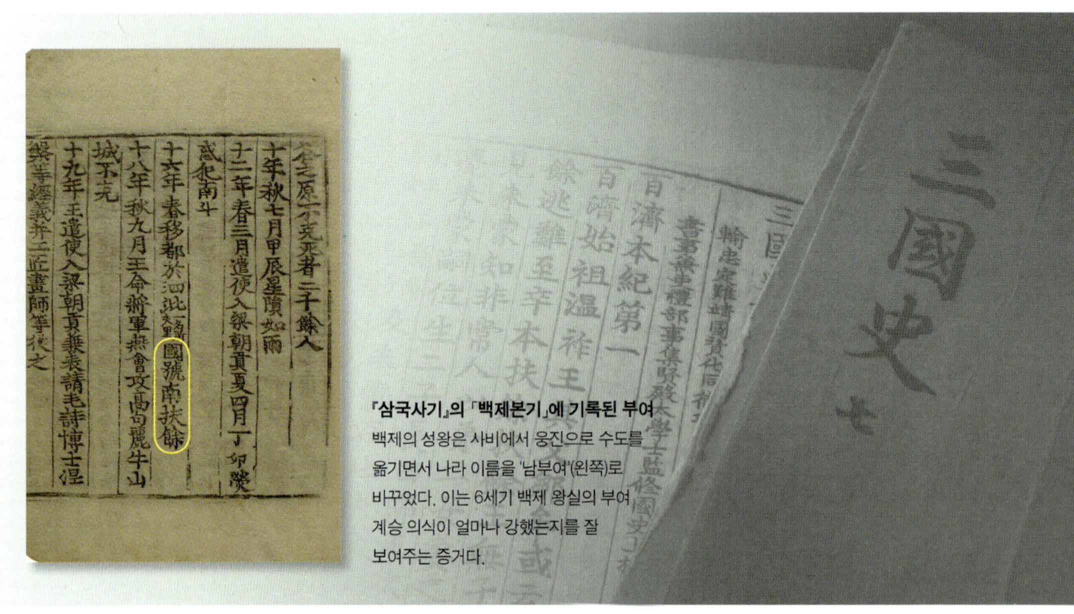

『삼국사기』의 「백제본기」에 기록된 부여
백제의 성왕은 사비에서 웅진으로 수도를 옮기면서 나라 이름을 '남부여'(왼쪽)로 바꾸었다. 이는 6세기 백제 왕실의 부여 계승 의식이 얼마나 강했는지를 잘 보여주는 증거다.

라 이름을 백제에서 남부여로 바꾸었다는 사실 또한 그 증거다.

지금 중국에서는 부여사를 중국사로 다루고 있다. 고구려 역사까지 한국사가 아니라 중국사라고 하는 마당에 부여사를 한국사라고 인정할 리는 없는 것이다. 그러나 부여는 고조선과 마찬가지로 우리 역사의 뿌리를 이루는 나라임에 분명하다. 따라서 우리 역사의 범주를 설정할 때 남달리 중요한 의미를 지니는 나라로서 주목받아야 마땅할 것이다.

## 남쪽에서 일어난 진국과 삼한

고조선이 멸망하기 전, 부여와 함께 고조선의 주변 지역에서 일어난 또 하나의 국가가 진국辰國이다. 구체적인 위치는 확실하지 않으나, 여러 기록으로 보아 고조선의 남쪽에 있었을 것임은 의심의 여지가 없다. 그런데 실상 진국은 위만조선의 말기에 잠깐 모습을 보였을 뿐, 언제 등장하여 어떻게 소멸했는지를 알려주는 자료는 전혀 없는 상황이다. 대신 한반도 중남부 지역에서 뚜렷한 정치 세력으로 출현해 주목을 받은 것이 바로 마한과 진한, 변한으로 이루어진 삼한이었다.

3세기 무렵의 상황을 전하는 『삼국지』에 따르면, 당시 한반도 중남부에는 55개 전후

| 삼한의 주요 소국들

3세기 전반에 한반도 중남부에는 80여 개에 이르는 소국들이 있었다고 한다. 소국들의 위치를 정확히 알 수는 없으나, 연맹체를 주도했던 몇몇 나라들은 대략 위치가 파악되고 있다. 마한의 목지국과 백제국, 진한의 사로국, 변진의 구야국과 안야국 등이 대표적이다.

의 소국으로 구성된 마한과 각각 12개의 소국으로 구성된 진한 및 변한이 존재했다. 마한은 오늘날 경기도와 충청도, 전라도를 포괄하는 넓은 세력권을 갖고 있었고, 진한과 변한은 대체로 지금의 경상도 일원을 중심으로 북과 남에서 병립 상태를 이루고 있었다.

삼한 가운데 맨 먼저 모습을 드러낸 것은 마한이었다. 마한의 등장 시기는 기원전 2세기 초로 거슬러 올라가는데, 고조선의 정치적 변동과 맞물려 있었다. 『삼국지』에 인용된 『위략』이라는 책에 따르면, 위만에게 왕위를 빼긴 고조선의 준왕이 무리를 거느리고 바다를 통해 한韓의 땅으로 가서 '한왕韓王'을 자칭했다고 한다. 준왕 세력이 처음 정착한 곳은 지금의 전라북도 익산 일대로 추정되고 있는데, 이것이 곧 한반도 남부에 처음 '한'이라는 명칭이 생기게 된 출발점이었다. 그런데 오래지 않아 준왕의 후손들이 끊겼다고 하므로, 고조선 계통의 이주 세력이 한반도 남부의 여러 정치체를 주도하는 위치에 계속 있지는 않았던 것 같다. 그렇지만 이들에 의해 생겨난 마한은 사라지지 않고 의연히 세력을 유지하면서 점차 주변으로 영향력을 확대해간 것으로 추정된다. 진국 세력이 한의 범주 속으로 포섭된 것도 바로 그러한 영향력의 확장을 보여주는 것이다. 그리고 진한에서 변진이 다시 분립하면서 삼한이 차례로 성립했다고 여겨진다.

진국은 기원전 2세기 말에 한과는 별개의 세력으로 존립했다. 그러나 고조선의 멸망을 전후하여 많은 수의 유이민이 한반도 중남부로 이동하는 과정에서 정치적 소용돌이



## | '삼한'의 말뜻은?

마한馬韓의 '마'는 '맏', '마루' 등의 음차로 맏형의 '맏'처럼 '으뜸', '첫째', '종주'라는 의미를 지니는 말이다. 마한이 다른 두 한에 비해 출현 시기가 앞서고, 현실적인 세력 또한 크다는 뜻을 담고 있다고 할 수 있다. 진한辰韓은 첫 글자 '진'이 진국의 '진'과 같다. 이는 진한이 진국에서 유래한 것임을 표시하는데, 실제로 『삼국지』에서는 진한을 '옛날의 진국'이라고 소개하고 있다. 변한弁韓은 『삼국지』에 '변진弁辰'으로 나온다. 이는 곧 변진이 한의 범주에 들어가지만, 본래는 진한에서 갈라져 나온 것임을 뜻하는 것이다. '변'의 의미에 대해서는 여러 설이 있는데, 조선 후기의 실학자인 정약용은 머리에 쓰는 '갓'과 연결지어 '가야'의 음차라고 주장한 바 있다.

이처럼 삼한은 그 명칭에서 출현 순서를 짐작해 볼 수 있다. 다시 말해 마한이 가장 먼저이고, 변한이 제일 뒤늦은 시기에 나타났다고 할 수 있다.

에 휩싸여 어느 시기엔가 구심점이 무너지고, 대신 한의 영향권 내에 존재하는 진한으로 변신을 하게 된 것으로 보인다. 『삼국지』에는 1세기 초에 진한의 우거수로 있던 염사치가 낙랑군으로 귀순한 사실이 적혀 있는데, 이를 통해 대략 기원전 1세기의 어느 시점에 진국에서 진한으로 교체가 있었을 것으로 추측해볼 수 있다.

삼한은 한반도 서북부에 자리 잡고 있던 중국 군현들과 활발하게 교류하며 성장해 갔다. 처음에는 낙랑군이 삼한의 교섭 창구가 되었지만, 3세기 초 대방군이 설치된 후에는 그 역할을 대방군이 맡았다. 이들 중국 군현은 삼한 소국의 우두머리에게 세력의 정도에 따라 다양한 호칭을 부여하고 개별적인 교류를 했다. 이는 삼한 소국들 사이의 통합을 억제하고 분열을 조장해 쉽게 통제를 하기 위한 방책이었다. 그 결과 삼한의 소국들은 오랫동안 통합을 이루지 못했고, 삼한은 독립적인 소국 연합체의 형태로 존재했다.

물론 그런 와중에도 특히 힘이 센 소국들은 존재했다. 『삼국지』에는 3세기 중엽까지 한반도 중남부에서 가장 강력한 힘을 가진 소국으로 마한의 목지국지금의 충청남도 천안을 소개하고 있다. 변진의 구야국지금의 경상남도 김해이나 안야국지금의 경상남도 함안 등도 제법 큰 소국으로 거론되었다.

목지국은 넓은 평야 지대에 자리 잡아 물산이 풍부하고, 바다를 통해 중국의 군현과도 쉽게 교통할 수 있는 위치에 있었다. 이런 점들이 삼한의 맹주로서 위상을 갖게 하

**진솔선예백장인**
1966년에 경상북도 영일군 신광면 마조리(지금의 경상북도 포항시 북구 신광면 흥곡리)에서 발견된 청동 도장이다. 진이 낙랑군과 대방군의 주변에 있는 토착 세력의 우두머리들에게 나누어 준 것으로, 예와 삼한의 소국들이 중국 군현과 문물 교류를 할 때 일종의 라이센스처럼 사용했다.

는 데 큰 힘이 되었다. 한편 진한과 변한은 철 생산으로 유명했다. 마한과 예맥은 물론이고 바다 건너 왜도 진한과 변한의 철을 수입해 쓸 정도였으며, 낙랑군과 대방군도 그 철을 공급받았다. 아울러 남해안에 위치한 구야국은 중국 군현과 일본열도의 정치 세력 사이에서 무역을 중계하며 큰 이득을 취했던 것으로 알려져 있다.

삼한의 주민들은 기본적으로 청동기시대 이래 한반도 중남부 지역에 정착해 살던 종족들이 주축을 이루었다. 그렇지만 삼한 소국의 성립과 발전 과정을 보면, 준왕의 경우처럼 한반도 서북부에서 남하해 온 이주민들의 역할이 자못 컸다. 선진 문화를 가지고 파상적으로 내려온 이들 고조선 계통의 유이민은 곳곳에서 선주 토착 세력과 동화하고 융합하면서 새로운 국가 형성의 씨앗을 뿌려나갔다. 고조선의 끊어졌던 명맥이 삼한을 통해 되살아난 셈이다. 삼한이 우리 역사에서 지니는 의의 가운데 첫 번째는 바로 이 점이라 할 수 있다.

삼한은 삼국과 가야로 이어졌다. 마한은 한강 유역에서 일어난 백제에 통합되었고, 진한은 경주 지역의 사로국에 통합되었다. 변한은 각 소국이 독립 국가의 형태를 유지한 채 구야국을 중심으로 연맹체를 이루면서 변화해갔다. 고구려와는 별로 상관이 없지만, 삼국시대에 존재한 나머지 고대국가들과 직접적인 계승 관계를 갖는 것이 바로 삼한이었다. 따라서 삼한은 그 역사적 위상이 결코 낮지 않으며, 삼국시대 초기의 역사

**진한과 변진에서 생산된 판상철부와 철정**
철산지가 많았던 진한과 변진에서는 철광석을 용해시켜 납작한 형태의 철제품을 만들어냈다. 도끼 모양을 한 판상철부(왼쪽)와 개뼈다귀 형태를 한 철정(오른쪽)은 무기와 공구, 농기구 같은 완성품을 만들기 전 단계의 철 소재로, 주변 지역과의 교류에서 화폐와 같은 기능을 하기도 했다.

는 사실상 삼한의 역사와 중첩된다는 점에서 그 역사를 제대로 이해하는 것이 매우 중요하다.

　아울러 삼한 단계에서 한반도 전역이 본격적인 철기 문화 단계로 진입했다는 사실 역시 주목해야 한다. 기원전 4세기경에 시작된 철기 문화는 만주와 한반도 북부에서 한반도 남단에 이르기까지 300여 년의 시간이 걸렸으며, 철기 문화의 확산은 생산과 정복의 두 측면에서 이전과는 크게 다른 새로운 사회를 출현시키는 계기가 되었다.

# 『삼국지』 속 「동이전」의 세계



『삼국지』는 3세기 말에 중국의 진수라는 역사가가 위·촉·오의 역사를 기록한 사서다. 오늘날 많은 사람이 읽고 있는 『삼국지』는 명나라 때 나관중이 지은 『삼국지연의三國志演義』라는 책을 대본으로 소설 또는 만화로 다시 각색한 것으로, 역사책인 『삼국지』와는 다른 책이다.

『삼국지』는 위의 역사를 기록한 부분의 맨 마지막에 「오환선비동이전烏丸鮮卑東夷傳」이라 해서 중국의 북쪽과 동쪽에 거주하는 이민족들에 대한

많은 정보를 수록해놓았다. 이 가운데 동쪽의 만주 지역과 한반도, 일본열도에 존재한 여러 세력들에 대해 기록한 부분을 흔히 「동이전」이라 특칭하고 있다.

「동이전」에는 부여를 비롯해 고구려, 동옥저, 읍루, 예, 마한, 진한, 변진, 그리고 왜에 관한 기록들이 있다. 『삼국지』보다 앞선 시기에 편찬된 『사기』와 『한서』 등이 주로 위만조선의 멸망과 관련된 내용으로 채워져 기원전 1세기 이후의 사정을 반영하고 있지 않음에 반해, 「동이전」의 기록들은 후한과 위의 주변 종족과 나라들의 정치·제도·습속·문물을 비롯해 중국과의 접촉 사실 등을 자세히 전하고 있어 사료적으로 매우 높은 가치를 지닌다.

「동이전」의 맨 앞에 수록된 나라는 부여다. 그 뒤를 이어 고구려와 동옥저, 읍루 등 만주와 한반도 북부에 있던 세력들이 기록되어 있다. 그리고 예와 삼한처럼 한반도 중남부에 있던 세력들과 바다 건너 왜에 관한 기록들이 「동이전」의 후반부를 이루고 있다. 부여와 삼한은 본문에서 다루었고, 읍루와 왜에 관한 기록은 우리 민족과 직접 관련되는 것이 아니므로, 여기서는 동옥저와 예를 중심으로 「동이전」의 내용을 살펴보자.

먼저 동옥저는 지금의 함경도 해안 지대에 있

**솟대**
장대 끝에 새를 꽂아놓은 솟대는 삼한의 소도와 관련된 것으로 보인다. 천군은 소도라고 불리는 신성 구역을 관장했다. 하지만 최근에는 '국읍'에서 천군이 지낸 '제천 의례'와 별읍인 소도에서 지낸 토착적인 '귀신 제사'를 구분하는 견해도 있다.

## | 『삼국지』 속의 동아시아 세계

『삼국지』의 「동이전」에는 부여·고구려·동옥저·읍루
같은 만주와 한반도 북부에 있던 세력들과
예와 삼한처럼 한반도 중남부 세력을 비롯해,
바다 건너 왜에 관한 기록이 있다.

던 세력으로, 언어는 대체로 고구려와 같았다고
한다. 왕이라 불릴 만큼 정치적 구심점 역할을 하
던 존재는 없었다. 애초에 위만조선에 복속했지
만 한에 의해 위만조선이 망한 이후에는 현도군
을 통해 한의 직접 지배를 받았다. 얼마 후 현도
군이 고구려의 서북쪽으로 옮겨가자 다시 낙랑군
에 속했다고 한다. 후한 시기에는 중국 세력의 직
접 통치에서 벗어났으나, 제후국의 위치에서 간
접적인 지배를 받았다. 하지만 고구려의 공격을
계속 받다가 결국 복속되었다고 한다. 고구려에
서는 동옥저의 우두머리를 사자使者로 삼아 간접
적으로 지배하면서 생선과 소금 같은 해산물을 공
물로 받았다고 한다.

예는 옥저의 남쪽에 있었다고 하는데, 대체로
오늘날 강원도 지방에 해당한다. 옥저와 마찬가지
로 언어와 습속이 고구려와 비슷했고, 대군장이
없는 대신 '후侯, 읍군邑君, 삼로三老'라는 우두머리
계층이 하호下戶들을 다스렸다고 한다. 영동 지역
의 예는 후한 말에 고구려에 복속되었다.

예에서는 읍락마다 산천을 경계로 영역을 구분
해, 다른 읍락의 영역에 함부로 들어갈 수 없었다.
만약 이를 어기면 노비와 소, 말을 내어 보상을 해
야 했는데, 이것이 '책화責禍'의 풍습이다. 책화는
예가 아직 촌락을 단위로 공동체 생활을 하던 모
습을 잘 보여준다.

한편 「동이전」에는 제사 의례에 관한 기록이 비
교적 풍부하다. 하늘에 제사를 지내는 제천 행사

로 부여의 영고, 고구려의 동맹, 예의 무천 등을 전
하는데, 추수감사제의 성격을 지닌 이 제천 행사
때는 밤낮으로 음주와 가무를 즐겼다고 한다. 특
히 고구려에서는 제천 행사를 할 때 도성의 동쪽
에 있는 큰 동굴에서 수신隧神을 맞이해 강 위에서
제사를 지냈다고 한다. 이는 건국자 주몽의 신비
로운 탄생을 상징하는 것으로, 제의를 통해 왕실
의 신성함을 내외에 각인시키는 기능을 했다.

제천 행사는 남쪽의 마한 등지에서도 벌어졌다.
소국마다 정치적 군장과는 별개로 천군天君이 있
어 하늘에 대한 제사를 주관했다고 한다. 천군은
소도라고 불리는 신성 구역을 관장했는데, 소도는
죄를 짓고 도망쳐 온 사람들을 함부로 붙잡아 갈
수 없는 일종의 도피성逃避城과 같은 곳이었다. 농
경이 발달한 마한에서는 10월의 추수감사제뿐만
아니라 5월에 파종제도 함께 지냈다고 한다.

# 정복 전쟁으로 성장한 고구려



# 2

**ㅣ 고구려의 성립과 발전**

왕주몽이 비류수 가운데 채소 잎이 떠 내려오는 것을 보고 상류에 사람이 살고 있음을 알았다. 그래서 사냥을 하면서 비류국을 찾아가니, 그 국왕 송양松讓이 나와 보고, "과인이 바다의 모퉁이에 살아 일찍이 군자를 만나보지 못하다가 오늘 뜻밖에 그대를 만나보게 되어 반갑소. 그대는 어디서 왔는가?"라고 하니, 왕이 대답하되 "나는 천제天帝의 아들로 모처에 와서 도읍을 하였소"라고 했다. 송양이 말하기를, "우리는 여기서 여러 대 동안 왕 노릇을 해왔는데, 땅이 좁아 두 왕을 용납하기는 어렵다. 그대는 도읍을 정한 지 얼마 안 되니, 우리의 부용국이 됨이 어떠한가?"라고 했다. 왕이 이 말에 분노하여 그와 시비를 하다가 서로 활쏘기로 재주를 시험하니, 송양이 왕에게 대적할 수 없었다. 이듬해 송양이 항복해왔다.

－『삼국사기』의 「고구려본기」 '동명성왕조' 2년

# 고구려의 출현 시기

이 이야기는 주몽이 고구려를 건국한 직후부터 주변의 여러 세력을 복속시켜 나간 과정을 보여준다. 졸본卒本, 지금의 랴오닝성 환런현이라고 불리던 압록강 중류 지역의 좁은 땅에서 일어난 고구려는 이후 활발한 정복 전쟁을 성공적으로 수행해 마침내 만주와 한반도 북부를 아우르는 거대한 국가로 발전했다. 그리고 수隋·당唐 같은 세계 제국의 거듭된 침략에도 당당히 맞서 싸움으로써 오늘날까지도 많은 사람들의 가슴속에 민족적 자긍심의 원천으로 자리 잡고 있다.

그러면 자랑스런 고구려가 역사 무대에 처음 모습을 드러낸 때는 언제였을까?『삼국사기』의 「고구려본기」 '동명성왕조'에 따르면, 기원전 37년 무렵에 북쪽의 부여에서 도망쳐 내려온 주몽이 졸본에 고구려를 세웠다고 한다. 이후 668년에 고구려가 멸망할 때까지 주몽의 후손들은 700여 년간 왕위를 이어갔다.

그런데 몇몇 다른 기록에는 고구려의 역사가 700년이 아니라 800년 또는 900년이었다고 한다.『삼국사기』의 「신라본기」 '문무왕조'에는 고구려가 800년가량 존속한 나라라고 했고, 같은 책의「고구려본기」 '보장왕조'에는 고구려가 900년도 안 되어 망할 것이라는 비기秘記가 소개되어 있다. 이 기록들은 오해와 과장에서 비롯된 것일 수도 있



## | 고구려 왕실의 교체를 알려주는 중국 기록

『삼국지』의「동이전」에 실린 '고구려조'에는『삼국사기』에서 명확히 드러나 있지 않은 고구려 초기의 왕실 교체 사실이 기록되어 있다. "본래는 소노부에서 왕이 나왔으나, 지금[3세기]은 힘이 약해져서 계루부에서 대신 왕위를 차지하고 있다."는 내용이 바로 그것이다.

그렇지만 소노부의 우두머리는 비록 왕위를 계루부에 넘겨주기는 했어도, 여전히 고구려 사회에서 큰 영향력을 행사하는 존재였다. 고구려에서는 왕에 버금가는 지위를 가진 계루부 왕실의 주요 인물들을 '고추가'라고 칭했는데, 소노부의 우두머리 역시 '고추가'라는 칭호를 가질 수 있었다.

高句麗在遼東之東千里，南與朝鮮、濊貊，東與沃沮，北與夫餘接。都於丸都之下，方可二千里，戶三萬。多大山深谷，無原澤。隨山谷以爲居，食澗水。無良田，雖力佃作，不足以實口腹。其俗節食，好治宮室，於所居之左右立大屋，祭鬼神，又祀靈星、社稷。其人性凶急，喜寇鈔。其國有王，其官有相加、對盧、沛者、古雛加、主簿、優台丞、使者、皁衣先人，尊卑各有等級。東夷舊語以爲夫餘別種，言語諸事，多與夫餘同，其性氣衣服有異。本有五族，有涓奴部、絕奴部、順奴部、灌奴部、桂婁部。本涓奴部爲王，稍微弱，今桂婁部代之。漢時賜鼓吹技人，常從玄菟郡受朝服衣幘，高句麗令主其名籍。後稍驕恣，不復詣郡，于東界築小城，置朝服衣幘其中，歲時來取之，今胡猶名此城爲幘溝漊。溝漊者，句麗名城

지만, 고구려 역사가 주몽의 건국 연대로 알려진 기원전 37년보다 더 앞선 시기부터 시작되었을 가능성을 말해주는 것이기도 하다.

이런 추정을 뒷받침하듯이 『삼국지』의 「고구려전」에서는 3세기 전반의 고구려 상황을 전하면서 "본디 5족族이 있었으니, 소노부, 절노부, 순노부, 관노부, 계루부가 그것이다. 본래는 소노부에서 왕이 나왔으나 점점 미약해져서 지금은 계루부에서 왕위를 차지하고 있다"고 적었다. 이 기록은 3세기 이전에 고구려 왕실의 교체가 있었음을 말해주는데, 『삼국사기』에서는 확실하게 드러나지 않은 중요한 정보를 알려준다.

3세기 당시 왕을 배출하던 계루부는 바로 예전에 주몽이 이끌던 정치 세력이었다. 주몽 이후 후손들이 왕위를 계속 이어갔다면, 소노부가 고구려의 왕위를 차지한 것은 당연히 주몽 이전의 일이 될 것이다. 이는 곧 고구려의 역사가 『삼국사기』에서 전하는 것보다 더 길어질 수 있다는 의미이며, 오늘날 우리가 상식적으로 알고 있는 주몽의 고

**오녀산성**
중국 요령성에 있다. 광개토왕비문에 시조 추모왕(주몽)이 부여에서 내려와 비류곡 홀본(졸본)의 서쪽 산 위에 성을 쌓고 도읍을 정했다고 전하는데, 지금의 오녀산성이 바로 그 성으로 추정되고 있다.

구려 건국은 실상 그 이전부터 존재했던 고구려 내에서의 왕실 교체에 지나지 않는 것이 될 수 있다.

'고구려'라는 이름은 실제로 기원전 2세기부터 존재했음이 확인된다. 고조선을 멸망시킨 한漢은 낙랑군을 포함해 네 개의 군을 설치했는데, 그 하나가 압록강 유역을 관할하는 현도군이었으며, 이 현도군에 속한 여러 현 가운데 가장 중심이 되는 현이 바로 '고구려현高句驪縣'이었다. 한자로는 아무런 의미가 없는 '고구려'라는 이름을 한이 새로 지어낸 것은 아닐 터이므로, 이것은 이미 기원전 2세기 내지 그 이전부터 이곳 사람들 사이에서 스스로 칭하는 데 사용되었다고 해야 할 것이다. 물론 고구려라는 이름이 나타났다고 해서 곧바로 고구려라는 국가의 성립을 말할 수는 없다. 그렇지만 나중에 고구려라는 나라를 형성하는 데 주축이 되는 세력이 현도군을 통해 한의 지배를 받기 이전부터 이미 존재했다는 것만은 분명하다.

그러면 고구려라는 이름을 쓰는 집단 또는 종족의 출현은 언제까지 거슬러 올라갈까? 이와 관련하여 주목되는 것은 고구려의 대표적 무덤 양식으로 알려져 있는 돌무지무덤[적석총]의 발생 시점이다. 지금까지 알려진 바로는 압록강 유역에 돌무지무덤이 처음 나타난 것은 기원전 3세기 무렵이었다. 이것은 곧 후대 고구려인의 조상이 되는 사람들이 문화적으로 주변 지역과 구별되면서 정체성을 뚜렷하게 보이기 시작한 것이 기원전 3세기경이었다는 의미다.

## 소노부에서 계루부로

고구려 사람들은 기원전 2세기 말 현도군이 설치되면서 한동안 중국의 직접 지배를 받았다. 그렇지만 그 지배에서 벗어나기 위해 강력한 투쟁을 전개한 끝에, 기원전 75년에 현도군을 서북쪽으로 밀어내는 데 성공했다. 압록강 유역에서 요령성 신빈현 영릉진 부근으로 옮겨간 현도군을 '제2 현도군'이라 부르기도 한다. 이 항쟁 과정에서 고구려라는 이름으로 여러 집단이 연맹을 이루었을 것으로 추정되는데, 특히 소노부가 두각을 나타내면서 연맹체를 이끌었을 것으로 여겨진다. 그리고 『삼국사기』에는 뚜렷하게 드러나지 않았지만, 그 후 어느 시점엔가 소노부를 대신해 계루부 세력이 연맹체

**압록강 유역의 돌무지무덤**
고구려의 대표적인 무덤 양식인 돌무지무덤이 압록강 유역에 처음 나타난 때는 기원전 3세기 무렵이다. 특히 산성자산의 환도산성 아래에는 수백 기의 대형 돌무지무덤이 밀집되어 분포하고 있는데, 고구려 고분군 가운데 최대 규모다.

의 주도권을 장악한 것으로 보인다.

사실 소노부에서 계루부로의 왕실 교체는 『삼국사기』에도 그 흔적이 어렴풋이 남아 있다. 앞서 본 주몽과 송양왕의 재주 겨루기 설화가 바로 그것이다. 이 설화에서 '비류국왕'으로 나온 '송양'은 바로 '소노'의 다른 표현으로 이해할 수 있다. '송松'은 소나무를 뜻하니 '소'의 훈차이고, '양讓'은 고구려어에서 하천 주위에 자리 잡은 집단을 가리키는 '나那', '노奴', '양壤' 등과 혼용되는 말로 '노奴'로 대치할 수 있다. 그래서 송양왕은 주몽의 출현 이전에 고구려를 주도하던 소노부 출신의 왕이었다는 설명이 가능하고, 송양의 항복은 곧 고구려 왕실이 소노부에서 계루부로 넘어간 것을 시사한다고 보는 것이다.

결국 소노부가 중심이 된 고구려 연맹체가 이미 성립해 있던 상황에서 주몽이 이끄는 계루부가 압록강 유역에 새로이 출현했고, 얼마 후 소노부에서 계루부로 연맹의 주도권이 넘어갔다. 이후 고구려 역사는 기본적으로 계루부 왕실이 이어갔다. 소노부와 계루부가 세력 경쟁을 다투던 시기에는 압록강 유역 곳곳에 '나那'라고 불린 집단들이 다수 존재했는데, 유력한 집단을 중심으로 차츰 통합되어갔다. 그 결과 계루부와 소노부 외에 절노부, 순노부, 관노부 등 5개의 부로 최종 정리되었다. 계루부를 중심으로 5부가 연맹체를 형성해 국가 운영의 중핵을 이루던 이 시기의 정치 체제를

현도군의 이동 경로

기원전 75년에 요령성 신빈현 영릉진 부근으로 옮겨간 현도군을 '제2 현도군'이라고 부르고, 106년에 다시 무순시 방면으로 후퇴한 현도군을 '제3 현도군'이라고 한다.

흔히 '5부 체제'라고 부른다.

## 정복 전쟁과 국력의 신장

고구려가 일어난 압록강 유역은 사람들이 살기에 적합한 곳은 아니었다. 산간 지대인데다 땅마저 척박해 농사짓기에는 부적당한 곳이었다. 『삼국지』의 「고구려전」에는 "큰 산과 골짜기가 많고 넓은 들은 없어 산골짜기에 의지해 살면서 산골의 물을 식수로 한다. 좋은 농토가 없으므로 부지런히 농사를 지어도 식량이 충분하지 못하다. 그들의 습속에 음식은 아껴서 먹는다"고 적어놓았다.

고구려 사람들은 이처럼 열악한 환경에서 생존하기 위해 자체 농업생산력의 발전에만 목매달 수 없었다. 약탈을 통해 필요한 식량과 물자를 획득하는 한편, 물산이 풍부한 주변으로 세력을 확장하는 데 온 힘을 쏟았다. 3대 대무신왕 때의 사실로 알려진 호동왕자와 낙랑공주의 이야기는 고구려가 남쪽으로 세력을 넓히려고 노력하던 당시의 사정을 잘 반영하고 있다.

약탈과 정복은 늘 위험과 실패가 도사리고 있었지만, 성공과 실패를 반복하면서 고구려 사회에는 점점 강력한 전사 집단이 형성되었다. 고구려는 이 전사 집단을 통해 주



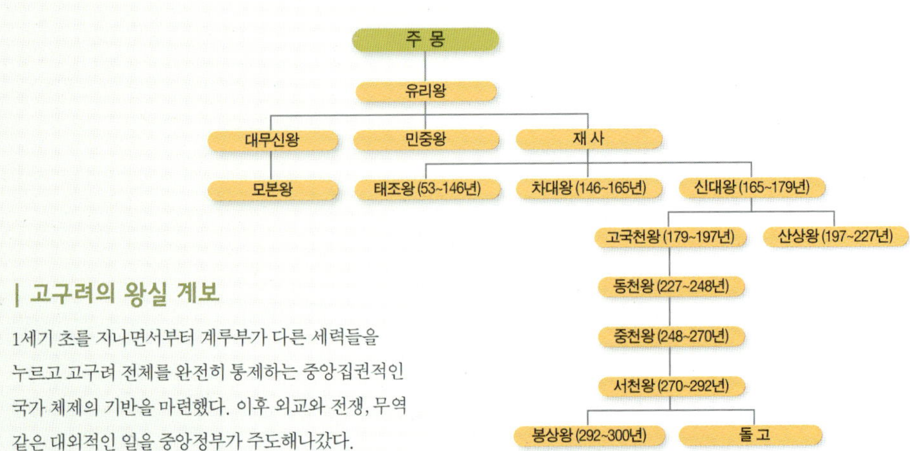


| 고구려의 왕실 계보

1세기 초를 지나면서부터 계루부가 다른 세력들을 누르고 고구려 전체를 완전히 통제하는 중앙집권적인 국가 체제의 기반을 마련했다. 이후 외교와 전쟁, 무역 같은 대외적인 일을 중앙정부가 주도해나갔다.

변의 약소 세력들을 차례로 통합하는 한편, 서쪽과 남쪽의 중국 군현에 대해서도 대대적인 침략을 감행했다. 1세기 후반에서 2세기 초에 걸친 태조왕 때 고구려는 동해안의 옥저를 완전히 복속시켰고, 이어 현도군과 요동군을 공격하기도 했다. 신빈현 지역으로 물러나 있던 현도군은 고구려의 거듭된 공격으로 106년에 다시 서북쪽에 위치한 요령성 무순撫順, 지금의 랴오닝성 푸순 방면으로 후퇴할 수밖에 없었다. 이렇게 후퇴한 현도군을 '제3 현도군'이라 부른다.

태조왕 이후 고구려는 중국 세력에게 그야말로 골치 아픈 존재로 떠올랐다. 중국 군현을 자주 침입하고 약탈하므로, 『삼국지』의 「고구려전」에 "그 나라 사람들의 성질은 흉악하고 급하며 노략질하기를 좋아한다"고 표현해놓았다.

대외 정복을 성공으로 수행함에 따라 계루부는 왕권을 강화할 수 있었고, 아울러 물산을 축적할 수 있었다. 2세기 말 고국천왕 때 진대법이라는 빈민 구제 제도가 마련되었는데, 이는 나라의 창고를 열어 춘궁기의 빈민을 구제해도 될 만큼 식량 비축이 충분했음을 의미하는 것으로, 그 자체가 고구려의 국력이 강성했음을 암시하는 것이다. 『삼국지』의 「고구려전」에는 3세기에 농사일을 하지 않고 앉아서 먹는 자坐食者가 고구려에는 1만 명에 이르렀다고 적혀 있다. 이 무렵 고구려의 전체 호구가 3만 호에 불과했다는 기록을 참고하면, 적어도 전사 집단이 중심이 된 지배층은 낮은 농업생산력



## | 진대법

진대법은 고구려에서 흉년이나 춘궁기에 백성들한테 양곡을 빌려주던 빈민 구호 제도다. '진'은 흉년에 굶주린 사람들에게 곡식을 나누어 주고, '대'는 봄에 곡식을 빌려주었다가 가을에 추수한 다음 회수한다는 뜻이다.

고국천왕은 국상國相 을파소를 등용해 개혁 정치를 폈는데, 194년 7월에 서리가 내려 곡식이 상해 백성들이 굶주리므로 창고를 열어 미곡을 나누어 주었다.

같은 해 10월에는 고국천왕이 사냥을 나갔다가 흉년으로 굶주린 자가 길옆에 앉아 우는 것을 보고 옷과 음식을 주어 위로하면서 홀아비, 과부, 고아, 자식이 없는 늙은이, 병들고 가난해서 자립할 수 없는 사람들을 구휼하라고 명했다. 그리고 매년 3월부터 7월까지 곡식을 풀어 가구의 많고 적음의 차이를 두어 곡식을 대여했다가 10월에 갚도록 했다.

의 한계 속에서도 상당한 풍요를 누렸음을 알 수 있다.

이처럼 승승장구하던 고구려는 3세기 중엽에 이르러 큰 시련을 겪게 된다. 244년과 245년에 위魏의 침공을 받아 수도인 환도성이 함락되고, 동천왕이 동해안을 거쳐 두만강 일대까지 피신하는 일이 벌어졌다. 이 무렵 중국은 위·오·촉의 삼국으로 분열된 상태였는데, 가장 강한 힘을 갖고 있던 위가 요동 방면의 지방 정권인 공손씨 세력을 평정한 후 그 여세를 몰아 고구려까지 침공했던 것이다. 고구려에서는 그동안 중국 세력

**환도산성에서 내려다본 통구하와 집안시**
환도산성은 중국 길림성 집안시의 산성자산에 위치한 고구려 전기의 도성 유적이다. 산상왕 때인 198년에 처음 쌓은 것으로 전해진다. 압록강의 지류인 통구하가 산성의 앞쪽을 휘감듯 흘러가며, 성벽 주위에는 산성하 고분군이 있다. 오른쪽에 멀리 보이는 시가지는 국내성 유적이 남아 있는 집안시 중심부이며, 환도산성과의 거리는 약 2.4킬로미터다.

을 줄곧 곤경에 몰아넣다가 처음으로 대대적인 반격을 받아 국망의 위기에까지 내몰렸던 것이다.

위의 침공을 가까스로 이겨낸 고구려는 일시적으로 기세가 꺾였으나, 259년에 재침하는 위의 군대를 격파하면서 다시 국력을 어느 정도 회복했다. 그리고 중국에서 위가 망하고 진이 들어선 후 동방에 관한 통제력이 점차 약화되는 틈을 타고서 4세기 초반의 새로운 도약을 준비하게 된다.

# 고대국가의 '부체제'



부체제는 삼국 초기의 정치 구조를 설명할 때 등장하는 용어다. 삼국 초기에는 나라마다 '부部'라고 불리는 정치체들이 존재했는데, 이들 부의 연합을 기반으로 발전했다. 부는 국왕 또는 국왕이 소속한 최고 유력부에 의해 일정하게 통제를 받으면서도 내부적으로는 자치를 했다. 이러한 정치 구조는 국왕을 정점으로 한 일원적인 관료 체제가 확립되는 시기까지 삼국 모두에 존속했다.

전형적인 부체제의 모습은 고구려에서 볼 수 있다. 『삼국지』의 「동이전」 '고구려조'에 "본디 5족이 있었으니, 소노부, 절노부, 순노부, 관노부, 계루부가 그것이다. 본래 소노부에서 왕이 나왔는데, 점차 힘이 약해져 지금은 계루부가 대신한다"라는 구절에서 3세기 전반에 고구려가 계루부 중심의 5부 연맹체로 구성되었음을 알 수 있다. 그리고 "왕의 종족으로서 대가인 자는 고추가라고 칭하는데, 소노부는 본래 국주國主였으므로 지금은 비록 왕이 되지 못하지만 그 적통을 이은 대인은 고추가의 칭호를 얻었으며, 자체의 종묘를 세우고 영성과 사직에 제사를 지낸다. 절노부는 대대로 왕실과 혼인했으므로, 그 대인은 고추가의 칭호를 더했다"는 기록을 통해 5부 가운데 계루부가 연맹을 주도했지만, 소노부도 여전히 무시할 수 없는 세력을 지니고 있었고, 절노부 또한 유력한 부로 존재했음을 알 수 있다. 아울러 "모든 대가는 스스로 사자, 조의, 선인 등의 관직을 두었다"는 기록은 아직 국왕을 정점으로 하는 일원적인 관료제가 갖추어지지 않았음을 보여주는 동시에, 자치를 행하는 각 부의 독자성을 잘 드러내준다.

그렇지만 "대가들이 스스로 임명한 사자, 조의, 선인의 명단은 왕에게 보고해야 한다"는 구절이나 "대가들의 사자, 조의, 선인은 중국의 경卿이나 대부大夫의 가신과 같아 회합할 때 좌석의 차례에서 왕의 사자, 조의, 선인과 같은 열에 앉지 못한다"는 구절은 연맹장으로서 국왕의 위상이 국가를 대표하는 최고 통치권자의 단계에는 도달해 있었음을 시사한다. 후대의 국왕처럼 모든 관료를 휘

**부체제의 실상을 보여주는 영일 냉수리 신라비**
503년에 세워진 신라 비석으로, 지증왕에 해당하는 '지도로 갈문왕'과 신라 6부 가운데 네 개 부의 유력자들이 합의해 일을 처리했다고 기록되어 있다.

**천정대**
부체제의 특징은 각 부의 우두머리들이 모여 나랏일을 합의로 결정했다는 것인데, 부체제가 소멸한 후에도 귀족들의 회의체는 계속 존재했다. 백제의 정사암 회의나 신라의 화백 회의가 그 대표적인 것들이다. 사진은 백제에서 정사암 회의가 열렸다고 전해지는 충청남도 부여군 규암면의 천정대.

하에 두고 마음대로 부릴 수 있는 상황은 아니었지만, 가장 강력한 부의 우두머리로서 그의 힘을 능가할 수 있는 존재는 따로 없었던 것이다.

고구려의 5부 체제는 3세기를 지나면서 점차 해체되기 시작했는데, 왕권의 성장에 반비례하여 부의 자율성이 현격하게 줄어드는 과정과 맞물려 있었다. 압록강 중류 지역에 퍼져 있던 5부의 지배층이 수도인 국내성으로 밀집하게 되면서, 새로이 동·서·남·북·중의 방위명을 지닌 부들이 모습을 드러냈다. '부'라는 명칭은 남았지만, 그 위치가 이전과는 전혀 달라졌으며, 성격 또한 자치성을 지닌 정치집단에서 왕도王都의 행정구역으로 바뀐 것이다. 이는 곧 부체제의 소멸을 사실상 의미하는 것이었다.

부체제는 고구려에 앞선 부여에서도 사출도의 형태로 나타났다. 백제의 경우에도 초기에 왕도 주변의 정치 세력들이 '북부', '동부', '서부' 같은 이름을 띠면서 국왕이 이끄는 중앙 정치집단과 연합해 국가 운영에 참여했기 때문에 부체제의 범주에서 벗어나지 않았다. 신라는 박·석·김씨 집단이 연합한 상태로 서로 세력 경쟁을 벌였던 이사금 시기가 전형적인 부체제에 해당한다. 하지만 김씨 집단의 우위가 확고히 굳어진 마립간 시기의 정치 구조도 6부를 단위로 이루어졌으므로 본질상 부체제였다고 할 수 있다.

신라의 부체제는 고구려나 백제와는 달리, 수도인 경주 지역에 존재한 정치 세력들로만 형성되었고, 지방에 산재한 다양한 정치 집단들이 자기 몫을 지닌 채 중앙의 정치체제에 참여하지는 못했다. 지방의 유력 세력들은 신라에 복속된 상태로, 부의 구성 인자에 들지 못한 채 직접 또는 간접적인 지배를 감수하면서 명맥을 유지했다. 마치 고구려에 복속되었던 동옥저의 대인들이 5부 체제에 주도적으로 참여할 수 없었던 것과 비슷한 상황이었다.

# 3 온조와 비류가 세운 백제
## | 백제의 성립과 발전

백제의 시조는 비류왕이다. 아버지는 우태이니 북부여왕 해부루의 서손이며, 어머니는 소서노이니 졸본 사람 연타발의 딸이다. 소서노가 처음 우태에게 시집가서 두 아들을 낳았는데, 큰 아들은 비류요 둘째 아들은 온조였다. 우태가 죽자 소서노는 졸본에서 과부로 지냈다. 뒤에 주몽이 부여에서 용납되지 못하여 졸본으로 와서 도읍을 세우고 국호를 고구려라 했다. 소서노를 취하여 왕비로 삼았다. …… 주몽이 부여에 있을 때 예씨에게서 낳은 아들 유류가 오자 그를 태자로 세우고 왕위를 잇게 했다. 이에 비류가 온조에게 말하기를, "대왕께서 승하하시고 이 나라가 유류의 것이 되었으니, 차라리 어머니를 모시고 남쪽으로 가서 땅을 골라 따로 나라를 세우자"고 했다. 온조와 함께 무리를 거느리고 패수와 대수의 두 강을 건너 미추홀에 가서 살았다.

ー『삼국사기』의 「백제본기」 '시조 온조왕 즉위년조'

## 시조 설화에 반영된 백제 건국의 진실

이 설화는 『삼국사기』에 실려 있는 백제의 시조 설화 가운데 하나다. 많은 사람들이 백제의 시조를 온조라고 알고 있는데, 여기서는 온조가 아닌 비류가 백제를 세운 시조라고 전한다. 또한 『삼국사기』는 『북사北史』와 『수서隋書』 같은 중국 역사책을 인용해, 백제의 시조가 온조나 비류가 아니라 '구태仇台'라고 하는 전혀 다른 전승도 같이 소개하고 있다. 도대체 역사적 진실은 무엇이며, 백제의 경우 왜 이렇게 여러 시조 설화가 함께 전해지는 것일까?

비류 설화는 온조 설화와 전체적으로 내용이 유사하다. 둘이 형제로 나오는 것도 그렇고, 고구려에서 함께 남하했다는 것도 그렇다. 하지만 주몽이 비류와 온조의 친아버지가 아니라 의붓아버지로 나온다는 점이 다르고, 온조가 위례성에 나라를 따로 세웠다는 내용은 아예 보이지 않는 것도 특이하다. 비류의 친아버지로 '우태優台'라는 인물이 따로 전해지는데, 이것은 물론 온조 설화에서는 전혀 보이지 않는 내용이다. 이처럼 한 나라의 시조가 전승마다 서로 다르게 전해진다는 것은 후대 왕실의 정체성과 관련해 심각한 논란을 불러일으킬 수 있다.

한편 중국 역사책의 기록에서 유래한 구태 설화는 "부여의 시조 동명의 후예 가운데

**온조왕을 모신 사당 숭렬전**
조선 인조 때 경기도 광주의 남한산성에 세워졌다. 처음 이름은
'온조왕사(溫祚王祠)'였으나 정조 때 '숭렬전(崇烈殿)'이라는 이름으로 바뀌었다.

구태라는 자가 있어, 처음 '대방의 옛 땅[帶方故地]'에 나라를 세웠다"는 내용이다. 이 설화는 『북사』에 앞선 『주서』에서부터 나오는데, 대체로 6세기 중엽에 중국에 전해진 백제 왕실의 시조 전승으로 추정된다. 온조 설화나 비류 설화와는 달리 건국 시조가 고구려에서 나왔다는 것을 부정하고, 부여와 직결시키고 있다는 것이 구태 설화가 지니는 가장 큰 특징이다.

그런데 구태 설화에서는 백제가 대방의 '옛 땅'에 세워진 나라임을 주장하고 있다. 이는 대방군이 사라지고 난 뒤에 백제가 세워졌다는 의미다. 자연히 구태 설화에 따르면, 백제의 건국 시기는 한반도 서북부에 존재하던 중국 군현인 낙랑군과 대방군이 함께 소멸한 4세기 전반 이후가 되어, 기원 이전 시기에 백제가 세워졌다고 하는 온조 설화나 비류 설화와 현격한 괴리를 보인다.

물론 구태 설화를 중국인들이 날조했을 가능성은 거의 없다. 분명히 백제인의 이야기를 전해 듣고서 중국 역사가들이 기록으로 남긴 것일 터이다. 그렇지만 그것은 실제 백제의 건국에 관한 전승이라기보다는 후대 백제 왕실의 시조 전승으로 이해하는 것이 합리적이다. 3세기의 한반도 중남부 상황을 전하는 『삼국지』의 「한전」에 '백제국伯濟國'의 이름이 이미 보이므로, 구태 설화처럼 백제가 4세기 이후에 처음 출현했다고 볼 수는 없다. 백제의 건국에 대해서는 중국 역사책에 전하는 구태 설화보다는 우리의 전승

**석촌동 고분군**
백제를 건국한 세력이 한강 유역의 토착 집단이 아니라 북쪽의 고구려에서 남하한 이주민 집단이라는 것을 보여주는 유적으로, 비류 설화나 온조 설화의 내용을 뒷받침하고 있다.

인 온조 설화나 비류 설화를 통해 사정을 엿보는 것이 오히려 타당하다.

## 온조와 비류는 형제인가?

온조나 비류가 고구려에서 내려온 인물이라는 것을 굳이 의심할 필요는 없다. 그런데 두 사람이 실제 형제였다는 것까지 사실로 받아들일 수 있을까?

고대국가 가운데 건국 시조에게 형이나 아우가 따로 있었다고 전해지는 것은 백제 외에 가야의 경우가 있다. 『신증동국여지승람』의 고령현 건치연혁조에 보이는 이정 스님의 전기에는 대가야의 시조 설화가 전해지는데, 그에 따르면 가야산신인 정견모주가 천신 이비가지에게서 감응을 받아 대가야왕 뇌질주일과 금관국왕 뇌질청예를 낳았다고 한다. 그렇지만 실제로 대가야왕 뇌질주일과 금관국왕 뇌질청예가 형제였을 가능성은 거의 없다. 이런 종류의 설화는 흔히 서로 기원이 다른 둘 혹은 그 이상의 집단이 연맹의 형태로 결합하게 되었을 때, 상호 결속력을 높이기 위해 각각의 시조가 애초에 피를 나눈 형제였다는 식으로 꾸며지면서 나타난다. 백제의 경우도 그랬을 가능성이 높다.

온조 집단과 비류 집단은 모두 고구려에서 내려온 것은 맞지만, 같은 시기에 같은 이유로 남하했다고는 단정하기 어렵다. 두 설화에서 비류가 형으로 모두 설정된 것을 보

**백제의 도성 유적 몽촌토성**
서울시 송파구에 있는 백제의 성곽으로 풍납토성과 함께 5세기 후반까지 백제의 도성을 이루었다. 사진은 적의 공격을 방어하기 위해 성벽을 따라 둘레를 깊이 판 환호다. 몽촌토성에서는 환호 외에도 성벽에 설치한 나무 울타리인 목책도 확인되었다.

면, 비류 집단이 온조 집단에 앞서 고구려를 이탈했을 가능성이 크다. 비류는『삼국사기』의「고구려본기」에 송양왕이 다스렸다는 나라의 이름과 같다. 비류국은 고구려의 5부 가운데 하나로, 주몽의 계루부에 앞서 고구려 연맹체를 주도하던 소노부 세력을 가리킨다. 비류 집단은 소노부 계통의 한 갈래로 추정할 수 있다. 비류 집단의 남하는 아마도 소노부에서 계루부로의 연맹장 교체에 따른 소노부 일부 세력의 이탈과 관련이 있을 가능성이 크다.

반면에 온조 집단의 남하는 그 이후 어느 시기엔가 계루부 일파가 고구려에서 떨어져 나온 것으로 추측된다. 온조 설화에 온조와 주몽이 부자 관계로 설정된 것을 볼 때 온조는 소노부와 별로 관계가 없고 계루부와 직접 관련이 있는 인물로 보이며, 온조 집단의 이탈은 고구려에서 계루부의 주도권이 확립된 시점의 일일 터이므로, 자연히 비류 집단의 남하보다는 시기가 늦었을 것으로 판단된다.

비류 집단과 온조 집단은 시기를 달리하여 고구려에서 한반도 중부 지역으로 내려와 각각 미추홀彌鄒忽, 지금의 인천과 위례성慰禮城, 지금의 서울시 강동구 지역에 자리 잡고 성장하다가, 어느 시기엔가 전자가 후자에게 통합된 것으로 보인다. 만일 전자가 후자를 흡수했다면 백제의 도읍은 서울이 아닌 인천으로 전해져 왔을 것이고 고구려 계통의 유적

**문학산성**
인천광역시 남구 문학산 정상에 있는 돌로 만든 산성으로, '미추홀 고성'으로 불리고 있다. 문학산은『동사강목』과『여지도서』에 백제 미추왕의 도읍지로 돌로 만든 산성 터가 있고, 성안에 비류정이라는 우물이 있다고 기록되어 있다.

역시 인천 지역에 밀집해 있을 테지만, 실상은 그 반대이므로 온조 설화에서 전하는 바와 같이 두 집단 가운데 통합의 주체는 온조 집단이었다고 보아야 할 것이다.

## 비류계의 왕위 계승

이처럼 온조 집단이 백제 건국 및 세력 통합의 주체인데도 불구하고, 비류가 시조라는 전승이 후대까지 남아 전해진 배경은 도대체 무엇일까? 상식적으로 생각할 때, 온조를 시조로 하는 전승만 남고 비류가 백제의 시조였다는 전승은 전해지지 않아야 옳다. 그런데도 온조 집단에 흡수된 비류 집단의 시조 설화가 백제의 시조 전승으로 의연히 남아 후대에 전해졌다.

　이 문제는 결국 백제 초기사의 전개 과정에서 비류계가 매우 중요한 위치를 차지했을 것으로 추정해야 해결의 실마리를 얻을 수 있다. 비류계는 통합된 이후에도 온조계 못지않은 주도 세력으로 존재했기 때문에 이런 현상이 생겨날 수 있었다. 바로 이같은 관점에서 백제의 왕실이 언젠가 온조계에서 비류계로 교체되었다는 이른바 '백제 왕실 교체설'이 최근에 제기되었다.

실제로 백제 초기의 왕위 계승을 살펴보면, 8대 고이왕에게서 그런 가능성을 짐작해 볼 수 있다.『삼국사기』에 따르면, 고이왕은 4대 개루왕의 둘째 아들이었다고 한다. 그리고 형인 초고왕의 왕위가 아들인 구수왕과 손자인 사반왕으로 이어지다가 234년에 마침내 고이왕에게 넘어왔다고 한다. 고이왕은 286년까지 왕으로 재위한 것으로 되어 있다. 여기서 문제는 고이왕이 개루왕의 재위 말년에 태어났다고 가정을 해도 나이가 무려 121세나 된다는 것이다. 이것은 연대의 문제일 수도 있겠으나 계보의 조작에 따른 것일 가능성도 있다. 즉 고이왕은 개루왕의 아들도 아니고 초고왕의 아우도 아닌데, 후대 사람들이 억지로 이전의 왕실과 혈통상으로 연결시키려고 꾸몄을 가능성이 있다.

그런데『삼국사기』를 보면 고이왕의 아우 이름으로 '우수優壽'가 나온다. '우ㅇ'라는 이름의 왕족이 다른 기록에서도 여럿 보이데, '우'는 당시 백제의 왕성이었음이 틀림없다. 고이왕과 부계 친족들이 사용하던 '우'라는 성씨는 온조를 시조로 하는 집단의 성씨와는 무관한 것이다. 그 대신 비류 설화에서 비류의 친아버지로 나오는 '우태'의 '우'와 통한다. 고이왕의 즉위가 비류를 시조로 하는 새로운 왕실의 출현을 의미하는 것으로 볼 수 있는 것이다.

**풍납토성에서 나온 청동 자루솥**
풍납토성에서 나온 청동 자루솥으로, 중국의 동진과 백제 사이에 교류가 있었음을 말해주는 증거다.

**백제의 도성 유적에서 발견된 중국제 전문도기**
중국의 서진 때 만들어진 토기로, 표면에 동전 무늬가 찍혀 있다. 서울시 송파구에 있는 풍납토성에서 발굴되었다. 3세기 후반에서 4세기 전반 사이에 백제가 중국과 교류하면서 수입한 것으로 추정된다.

## 온조계의 재등장

그렇지만 온조 설화가 백제의 공식적인 시조 설화로 남아 있는 것을 보면, 고이왕에서 시작된 비류계의 왕위 계승이 끝까지 이어진 것으로 보기는 어렵다. 대체로 근초고왕 때 이르러 비류계의 왕위 계승이 중단되고 온조를 시조로 표방하는 집단에 의해 다시 왕위가 이어져 갔을 가능성이 크다. '근초고近肖古'라는 왕명은 고이왕의 형으로 나오면서 온조계의 직계 혈통상에 있는 '초고肖古'의 이름을 그대로 딴 것이므로, 근초고왕의 등장은 곧 비류계의 왕위 계승의 종식을 뜻하는 것이라고 할 수 있기 때문이다.

백제는 고구려에서 내려온 세력에 의해 한강 유역에서 일어나, 서울의 온조 집단과 인천의 비류 집단의 통합을 거쳐 강성한 나라로 성장했다. 『삼국지』의 「한전」에 따르면, 3세기 전반까지는 목지국이 마한의 주도 세력이었고, 백제는 그 마한 연맹체의 한 소국 정도에 머물고 있었다. 그리고 3세기 후반의 사실을 전하는 『진서』에서 목지국의 존재가 따로 확인되지 않음을 볼 때, 대체로 3세기 중엽을 전후한 시기에 백제가 목지국을 무너뜨리고 마한의 최강국으로 떠올랐으리라 짐작된다. 그 시기는 대략 고이왕의 재위 기간과 맞물려 있는데, 이후 본격적인 세력 확장과 체제 정비가 비류계의 왕위 계승 기간에 벌어졌던 것 같다. 바로 그러한 도약의 발판을 토대로 근초고왕이 새로이 등장하면서 백제는 대규모 정복 사업을 벌여 한반도의 최강자로 우뚝 서게 된다.

# 백제, 요서로 진출하다



중 · 고등학교 교과서를 보면, 4세기 후반 근초고왕 때 백제가 수군을 증강시켜 중국의 요서 지방과 산동 지방으로 진출하고 활발한 해외 활동을 벌인 것으로 되어 있다. 한반도 서남부에 위치했던 백제가 중국 대륙에 군사적 진출을 감행하고 특정 지역을 일정 기간 영유했다면 놀라운 일이 아닐 수 없다. 과연 이것은 사실일까?

백제가 중국 대륙에 진출했다는 주장이 나오게 된 것은 다음의 기록 때문이다.

백제국은 본래 고구려와 더불어 요동의 동쪽 1000여 리에 있었다. 그 후 고구려가 요동을 공격하여 차지하자 백제는 요서를 공격하여 차지했다. 백제가 통치한 곳은 진평군 진평현이라 했다.

– 『송서宋書』 권97 백제국

『송서』는 5세기 무렵 양자강 유역에 있던 남조의 하나인 송의 역사를 기록한 책이다. 그런데 이 책은 백제가 요서 지방을 점령한 적이 있을 뿐만 아니라 백제가 통치한 곳이 '진평군 진평현'이라는 구체적인 지명까지 기록해놓았다. 『송서』 이후 『양서梁書』, 『남사南史』, 『통전通典』 등에서도 비슷한 내용으로 관련 사실을 기록했다. 이러한 점들을 고려할 때, 백제가 요서 지방에 진출했을 가능성을 무턱대고 부인하기는 어렵다.

그렇다면 백제는 대체 언제 어떤 이유로 요서 지방까지 군대를 보냈던 것일까? 교과서에 기술된 것처럼, 백제의 국력이 최고조에 이르렀던 근초고왕 때 해외 영역을 확보하려고 파병을 했던 것일까? 자료가 부족한 상황에서 섣불리 단정하는 것은 매우 위험하다.

백제의 요서 진출 시기를 제대로 탐색하기 위해서는 일단 두 가지를 고려해야 한다. 하나는 백제의 요서 진출이 『송서』의 기록처럼 고구려의 요동 점령과 시기적으로 연결되었을 가능성이 크다는 것이고, 다른 하나는 실제로 요서 지역에서 중

국 세력의 지배권이 크게 흔들렸을 때 백제군이 진출했을 가능성이 높다는 것이다. 그런데 근초고왕 때는 이 두 가지를 모두 충족시키지 못한다. 당시에는 고구려가 요동 지방을 점령한 적도 없고, 요서 지역을 장악하고 있던 정권이 혼란에 빠지지도 않았기 때문이다.

하지만 근초고왕의 손자인 침류왕이 두 가지를 다 충족시키고 있어, 주목할 필요가 있다. 우선 중국의 역사책 『진서晉書』와 『자치통감資治通鑑』 등을 보면, 385년 6월에 고구려가 요동을 공격해 요동군과 현도군을 점령했다고 나온다. 고구려의 요동 진출 시도는 이미 태조왕 때부터 줄기차게 이루어졌지만, 명실상부한 점령은 광개토왕의 아버지인 고국양왕 때 처음 실현되었다. 그리고 이때는 383년 가을에 북중국을 호령하던 전진前秦이 남쪽의 동진東晋을 정벌하다가 실패한 여파로 화북 지역 곳곳에서 반란이 일어난 상태였고, 요서 지방 또한 전진에서 후연으로 지배자가 막 교체된 혼란의 시기였다. 백제가 바로 이러한 혼란을 틈타 요서 진출을 감행했을 가능성이 크다.

특히 고구려의 요동 점령이 실현된 직후인

385년 7월에는 후연의 장수 여암이 반란을 일으켜 요서 지방에 있는 난하 하류의 영지令支, 지금의 허베이성 천안현를 점거하고 후연에 대항하는 사건이 발생했다. 바로 이 여암의 반란과 백제의 요서 진출이 상호 연계되었을 가능성도 높다. 여암은 본래 부여 왕족 출신이었는데, 당시 백제 왕실도 부여씨를 성씨로 사용하는 부여 계통이었다. 4세기 중엽 이후 백제는 중국의 동진과 활발하게 교류했는데, 그 과정에서 여암의 세력과 접촉했을 가능성이 있다.

한편 당시 백제 왕은 남중국의 동진으로부터 '영낙랑태수領樂浪太守'로 책봉되어 중국 문물의 수입 창구를 독점하고 있었다. 이는 곧 동진의 요청이 있을 경우, 군사를 동원해 도와줄 의무가 함께 있다는 의미이기도 하다. 그런데 384년부터 동진은 이민족에게 빼앗긴 북방 영토를 되찾기 위해 애쓰고 있었다. 백제는 그러한 동진의 원병 파견 요청을 받아들여, 385년 여름 부여계 무장 여암과 합세해 요서 지방을 점거했던 것으로 파악된다. 백제가 다스렸다는 곳의 이름이 다름 아닌 '진평군 진평현'이었던 것은 백제군의 파병이 동진과 사전 모의를 바탕으로 이루어졌음을 암시한다.

백제의 요서 지역 점령은 385년 11월 후연 군대의 반격으로 5개월이라는 짧은 기간에 끝나고 만다. 백제는 이 해외 파병의 실패로 큰 위기를 맞게 되는데, 당시 치열하게 전개되던 고구려와의 전쟁에서 일방적으로 수세 국면에 몰렸다. 동진과의 교섭에 따른 값비싼 대가를 치른 셈이었다. 하지만 중국의 지배층에게는 자신들의 전쟁에 백제군이 동원되었다는 사실이 뇌리에 깊이 각인되었고, 그것이 곧 『송서』를 비롯한 남조의 역사서에 짤막한 내용이라도 실리게 된 배경이 되었다.

# 한반도 동남부의 모퉁이에서 일어난 신라



시조의 성은 박씨, 이름은 혁거세다. 전한前漢 효선제 오봉 원년 갑자년[기원전 57년] 4월 병진일에 즉위해 거서간居西干이라고 칭하니, 그때 나이는 13세였고 나라 이름은 서나벌徐那伐이라 했다. 일찍이 고조선의 유민들이 이곳에 와서 산골짜기에 나뉘어 살며 여섯 촌락을 이루었다. 첫째는 알천의 양산촌, 둘째는 돌산의 고허촌, 셋째는 취산의 진지촌, 넷째는 무산의 대수촌, 다섯째는 금산의 가리촌, 여섯째는 명활산의 고야촌이니, 이것이 진한辰韓의 6부였다. 고허촌장인 소벌공이 하루는 양산 아래 나정 곁의 숲을 바라보니, 말이 무릎을 꿇고 울고 있었다. 찾아가 보니 말은 간 데가 없고, 다만 큰 알이 있었다. 알을 깨어보니 어린아이가 나왔다. 이에 거두어서 데려가 길렀더니, 나이 10여 세에 남달리 성숙했다. 6부 사람들이 그 아이의 출생이 신이했던 까닭에 높이 받들더니, 이때에 이르러 세워서 임금으로 삼았다.

— 『삼국사기』의 「신라본기」 '시조 혁거세거서간 즉위년조'

## 신라의 실제 출현 시기

이 이야기는『삼국사기』의 맨 처음에 나오는 신라 시조 혁거세의 탄생과 건국에 관한 설화다. 이에 따르면, 신라의 역사는 기원전 57년에 혁거세가 6촌장의 추대를 받아 왕위에 오르면서 시작되었다고 한다. 이는 기원전 18년에 건국되었다는 백제는 물론, 기원전 37년에 국가를 형성한 것으로 전해진 고구려보다도 앞선 시기에 신라가 성립되었다는 이야기다. 만주 지역보다 정치적 발전 정도와 문화적 성숙도가 뒤졌던 한반도 동남부 지역에서 고대국가가 더 일찍 성립했다고 하니, 과연 이것은 사실일까?

사서에 기록되어 있으니 설화의 내용을 그대로 믿어야 한다는 사람들도 물론 있을 수 있다. 실제로 조선시대의 학자들은 그렇게 믿었다. 그러나 사료 비판을 중시하는 근대 역사학이 뿌리를 내리면서부터 신라가 삼국 가운데 가장 먼저 출현했다는 것은 거의 부정되다시피 하고 있다. 무엇보다도『삼국사기』의「신라본기」에 연대와 관련해 의문을 자아내는 사례들이 많기 때문이다.

예컨대 4대 탈해이사금은 57년에 즉위해 80년에 사망한 것으로 나오는데, 이때 신라가 소백산맥의 서쪽에 위치한 지금의 보은 지역에서 백제와 전쟁을 벌였다고 한다. 한강 유역에 자리 잡고 있던 백제가 청주를 거쳐 보은 지역까지 진출했다는 것은 지금의

**신라 태동기의 비밀을 간직한 널무덤**
경주시 조양동에서 발견된 기원 전후 시기의 토기들(왼쪽)과, 경주시 서면 사라리에서 발견된 2세기 무렵의 널무덤(오른쪽)이다. 땅을 파고 나무로 된 널을 안치한 다음 흙으로 덮은 단순한 구조의 무덤인데, 널의 바닥과 주위에서 철기를 비롯한 여러 유물이 발견되었다.

경기도와 충청도의 상당 부분이 백제의 세력권으로 들어갔다고 전제해야만 가능하다. 하지만 경기도에 인접한 충청도의 천안 일대에는 3세기 전반까지 목지국이 존재하면서 백제를 포함한 마한 연맹체를 이끌고 있었다. 따라서 신라의 탈해이사금이 활동했다는 1세기 후반에 백제가 보은 지역까지 영역을 확장했다고 보기는 어렵다. 목지국이 백제에 의해 멸망한 시기는 대략 3세기 중엽으로 파악되는데, 그렇다면 탈해이사금이 백제와 벌인 최초의 교전 시기는 3세기 중엽 이전으로 올라갈 수 없다.

결국 『삼국사기』의 「신라본기」에 실린 초기 기사들의 연대는 실제보다 대폭 거슬러

**경주 시가지의 신라 고분군**
경주 시가지 중심부에 위치한 대릉원 주위에는 신라의 고분군이 밀집해 있다. 황남대총과 천마총을 비롯한 거대한 무덤들은 대체로 김씨 집단이 왕위를 독점하던 5세기에서 6세기 전반 시기에 조성되었다.

올라가 있음이 분명하다. 따라서 그 연대들을 사실로 믿고 신라의 성립과 발전을 설명해서는 안 된다. 그렇다면 도대체 신라 초기 왕들의 재위 연대가 이처럼 실제보다 거슬러 올라가게 된 이유는 무엇일까?

　그것은 신라가 삼국 가운데 발전이 가장 늦은 나라였다는 사실에서 찾을 수 있다. 신라는 6세기 중엽 진흥왕 때 이르러서야 처음으로 역사책을 편찬했다. 이웃 나라 백제나 고구려는 이미 4세기에 자국의 역사를 정리한 경험을 갖고 있었지만, 신라는 이들보다 2세기가량 뒤늦은 시기에 비로소 자신들의 역사를 정리했던 것이다. 이때 신라 초

기에 활약한 왕들의 연대에 관해 구체적인 지식을 갖고 있지 않았던 신라의 편사자들은 이웃 나라의 역사책에서 관련 정보를 얻고자 했는데, 특히 혁거세의 건국 시기는 고구려의 역사책을 참고했다. 기원전 37년에 해당하는 고구려의 건국 시기를 확인한 신라의 편사자들은 혁거세가 처음 신라를 세운 시점을 그보다 앞선 시기에서 찾으려 했다. 60간지의 첫해에 해당하는 '갑자년甲子年'을 새로운 시작의 해로 설정해 기원전 57년 갑자년을 곧 혁거세의 즉위 시점이라고 내세웠던 것이다. 이처럼 신라의 건국 연대가 설정된 후 초기 왕들의 재위 연대도 덩달아 올라가 편성되었으니, 3세기 중엽 정도에 해당하는 탈해이사금의 시기가 1세기 후반으로 설정된 것도 바로 그 때문이었다.

이처럼 『삼국사기』에 기록된 신라 초기의 연대를 신뢰하기 어려운 만큼, 혁거세가 경주 지역에 등장해 나라를 세운 시기를 정확하게 알 수는 없다. 그러나 탈해이사금의 실제 재위 시기가 3세기 중엽 이전으로 올라가기 어려움을 감안한다면, 혁거세가 경주에 등장한 시기는 대략 빠르면 2세기 말이나 늦어도 3세기 전반 정도가 될 것이다.

## 세 성씨 집단의 경주 유입

앞서 설화에서 보았듯이 혁거세가 신라를 건국하기 전에 경주 지역에는 고조선 계통

**오릉**
대릉원에서 서남쪽으로 2킬로미터 정도 떨어진 곳에 있다. 『삼국사기』에 따르면, 신라의 시조 혁거세와 그의 부인 알영, 그들의 후손인 2대 남해차차웅, 3대 유리이사금, 5대 파사이사금이 묻혔다고 한다.

의 유민들이 여섯 개의 촌락을 이루며 살고 있었는데, 혁거세가 이들을 통합해 나라를 세웠다. 사실 혁거세가 어디서 왔는지도 규명하기 어렵지만, 설화의 내용처럼 하늘에서 내려왔을 리는 만무하다. 오히려 경주 이외의 다른 지역에서 유입된 것으로 보는 것이 합리적이다. 후한 말기인 2세기 후반에 문화의 선진 지대였던 한반도 서북부에서 많은 이주민이 남쪽의 삼한 지역으로 내려갔다는『삼국지』의 기록을 참고한다면, 혁거세와 그가 이끄는 집단도 이러한 이주민들과 함께 경주로 들어왔을 가능성이 높다.

혁거세가 이끄는 집단은 후대에 박씨 왕실로 불렸는데, 3세기 전반은 바로 박씨 왕실의 시기였다. 그런데 3세기 중엽에 탈해로 대표되는 석씨 집단이 경주로 들어오면서 박씨 집단과 석씨 집단 사이에 권력을 둘러싼 경쟁 구도가 새로이 형성되었다.『삼국유사』에는 탈해가 본디 쇠를 다루던 대장장이 출신이었다고 스스로 말한 설화가 전해진다. 이를 통해 석씨 집단은 철과 밀접한 관련을 갖고 대규모 철광산을 장악한 세력이었음을 짐작해볼 수 있다.『삼국유사』를 참고하면, 탈해는 철광에서 얻어지는 경제력을 토대로 낙동강 하구로 세력을 확장하다가, 가락국 수로왕과의 다툼에서 패해 경주 지역으로 달아났다. 김해 지역으로 진출하려다가 반격을 받고 경주 지역으로 쫓겨 들어갔다면, 탈해의 근거지는 경주와 김해 사이에 있는 지금의 울산 지역으로 추정된다. 울산에는 조선 전기까지 3대 철산지로 유명했던 달천 광산이 있어서 철광을 장악했던 석

**경주 월성**
반달처럼 생겼다고 해서 '반월성'으로도 불린다. 탈해이사금이 경주 지역으로 들어와 박씨 집단의 유력 인물이었던 호공한테서 빼앗아 자신의 집터로 삼았다는 설화가 전해지는 곳이다. 탈해이사금 이후 신라의 왕이 거주하는 왕성이 되었다.

씨 집단의 근거지로 보기에 부족함이 없다.

탈해가 이끄는 석씨 집단은 비록 가락국 세력에 밀려 경주 지역으로 편입되기는 했으나, 본래 상당한 세력을 지니고 있었기에 박씨 집단과 함께 신라의 양대 세력으로 자리 잡을 수 있었다. 그들이 경주로 들어온 시기는 혁거세의 뒤를 이어 왕위에 오른 남해차차웅 때인데, 탈해는 남해차차웅의 사위가 되어 신라 내에서도 유력한 왕위 계승 후보로 떠올랐다.

남해차차웅이 죽은 후 왕위는 그의 아들이자 탈해의 처남인 유리이사금에게 넘어갔지만, 유리이사금이 죽은 후에는 결국 탈해의 차지가 되었다. 뒤늦게 경주에 들어온 석씨 집단이 기존의 박씨 집단을 밀어내고 신라의 주도 세력이 된 셈이다. 탈해이사금의 재위 시기에는 앞서 언급한 것처럼 백제와의 전쟁이 시작되었고, 낙동강 하구의 가야 세력에 대한 공세도 강화되었다.

그런데 바로 탈해이사금 시기에 또 다른 세력이 경주에 출현했다. 바로 김씨 집단이었다. 『삼국사기』와 『삼국유사』에는 탈해이사금때 경주의 시림始林이라는 곳에서 흰 닭 울음소리와 함께 '알지'가 탄생했으며, 금궤로에서 태어나 '김金'씨를 성으로 삼았다고 한다. 물론 이러한 탄생 설화를 역사적 사실이라고 보기는 어렵다. 하지만 탈해이사금 때 김씨 집단이 경주에 처음 모습을 드러냈다는 것은 이 설화에서 전하고자 하는 핵심

## | 황성동 제철 유적과 쇠도끼 거푸집

신라의 성장에는 철 생산이 밑바탕이 되었다. 경주 황성동에서 철기 생산 과정을 한눈에 볼 수 있는 대규모 제철 유적이 발굴되었다. 대표적인 유물로는 용해로와 쇠도끼 거푸집, 그리고 송풍관이 있다. 또한 경주의 철기와 포항, 울산, 경산 같은 주변의 철기가 형태나 크기에서 동일한 것이 주목된다. 경주에서 제작된 철기가 주변의 소국들에 전해졌을 가능성이 있다.

내용이므로 굳이 부정할 필요가 없다.

김씨 집단은 본래 소백산맥 바깥에 머물던 진한의 한 갈래였는데, 청주와 보은 등지까지 진출해온 백제의 공세에 밀려서 소백산맥을 넘어 경주까지 들어온 것으로 추정된다. 앞서 탈해이사금 때 신라와 백제가 소백산맥 일대에서 전쟁을 벌였다고 했는데, 당시 신라는 안강, 영천, 경산 등지의 경주 주변도 아직 복속시키지 못한 상황이었다. 따라서 이 전쟁의 최초 교전 당사자는 바로 경주로 편입되기 전의 김씨 집단이었을 것으로 짐작된다.

이처럼 세 차례에 걸친 외부 세력의 경주 유입은 신라 초기 역사의 큰 줄기를 형성했다. 세 집단이 모두 경주에 모인 시기는 대체로 탈해이사금 때였으며, 이후 한동안 신라의 역사는 세 집단 사이의 견제와 대립, 연합으로 점철되었다.

## 세 성씨가 교대로 왕위를 차지한 이사금 시대

탈해이사금이 죽은 후 신라의 왕위는 다시 박씨 집단으로 넘어갔다. 유리이사금의 아들로 나오는 파사이사금이 박씨 왕실을 재건한 인물이다. 물론 석씨 집단도 박씨에게 왕위를 뺏기기는 했으나, 여전히 그에 버금가는 유력한 존재로 남아 있었다. 김씨 집

**김씨 시조 알지가 탄생한 경주 계림**
알지 탄생 설화의 무대인 경주 계림은 월성의 서북쪽에 위치해 있다. 고즈넉한 분위기의 숲 안에는 조선시대 순조 때 세운 '계림비각'이 있다.

단 역시 박씨와 석씨보다는 미약했지만 나름대로 위상을 지니며 정권에 참여했을 것으로 보인다.

석씨 집단과 김씨 집단의 경쟁이 본격적으로 시작된 것은 파사이사금 시기의 후반이었다. 『삼국사기』 등에는 파사이사금의 아들로 신라의 왕위를 이은 지마이사금의 부인이 바로 김씨였다고 한다. 설화에 따르면, 파사이사금은 며느리를 김씨 집단에서 택하는 대신, 그에 불만을 품은 석씨 집단의 우두머리에게 왕에 버금가는 권한을 갖도록 배려했다고 한다. 하지만 왕비를 배출한 김씨 집단 또한 그만큼 위상이 더욱 높아졌을 것임은 의심의 여지가 없다.

얼마 후 박씨 왕실이 몰락하고 다시 석씨가 왕위를 차지하는 일이 벌어졌다. 이는 박씨 집단 내부의 분열에 말미암은 것으로 여겨진다. 『삼국유사』에 전하는 '연오랑과 세오녀' 설화는 당시의 상황을 암시하는 중요한 자료다. 이 설화에 따르면, 박씨 집단의 마지막 왕인 아달라이사금 때 동해안 바닷가에 살고 있던 연오랑과 세오녀 부부가 바위를 타고 일본으로 건너가 그곳의 왕이 되었으며, 이 일로 신라에서는 해와 달이 갑자기 빛을 잃고 말았다고 한다. 그런데 이 일식 또는 월식 현상을 두고, 신라 사람들은 "해와 달의 정기가 신라에 내려와 있다가 일본으로 가버린 까닭에 이러한 변괴가 일어났다"고 말했다는 것이다. 이는 연오랑 부부를 '일월의 정기'로 보았다는 말인데, 이들 부부



## |『일본서기』에 보이는 신라 왕자의 도래 설화

『삼국유사』의 연오랑과 세오녀 설화와 관련 있다고 추정되는 또 다른 설화가 일본의 역사책에 전해진다. 일본 고대의 역사를 기록한 『일본서기』를 보면, 수인천황 시기에 신라 왕자 천일창이 일본으로 귀순했다고 기록되어 있다. 여기서 천일창은 신라의 왕이 되어야 할 인물이었지만, 왕위를 아우인 지고에게 넘기고 왔다고 한다. '천일'은 하늘의 해를 의미하는 것이므로, 혁거세를 시조로 하는 박씨 왕실의 인물을 상징하는 것이다.

『삼국유사』에서 '해의 정기'를 지닌 존재로 표현된 연오랑은 바로 『일본서기』에 나오는 천일창을 가리키는 것으로 볼 수 있다. 일본의 수인천황 시기는 4세기 초로 추정되고 있는데, 아달라이사금의 실제 시기와도 맞아떨어진다. 연오랑 세오녀 설화와 천일창 설화는 동일한 사건을 두고 우리 쪽과 일본 쪽에서 전해진 이야기를 각기 수록한 것인데, 이런 사례는 흔치 않다.

가 바로 태양신으로 상징되던 혁거세의 후손 가운데 가장 중요한 인물이었음을 시사하는 것이다. 결국 연오랑과 세오녀 설화는 박씨 집단의 유력한 왕위 계승 후보가 권력 다툼에서 밀려나 일본으로 달아난 사실이 후대에 전해지는 과정에서 윤색과 변개를 거친 것이며, 박씨 집단의 내부 분열과 세력 약화를 상징적으로 보여주는 자료라 할 수 있다.

아달라이사금 이후에 왕위에 오른 인물은 탈해이사금의 손자인 벌휴이사금이었다. 그는 박씨 집단의 재기를 막기 위해 김씨 집단과 연대했는데, 이 과정에서 알지의 후손인 구도가 큰 활약을 펼쳤다. 구도는 지금의 의성 지역에 있던 소문국을 비롯해 진한의 여러 소국을 복속시켰고, 백제의 침략을 막는 데도 큰 공을 세웠다. 구도 이후 김씨 집단이 신라에서 갖는 위상과 영향력은 점차 높아졌고, 마침내 구도의 아들인 미추가 첨해이사금의 뒤를 이어 신라의 이사금이 되니, 그가 곧 김씨로서 처음 왕위에 오른 인물이다.

물론 미추이사금이 등장했다고 해서 김씨 집단이 가장 강력한 세력으로 떠올랐다고 말하기는 어렵다. 석씨 집단의 힘은 여전했고, 미추이사금 이후 왕위는 다시 석씨에게 돌아갔다. 아마도 석씨 집단 내부에 일시적으로 문제가 생겨, 첨해이사금의 사위였던 미추에게 왕위가 건네졌던 것으로 파악된다. 그렇지만 어쨌든 김씨가 왕위를 차지할 수 있을 정도로 힘이 강해진 것은 부정할 수 없다.



## | 신라 초기의 영역 확장 과정

신라는 3세기경부터 거칠산국, 음즙벌국, 압독국, 감문국, 사량벌국 등 낙동강 인근 소국을 차례로 복속해 가야 세력을 위협하는 강자로 우뚝 섰다.

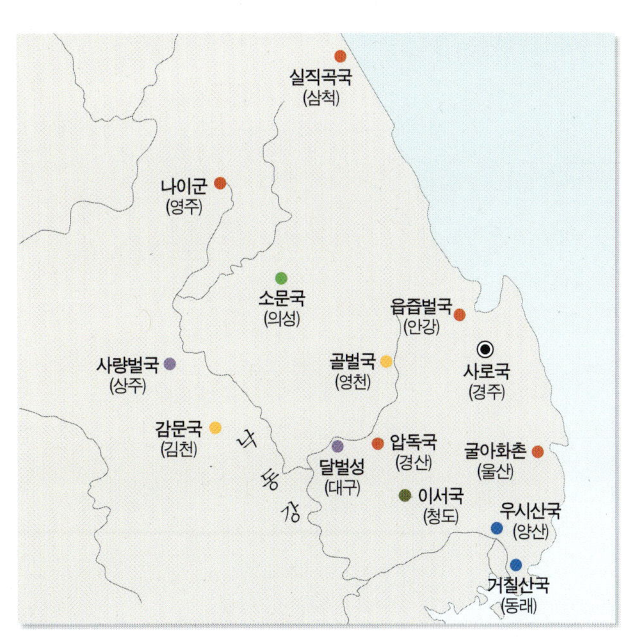

## 김씨가 왕위를 독점하기까지

실제로 미추이사금의 뒤를 이어 왕위에 오른 유례이사금 때 신라는 큰 곤경을 겪는데, 그 위기를 극복하는 데 김씨 집단의 역할이 매우 컸다. 『삼국사기』와 『삼국유사』에 나오는 미추이사금의 죽엽군 설화에 따르면 지금의 청도 지역에 있던 이서국이 반란을 일으켜 급히 경주 지역을 공격해오는 바람에 경주의 신라 군사들만으로 그들을 막아내지 못했다고 한다. 그런데 어디선지 귀에 댓잎을 꽂은 이상한 군사들이 와서 이서국의 반란군을 격파하고 돌아갔는데, 알고 보니 미추이사금의 무덤인 죽장릉에서 나온 병사들이었다는 것이다. 죽은 왕의 무덤에서 병사들이 나와 적을 물리쳤다는 이야기는 당연히 후대에 꾸며진 이야기일 것이지만, 미추이사금으로 대표되는 김씨 집단의 병사들이 외지에서 경주로 급히 돌아와 석씨 집단의 병사들과 함께 반란을 진압했을 가능성이 크다. 결국 미추이사금의 죽엽군 설화는 김씨 집단이 왕위를 석씨 집단에게

도로 빼앗겼음에도 불구하고 그들을 도와 신라를 위기에서 구해낸 사실을 바탕으로 꾸민 것이라 할 수 있다. 이 일로 신라 내에서 김씨 집단이 갖는 영향력이 더욱 커졌을 것은 두말할 나위가 없다.

4세기 말에 이르러 마침내 김씨 집단은 석씨 집단을 완전히 밀어내고 왕위를 독차지하기에 이르렀다. 바로 내물마립간의 즉위가 그 출발점이었다. 미추이사금의 조카인 내물마립간은 부계는 물론이고 모계와 처계까지 모두 김씨였다. 이것은 석씨 집단이나 박씨 집단과 더 이상 연합하지 않고도 김씨 집단의 독자적인 힘만으로 권력을 유지하는 것이 가능해졌음을 의미한다. 마침내 신라가 세 성씨의 연합을 바탕으로 한 정치체제에서 벗어나, 김씨 집단이 왕권을 확실하게 지켜 나가는 새로운 정치체제로 발전하게 된 것이다.

**죽엽군 설화의 무대로 전해지는 미추이사금의 무덤**
경주 대릉원 안에는 미추왕릉으로 알려진 무덤이 남아 있다.

# 『삼국사기』 초기 기록의 신빙성 문제



『삼국사기』는 현전하는 우리 역사서 가운데 가장 오래된 책이다. 따라서 『삼국사기』는 우리 고대사를 연구하는 데 최고의 가치를 지닌다고 할 수 있다. 그러나 그동안 내용의 신빙성을 둘러싸고 많은 논란이 벌어졌다. 특히 삼국 초기의 역사를 기록한 부분에 대해 논란이 집중되었다.

먼저 삼국 초기 왕들의 재위 연대가 문제시되었다. 이 점은 신라의 경우에서 두드러지는데, 탈해이사금의 재위 연대가 실제보다 대폭 상승되었음은 본문에서 거론한 바이지만, 이외에도 연대상의 모순을 보여주는 사례들이 적지 않다.

예컨대 310년에 즉위해 356년에 사망한 것으로 되어 있는 흘해이사금의 경우, 그 아버지인 우로가 250년대에 사망한 것으로 나온다. 부자간의 사망 연대가 100년 이상 차이가 난다는 것도 납득하기 어렵지만, 즉위 때 나이가 적어도 60세에 가까웠을 흘해를 두고 『삼국사기』는 그가 '어렸다'고 기록하고 있다. 또 5세기 초에 활동한 실성마립간의 왕비는 262년에 즉위해 284년에 죽은 미추이사금의 딸이었다. 그런데 미추이사금의 사망 시점에 태어났다고 가정하더라도 최소 120년가량 생존했다는 이야기가 되어 이해하기 힘든 점은 마찬가지다.

재위 연대의 문제점은 고구려의 경우도 예외

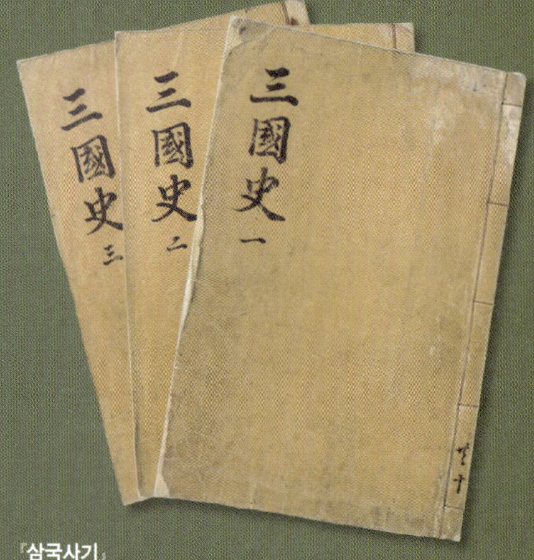

**『삼국사기』**

일제강점기 이래 일본인 학자들은 『삼국사기』의 초기 기록을 아예 신뢰할 수 없는 것으로 치부했고, 심지어 신라 초기 왕들의 이름도 후대에 조작된 것이라는 주장을 하기도 했다. 이러한 불신론은 엄밀한 사료 비판을 표방하면서 제기되어 우리 학계에도 상당히 오랫동안 큰 영향을 끼쳤다.

가 아니다. 태조왕은 53년에 일곱 살의 나이로 즉위해 재위 94년째인 146년에 아우 수성에게 양위한 후, 165년에 119세의 나이로 사망했다고 한다. 몇 세기 뒤에 장수왕은 실제로 98세까지 살아서 '장수왕長壽王'이라는 시호를 얻었는데, 그보다 더 장수한 왕이 앞서 존재했다는 것은 아무래도 수긍하기 힘들다.

다음으로 삼국 초기의 영역에 관한 기록들도 불신의 대상이다. 백제의 경우, 시조인 온조왕 때 마한을 정복하고 지금의 경기도는 물론이고 강원도의 영서 지방과 충청도의 북부 지역까지 영토를 삼은 것처럼 되어 있는데, 천안 일대에 자리 잡은 목지국이 3세기 전반까지는 의연히 마한 연맹체를 주도하고 있었음이 분명한 이상, 이것은 사실로 받아들일 수 없다.

이 밖에 중국 역사서에 6세기 중엽에야 이름이 보이는 '말갈'이『삼국사기』에서는 고구려, 백제, 신라를 가리지 않고 초기부터 등장하는 것이나, 한반도 서북부에 위치했던 중국 군현 '낙랑'이 백제의 동쪽에 존재하면서 신라까지 자주 침공하는 '이웃' 세력으로 묘사된 것은 과연『삼국사기』의 초기 기록을 어디까지 믿어야 하는지 근본적인 회의를 불러일으키기에 충분한 것이다.

이러한 문제점들로 일제강점기 이래 일본인 학자들은『삼국사기』의 초기 기록을 아예 신뢰할 수 없는 것으로 치부했고, 심지어 신라 초기 왕들의 이름이 후대에 조작된 것이라는 주장이 나오기도 했다. 엄밀한 '사료 비판'을 표방하면서 제기된 이러한 불신론은 상당히 오랫동안 우리 학계에 큰 영향을 끼쳤다.

그러나 연대에 문제가 있고 영역에 관한 기록에 의문점이 있다고 해서, 초기 왕들의 존재나 관련 기록이 모두 후대에 날조되었다고 단정하는 것도 지나친 태도다. 역법이 발달하지 않았고, 사건 발생 후 곧바로 기록을 남기는 관행이 없던 시기의 일들은 구전을 통해 후대에 전승되게 마련이다. 이 경우 왕들의 재위 연대나 사건의 발생 시점에 대한 정보는 정확할 수가 없다. 게다가 왕실의 조상이 되는 이전 왕들의 존재조차 조작된다는 것은 상상하기 어려운 일이다. 사건 발생 시점에 관한 부정확한 정보가 사건 자체가 일어나지 않았다는 주장의 정당성을 담보해주지는 않는다.

고대국가처럼 역사 서술이 처음 이루어지는 상황에서는 이러한 '부정확'과 '불충분'이 있을 수밖에 없다. 이 점을 인정하고『삼국사기』의 문제에 접근하는 태도가 바람직하다. 간혹 '부정확'과 '불충분' 자체를 전제하지 않고 과거의 역사서에 기록되어 있는 것을 특별히 못 믿을 이유가 없다는 식으로,『삼국사기』초기 기록을 비판 없이 사료로 활용하려는 학자들도 있다.

하지만 이것 역시 역사학의 출발점을 무시하는 잘못된 태도다. 문제가 어디에 있고, 그것을 합리적으로 해명하기 위해서는 어떤 고민이 필요하며, 과연 어떤 방식으로 '부정확'과 '불충분'을 바로잡을 수 있을지 진지한 성찰이 뒤따를 때,『삼국사기』의 초기 기록은 안개 속에 갇힌 삼국 초기의 역사를 해명하는 데 무엇보다도 소중한 자료로 거듭날 수 있을 것이다.

# 낙동강을 끼고 일어난 가야

## 가야 연맹체의 성립과 발전

개벽 이후 이곳에는 나라의 이름도 없고 군신의 칭호도 없었다. 아도간, 여도간, 피도간, 오도간, 유수간, 유천간, 신천간, 오천간, 신귀간 등 아홉 간干이 추장이 되어 백성들을 거느리니 무릇 100호에 7만 5000인이었다. 후한 세조 광무제 건무 18년(42년) 임인년 3월에 북쪽의 구지봉에서 무엇을 부르는 이상한 소리가 났다. "황천皇天께서 내게 명하시기를 이곳에서 나라를 새롭게 하여 임금이 되라 했으므로 일부러 내려왔다. 너희는 마땅히 산 위에서 흙을 파며 '거북아, 거북아! 머리를 내밀어라. 그렇지 않으면 구어 먹으리라'는 노래를 불러라"는 말에 아홉 간이 그 말과 같이 하면서 모두 기뻐 춤을 추었다. 얼마 후 자줏빛 줄이 하늘에서 내려와 땅에 닿았는데, 그 끝에 금색 상자가 놓여 있었다. 열어보니 해처럼 둥근 황금 알 여섯 개가 들어 있었다. 아도간의 집으로 가져와 두었더니, 여섯 알이 어린아이로 바뀌었는데, 그 용모가 매우 단아했다. 나날이 자라 열흘이 지나자 키가 아홉 척이나 되었다. 그달 보름날에 왕위에 올랐다. 처음으로 나타났다고 하여 이름을 '수로首露'라 하고 나라를 대가락大駕洛 또는 가야국伽耶國이라고 일컬으니, 곧 6가야의 하나다. 나머지 다섯 사람은 각각 5가야의 임금이 되었다.

－『삼국유사』의 「기이편」 '가락국기'

## 변한에서 가야로

『삼국유사』에 실려 있는 가락국, 곧 지금의 김해 지역에 자리 잡았던 금관가야의 시조 설화다. 신라의 시조 혁거세 설화와 여러 면에서 닮았다. 하늘에서 내려온 알에서 태어났다거나 선주 토착 세력의 추대로 왕위에 올랐다고 하는 것이 그러하다. 하지만 홀로 태어난 혁거세와는 달리 다섯 가야의 시조들과 함께 하늘에서 내려왔다고 한다. 실제로 가야 소국의 숫자가 금관가야를 포함해 여섯 개였던 것은 아니므로 이 '6가야설'은 후대인의 조작에 불과한 것이다. 하지만 가야가 신라처럼 하나의 국가로 이루어진 것이 아니라 여러 소국의 연맹체로 존재했던 것은 분명하다. 그러면 가야는 언제, 어떻게 출현했을까?

가야는 삼한 가운데 변한에서 출발했다. 『삼국지』의 「동이전」에 실린 '변진조'에는 3세기 전반 무렵 변한에 속했던 열두 나라의 이름이 나온다. 미리미동국, 접도국, 고자미동국, 고순시국, 반로국, 낙노국, 미오야마국, 감로국, 구야국, 주조마국, 안야국, 독로국 등이 그것이다. 이 가운데 미리미동국은 지금의 경상남도 밀양, 고자미동국은 경상남도 고성, 반로국은 경상북도 고령, 감로국은 경상북도 김천, 구야국은 경상남도 김해, 안야국은 경상남도 함안 지역에 있었던 것으로 추정된다. 나머지 나라들은 그 위치

### | 변진 소국의 위치

구야국을 비롯한 변한의 소국들은 오늘날 경상남도와 경상북도에 있었다. 그 가운데 미리미동국은 밀양, 고자미동국은 고성, 반로국은 고령, 감로국은 김천, 구야국은 김해, 안야국은 함안에 있었던 것으로 추정된다. 나머지 나라들은 그 위치를 정확하게 파악하기 어렵지만, 대체로 낙동강 중하류 지역에 있었던 것으로 여겨지고 있다.

를 확실하게 파악하기 어렵기만, 대체로 낙동강 중하류 지역의 여기저기에 있었으리라 여겨지고 있다.

변진의 열두 나라 가운데 세력이 강했던 것은 구야국과 안야국이었다. 『삼국지』에 따르면, 당시 삼한 전체를 이끄는 최고 우두머리는 목지국의 진왕辰王이 있고 그 아래에 여러 명의 힘센 신지臣智들이 있었다고 한다. 그러면서 신지들 가운데 안야의 '축지'와 구야의 '진지'의 이름을 전하고 있다. 이 두 나라 중에서 구야국이 곧 가야 연맹체의 구심점이 되었다.

지금의 김해 지역에 위치했던 구야국은 사서에 따라 '가야', '가라', '가락' 따위로 기록되었는데, 이를 통해 가야라는 명칭이 바로 구야국을 가리키는 것임을 알 수 있다. 구야국 세력이 강해지면서 주변의 소국들까지 거느리게 되자, 가야라는 이름은 낙동강 중하류 지역 전체를 포괄하는 광의의 개념으로 쓰이게 되었고, 나중에 고령 지역에 자리 잡은 별개의 세력이 구야국을 대신해 새로 연맹체를 주도하게 되었을 때도 가야의 이름은 연맹체 전체 또는 연맹을 이끄는 중심 국가의 이름으로 계속 사용되었다.

**가야 지역에 남겨진 고조선 계통 이주민의 흔적**
창원 다호리 지역에서는 기원전 1세기경에 만들어진 것으로 추정되는 널무덤이 발견되었다. 통나무를 사용한 널과 세형동검, 청동거울, 각종 칠기, 그리고 붓이 출토되어 한반도 서북부 지역과의 문화적 연관성을 강하게 보여준다.

## 구야국, 가야 연맹체를 이끌다

그러면 김해의 구야국은 언제, 어떻게 출현한 것일까? 앞서 본 설화에 따르면, 가락국 즉 구야국의 시조 수로왕이 42년에 김해 지역을 다스리던 아홉 명의 간干들의 추대로 나라를 세우고 왕위에 올랐다고 한다. 1세기 중엽에 이미 구야국이 성립했다는 것인데, 다른 나라와 마찬가지로 이 연대는 신뢰하기 어렵다. 여러 기록에서 수로왕은 신라의 탈해이사금과 생존 시기가 겹치기 때문이다. 따라서 수로왕의 등장은 대략 3세기 전반으로 보는 것이 합리적이다.

『삼국유사』의「가락국기」에는 탈해이사금이 수로왕의 왕위를 빼앗기 위해 찾아왔다가 둔갑술로 승부를 겨룬 끝에 수로왕에게 패해 계림으로 달아났다는 설화가 전한다. 이를 통해 3세기 전반에 한반도 동남부의 여러 소국 가운데서도 구야국이 가장 강한 세력으로 자리 잡았음을 짐작할 수 있다.『삼국지』에서 구야국의 이름을 특별히 거론한 것도 바로 이런 까닭이었을 것이다.

그러나 수로왕의 재위 후반부인 3세기 중엽 이후부터 구야국의 위상은 동요되기 시작했다. 수로왕에게 패해 신라로 달아났던 탈해가 왕이 되면서 과거의 치욕을 되갚기 위해 이전보다 훨씬 강해진 군사력을 바탕으로 구야국에 대한 압박에 나섰던 것이다.

**수로왕릉 신도비와 허왕후의 파사석탑**
가락국의 시조인 수로왕의 무덤에 세워진 신도비다. 파사석탑은 수로왕의 비 허왕후가 아유타국에서 머나먼 바다를 건너올 때, 파신의 노여움을 잠재우기 위해 함께 싣고 왔다고 한다.

신라는 지금의 부산시 동래구 일대에 자리 잡고 있었던 거칠산국을 비롯해, 낙동강 동안의 여러 소국을 복속시켰다. 그리고 나서 낙동강 연안에서 구야국의 군대와 치열한 전쟁을 벌였다. 『삼국사기』에는 탈해이사금이 보낸 신라군이 낙동강 하구에서 '가야병', 즉 구야국의 군대를 격파하고 1000여 명을 포로로 붙잡았다는 기록이 있다. 신라의 낙동강 유역 진출로 말미암아 수로왕이 이끄는 구야국이 점차 수세에 몰리게 된 정황을 반영하는 것이다.

또 탈해이사금의 뒤를 이어 왕위에 오른 파사이사금 때에는 신라가 가야를 정벌하기 위해 군사를 일으키려고 하자, 가야국의 왕이 사신을 보내 사죄했다는 기록도 보인다. 『삼국사기』의 파사이사금 23년 8월조에는 수로왕이 아예 파사이사금의 초청을 받고 노구를 이끌며 신라의 수도를 방문해 당시 신라의 골칫거리 가운데 하나였던 주변 소국들의 영토 분쟁에 대한 자문을 했다는 기록도 나온다.

수로왕이 경주를 방문했다는 것은 두 나라의 관계가 신라의 우위로 넘어가고 있음을 극적으로 보여주는 사건이었다. 신라의 요청을 거절하지 못한 채 늙은 수로왕이 몸소 경주를 찾아갔다는 것 자체가 구야국으로서는 굴욕적인 것이다. 게다가 신라 왕이 아닌 이른바 6부의 우두머리들이 수로왕을 접대함으로써 신라 왕과 구야국 왕이 동급이 아님을

## | 가야의 갑옷과 투구

가야의 갑옷에는 넓은 철판을 연결하여 만든 판갑과 작은 철판을 물고기 비늘처럼 엮어 만든 미늘 갑옷이 있다. 판갑은 보병이 주로 입었지만, 몸을 자유로이 움직일 수 있는 미늘 갑옷은 기마병이 주로 입었다. 투구는 챙이 달린 모자형과 긴 철판을 이어 붙여 둥근 모양으로 만든 복발형이 있다. 투구의 정수리에는 새의 깃털 같은 장식을 붙이기도 했다. 기마병의 경우에는 사람뿐만 아니라, 말도 갑옷과 얼굴 가리개를 갖추어 적의 공격을 방어했다.

인식시킨 것 역시 수로왕으로서는 참을 수 없는 홀대였다. 더욱이 탈해이사금이 이끌던 부로 짐작되는 한기부에서는 아예 우두머리도 아닌 지위가 낮은 사람이 접대를 맡아 수로왕의 자존심을 짓밟았다. 그 결과 신라의 우위를 인정하는 가운데 잠시나마 이루어졌던 두 나라의 일시적인 화해 분위기는 이 사건을 계기로 파탄이 났고, 결국 전쟁을 피할 수 없게 되었다.

## 전기 가야 연맹체의 동요와 해체

4세기 무렵 가야 연맹체의 맹주였던 구야국의 위상을 근본적으로 뒤흔드는 사건들이 잇따라 발생했다. 먼저 한반도 서북부에 있던 낙랑군과 대방군이 고구려의 공격을 받고서 마침내 사라졌다. 중국 군현의 소멸은 이전부터 중계무역을 통해 이익을 얻던 구야국을 큰 곤경에 빠뜨렸다. 구야국은 그동안 중국 군현으로부터 선진 문물을 수입해 바다 건너 왜에 전달함으로써 중간 이익을 챙기는 한편, 낙동강 수로를 통해 내륙의 소국들에게도 선진 문물을 배급하면서 영향력을 행사해왔다. 하지만 이제 그 선진 문물의 수입 창구가 사실상 사라짐으로써 구야국의 힘은 급속히 약화되었다. 설상가상으로 가야 연맹체에 속했던 다른 소국들이 구야국의 주도권에 노골적으로 반기를 들

**둥근고리 자루칼 손잡이**
대성동 고분군은 규모와 껴묻거리로 볼 때 구야국의 지배층 무덤으로 짐작되는데, 둥근고리 자루칼(환두대도)이 그 증거다.

**김해 대성동 고분군**
경상남도 김해시 대성동에 있는 가야의 무덤으로, 건국 설화와 관련된 구지봉이 바라다보이는 나지막한 구릉에 있다.

기 시작했다. 포상팔국浦上八國의 난은 바로 그 결정판이었다.

『삼국사기』와『삼국유사』에 전하는 내용에 따르면, 남해안의 포구에 자리 잡은 여덟 나라가 구야국을 침략하려고 하자, 구야국의 왕자가 신라에 와서 구원을 청해 신라군이 여덟 나라의 군대를 격퇴했다고 한다. 포상팔국 가운데 이름이 전하는 나라는 보라국, 고자국, 사물국 등이 있는데, 이 가운데 고자국과 사물국은 각각 경상남도 고성과 사천 일대에 자리 잡고 있던 소국이었다. 이들이 주축이 된 반란은 그동안 구야국이 독점적으로 행사하던 해상 무역의 주도권을 빼앗으려는 목적에서 일어났다고 여겨진다. 하지만 반란이 실패함으로써 결국 구야국의 무역 주도권은 한동안 유지되었을 것이다. 그러나 구야국이 예전만큼 영도력을 발휘하기 어렵게 되었을 것은 의심의 여지가 없다. 게다가『삼국사기』는 이 사건 이후 가야가 왕자를 신라에 보내어 인질로 삼게 했다고 하는데, 신라와 가야 사이의 힘의 균형이 무너지고 구야국이 신라에 의존하는 형세가 되었음을 상징적으로 보여주는 것이다.

4세기 중엽에 이르면, 새로운 세력이 가야 지역으로 영향력을 확대해왔다. 바로 서쪽의 백제였다.『일본서기』의 내용에 따르면, 4세기 후반 백제의 근초고왕과 근구수왕 때 가야의 소국 가운데 안라〔안야국: 함안〕, 가라〔대가야: 고령〕, 탁순〔창원〕이 백제에 처음 사신을 보내고 서로 통교를 시작했다고 한다. 백제는 근초고왕 때 지금의 전라남도 해안

## | 가야의 대외 교류

가야는 바다에 접해 있다는 지리적인 이점과 풍부한 철 자원을 바탕으로 중국 및 일본과 활발하게 교류했다. 대표적인 교역품으로는 청동솥, 청동거울, 바람개비형 청동기, 통형 동기 등이 있었다.

**청동솥과 청동거울**
'동복'이라고도 하는 청동솥은 주로 유목 민족들이 이동시 사용했던 조리 도구인데, 김해 대성동 고분군에서 발견되었다. 청동거울은 중국제로, 신분이 높은 고대인들의 무덤에 흔히 껴묻거리로 들어갔다.

일대까지 영역을 확장했는데, 그 위세에 놀란 가야의 여러 소국이 백제와 우호 관계를 맺고 그 문물을 받아들이려 했음을 알려준다. 이 무렵 백제는 과거의 낙랑군과 대방군을 대신해 중국의 선진 문물을 독점적으로 수입해 사방으로 세력을 확대하고 있었다. 결국 가야 연맹체가 백제의 영향권 아래에 들어갔음은 말할 나위도 없다.

그런데 백제와 교류를 시작한 나라들 가운데 구야국은 빠져 있었다. 이는 구야국이 가야 연맹체의 소국들로부터 더 이상 맹주로서 인정받지 못했음을 보여주는 동시에, 그를 대신할 새로운 구심점이 여기저기서 생겨나고 있었음을 암시한다.

구야국의 위상은 400년에 벌어진 고구려 광개토왕의 남정으로 완전히 붕괴되고 만다. 당시 왜병의 침탈을 견디지 못한 신라의 내물마립간이 고구려의 광개토왕에게 구원을 청했다. 이때 파견된 고구려의 보병과 기병 5만 명이 신라 영토에서 왜병을 소탕한 후, 왜병의 배후 거점으로 활용되었던 낙동강 서쪽의 김해 지역까지 밀어닥쳤다. 이 사건을 계기로 김해의 구야국은 큰 타격을 입었으며, 낙동강 동쪽의 가야 소국들은 거의 대부분 신라 쪽으로 넘어가고 말았다. 구야국은 간신히 명맥을 유지했지만, 무너진 맹주의 위상을 다시 회복할 수는 없었다. 이제 가야 연맹체의 여러 소국은 새로운 맹주의 본격적 출현을 기다리게 되었다.

**바람개비형 청동기와 통형 동기**
그동안 일본열도에서 많이 발견된 청동 유물들인데, 근래에 김해 대성동고분군을 비롯하여 가야 지역에서도 다수가 출토되었다. 바람개비형 청동기는 방패의 장식품으로 사용되었고, 통형 동기는 창이나 막대기 끝에 끼워서 방울 소리가 나게 하는 것으로 알려져 있다.

# 고대사회의 혼인과 장례

● 『삼국지』를 통해 본 고대인의 습속 ●

혼인과 장례는 인간의 삶 속에서 획기를 이루는 행사다. 혼인은 남녀의 결합을 통해 다음 세대를 생산하는 계기로서 새로운 '만남'을 뜻하고, 장례는 한 인간이 현세의 삶을 마감하는 공식적 절차로서 산 자들과의 '이별'을 뜻한다. 이처럼 혼인과 장례는 당사자에게도 큰 의미를 지니지만, 그 행사에 관여하는 주변 인물들에게도 기쁨과 슬픔을 함께 나누며 공동의 연대 의식을 갖게 한다는 점에서 사회적으로 적지 않은 의미를 갖고 있다.

공동체적 관계가 강하게 남아 있던 고대사회에서는 혼인과 장례가 특히 중요시되었다. 나라마다 종족마다 나름대로 전통 속에서 독특한 혼인과 장례 풍습을 만들어냈다. 『삼국지』의 「동이전」을 비롯한 각종 문헌에 전하는 내용을 통해 우리 선인들의 혼인과 장례 풍습을 들여다보자.

고대의 혼인 풍습으로 널리 알려진 것은 고구려의 서옥제와 동옥저의 민며느리제다. 서옥제는 남자가 혼인과 함께 처가에 마련된 서옥[壻屋, 사위 집]에서 일정 기간 생활하다가 자식이 어느 정도 성장하면 아내와 자식을 데리고 본가로 돌아가는 풍습이었다. 혼인 후 죽을 때까지 처가에서 더부살이를 하는 전형적인 데릴사위제는 아니지만, 상당 기간을 처가 식구들과 함께 지내야 했다는 점에서 데릴사위제의 하나로 분류된다. 서옥제는 다른 집단

에 속한 여성 노동력을 자기 집단으로 가져오는 데 대한 보상으로 남자가 일정 기간 노동력을 제공한다는 의미와 함께, 남자의 입장에서는 처가와, 자식의 입장에서는 외가와 강한 연대감을 구축하게 함으로써 궁극적으로는 집단과 집단 사이의 유대 관계를 공고히 하는 의미를 지녔다. 이후 서옥제는 고려시대를 거쳐 조선 전기까지도 우리 민족의 고유한 혼인 풍습으로 면면히 내려왔다.

한편 예부제豫婦制라고도 불리는 동옥저의 민며느리제는 며느리감을 어릴 때 미리 맞아들였다가 혼인할 시기가 되면 여자의 집에 일정한 예물을 제공하고 정식 며느리로 삼는 풍습이었다. 남자가 여자의 집에 가지 않고 여자가 미리 남자의 집에 가서 산다는 점에서는 서옥제와 대비된다. 그렇지만 민며느리제 역시 생산수단 가운데 인간의 노동력을 가장 중시하던 고대사회가 빚어낸 혼인 풍습인 것은 두말할 나위가 없다.

이 밖에 부여와 고구려에서는 '형사취수제兄死娶嫂制'라고도 불리는 취수혼의 풍습이 있었다. 형이 죽으면 아우가 형수에게 장가를 드는 것으로, 성경에도 그 사례가 보인다. 당시 흉노를 비롯한 북방 유목 민족이 널리 행하던 풍습이기도 했다. 하지만 중국인들에게 야만의 풍습으로 매도된 취수혼은 미망인이 다른 집단으로 빠져나가는 것

을 막고자 하는 의도에서 비롯된 것이며, 원시사회 이래로 공동체 내부의 유대 관계를 공고히 하는 역할을 했다.

동예를 비롯해 많은 종족들은 자기가 속한 집단의 구성원이 아닌 배우자를 택하는 '족외혼族外婚'을 했다. 이는 혼인을 통해 집단과 집단 사이의 연대를 제고하고자 하는 발상에서 나온 것으로, 충분한 식량 확보가 어려웠던 원시사회 이래의 유풍이다.

한편 족외혼과는 정반대로 친족 사이의 근친혼이 성행하기도 했다. 신라 왕실에서 그러한 모습이 두드러지게 나타났다. 세 성씨 집단이 왕위를 교대로 차지하던 이사금 시기에도 그랬지만, 김씨 집단이 왕위를 독점한 마립간 시기부터는 그 양상이 더욱 심했다. 예를 들어 진흥왕은 법흥왕의 남동생인 입종 갈문왕이 자신의 조카인 법흥왕의 딸과 혼인해 낳은 아들이었다. 삼촌과 조카 사이는 물론이고 사촌끼리 혼인하는 경우도 흔하게 일어났다. 이러한 근친혼은 왕실의 신성한 혈통을 보존하려는 의도에서 나온 것으로 엄격한 신분제 사회로의 진입을 상징하는 것이기도 했다.

장례는 대체로 시신과 함께 많은 껴묻거리를 '후하게' 묻는 '후장厚葬'의 형태로 이루어졌다. 돌무지무덤 양식이 유행했던 고구려에서는 금은과 각종 재화를 무덤 속에 넣었다는 기록이 『삼국지』에 보이는데, 고고학적 발굴 성과를 통해 당시 만주와 한반도의 다른 나라들에서도 후장의 풍습이 널리 퍼져 있었음을 알 수 있다.

후장과 함께 장례 풍습으로 주목되는 것은 순장殉葬이다. 신분이 높은 사람이 죽었을 때, 노비나 근친의 인물을 강제로 죽여 함께 묻는 것을 순장이라고 한다. 『삼국지』를 보면 부여의 장례 풍습에 대해, "여름에 사람이 죽으면 얼음을 넣어 장사를 지내며, 사람을 죽여 순장을 하는데 많을 때는 100명을 헤아렸다"고 기록되어 있다. 100명에 이르는 순장 사례는 특별히 두드러진 면을 보이지만, 그 밖에 고구려나 신라, 가야에서도 순장이 행해졌음은 『삼국사기』 같은 문헌 자료와 고고학적 발굴 성과가 증명하고 있다.

장례 풍습 가운데 독특한 것으로 동옥저의 이차장二次葬 풍습이 있다. 동옥저에서는 장사를 지낼 때 커다란 목곽을 만들어 한쪽 끝이 열리도록 문을 만들고, 죽은 시신을 우선 가매장했다가 살이 썩으면 뼈만 추려서 목곽 안에 안치했다. 한 집안 사람들은 모두 이런 식으로 한 목곽에 매장되어 집단묘의 형식을 취했는데, 동옥저 사회에 공동체적 유대 관계가 여전히 강하게 남아 있었음을 보여주는 사례라고 할 수 있다.

**내세에서도 생을 함께하고자 한 부부**
중국 길림성 집안시 동쪽에 있는 장천 1호분이라는 고구려 벽화무덤에서 발견된 연화화생도다. 현세의 삶을 마감한 후 연꽃을 통해 불교적 이상 세계에 환생하는 모습을 그린 것인데, 꽃잎에 남녀의 얼굴이 함께 나타나 있어 무덤에 묻힌 부부의 살았을 때 금슬을 엿보게 한다.

▲안악3호분「행렬도」 ▶광개토왕 묘호가 새겨진 청동합

# 삼국시대의 전개

**4세기 · 7세기 전반**

4세기 이후 삼국과 가야는 '동아시아'라는 국제 무대의 주역으로 등장하게 된다. 이들은 중국 세력과 유목 세력, 일본열도의 왜 등 주변의 여러 국가와 다양한 국제 질서를 형성했다. 이들 국가들은 서로 교차되어 때로는 동맹을 맺고서 교류하기도 하고, 때로는 크고 작은 전쟁을 벌이기도 했다. 이 과정에서 고구려는 동북아시아의 패자로 등장하기도 했고, 백제는 한때 해상왕국의 주인공이 되기도 했다. 그러나 한반도 통일의 주역은 신라였다. 흥망성쇠의 부침이 거듭되는 역동적인 시대. 그런 시대의 주인공으로 떠오르는 과정은 어떠했을까?

# 한반도의 대외 교역망을 서로 다투다

**| 4세기 동북아시아 국제 정세와 삼국의 정립**

369년 9월, 치양성雉壤城, 지금의 황해도 배천 지역에는 팽팽한 긴장감이 감돌았다. 고구려의 고국원왕이 이끄는 2만 명의 군대와 백제의 태자 근구수가 이끄는 군대가 서로 맞서고 있었다. 전세는 이내 기습 공격을 시도한 백제군의 승리로 기울었다. 5000여 명을 잃은 고구려군은 퇴각하고, 근구수는 이를 추격해 수곡성水谷城, 지금의 황해도 신계 지역에 이르는 땅을 차지했다. 백제의 건국 세력이 고구려에서 남하한 이후, 수백 년 만에 이루어진 두 나라의 첫 만남은 이렇게 전쟁으로 시작되었다.

2년 뒤, 패배를 설욕하려는 고구려의 고국원왕은 다시 군대를 일으켜 백제를 공격했으나 예성강 전투에서 크게 패했다. 반면 백제의 근초고왕은 승세를 몰아 정예군 3만 명을 이끌고 고구려의 평양성을 공격했다. 치열한 공방전이 계속된 끝에 고국원왕이 화살에 맞아 숨을 거두었다. 고국원왕의 죽음은 두 나라 사이에 씻을 수 없는 원한을 두고두고 남겼다.



전국시대부터 중국 서쪽 변두리에 흩어져 있었넌 티베트 계통의 뮤복 민족으로, 후진을 세웠다.

## 4세기 동북아시아의 국제 정세

369년에 벌어진 백제와 고구려의 충돌은 새로운 역사의 전개를 알리는 신호탄이었다. 이 사건은 그동안 두 나라를 지리적으로 갈라놓은 낙랑군과 대방군이 한반도에서 축출된 결과이며, 그 배경에는 4세기 동북아시아 국제 정세의 변화가 가로놓여 있었다.

3세기 말부터 중국의 서진西晉이 정치적 혼란으로 세력이 약해지자, 주변에 있는 여러 민족이 북중국을 번갈아 침입해 새 왕조를 세웠다. 이 시대를 흔히 '5호16국시대五胡十六國時代'라고 한다. 특히 요동 지역에는 선비족인 모용외가 세력을 확대하면서, 307년에 선비대선우鮮卑大單于를 자칭하며 전연前燕이라는 나라를 세웠다.

이러한 국제 정세 속에서 고구려도 중국 군현에 대해 적극적인 공세를 펼쳤다. 311년에 요동과 낙랑군을 잇는 요충지인 서안평을 공격하고, 313~314년에는 마침내 낙랑

| 4세기 동북아시아의 국제 정세

4세기 초 서진이 쇠퇴한 이후부터 439년에 북위가 중국을 다시 통일할 때까지 화북 지역에서 5호와 한족이 번갈아 세운 16개의 나라가 흥망성쇠를 거듭하던 시대를 '5호16국시대'라고 한다.

군과 대방군을 차례로 점령했다. 315년에는 현도군을 공격하면서 요동 지역에 대한 본격적인 진출을 시도했다. 그 결과, 고구려와 전연은 요동 지역을 놓고 치열한 공방전을 벌일 수밖에 없었다.

고구려는 전연을 견제하기 위해 화북 지역에서 세력을 키우는 후조後趙와 손을 잡는 외교 전략을 폈다. 그러자 전연은 양자강 남쪽의 동진東晉에 사신을 보내 후조를 정벌할 것을 요청했다. 이러한 긴장 관계가 계속되자, 후조와 본격적인 쟁패를 앞두고 있던 전연은 배후의 위협 세력인 고구려를 먼저 없애려고 했다.

342년 10월, 드디어 전연이 고구려 정벌에 나섰다. 고구려는 전략상의 실패로 수도인 국내성까지 무너지고 말았다. 이 전쟁에서 승리한 전연은 고국원왕의 어머니 주씨와 왕비를 비롯해 남녀 5만여 명을 포로로 잡아갔을 뿐만 아니라, 고국원왕의 아버지인 미천왕의 시신까지도 가져갔다. 결국 고구려는 전연과 우호 관계를 맺을 수밖에 없었다.

이후 전연은 중원 진출을 본격적으로 꾀해, 352년 마침내 명맥만 남은 후조를 멸망시키고 화북 일대를 장악했다. 그리고 수도를 계薊, 지금의 베이징 일대로 옮기면서 중원 국가의 면모를 갖추었다. 전연은 357년에 고구려의 고국원왕을 책봉하면서 13년 동안 인질로 억류했던 왕모 주씨를 송환했다. 그동안 전연의 입장에서는 배후의 고구려가 두려워서 중원 진출을 이루기 전까지 결코 왕모를 돌려줄 수 없었던 것이다. 고구려 또한

**안악 3호분의 주인공**
안악 3호분은 4세기 중엽에 만든 것으로, 그 웅장한 규모와 벽화의 내용으로 보아 고구려 벽화 무덤 가운데 최고라고 할 수 있다. 그런데 이 무덤의 주인공에 대해서는 논란이 많다. 고구려의 미천왕 또는 고국원왕이라는 견해와 숭국인 망명객 동수라는 견해가 있다.

왕모가 인질로 잡혀 있는 상황에서 전연에 대한 공격을 꿈도 꾸지 못했다.

이 기간 동안 고구려는 평양 일대의 경영에 주력했다. 전연과 벌인 전쟁 때문에 국내성이 황폐해지자, 고국원왕은 343년에 잠시 평양으로 옮겼던 것이다. 고국원왕은 371년에 백제와 벌인 평양성 전투로 전사할 때까지 30년 가까이 이곳에 머물며 미천왕 때 정복한 이 지역에 대한 본격적인 지배에 힘을 쏟았다.

고구려와 백제가 한창 충돌을 거듭할 무렵, 북중국에서는 또다시 전운이 감돌았다. 전연과 전진前秦 사이에 격렬한 패권 다툼이 벌어진 것이다. 그러다 370년 전진이 전연을 멸망시키고 고구려와 새로이 국경을 접하게 되었다. 그런데 전진은 고구려에 대한 외교 정책을 전연과 달리했다. 전진의 왕 부견은 372년에 사신과 승려 순도를 고구려의 소수림왕에게 보내 불상과 불경을 전해주었다. 이후 두 나라는 우호적인 외교 관계를 계속 유지했다.

그 결과 요동 지역에서 고구려와 중국 세력은 약 40년간 평화로운 관계를 계속 이어 나갔다. 고구려는 이러한 국제 정세의 안정을 토대로 한반도의 서북 지역을 확고하게 장악하면서 점차 남쪽으로 진출을 모색했다. 이 과정에서 고구려는 신라와 우호적인 관계를 맺은 반면, 백제와는 치열한 공방전을 계속 벌여 나갔다.

**불꽃뚫음무늬 금동보관**
평양시 대성구역 청암리토성에서 나온 것으로, 불상의 보관 장식으로 추정된다. 금동보관의 띠 모양 테두리 위로 불꽃 장식이 뻗어 올라가고, 양쪽에 옷고름 모양의 드림 장식이 아래로 길게 늘어져 있다.

## 고구려와 백제, 한반도의 교역망을 다투다

4세기 중반부터 고구려와 백제가 치열하게 대결을 계속 벌인 까닭은 무엇일까? 여기에는 3세기 서진의 동방 정책에 따라 전개된 한반도의 정세 변화가 자리하고 있다.

서진은 위·오·촉의 삼국을 통일한 후 동방으로 적극적인 진출을 꾀하며 삼국의 혼란으로 무력화된 두 갈래의 동방 교역로를 다시 복원했다. 하나는 낙랑군에서 진한[신라]으로 이어지는 내륙 교역망이고, 다른 하나는 대방군에서 마한[백제]을 거쳐 변한과 왜로 이어지는 해상 교역망이었다.

그런데 이렇게 복원된 내륙 교역망은 3세기 말 이후 서진이 혼란한 틈을 타 고구려가 낙랑군과 대방군을 축출하는 과정에서 다시 그 기능을 잃게 되었다. 그러다가 4세기 초에 고구려가 낙랑군과 대방군에 대한 지배력을 강화한 이후, 예전의 낙랑군에서 신라로 이어지는 내륙 교역망을 부활시켰다. 고구려는 당시 국제 정세 속에서 백제·왜·가야의 연합 세력을 견제하려는 전략 차원에서 신라와 우호적인 관계를 유지했다. 한마디로 4세기에 낙랑·대방 지역을 차지한 고구려와 백제 사이의 치열한 쟁패는 서진 이래 한반도 교역망을 중심으로 전개된 역사적 경험과도 밀접한 연관이 있었던 것이다.

**부안의 죽막동 제사 유적**

백제의 대외 교류에서는 바닷길이 중요한 역할을 했다. 부안 죽막동은 항해의 안전을 기원하려고 제사를 지내던 곳으로, 중국-서해안-남해안-일본을 이어주는 교통의 요지였다. 제사는 절벽 위의 좁은 평지에서 지냈는데, 백제 및 가야의 토기와 금속품, 중국 도자기, 일본 고훈시대의 돌로 만든 모형품들이 출토되어 이곳이 국제적 제사 장소였음을 말해준다. 이처럼 죽막동 제사 유적은 삼국시대 국제 교류의 양상과 고대 의례의 모습을 파악할 수 있는 중요한 유적이다.

## | 고대의 해상 교역로와 백제의 해상 활동

### | 고대의 해상 교역로와 백제의 해상 활동

백제는 고대 동아시아의 해상 교역로를 이용하여 중국의 남조 및 일본 지역과 활발하게 교류했다. 오른쪽 사진은 일본과의 교류를 알려주는 그릇으로 전라남도 곡성에서 발견되었다.

『일본서기』의 '신공황후 49년조'에는 다음과 같은 흥미로운 내용이 실려 있다.

49년 봄 3월에 황전별과 녹아별을 장군으로 삼아 구저 등과 함께 군대를 거느리고 건너가, 탁순국에 이르러 신라를 치려고 했다. 이때 어떤 사람이 "군대가 적어서 신라를 깨뜨릴 수 없으니, 다시 사백·개로를 보내 군사를 늘려주도록 요청하시오"라고 했다. 곧 목라근자와 사사노궤에게 정예 군사를 이끌고 사백·개로와 함께 가도록 명령했다. 이들이 함께 탁순국에 모여 신라를 격파하고, 비자발·남가라·록국·안라·다라·탁순·가라의 7국을 평정했다. 또 군대를 옮겨 서쪽으로 돌아 고해진에 이르러 남쪽의 오랑캐 침미다례를 무찔러 백제에게 주었다. 이에 백제왕 초고〔근초고왕〕와 왕자 귀수〔근구수왕〕가 군대를 이끌고 와서 만났다. 이때 비리·벽중·포미지·반고의 4읍이 스스로 항복했다.

이 내용은 한반도 서남해안비리·벽중·포미지·반고의 4읍에서 남해안침미다례을 거쳐 가야탁순국로 이어지는 지역에서 전개되는 백제의 대외 활동을 말하는 것이다. 탁순국은 창원, 침미다례는 대략 강진·해남 일대, 비리는 군산, 벽중은 김제, 고사는 고부 지역으로 추정된다. 이러한 과정은 백제에서 왜로 이어지는 해상 교역망의 복원 과정으로, 백제가 단계적으로 정비해가는 과정을, 『일본서기』의 '신공왕후 49년조' 기사는 왜의 입장에서 거꾸로 기술하고 있는 것이다.

고구려와 맞서는 백제의 움직임도 매우 활발했다. 360년대에 들어서면서 백제는 국제무대에서 본격적으로 외교 활동을 전개했다. 361년에 가야와 외교 관계를 맺고, 369년에는 왜와도 외교 관계를 맺었다. 백제 입장에서 가야 및 왜와 교섭하기 위해서는 자연히 한강 유역에서 한반도 서남해안을 거쳐 왜까지 이어지는 교통로를 확보해야만 했다. 서진 초기에 정비된 해상 교역망은 서진 말의 혼란과 화북·요동 지역의 격변으로 다시 단절된 상태였다. 백제가 가야 및 왜와 통교한다는 것은 곧 이 해상 교역망을 복원하는 과정이었다. 그 시기가 바로 4세기 중반 근초고왕이 들어서면서부터였다.

이러한 교역망의 복원과 대외 관계를 배경으로 백제는 근초고왕 때부터 비약적인 성장을 했다. 근초고왕은 한반도 남부 지역을 차지한 채, 가야 및 왜와 더욱 돈독한 외교 관계를 다졌다. 이에 따라 북으로 눈길을 돌린 백제는 대방군으로 진출하면서 이 지역의 영유권을 둘러싸고 고구려와 한판 승부를 벌이게 되었다.

백제는 중국의 동진과도 외교 관계를 맺었다. 372년에는 근초고왕이 동진으로부터 '진동장군령낙랑태수鎭東將軍領樂浪太守'라는 관직을 책봉 받았다. 당시 국제 정세로 보아 이 일은 중요한 의미를 지녔다. 우선 책봉의 시점이 바로 전 해 평양성 전투에서 고구려의 고국원왕을 전사시키고 큰 승리를 거둔 직후였다. 이 평양성 전투는 당시에도 국제적으로 널리 알려졌을 터이므로, 이 승리로 동진은 한반도에서 백제의 국력과 위

**백제와 동진의 교역품, 청자**
백제는 중국의 선진 문물을 받아들여 독창적으로 발전시켰다. 당시 백제가 동진과 교역한 물품으로는 액체를 데우는 그릇인 청동 자루솥과 도자기, 동전이 대표적이다. 백제는 이러한 대외 교류를 통해 동아시아에서 국제적인 위상을 확고히 가질 수 있었다.

상을 재평가한 듯하다. 동진은 동북아시아의 여러 국가 가운데 전연에 이어 두 번째로 백제의 근초고왕을 책봉했다. 백제의 국제적 위상을 인정한다는 의미였다. 하지만 백제 입장에서는 이러한 동진과의 교섭이 경쟁자인 고구려를 견제하는 데에는 현실적으로 그리 큰 힘이 되지 못했다. 그래서 백제는 가야 및 왜와 교섭하는 데 주력했다.

이처럼 고구려와 백제는 한반도를 중심으로 서진 이래의 대외 교역망을 복원해 자신들의 정치적 세력권과 대외 교섭망을 구축해갔다. 이 과정에서 두 나라는 결국 한반도 내에서의 주도권을 둘러싸고 치열한 대결을 거듭하게 되었다.

사실 고구려와 백제 사이에서 공격의 포문을 먼저 연 것은 고구려였다. 그러나 고국원왕의 전사가 상징적으로 보여주듯이, 초기에는 고구려가 뚜렷하게 열세였다. 그러다 소수림왕 때 국가 체제를 정비하면서부터 두 나라는 비로소 호각지세를 이루며 예성강 일대를 경계로 공방전이 더욱 치열해졌다. 이러한 공방전은 고구려에서 광개토왕이라는 걸출한 인물이 등장할 때까지 계속되었다.

## 신라, 국제 무대에 등장하다

사로국에서 성장한 신라는 낙랑군과 대방군이 소멸된 이후 내륙 교역망



**| 백제 사신의 나라별 파견 횟수**

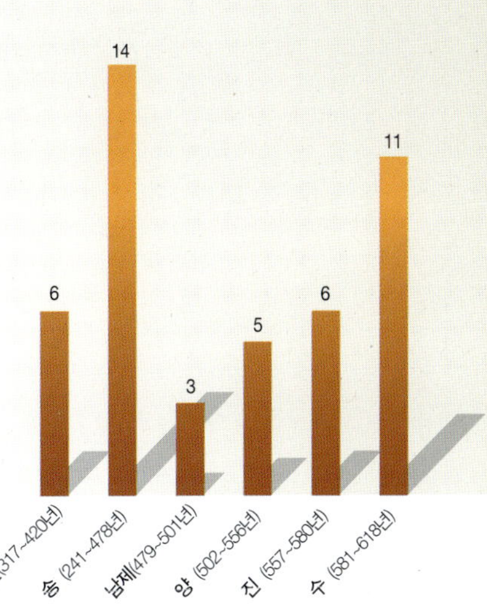



**『양직공도』의 백제 사신**
백제는 동진과 교류한 이후 전통적으로 중국의 남조와 교류했으며, 북조와는 거의 외교 관계가 없었다. 그러한 면을 잘 보여주는 자료가 「양직공도」다. 「양직공도」는 중국의 남조 양(梁)의 원제가 형주자사로 있을 때, 36개국의 외국 사신을 맞이한 그림과 해설을 붙인 것이다. 그 가운데 백제 사신은 단아한 용모에 관을 쓰고 공복을 갖춰 입고 있다.

을 잃게 되자, 오히려 이 교역망의 종착점에 위치한 진한의 여러 소국을 통합하는 데 힘을 쏟았다. 4세기 중반에 이르러 신라는 진한 연맹체를 통합하는 데 성공했다.

신라는 박·석·김씨가 교대로 왕위를 이어가던 예전과는 달리, 내물마립간 때부터 김씨가 왕위를 독점하는 왕위 세습권을 확립했다. 왕권도 6부의 귀족 세력을 넘어서는 위상을 확보했다. 왕의 호칭을 으뜸가는 우두머리라는 뜻의 '마립간'이라고 칭한 데서도 잘 알 수 있다. 이러한 왕권의 성장은 경주 분지 곳곳에 남아 있는 거대한 돌무지덧널무덤을 통해서도 충분히 짐작할 수 있다.

신라는 이러한 국가 성장을 바탕으로 377년과 381년에 전진에 사신을 파견하며 처음으로 동아시아의 국제 무대에 등장했다. 특히 381년에 파견된 사신 위두는 전진의 왕 부견에게 "해동의 상황이 옛날과 다르다"며 신라의 성장을 과시하기도 했다. 신라가 사신을 파견할 수 있었던 데는 고구려의 도움이 컸다.

이후 신라는 고구려와 활발하게 교류했는데, 선진국인 고구려가 신라에게 정치적 영향력을 강화시키는 방향으로 전개되었다. 훗날 광개토왕 때에 보듯이, 가야와 왜에게 공격을 받은 신라가 구원을 요청하자 고구려는 5만 명이라는 대군을 출병시켰다. 신라는 고구려의 세력권으로 들어갔다. 실제로 실성마립간과 눌지마립간이 왕자 시절에 고구려에 인질로 갔으며, 이들이 귀국한 후 왕위에 오를 때 고구려가 왕위 계승 문제에도



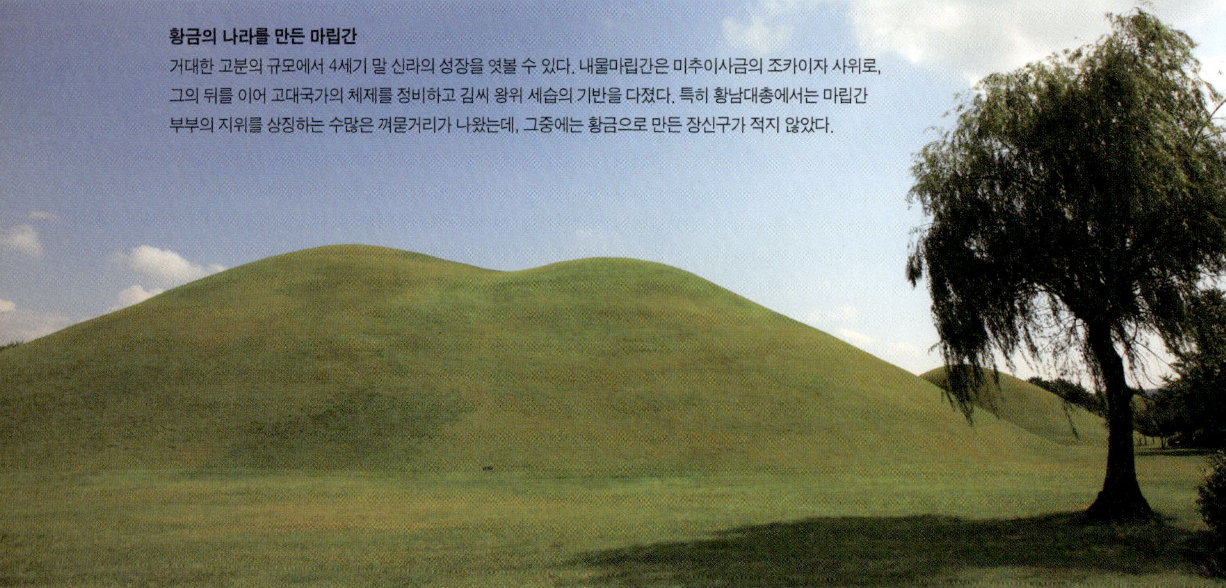

**황금의 나라를 만든 마립간**
거대한 고분의 규모에서 4세기 말 신라의 성장을 엿볼 수 있다. 내물마립간은 미추이사금의 조카이자 사위로, 그의 뒤를 이어 고대국가의 체제를 정비하고 김씨 왕위 세습의 기반을 다졌다. 특히 황남대총에서는 마립간 부부의 지위를 상징하는 수많은 껴묻거리가 나왔는데, 그중에는 황금으로 만든 장신구가 적지 않았다.

개입했다. 특히 신라의 왕경[경주]에 고구려 군대가 주둔할 만큼 두 나라의 관계는 거의 복속국 수준으로까지 바뀌었다.

# 임나일본부,
# 더 이상 사용 금지!

### ● '임나일본부설' 논쟁 ●

일본의 역사 교과서 왜곡이 거론될 때마다 빠지지 않고 등장하는 것 가운데 '임나일본부설'이 있다. 일제 식민사관의 전형적인 예로 일찍부터 거론되어온 것이기도 하다. 도대체 임나일본부설의 내용은 어떠하며, 무엇이 문제가 되는 것일까?

먼저 '임나일본부'라는 명칭부터 살펴보자. 여기서 '임나任那'란 우리 기록에는 거의 보이지 않는 이름인데, 『일본서기』를 비롯한 일본 역사서에는 낙동강 유역의 가야 지역을 가리키는 용어로 빈번히 등장한다. 결국 임나일본부는 일본이 가야 지역에 설치한 어떤 기관이라는 의미가 되는데, 그 성격을 군사적 통치 기관으로 해석해 고대 일본이 가야를 포함한 한반도 남부 지역을 장기간 통치했다는 주장이 바로 '임나일본부설'이다.

좀 더 내용을 구체적으로 들여다보면, 369년에 일본의 군대가 바다를 건너와 가야 지역의 일곱 나라를 평정하면서부터 562년 대가야가 신라한테 멸망할 때까지 낙동강 하류를 중심으로 한 가야 지역은 임나일본부에 의해 일본의 군사 통치를 직접 받았고, 주변의 백제와 신라 역시 일본에 복속되어 임나일본부를 통해 간접적인 지배를 받았다는 것이다. 이런 주장은 일제에 의한 조선의 식민 지배가 결국 과거 상태로의 회귀이니 새삼스러울 것이 없으며 따라서 조선 사람들은 이를 거부할 이유가 없다는 궤변으로 이어지면서, 일제강점기 동안 계속 확대 재생산되었다.

그동안 일본 학자들은 임나일본부설을 지지하는 증거로 크게 세 가지를 내세웠다. 첫째는 720년에 완성된 자신들의 고대 역사서인 『일본서기』의 임나 관련 기록이고, 둘째는 삼국시대로 치면 제3자에 해당했던 고구려의 금석문 광개토왕비에 보이는 이른바 '신묘년' 기사이며, 셋째는 중국의 역사책 『송서』에 나오는 왜 5왕 관련 기사다. 이 가운데 광개토왕비의 신묘년 기사는 "백제와 신라는 본디 고구려의 속민이었는데, 왜가 신묘년391년에 바다를 건너와 백제와 신라 등을 격파하고 그들의 신민으로 삼았다"는 내용을 담고 있어, 4세기 후반에 일본의 군사적 영향력이 한반도 중남부 지역에 강하게 미쳤음을 보여주는 결정적인 자료로 활용되었다.『송서』의「왜국전」에 실린 왜 5왕 관련 기사는 5세기에 일본의 여러 왕들이 중국 남조의 송과 교섭하면서 스스로 백제와 신라, 임나, 진한, 마한 등의 군사권을 장악한 존재라고 주장하고, 송이 그것을 공식적으로 인정해줄 것을 요청했다는 내용이다. 이에 대해 송에서는 백제를 제외한 나머지 나라들의 경우 왜왕의 군사 지휘권을 공인하는 조치를 내렸다고 적혀 있다.

얼핏 임나일본부설은 근거 자료가 확실한 것처럼 보일 수도 있지만, 문제점이 많다. 우선『일본서기』가 7세기 후반 이후 한층 고양된 일본 천황의 권위를 내외에 과시할 목적으로 만들어진 책이기 때문에 과거 사실을 왜곡하는 경우가 무척 많다. 예를 들어 근초고왕 때 백제에서 만들어 왜왕에게 보낸 칠지도의 명문 내용을 보면, 백제 왕이 우위에 있으면서 왜왕에게 '하사'한다는 식으로 되어 있다. 하지만『일본서기』에는 백제 왕이 칠지도 등을 '헌상'했다고 되어 있다. 한반도 관련 기사의 많은 부분이 이런 식으로 왜곡된 것으로 의심되기 때문에『일본서기』에 실린 내용만으로 고대 일본의 한반도 남부 지배를 주장할 수는 없다.

광개토왕비의 '신묘년' 기사 역시 고구려인들이 무슨 까닭으로 그런 문구를 비문에 써 넣었으며, 그 문구가 실제로 사실을 반영하는 것인지에 대해 면밀한 검토를 거친 후에 자료로 이용해야 한다. 단순히 당시 사람들이 남긴 기록이므로 사료적 가치가 높다고 말하는 것은 곤란하다. 광개토왕의 업적을 찬양하려는 목적에서 세운 비석의 내용은 그 업적을 훼손할 수 있는 쪽으로 작성될 수는 없는 것이다. 오히려 업적의 찬양을 위해 부끄러운 사실의 은폐나 실상의 과장, 왜곡 등이 자행될 수 있음을 고려해야 한다.

『송서』의 왜 5왕 관련 기사도 그것이 과연 실상을 반영하는지에 대해서 철저한 검토가 필요하다. 왜 5왕이 활동했던 5세기 당시에는 한반도에 진한과 마한이 이미 사라진 상태였다. 이미 없어진 세력한테까지 군사적 지휘권을 행사한다고 과장하고 있는 터에, 나머지 존재하던 세력들에게도 실제로 지휘권을 행사했을지 의심이 가지 않을 수 없다. 송에서 백제에 대한 왜왕의 군사적 지휘권을 인정하지 않았다는 것 또한 일본의 주장과 실상 사이의 괴리를 그대로 보여준다.

그동안 임나일본부설은 고대의 한일관계사를 왜곡하는 데 그치지 않고, 일본인의 잘못된 한국관을 형성하는 데에도 큰 역할을 해왔다. 일본 학자들 스스로가 그 문제점을 인식하고 바로잡으려 노력해야 하겠지만, 우리 역시 끊임없이 관심을 갖고 완전한 극복을 위해 애써야 할 과제인 셈이다.

**칠지도**
임나일본부를 둘러싼 한국과 일본의 역사 전쟁은 칠지도를 통해 더욱더 치열한 대결을 벌여왔다. 근초고왕 때 백제에서 만들어 왜왕에게 '하사'했다는 칠지도를『일본서기』에서는 반대로 백제 왕이 왜왕에게 '헌상'했다고 왜곡하고 있다. 과연 진실은 무엇일까?

# 동북아시아의 패자, 고구려



고구려의 가장 영화로운 시대의 상징물인 광개토왕비. 높이 6.39미터에 이르는 장중한 규모를 자랑하는 석비 자체가 광개토왕의 뛰어난 업적을 과시하고 있을 뿐만 아니라, 비문에는 동서남북 사방으로 전개된 광개토왕의 정복 활동을 매우 자랑스럽게 기록하고 있다. 1600년 전에 세워진 광개토왕비는 1880년대에 다시 발견되어, 동북아시아 패자로서 고구려의 역사를 다시금 환기시켰다.

이때만 해도 비는 단지 세상에 자신을 선보인 것에 불과했다. 이 비가 장차 두고두고 국제적 논쟁의 소용돌이가 되리라고는 아무도 예상하지 못했다. 하지만 광개토왕릉비가 국제적인 관심의 대상이 된 것은 어쩌면 당연하다. 그의 정복 활동이 당시 동북아시아 전체에 큰 파동을 일으켰고, 그 시대의 역사에 대한 오늘날 우리의 이해 역시 국제적이기 때문이다.

## 광개토왕의 정복 활동

고구려의 광개토왕은 즉위하면서 곧바로 대외 팽창을 추진했다. 그 대상은 당연히 백제와 후연이었다. 두 나라 모두 고국원왕 때 고구려에게 잊지 못할 수모를 안겨준 맞수였다. 군사전략에 탁월한 능력을 발휘한 광개토왕은 그 가운데 백제를 첫 상대로 골랐다.

광개토왕은 즉위 초부터 백제에 대해 적극적인 공세를 폈다. 광개토왕비에는 396년에 백제의 58성 700촌을 공파하고, 백제의 수도 한성을 포위해 아신왕의 항복을 받아낸 광개토왕의 업적이 큰 비중으로 기록되어 있다. 사실 광개토왕은 백제와 싸우면서 거듭 승리를 거두었다. 이 승리는 숙적 백제를 압도한 것에 그치지 않고 당시 한반도를 둘러싼 국제 역학 관계에서 백제와 연결된 가야와 왜 연합 세력을 모두 제압하는 것이었다.

**광개토왕비**
광개토왕의 업적을 기리기 위해 장수왕이 414년에 세운 비로, 당시 고구려의 국세에 걸맞게 높이 6.39미터의 거대한 규모를 자랑하고 있다. 사면에 글자를 새긴 것은 고구려의 독특한 양식이며, 웅장하고 뛰어난 예서체 글씨는 당시 고구려의 문화가 얼마나 수준이 높았는지를 보여주고 있다.

특히 400년에 고구려는 백제·가야·왜의 연합군에 시달리던 신라를 구원하려고 대규모 군대를 한반도 남부로 출정시켜 왜군을 격파하고, 가야 지역까지 공세를 확대했다. 가야 지역의 맹주였던 금관가야는 고구려의 공격으로 치명적인 타격을 입어 세력이 급격하게 쇠퇴했다. 그 결과 고구려는 신라를 신하의 나라처럼 거느리게 되었다.

한편 고구려와 후연의 대결은 일진일퇴의 공방전이 계속되었다. 400년에 고구려의 5만 대군이 신라로 출병한 틈을 노려, 후연은 고구려의 700여 리 땅을 빼앗아갔다. 광개토왕은 곧바로 반격에 나서 402년에 후연의 요충지인 요서의 숙군성을 공격했다. 이후 고구려는 요동 지역의 장악을 놓고 후연과 치열하게 다투었다. 402년 이후부터는 고구려가 요동의 주요 거점을 거의 장악한 것으로 보인다.

두 나라의 공방전은 후연의 모용씨 왕실이 407년에 풍발의 쿠데타로 무너지고, 고구려의 후예인 고운이 즉위해서 북연北燕을 세우자 그치게 되었다. 이후 북연에서는 고운이 살해되고 풍발이 왕위에 올라 풍씨 정권이 들어섰다. 하지만 중원에서 북위가 새로이 등

**광개토왕비 탁본**
광개토왕비는 고구려의 멸망과 더불어 서서히 잊혔다. 그렇게 1200년의 시간이 흘렀다. 특히 광개토왕비가 서 있는 고구려의 수도 국내성은 17세기 이후 만주족이 청을 세우고 중국을 차지하게 된 후, 시조의 탄생지라고 해서 사람을 살지 못하게 하는 봉금(封禁) 지역이었다. 그러다가 1880년 무렵에 광개토왕비는 다시 세상에 그 존재를 드러내게 되었다. 발견 당시 비는 온통 이끼와 넝쿨로 뒤덮여 있어서 일부 이끼를 제거하고 탁본을 한 뒤에야 겨우 알아볼 수 있었다고 한다. 이 비의 부분 탁본이 북경의 금석학계에 소개되어 비로소 광개토왕비는 다시금 세상에 알려지게 되었다.

장해 북연도 감히 고구려와 쟁패할 엄두를 내지 못했다. 이처럼 요하 전선이 자연스레 안정되면서 고구려는 요동 지역을 완전히 차지하게 되었다.

이외에도 광개토왕은 서북쪽에 있는 거란족 비려를 정벌하고, 동북쪽의 연해주 일대에 퍼져 살던 숙신족을 굴복시켰다. 그리고 고구려인의 고향이라고 할 수 있는 동부여를 복속시켰다. 이처럼 광개토왕은 그리 길지 않은 생애 동안 백제와 후연을 비롯한 동북아시아의 여러 국가와 민족을 상대로 빛나는 승리를 거두어, 고구려를 동북아시아 패자의 자리에 굳건히 올려놓는 업적을 이루었다.

이러한 광개토왕의 활약은 당시 고구려인들에게도 매우 인상적이었던 모양이다. 그의 시호에 땅을 널리 개척했다는 뜻인 '광개토경廣開土境'을 붙인 것을 보면 말이다.

## 고구려의 천하관

광개토왕의 대외 활동과 독자적인 세력권의 확장은 독자적인 고구려의 천하관으로 나타났다. 우선 광개토왕의 왕호에 보이는 '태왕太王'은 중국의 천자 또는 황제에 해당하는 고구려만의 칭호로, 고구려의 천하를 다스리는 최고의 존재였다. 즉 '태왕'의 칭호에는 고구려만의 독자적인 천하관이 자리하고 있는 것이다.

**광개토왕의 묘호가 새겨진 청동합**
경주의 호우총에서 발견된 것으로, 청동합의 바닥에는 '국강상광개토지호태왕(國岡上廣開土地好太王)'이라는 광개토왕의 묘호가 새겨져 있다. 이 글씨는 광개토왕비와 똑같은 서체로, 광개토왕의 장례가 끝난 1년 뒤인 415년에 신라 사신이 고구려에서 받아온 것으로 짐작된다.

광개토왕비에서 태왕은 은택恩澤을 베푸는 존재로 묘사되고 있다. 태왕의 은택은 고구려 사람들에게만 한정되지 않았다. 비문에는 정벌의 결과로 고구려가 상대국에게 내린 조처들이 기록되어 있는데, 대개 태왕이 은덕을 베푸는 형태다. 백제에 대해서는 "태왕은 은혜로 잘못을 용서하고 순종해온 정성을 기특히 여겼다"고 했고, 신라의 왕이 구원을 청하자 "태왕은 은혜롭고 자애로워 신라 왕의 충성을 갸륵히 여겼다"고 했다. 동부여에 대해서도 "태왕의 은덕이 두루 미치게 되었다"라는 표현을 썼다.

그런데 광개토왕비에는 일곱 건의 정복 전쟁 기사가 기술되어 있지만, 태왕의 은덕을 베푼 대상은 예전에 고구려의 속민이었다고 밝힌 백제와 신라, 동부여에만 한정되어 있다. 나머지 비려와 왜, 후연 등에 대해서는 태왕의 은덕이 전혀 언급되어 있지 않다. 그러므로 태왕의 은택을 받는 속민이 곧 고구려 천하의 범주였다고 볼 수 있다. 그 이면에는 고구려와 백제, 신라, 부여 사이에 종족적으로나 문화적으로 어느 정도 동류의식이 형성되어가는 과정이 있었다. 이것은 나중에 삼국 백성들 사이의 동일체 의식으로 성장하게 되었다.

고구려의 천하는 태왕의 직접적인 지배를 받는 고구려민이 일차적이며, 백제와 신라 같은 속민은 이차적인 천하였다. 이들 민에 대한 통치는 구체적으로 태왕의 신료인 '노객奴客'을 통해 이루어지는 것으로 인식되었다. 광개토왕비에는 백제 왕과 신라 왕도 모

**| 고구려의 천하**

4세기에 고구려가 주로 진출한 곳은 평안도와 요동 지역이었다. 두 지역은 모두 비옥한 곡창지대였으며, 특히 요동은 풍부한 철 산지로 유명했다. 광개토왕은 사방으로 진출했지만, 주요상대는 주로 백제였다. 광개토왕비에는 광개토왕이 64성 1400촌을 공파했다고 기록했는데, 그 땅은 대개 백제 땅이었다.

두 태왕의 노객으로 기술하고 있다. 즉 고구려의 천하는 '태왕-노객-민·속민'의 구조 아래에서 태왕을 정점으로 운영되었던 것이다.

이러한 고구려의 천하관은 그 이전부터 이미 서서히 싹트고 있었지만, 그러한 고구려의 천하를 영역으로 확보하고 군사력으로 뒷받침하며 실제로 구현한 인물은 바로 광개토왕이었다. 비문에서 당대 고구려인들은 광개토왕의 업적을 다음과 같이 칭송하고 있다.

(왕의) 은혜로움은 하늘에 미쳤고, 그 위엄은 사해四海에 떨쳤다. (나쁜 무리들을) 쓸어 없애시니 백성들은 그 생업에 힘쓰고 편안히 살게 되었다. 나라는 부강하고 백성은 유족해졌으며, 오곡이 풍성하게 익었도다.

## 장수왕의 평양 천도와 남진 정책

413년 광개토왕이 죽은 뒤, 장수왕이 왕위를 계승했다. 장수왕은 여러모로 아버지 광개토왕과 대비되는 군주였다. 우선 장수왕이라는 왕호에서도 알 수 있듯이, 39세로 사망하기까지 불과 21년 동안 재위한 광개토왕과는 달리, 장수왕은



**고구려의 개마무사**
개마무사는 중장기병을 일컫는 말로, 온몸을 철로 감싼 무사라는 뜻이다. 고구려는 요동 지역에서 우수한 철이 많이 생산되어 뛰어난 중장기병을 갖출 수 있었다. 특히 광개토왕 때 개마무사는 정복 전쟁의 주력이 되었으며, 그 수가 5만 명에 이르렀다고 한다. 사진은 개마무사의 차림새(오른쪽)와 금동신발(아래)이다.

98세까지 장수를 누리며 재위 기간만도 79년413~491년에 이르렀다. 이러한 장수왕의 '장수'는 고구려를 안정시키는 데 크게 기여했다.

광개토왕이 재위한 기간은 그리 길지 않았지만, 그가 벌인 국가사업은 결코 적지 않았다. 동서남북 사방에 걸친 정복 활동은 물론이고, 영락永樂이라는 독자적인 연호를 사용한 데서도 알 수 있듯이 왕권을 강화하고 국가 체제를 정비했다. 또한 평양 지역에 아홉 개의 사찰을 한꺼번에 세우며 불교를 새로운 이념과 종교로서 널리 보급하겠다는 뜻과 함께 장차 평양을 새로운 수도로 삼겠다는 의지를 드러낸 것으로 볼 수 있다.

사실상 광개토왕 때는 새로운 시대로 나아가는 개혁기 내지는 체제 개편기라고 할 수 있다. 사회 전반에 걸친 개혁을 하려면 오랜 기간 일관되게 밀고 나가는 추진력이 뒷받침되어야만 한다. 그런 점에서 볼 때 광개토왕의 짧은 생애가 매우 아쉬운 만큼, 장수왕의 '장수'는 한 시대의 개혁을 완수해가는 데 가장 안정적인 조건 가운데 하나였다고 볼 수 있다.

장수왕이 광개토왕의 충실한 계승자라는 점은 '평양 천도'에서도 확인할 수 있다. 앞서 지적했듯이 사실 평양 천도는 광개토왕의 구상이었던 것 같다. 광개토왕은 평양 지역으로 여러 차례 순수巡狩를 하고, 평양에 아홉 개의 사찰을 창건하는 등 평양 천도를 위한 신도시 건설도 적극적으로 추진했다. 하지만 평양 천도를 실현하지 못한 채 광개

**안학궁 복원도와 장안성 성벽 각석**
고구려의 도성은 본래 평상시의 도성인 평지성과 비상시의 피난처인 산성으로 나뉘는데, 장수왕 때 천도한 평양성은 평지성인 안학궁과 산성인 대성산성을 일컫는다. 이후 평원왕 때 현재의 평양성 지역인 장안으로 옮겼다. 장안성은 외성·중성·내성·북성으로 이루어졌는데, 외성은 일반민의 거주 지역, 중성은 관청과 귀족들의 거주 지역, 내성은 궁성, 북성은 산성의 기능을 했다.

토왕은 죽음을 맞았고, 427년에 장수왕이 귀족들의 반대를 무릅쓰고 천도를 끝내 관철시켰다. 장수왕은 이를 통해 새로운 국가 발전의 방향을 모색하고 새로운 세력을 정계에 진출시켜 고구려 사회에 새바람과 활력을 불어넣을 수 있었다.

평양 천도 후 고구려는 남진 정책을 추진해 백제와 신라를 압박했다. 위협을 느낀 백제와 신라는 433년에 화친 관계를 맺으며 나제동맹을 결성했다. 고구려의 남진에 직접적인 위협을 느낀 것은 백제였다. 백제는 이미 광개토왕의 정벌로 상당한 영토를 잃고 수도 한성마저 포위되어 아신왕이 항복하는 굴욕을 당했다. 백제 입장에서는 당연히 고구려의 움직임에 매우 민감하게 대응할 수밖에 없었다.

429년 백제는 중국의 남조 국가인 송에 사신을 보내 외교 관계를 맺고 빈번하게 교류하고, 472년에는 개로왕이 북조 국가인 북위에도 사신을 보내 고구려를 정벌해줄 것을 요청했다. 그러나 북위가 난색을 표하여 교섭이 여의치 않자, 백제는 신라와 교섭을 맺는 쪽으로 돌아섰다.

신라 역시 고구려의 남진을 경계하고 있었다. 410년 왜의 침략으로 광개토왕의 도움을 받은 신라는 내물마립간의 아들인 실성과 복호를 고구려에 인질로 보내고, 이후 실성마립간과 눌지마립간이 즉위하는 과정에서도 고구려의 간섭을 받아왔다. 그 결과 신라의 고구려에 대한 예속은 점점 심화되어 고구려 군대가 신라의 왕경에 주둔하기까지 했다.

**| 고구려의 남진 정책과 중원고구려비**

한반도 남쪽에 남아 있는 유일한 고구려 비로, 광개토왕비를 축소한 듯한 형태다. 특히 5세기 무렵 고구려와 신라의 관계를 말해주고 있는데, 고구려 왕이 신라 왕과 신하들에게 의복을 하사했다는 내용이 기록되어 있다.

신라의 눌지마립간이 즉위하면서 이러한 종속적인 관계를 벗어나려는 움직임이 시도되었다. 특히 433년과 434년에 백제가 고구려를 견제하려고 신라에 사신을 파견했고, 신라 역시 사신을 보내 백제와 우호 관계를 맺었다. 그 후 450년부터 신라는 고구려에 적대적인 입장을 취하고, 460년대 이후에는 두 나라 사이에 본격적인 군사 충돌이 이어지게 되었다. 고구려 변방의 장수가 신라의 하슬라河瑟羅, 지금의 강릉 성주에게 살해된 사건이 그 예라 할 수 있다. 백제와 신라의 동맹은 군사적인 우위에 바탕을 둔 고구려의 세력 확대에 대처하는 생존 전략이었다.

이후 삼국 관계는 고구려와 나제동맹의 대결 구도로 전개되었다. 하지만 고구려는 나제동맹 후에도 절대적인 힘의 우위를 과시하며 백제와 신라에 대해 공세를 펼쳤다. 475년에는 장수왕이 직접 3만 명의 군사를 거느리고 백제를 공격해 수도 한성을 함락시키고 개로왕을 살해한 후 한강 유역을 완전히 차지했다. 고구려는 신라에 대해서도 417년에 왕위 계승 분쟁에 개입해 눌지마립간을 옹립하는 데 영향력을 행사했다. 그러나 신라가 백제와 군사동맹을 맺고 고구려에 적대적인 입장으로 바꾸자, 신라의 실직주성悉直州城, 지금의 삼척을 공격하고 한때 미질부彌秩夫, 지금의 흥해까지 진격하기도 했다.

남진 정책이 실효를 거두면서 고구려는 최대의 전성기를 누리게 되었다. 이러한 영역의 확대에 따라 인구도 약 2세기 전에 비해 세 배로 늘어나게 되었다.

**아차산의 고구려 보루와 고구려 군대의 유물**
삼국시대에 교통과 통신의 요충지로 중요했던 아차산에는 성과 보루 같은 유적이 많다. 특히 아차산 줄기를 따라 남북으로 배치된 고구려 보루 터에서는 고구려 병사들이 주둔하면서 남긴 철제 무기와 농기구들이 나왔다. 이곳이 고구려, 백제, 신라가 한강 유역을 둘러싸고 벌인 치열한 전쟁의 최전선이었음을 생생하게 말해주고 있다.

## 고구려의 외교 전략과 세력권

광개토왕이 전 생애를 정복 전쟁으로 바쁘게 뛰어다닌 군사 전략가였다면, 장수왕은 국제 정세를 이용해 고구려의 국제적 위상을 높인 노련한 외교 전략가였다. 사실 장수왕의 가장 큰 업적은 동북아시아에서 고구려의 세력권을 건설하고, 이를 동북아시아의 국제무대에서 뚜렷한 모습으로 자리 잡게 한 점이라고 평가할 수 있다.

5세기의 국제 정세를 보면 다양한 민족과 국가가 흥망성쇠를 거듭했다. 북중국은 여러 이민족 국가들이 각축을 벌이다가 439년에 북위가 통일했으며, 양자강 남쪽에는 한족漢族 왕조인 동진317~420년, 송420~479년, 남제479~502년가 차례로 이어졌다. 중국 대륙은 남북으로 양분되어 있는 '남북조시대南北朝時代'였다. 여기에 북위의 북쪽에는 유목 국가인 유연柔然이 세력을 떨치고 있었고, 서역에는 토욕혼吐谷渾이 강국의 면모를 보이고 있었다. 이런 상황에서 동쪽에는 고구려가 동북아시아의 세력 균형의 한축을 담당하고 있었다. 그 외에도 고구려의 주변에는 백제와 신라, 왜를 비롯해 거란과 말갈 같은 많은 국가와 민족이 있었으나, 그 세력이 약해 국제무대에서는 영향력을 끼치지 못했다.

당시 이들 나라 가운데 세력이 가장 큰 나라는 북위였다. 하지만 북위는 남조 국가나

북방의 유연을 쉽게 제압하지 못했다. 남조와 유연이 손을 잡고 북위를 견제했기 때문이다. 고구려는 이러한 대륙의 정세를 일찍 간파하고 중국 대륙의 분열과 대립을 적극적으로 이용하는 외교 전략을 펼쳤다.

장수왕은 즉위하던 해에 동진에 사절을 파견해 70년 만에 남중국 국가와 다시 교섭을 하기 시작했다. 동진의 뒤를 이은 송·남제와도 지속적으로 외교 관계를 유지했는데, 이는 북위와 백제를 견제하기 위해서였다. 그렇다고 국경을 접하고 있는 북위를 적대국으로 돌린 것은 결코 아니며, 사실은 가장 적극적인 우호 관계를 맺었다.

5세기 초반에 동북아시아의 국제 질서가 아직 안정되지 않았을 무렵에는 고구려가 북위나 송과 우호적인 관계만 유지하려고 했던 것은 아니다. 국제 정세의 변화에 따라 능동적으로 대처하면서 갈등과 충돌을 빚기도 했다. 대표적인 예로 435년에서 438년까지 북연北燕 및 북연 왕인 풍홍을 둘러싸고 장수왕은 북위 및 송과 각각 큰 갈등을 빚기도 했다. 사실 이 과정을 보면 장수왕은 북위와 송에 대해 상당히 긴장감 높은 모험을 시도한 셈이었다. 그럼에도 불구하고 결국 장수왕의 의도대로 사태를 수습할 수 있었던 데에는 바로 북위와 송의 대립이라는 중국 대륙의 정세가 배경이 되었다.

한편 장수왕은 북위와 적대 관계에 있는 북방 유목 민족인 유연과도 연결해, 479년에는 흥안령 산맥 일대에 거주하던 지두우의 분할 점령을 꾀하고, 지두우 남쪽 시라무렌

**아프라시압 벽화 속의 고구려 사신**
우즈베키스탄 공화국의 사마르칸트시 교외에서 발굴된 아프라시압 궁전의 벽화에는 깃털을 꽂은 모자와 환두대도를 찬 두 사람이 보인다. 이들은 고구려의 사신으로 짐작되는데, 7세기 무렵 고구려와 서역의 교류를 말해주는 귀중한 자료다.

강 유역의 거란족을 공격하기도 했다. 북쪽으로는 눈강 일대의 실위에게 철을 수출하면서 영향력을 확대하기도 했다.

이렇게 장수왕은 북위와 남조, 유연과 등거리 외교 전략을 펼치면서 독자적인 세력권을 유지했다. 사실 세력으로 따지면 고구려가 이 세 나라보다는 열세에 있었다. 하지만 이 세 나라는 서로 경쟁하는 관계여서 동방의 고구려와 동맹을 맺지 않을 수 없었다. 당시 동북아시아의 4대 강국 가운데 북위와 남조, 유연은 서로 전쟁을 여러 차례 벌였지만, 고구려는 이들과 200년 가까이 전쟁 한 번 없이 평화 관계를 유지했던 것이다.

이러한 국제 정세를 배경으로 고구려는 동북아시아에서 독자적인 세력권을 유지할 수 있었다.『남제서南齊書』에 따르면, 당시 북위에서는 사신의 관저를 두었는데, 남제의 관저를 제일 큰 것으로 하고 고구려는 그 다음 큰 것으로 했다고 한다. 장수왕 때인 489년에는 북위가 사신들의 모임에서 남제의 사신을 고구려의 사신과 나란히 앉게 하여 남제 사신이 북위 조정에 항의했을 정도라고 한다. 이처럼 그 당시 고구려의 국제적인 위상은 높았다고 할 수 있다.

# 광개토왕비를 둘러싼 한·일 역사 전쟁

● '신묘년조' 기사 논쟁 ●

1972년 10월. 이른바 '10월유신'의 찬바람에 온 사회가 얼어붙어 있을 때였다. 그래서인지 일본 동경에서 출판된 한 권의 책에 온 나라가 흥분하기 시작했다. 재일교포 사학자 이진희가 내놓은 『광개토왕릉비의 연구』란 책이었다. 그 책에는 "일본 육군참모본부가 광개토왕비를 변조했다"는 충격적인 주장이 담겨 있었다. 그가 주장하는 변조의 전말은 이렇다.

1880년 가을, 일본 육군참모본부는 사카오 중위를 밀정으로 중국에 파견했다. 그는 북중국과 만주 일대를 돌아다니다가 1883년 4~7월 무렵에 집안集安, 지금의 지안시으로 들어가 광개토왕비를 보게 되었다. 비의 유용성을 깨달은 그는 탁본을 만들었는데, 이때 일본에 유리하도록 이른바 '신묘년조' 기사 관련 25자를 변조했다. 그리고 1883년 10월에 귀국해 131장이나 되는 쌍구가묵본雙鉤加墨本을 육군참모본부에 제출했다. 이 탁본을 토대로 비밀리에 연구를 진행하던 육군참모본부는 마침내 1889년에 『회여록會餘錄』 5집을 '고구려 고비高句麗古碑' 특집호로 발간해 그간의 연구 내용을 세상에 공표했는데, 여기서 비문의 '신묘년조' 기사가 임나일본부설의 근거로 주장되었다. 1889년 이전에 육군참모본부는 여러 차례 스파이를 파견해 능비를 조사했으며, 사카오의 비문

변조를 은폐하려고 비면에 석회를 발라 조작했다는 것이다.

사실 이진희의 연구는 비문 변조 여부의 타당성을 떠나서 광개토왕비 연구의 새로운 전환점이 되었다. 비문에 대한 새로운 관심을 불러일으킨 것은 물론, 근대 일본 역사학의 제국주의적 양태에 대해 반성을 촉구하기도 했다. 즉 광개토왕비에 대한 과학적이고 실증적인 접근을 촉발하는 계기가 된 것이다.

그 후 1981년 왕건군이란 중국 학자가 오랜 기간 현지 조사를 통해 얻은 결과를 『호태왕비연구』란 책으로 발간했다. 그는 현지의 중국인 탁본공이 탁본을 쉽게 하려고 비문의 여기저기에 회칠을 하여 보강했던 적은 있으나, 비문 발견 초기부터 조직적인 비문 변조가 있었던 흔적은 없다고 하면서 이진희의 육군참모본부 변조설을 정면 부정했다. 하지만 누군가 석회를 칠해 비문의 글자가 바뀌었다면, 본래 글자를 확인해야 한다는 필요성이 더욱 커지게 되었다.

실제로 광개토왕비가 알려진 초기에는 비면의 상태가 나빠서 단편적인 탁본이나 쌍구가묵본이 유행했을 뿐이며, 정교한 탁본은 1887년경부터 만들어지기 시작했다. 이렇게 석회를 칠해 비문이 변조되기 이전에 만들어진 탁본을 원석탁본原石拓

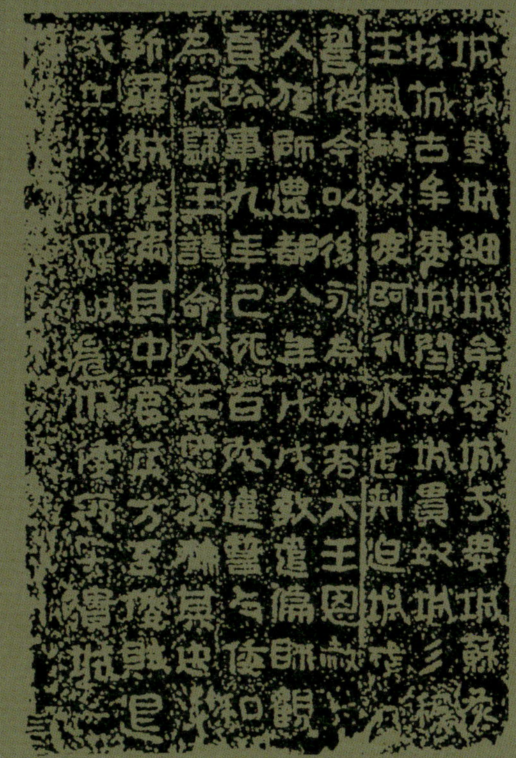

**광개토왕비 탁본**

비문 변조설이 제기된 이후 판독문 자체를 부정하여 해석을 유보하거나 새로운 판독에 입각한 해석도 시도되고 있지만, 여전히 문제는 남아 있다. 비문에는 1775자의 글자가 쓰여 있는데, 지금까지 겨우 21자의 문장만 가지고 많은 논란이 계속되고 있다. 사실 나머지 1750여 자가 보여주는 너무도 많은 고구려의 역사상이 '신묘년' 기사에 가려 아직 제 빛을 보지 못하고 있는 셈이다.

本이라고 하는데, 오늘날 비문 연구의 주요한 자료로 주목되고 있다. 그러나 원석탁본 자체가 얼마 남아 있지 않고, 또 과연 어느 것이 원석탁본인지가 새로운 논란거리로 되고 있는 실정이다.

광개토왕비를 세운 고구려 사람들은 전혀 의도하지 않았겠지만, 이 비가 지금까지 국제적인 논쟁의 한가운데에 서게 된 까닭은 '신묘년' 기사 때문이다. 이 기사는 21자로 된 매우 짧은 문장이지만, 어떻게 해석하느냐에 따라 고대의 한일 관계가 아주 달라진다. 그렇기 때문에 광개토왕비를 둘러싼 국제적인 논쟁은 단순히 역사적 사실을 밝히는 문제에만 그치는 것이 아니라, 한국과 일본의 자존심이 걸린 '민족'과 '민족사'의 문제였다. 이는 1880년대에 일본 육군참모본부에서 광개토왕비를 임나일본부설의 주요한 근거로 처음 제시하면서부터 이미 시작되었다.

지금까지도 논란거리인 '신묘년' 기사에 대한 해석은 여러 가지다. 문장의 단락을 어떻게 끊어 읽을 것인가, 보이지 않는 글자를 무슨 글자로 볼 것인가, 위조된 글자의 존재를 인정할 것인가 아닌가에 따라 몇 가지로 나뉜다. 우선 변조설이 등장하기 이전에 판독된 신묘년 문장은 이렇다.

而倭以辛卯年來渡海破百殘□□□[斤]羅以爲
臣民

[(이하) 영락 6년 병신에 왕이 군대를 이끌고 백
잔을 토벌했다.]

일제강점기에 일본 학자들은 이 문장을 당연히 "왜가 신묘년에 바다를 건너와서 백잔(백제)과 □□□[斤]羅(가라, 신라)를 격파하고 신민으로 삼았다"고 해석했다. 이에 대해 정인보는 1930년 말에 일본의 주장을 비판하는 새로운 견해를 제시했으나, 공표하지 못한 채 1955년에야 비로소 발표했다. 한국의 입장에서는 광개토왕비문에 대한 최초의 주장이었다. 정인보는 신묘년 문장의 주어는 고구려인데, 주어가 생략된 것으로 보고 이렇게 해석했다.

왜가 신묘년에 오니, (고구려가) 바다를 건너가 (왜를) 격파했다. 백잔이 (왜와 연결하여) 신라를 (침략했다. 신라는 고구려의) 신민이었기에,

정인보는 당시 한학의 최고 대가였다. 그럼에도 불구하고 위의 해석은 좀 궁색해 보인다. 민족애가 한학의 독법을 가로막은 것일까? 짧은 문장에서 주어가 너무 자주 바뀌어 문맥이 자연스럽지 못해 대가의 해석답지 않다. 그럼에도 일본의 학설에 대한 한국 학자의 첫 문제 제기라는 점에서 그 뒤에 많은 영향을 끼쳤다. 대표적으로 북한의 박시형과 김석형의 해석이 그러하다. 이른바 '고구려 주어설'이라고 할 수 있는 이러한 견해들은 당시의 상황에서 볼 때 결코 왜가 백제나 신라를 신민으로 삼을 수 없었음을 전제로 하는 것이다.

그러나 비문의 내용이 반드시 '사실'만 말하고 있다는 보장도 없다. 적어도 비문에서 백제와 신라를 고구려의 오랜 '속민'이라고 주장하고 있지만, 백제는 결코 고구려의 속민이 된 적이 없었다. 신라도 광개토왕 때 겨우 고구려에 신속하는 수준이었다. 이처럼 비문의 기록이 어차피 전부 사실만 말하고 있지 않다면, 당시 상황론에 입각한 해석은 또 다른 선입관을 드러내는 것이라고 할 수 있다. 기존 판독문을 인정하고 문장 해석도 왜가 백제와 신라를 신민으로 삼았다고 해석하더라도, 이는 고구려가 백제 정벌의 명분으로 내세우기 위해 과장한 것이라는 견해가 제시되었다. 즉 신묘년 기사는 '사실'이 아니라 당시 고구려 사람들의 비문 필법에 따른 허구적인 내용이라는 것이다.

**유리 속에 갇힌 광개토왕비**
오늘날 중국 정부에서는 광개토왕비를 보존하느라 유리로 사방을 막아놓고, 사진 촬영을 금지하고 있다. 최근 동북공정으로 예민해진 한국과 중국의 역사 전쟁의 또 다른 현실을 말해주는 것은 아닐까.

**태왕릉**
고구려의 대표적인 무덤 양식인 기단식 돌무지무덤으로, 광개토왕의 무덤이라고 알려져 있으나 그 무덤의 주인공은 정확히 알 수 없다.
하지만 무덤의 규모와 뛰어난 축조 양식으로 볼 때 장군총이라기보다는 왕릉일 가능성이 높다.

이진희의 비문 변조설이 제기된 이후에 판독문 자체를 부정해 해석을 유보하거나 나름대로 새로 글자를 판독하고 새로운 해석을 시도한 견해가 적지 않다. 하지만 고구려를 주어로 하는 해석이든, 새로운 판독에 따른 해석이든 여전히 문제는 남아 있다.

이상에서 보듯이 신묘년 기사는 일부 문자의 변조 여부를 의심받고 있으며, 그 문장의 해석이나 역사상에 대한 이해도 매우 다양하다. 신묘년 기사의 올바른 해명을 위해서는 무엇보다 원석탁본이나 비에 대한 현지 연구를 통해 정확한 판독이 선행되어야 할 것이다.

비문에는 1775자의 글자가 쓰여 있다. 그런데 지금까지 겨우 21자의 문장을 가지고 많은 논란이 있어왔고, 지금도 여전히 계속되고 있다. 사실 나머지 1750여 자가 보여주는 너무도 많은 역사상이 그 신묘년 기사에 가려 아직 제 빛을 보지 못하고 있는 셈이다. 그것은 1500년 전 고구려 사람이 쓴 광개토왕비문이 근대 한일의 역사를 구성하는 텍스트로 이용된 결과다.

이러한 문제는 과거 일본 제국주의자들만이 그런 것은 아니다. 오늘날 일본은 물론이고, 남북한 역시 자국 중심의 논리에 깊숙이 빠져 있다. 이제 비문을 자유롭게 놔두고, 그것을 남긴 당시 고구려 사람들의 관념에서 새로 접근하려는 시각이 필요하지 않을까.

# 3

# 백제의 부흥과 신라의 팽창



468년, 신라는 하슬라 지역에 성을 쌓기 시작해서 470년에는 삼년산성을 쌓고, 474년에는 일모성, 사시성, 광석성, 답달성, 구례성, 좌례성을 한꺼번에 쌓았다. 이 성들은 지금의 충청북도 청원과 영동, 옥천에서 경상북도 상주 일대에 위치한 성으로, 고구려군이 남하하는 길목에 있었다. 고구려의 남하에 대한 위기의식에서 신라가 국력을 기울여 최전방에 견고한 방어망을 만들고자 한 것이다.

아니나 다를까. 475년 고구려가 백제의 수도 한성을 공격해 함락시키자, 백제는 도성을 잃고 부랴부랴 웅진으로 천도할 수밖에 없었다. 이처럼 급변하는 국제 정세는 신라에도 적잖은 충격을 주었다. 그런데 백제가 웅진으로 수도를 옮기고 미처 정신을 차리기도 전에 고구려가 다시 공격했다면 상당한 성과를 거두었을 텐데, 그러한 사실이 보이지 않는 것이 의아하다. 실제로 고구려는 나중에 백제보다도 신라를 공격하는 데 주력했다. 왜 그랬을까?

## 나제동맹, 고구려의 남하를 막아내다

고구려가 백제를 놔두고 오히려 신라에 대한 공격에 집중했던 것은 나제동맹을 의식해서가 아닐까 싶다. 바로 장수왕이 한성을 공격할 때 신라는 도움을 청하러 온 백제 개로왕의 아들 문주에게 1만 명의 군사를 지원해주었다. 만약 신라의 구원군이 도착할 때까지 백제군이 버텼다면 한성 함락이 그리 쉽지는 않았을지도 모른다. 더욱이 웅진으로 수도를 옮긴 백제를 공격하려면 한반도 내륙 깊숙이 내려가야 하는데, 그럴 경우 신라군이 측면에서 비수를 들이밀지도 모르는 상황이었다. 따라서 고구려는 신라를 우선 먼저 제압하는 게 시급하다고 여겼을 것이다.

한편 고구려가 이렇게 주저하고 있는 틈을 타서 백제도 점차 안정을 되찾아갔다. 동성왕이 즉위하면서 요충지에 성곽을 쌓아 고구려의 공격에 대비하고, 중국의 남제南齊에 사신을 보내며 다시 국제무대에도 등장했다. 이는 백제가 한성이 함락된 후 거의 멸망할 것으로 생각하고 있던 주변국에 아직 건재하다는 것을 대외적으로 과시하는 효과를 거두었다. 그리고 동성왕은 신라 왕실과 혼인을 맺어 견고한 군사동맹 관계를 계속 이어갔다.

신라와 백제는 아직 군사적으로 고구려를 혼자서 상대할 만한 전력을 갖추지 못했기

**삼년산성**
삼년산성은 쌓는 데만 3년이나 걸렸으며, 신라의 영토를 지키는 가장 견고한 성으로 최전선의 군사기지 역할을 충분히 해냈다.

에 서로 군사동맹에 적극적일 수밖에 없었다. 실제로 고구려가 신라를 공격했을 때 백제는 여러 차례 군사를 보내 도왔으며, 반대로 고구려가 백제를 공격했을 때는 신라가 구원군을 보내기도 했다. 당시 삼국이 주로 충돌한 지역은 충주와 청주 일대였다. 이 지역은 고구려가 남진하는 중요한 길목의 하나였으며, 고구려가 한강 유역을 차지한 이후 삼국 간의 중요한 쟁패지로 떠올랐기 때문이다.

이러한 백제와 신라의 공동 방어는 고구려의 남진을 죽령과 조령 일대부터 남양만을 연결하는 선에서 저지할 수 있었다. 이후에도 고구려는 지속적으로 남진을 시도했으나, 백제와 신라가 때로는 독자적으로, 때로는 공동으로 방어했으므로 별다른 성과를 얻지 못했다.

나제동맹이 갖는 의미는 세력이 약한 백제와 신라가 고구려의 남하를 공동으로 저지하면서, 각각 내부적으로 지배 체제를 정비하고 정치와 군사 역량을 강화할 수 있는 여유를 얻은 데 있었다. 이를 바탕으로 소극적인 방어 동맹에서 벗어나 뒷날 적극적으로 연합군을 구성해 고구려가 차지한 한강 유역을 다시 빼앗을 수 있었다. 백제와 신라 연합군에 의한 한강 유역의 공취는 나제동맹을 성과이자 최종의 결과라 할 수 있다. 반면 고구려는 외교적으로 나제동맹을 깨뜨리지 못한 것이 남진의 한계이자, 결국에는 한강 유역마저 상실하는 원인이 되었다.



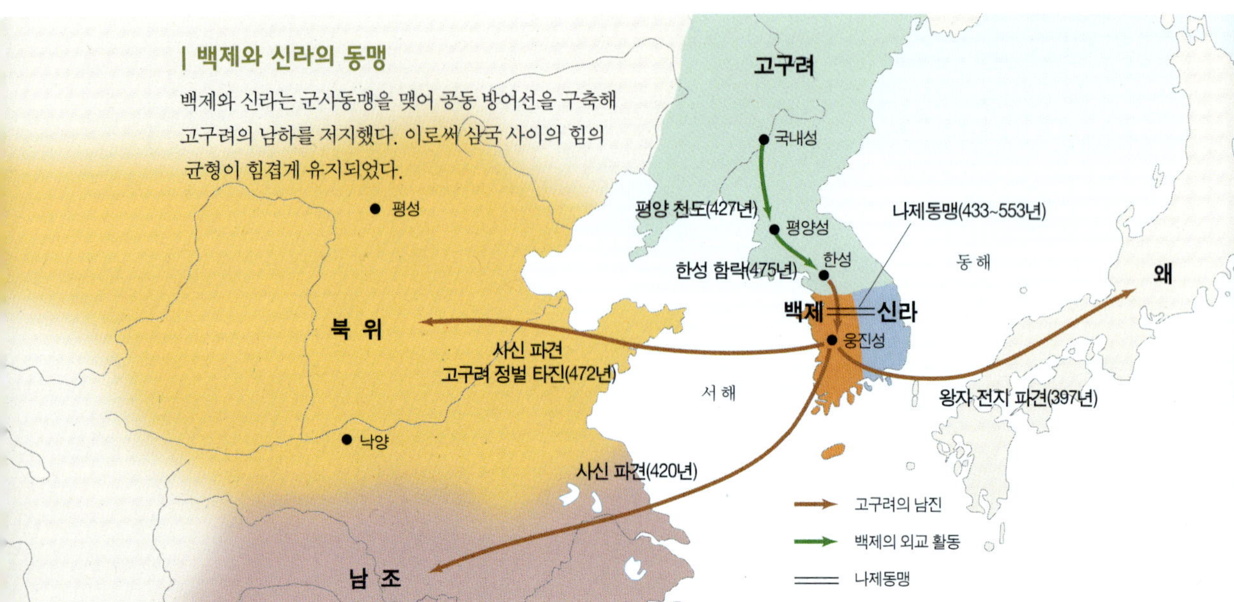

## 힘을 되찾은 백제

백제는 동성왕 때 정치적으로 안정을 되찾고, 그 뒤를 이은 무령왕 때 다시금 국력을 회복해 강국으로서 면모를 갖추기 시작했다. 501년 귀족이 보낸 자객에게 동성왕이 살해되자, 당시 일본에 있던 왕자인 사마(무령왕)가 백제로 돌아와 40세의 나이에 즉위했다. 무령왕의 계보에 대해서는 여러 가지 설이 있는데, 『일본서기』에 기록된 대로 개로왕의 동생인 곤지의 아들이며, 동성왕과 배다른 형제라는 설이 가장 유력하다.

　무령왕은 우선 통치 체제를 다시 갖추고 정치를 안정시키는 데 힘을 기울였다. 웅진 천도 이후 백제 왕실에는 무엇보다 시급했던 과제가 왕권의 회복이었다. 백제 왕실은 수도 한성의 함락이라는 국가적 수난에 대한 일차적인 책임을 져야 하는 상황에서, 함께 남천한 귀족들에게 견제를 받았다. 게다가 웅진 일대를 터전으로 삼아 오랫동안 힘을 키워온 토착 세력들한테도 충성을 기대하기가 어려웠다. 결국 왕실의 위상이 크게 약화되면서 귀족들의 반란이 계속 이어졌고, 문주왕과 삼근왕, 동성왕이 모두 천수를 누리지 못한 채 차례로 시해되었다.

　무령왕은 즉위 후 곧바로 귀족 세력을 적절히 견제하는 한편, 새로운 본거지가 된 금강과 영산강 지역에 대한 지배력을 강화해나갔다. 지방에 22개의 담로를 두고 왕족들

**동성왕의 죽음을 부른 성흥산성**
501년 백제의 동성왕이 위사좌평 백가에게 지시하여 쌓은 산성이다. 『삼국사기』에는 성을 쌓은 백가가 자신을 이곳으로 보낸 동성왕에게 앙심을 품어 그를 살해하고 난을 일으켰으나, 무령왕이 왕위에 올라 난을 평정하고 백가를 죽였다고 한다. 백제의 수도였던 웅진성과 사비성을 지키기 위해 금강 하류 부근에 쌓은 석성이다.

을 파견해서 지방에 대한 직접적인 통제력을 키워갔다. 또한 새로이 호남평야를 개발하기 위해 제방을 쌓아 수리 시설을 확충하고, 유민들을 정착시켜 농업 노동력을 확보해 국가재정을 탄탄히 했다. 이러한 정책으로 백제는 놀라운 속도로 국력을 회복했다. 이에 무령왕은 선왕들의 회한을 풀기 위해 고구려의 한강 유역을 회복하기 위한 공격을 여러 차례 감행했다.

백제의 성장은 특히 무령왕 때 중국의 양이나 일본과의 대외 관계에서도 잘 드러난다. 무령왕은 양에 사신을 보내 "이제 고구려를 여러 차례 격퇴해 다시 강국이 되었다"고 공언했고, 양 역시 백제의 국제적인 위상을 인정하고 교류를 활발히 했다. 그 결과 양에서 수입된 유학과 도교 사상이 백제 사람들의 정신세계를 풍요롭게 했다.

백제는 반자치 상태에 있던 영산강 유역의 세력을 통합하고, 대가야를 제압해 섬진강 일대에 교두보를 마련하면서 왜로 이어지는 바닷길을 안정적으로 확보했다. 또한 국가 운영 체제나 종교, 사상 같은 고급문화를 왜에 전해주어 왜를 백제의 우군으로 삼게 되었다. 이와 같은 무령왕의 국제적인 활동은 무령왕릉에 부장된 수많은 유물에서도 잘 드러난다.

무령왕이 이룬 성과는 그의 아들 성왕 때 비약적인 도약의 디딤돌이 되었다. 성왕은 백제 중흥의 진정한 주인공이라고 할 수 있는 업적을 남겼다. 538년 협소한 웅진에서



## | 백제와 고구려, 다시 한강에서 맞붙다

『삼국사기』의 「백제본기」에는 동성왕이나 무령왕 때 백제가 한강 유역을 되찾은 것 같은 정황이 여럿 보인다. 주로 백제가 한강 유역에서 벌인 활동이나 백제와 고구려의 전투가 한강 유역 또는 예성강 일대에서 벌어졌다는 내용인데, 이 기사의 진위를 둘러싸고 많은 논란이 거듭되고 있다.

첫째, 백제가 웅진으로 천도하면서 한강 유역의 지명들도 따라 옮겨졌다는 주장이 있다. 이 견해는 실제로 당시 한강 유역은 고구려가 차지하고 있었다는 입장이다. 둘째, 백제가 한강 유역의 상당 부분을 동성왕과 무령왕 때에 회복했으리라고 보는 견해가 있다. 셋째, 웅진 천도 이후 한강 유역 관련 기사는 역사서 편찬 과정에서 착오가 있거나 왜곡되었다는 주장이다. 그런데 『일본서기』와 『삼국사기』의 「신라본기」에 따르면, 551년에 백제가 한강 유역을 새로이 회복한 것은 분명한 사실이다. 한강 유역 회복에 대한 백제인의 집념이 대단했음을 충분히 짐작할 수 있다.

새로이 사비泗北, 지금의 부여로 천도하고, 나라의 면모를 일신하는 의미에서 국호를 '남부여'로 고쳤다. 백제가 부여족의 정통성을 계승했음을 대외적으로 선포하는 순간이었다. 천도와 더불어 성왕은 지배 체제도 새롭게 정비해, 중앙에 22부 관청을 두고 지방에는 5부·5방을 설치했다. 사비 도성은 웅진에 비해 방어에는 취약하나 바닷길로 나가 해외로 진출하기에는 적합한 곳이었다. 따라서 사비 천도 자체가 스스로 국력에 대한 자신감의 표현이며, 대외 활동에 대한 의지의 실현이라고 할 수 있다.

성왕은 고구려에 대해서는 신라와 동맹을 맺어 공동으로 대처하면서도, 532년에 금관가야가 신라에 항복하자 나머지 가야 지역의 여러 나라를 회유해 백제의 영향력을 유지하고자 했다. 성왕의 이런 모든 노력은 한마디로 잃어버린 옛 땅인 한강 유역을 되찾기 위한 최후의 전쟁으로 이어졌다.


## 비약하는 신라


신라 중흥의 기운은 지증왕 때부터 뚜렷했다. 이는 국호를 '사로斯盧'에서 '신라新羅'로 확정하고, 왕호를 마립간에서 중국식인 '왕'으로 바꾼 데서 잘 드러난다. 이때 제정된 국호인 신라는 "왕의 덕업이 나날이 새로워지고, 사방의 영역을 두루 망라한다新者德業

**나성을 두른 백제의 도성, 부여**
고구려에게 한성을 빼앗긴 백제가 웅진으로 도읍을 옮겼지만 야트막한 언덕으로 둘러싸여 비좁았다. 성왕은 백제의 중흥을
꿈꾸며 부여로 천도하면서 나라 이름도 한때 남부여로 바꾸었다.

1971년 7월 5일, 충청남도 공주시 송산리 5호분과 6호분의 배수로 공사를 하는 인부의 곡괭이에 벽돌이 걸렸다. 파헤쳐보니 벽돌무덤이 나타났다. 해방 이후 지금까지 한국 최대의 발굴이라는 무령왕릉이 발견되는 순간이었다.

그 안에서 나온 유물은 모두 108종 2096점, 그 가운데 국보로 지정된 것만도 12점. 백제 공예품의 정수라고 일컬어지는 아름다운 왕관식과 왕비 관식, 금팔찌, 금귀고리, 용봉환두대도, 청동거울, 청자육이호, 화려하게 장식된 목관과 베개, 발받침 따위가 그것이다. 여간해선 어디서도 볼 수 없는 화려한 유물 명세서다. 이러한 무령왕릉은 그야말로 6세기 초 백제가 만났던 동아시아 세계를 가득 담고 있는 생생한 증거다. 거기에는 백제는 물론이고, 중국의 남조와 왜에서 만들어진 갖가지 유물들이 고스란히 남아 있었다.

이들 가운데 무엇보다 귀중한 것은 무덤의 주인공인 '백제사마왕百濟斯麻王'의 묘지명으로 밝혀진 네모난 돌판 묘지석이다. 그 많은 삼국시대 고분 중에서 무덤의 주인공을 알 수 있는 게 몇 개 되지 않는다는 점을 생각하면, 더욱이 그 가운데 왕릉은 하나도 없음을 고려하면 무령왕릉이 갖는 역사적인 가치는 더 말할 필요도 없을 것이다. 이 묘지석에 쓰여 있는 수십 글자야말로 함께 묻힌 유물에 빛을 더해주고, 나아가 그동안 사료적인 가치를 의심받아온 『삼국사기』의 신뢰도에 새 숨을 불어넣은 소중한 유물이라고 할 수 있다.

다음으로 눈길을 끄는 것은 무령왕릉 자체가 백제에서는 매우 희귀한 벽돌로 만든 무덤이라는 점이다. 그 연원은 바로 중국의 육조시대에 유행한 벽돌무덤이다. 오늘날 중국에서는 당시의 벽돌무덤이 수천여 기나 조사되었다. 이들 벽돌무덤과 비교해보면 무령왕릉은 그 형태와 내용이 거의 그대로라고 할 수 있다. 백제에서 만든 벽돌무덤은 무령왕릉 이외에 송산리 6호분이 있다. 송산리 6호분에서는 "양의 벽돌을 모방하여 만들었

**무령왕릉 묘지석**
무령왕릉 널길 중간에 있는 돌짐승 조각상 앞에서 발견된 묘지석이다. 묘지석 앞면에는 무덤의 주인공이 사마왕(무령왕)이며, 523년에 62세로 사망했다고 적혀 있다.

**무령왕릉을 지키는 돌짐승 조각상**
머리에는 쇠로 만든 뿔이 하나 있고, 몸뚱이 양옆에는 불꽃 같은 날개가 달린 이 조각상은 신앙적 성격을 띤 상상의 동물로 우리나라에서는 처음으로 출토되었다.

**청동거울**
사각형 바깥에 사자와 사람이 새겨져 있는 청동거울로, 중국의
관영 공방에서 만들었다는 글자가 새겨져 있다.

**네 귀 달린 중국 도자기**
원래는 흑갈색 유약이 발라져
있었지만, 지금은 많이 떨어져
나갔다.

다"는 내용의 명문이 있는 벽돌이 발견되었다. 이로써 백제의 벽돌무덤을 축조하는 데 양나라 기술자의 도움을 받았음을 알 수 있다. 무령왕릉의 축조도 마찬가지였을 것이다. 이처럼 벽돌무덤 자체가 당시 백제와 양의 활발한 대외 교류의 산물임을 잘 보여준다.

무령왕릉에는 또 다른 중국제 물산이 여럿 있었다. 청자육이호라든가 청동사신경이 그것이다. 이들 중국제 물산은 백제가 무령왕이 죽었다는 사실을 양에 전하자, 이 소식을 들은 양이 무령왕의 죽음을 추모하려고 보낸 당대 최고급 물품으로 추정된다.

왜로부터 수입된 물품들도 눈에 띤다. 특히 왕과 왕비의 목관은 일본산 소나무인 금송으로 만들었음이 확인되었다. 무령왕의 이름인 '사마'는 그가 태어난 일본의 섬 시마에서 유래한 것임을 생각하면, 일본에서 태어나고 자란 후에 다시 백제로 돌아와 왕위에 오른 무령왕이야말로 당시 백제와 왜의 정치·문화 교류의 상징적 존재라고 할 수 있을 것이다.

무령왕릉에는 신라와 교류한 흔적도 찾아볼 수 있다. 무령왕의 허리띠 장식은 크고 작은 타원형 금속판을 연결한 것인데, 이는 6세기 신라 허리띠의 특징이다. 무령왕이 착용한 귀고리 역시 신라 귀고리의 영향으로 보인다.

이렇게 무령왕릉에는 백제가 넘나들던 주변 나라와의 교류 흔적이 가득하다. 게다가 신라나 가야, 왜에서 출토된 백제계 유물까지 고려하면, 당시 동아시아 세계를 무대로 활약했던 백제 사람들의 발자취가 매우 크고 넓었음을 알 수 있다.

日新 羅者綱羅四方之義"는 뜻으로, 왕권과 국가의 일대 쇄신을 표방한 것이다.

지증왕은 국호나 왕호만 바꾼 것이 아니었다. 어느 국가나 사회든지 한 단계 도약하려면 무엇보다 경제적인 기반의 확대가 중요하다. 지증왕은 무덤에 산 사람을 강제로 묻는 순장을 금지하고, 우경을 장려하며, 경작지를 널리 개간하는 정책을 실시했다. 이것은 무엇보다 국가의 생산력 기반을 확충하는데 목표를 둔 것이었다.

지증왕의 뒤를 이어 즉위한 법흥왕은 신라를 변화의 바람으로 몰아넣었다. 법흥왕 때 이루어진 새로운 개혁 조치를 열거해보면, 병권을 통괄하는 병부의 설치517년, 율령 반포와 백관의 공복 제정520년, 중국 양나라와 통교521년, 불교 공인527년, 귀족의 대표자로서 상대등 벼슬 설치531년, 금관가야 병합532년, '건원'이라는 신라 최초의 독자적 연호 제정536년 따위를 들 수 있다. 법흥왕이 즉위 후 20여 년간 숨 가쁘게 추진한 이러한 개혁과 체제 정비는 신라의 국력을 비약적으로 상승시켰다. 그 결과 신라는 금관가야의 항복으로 오랜 경쟁자였던 가야를 압도하기 시작했으며, 백제나 고구려와도 힘을 겨룰 수 있게 되었다.

이런 선대왕들이 뿌린 씨앗을 크게 키워 활짝 만개시킨 사람은 진흥왕이었다. 그는 안팎으로 적잖은 치적을 남겼다. 545년 거칠부에게 『국사國史』를 편찬하게 했다. 역사 책의 편찬은 왕권과 왕실의 존엄성을 높이고, 나아가 유교적인 정치 이념에 따라 왕의



## | 돌에 새긴 글로 보는 신라의 성장

6세기에 신라는 중앙집권적인 통치 체제를 갖추고 안팎으로 비약적인 성장을 했다. 소갈이와 수리 시설의 보급을 통한 농업생산력의 발전과 함께 율령을 제정하고 불교를 공인해 국가 체제를 정비했다. 이러한 신라의 성장은 지금까지 남아 있는 비석에 새겨진 글을 통해 확실히 엿볼 수 있다.

**영일 냉수리비**
지증왕이 즉위하기 전에 '지도로 갈문왕(至都盧葛文王)'으로 불린 사실과 신라 이전의 나라 이름인 '사라(斯羅)'라는 명칭이 보인다. 특히 이 비는 절거리라는 사람의 재산 소유와 상속 문제를 기록한 공문서의 성격을 띠고 있다.

위엄을 과시하려는 의도가 담겼던 것으로 보인다. 또한 법흥왕 때 공인된 불교를 적극적으로 보호하기도 했다. 544년에는 흥륜사를 완성하고, 553년에는 월성 동쪽에 왕궁을 짓다가 그곳에서 황룡이 나타나자 왕궁을 고쳐 황룡사를 창건했다. 황룡사는 신라 최대의 사찰로, 574년에는 이곳에 신라 최대의 불상인 장륙상을 주조해 모시기도 했다.

무엇보다 진흥왕의 가장 큰 업적은 대외 정복 활동을 통한 영토 확장이었다. 그 첫걸음은 백제 성왕과 동맹을 맺고 고구려를 공격해 한강 유역을 확보한 것이었다. 신라의 진흥왕과 백제의 성왕은 나라의 중흥을 꽃피웠던 인물이지만, 서로 같은 시대를 함께하기에는 한반도가 너무 좁았는지도 모른다. 곧 이 두 사람으로 대표되는 백제와 신라는 운명을 가르는 한바탕 전쟁을 눈앞에 두고 있었다.

## 신라의 북진과 한강 유역 장악

551년, 마침내 백제의 성왕과 신라의 진흥왕은 손을 잡고 고구려를 공격하려고 군사를 일으켰다. 당시 고구려는 왕권이 약화되어 귀족들 사이에서 대규모 왕위 계승전이 일어나 정국이 불안했다. 이런 상황에서 백제·신라 연합군이 한강 유역을 공격한 것은 고구려의 국내 정세를 주시하다가 적절

**단양 적성비**
신라가 죽령을 넘어 고구려 세력을 축출하고 첫발을 내디딘 요충지에 세운 이 비는 545~550년에 세워진 것으로 추정된다. 비문에는 신라의 통치자들이 공을 세운 지방민에게 어떻게 조처했는지가 잘 나타나 있다.

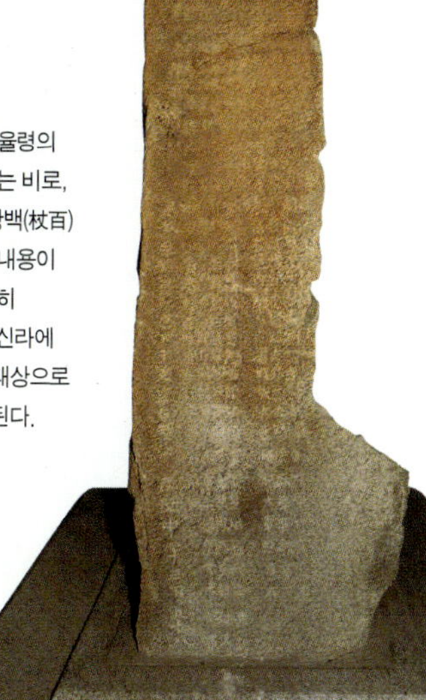

**울진 봉평비**
법흥왕 때 제정한 율령의 흔적을 엿볼 수 있는 비로, 장육십(杖六十)·장백(杖百) 등의 형을 부과한 내용이 기록되어 있다. 특히 노인법(奴人法)은 신라에 복속된 지방민을 대상으로 한 율령으로 짐작된다.

**황룡사 목탑을 만드는 신라 사람들**
황룡사를 세운 시기에 대해서 『삼국사기』에는 553년에 공사를 시작해 566년에 준공했고, 『삼국유사』에는 17년 만인 569년에 완성했다고
한다. 따라서 566년은 중요 시설물이 갖추어진 시기고, 569년은 완공된 시기라고 여겨진다. 목탑은 황룡사 가람 배치 때 중심 불탑으로
건립되었으나, 현재는 옛터만 남아 있다.

한 기회를 포착한 군사 행동이었다고 할 수 있다.

먼저 성왕이 이끄는 백제와 가야의 연합군은 한성을 공파하여 한강 하류의 6군을 차지했고, 거칠부를 비롯해 여덟 명의 장군이 이끄는 신라군은 백제군의 승세를 타고 죽령을 넘어 고현까지 진출해 한강 상류의 10군을 확보했다. 이때 빼앗은 6군과 10군의 위치는 정확히 알 수 없지만, 6군은 대략 임진강 이남에서 수원·여주 이북 지역 정도로 추정되고, 10군은 대략 충주·제천에서 철령 지역으로 추정된다.

그런데 신라는 553년에 나제동맹을 일방적으로 파기하고 백제가 탈환한 한강 하류 지역을 기습해 이곳에 신주를 설치했다. 이에 백제는 전열을 정비하고 대가야와 연합해 이듬해에 관산성管山城, 지금의 옥천에서 신라와 격전을 벌였으나, 신라의 신주 군주인 김무력의 역공을 받아 도리어 성왕이 전사하는 치명적인 패배를 당했다. 이로써 한강 하류 지역에 대한 신라의 지배권이 공고하게 되었다. 관산성 전투에서 새로운 영토를 관장하는 신주 군주인 김무력이 큰 전공을 세웠다는 점은, 백제와 신라의 역관계에서 한강 하류 유역이 차지하는 비중이 어떠했는지를 잘 보여준다. 이제 나제동맹은 완전히 깨지고, 이후 백제와 신라의 격돌이 치열하게 전개되었다.

한편 고구려는 내부 정쟁을 수습하고 다시 예전의 영광을 재현하려는 꿈을 꾸면서 한강 유역의 탈환을 시도했다. 이러한 움직임은 온달과 관련된 설화에 잘 나타나 있다.

**황룡사 복원 모형**
황룡사 목탑을 9층으로 만든 것은 이웃 나라의 침략을 막기 위해 1층은 일본, 2층은 중화, 3층은 오월, 4층은 탁라, 5층은 응유, 6층은 말갈, 7층은 단국, 8층은 여적, 9층은 예맥을 나타낸 것이라고 한다.

이 설화는 온달이 영양왕 때 한강 유역을 되찾으려고 출전했다가 전사했는데, 한강 유역을 되찾지 못한 그의 회한으로 관이 움직이지 않다가 평강공주가 와서야 겨우 움직였다는 내용이다. 온달 설화는 당시 한강 유역에 대한 고구려 사람들의 집착이 어느 정도였는지를 잘 보여준다.

신라 역시 어렵게 차지한 한강 유역을 놓치지 않으려는 강한 의지를 내보였다. 557년에 진흥왕은 한강 유역 진출의 거점이며 가장 후방이라고 할 수 있는 국원성國原城, 지금의 충주 일대을 소경小京으로 삼았으며, 최전선인 한강 하류 지역에는 북한산주를 설치했다. 그리고 북한산에 순수를 가서는 이곳이 신라의 영토임을 확고히 하려는 의지를 천명하는 순수비를 세웠다.

신라의 역사에서 한강 유역 진출은 매우 중요한 의미를 갖는 사건이었다. 우선 이 지역의 풍부한 생산물과 인구를 차지하게 되어 국력을 크게 늘린 것은 물론이고, 이를 계기로 그동안 한반도의 동남쪽에 움츠리고 있던 신라가 일약 삼국 간의 치열한 항쟁에서 중심으로 떠오르게 되었다. 나아가 서해를 거쳐 중국과 직접 통할 수 있는 바닷길을 얻음으로써 동아시아 국제무대에서도 그 모습을 드러내, 이후 동아시아의 국제 질서를 뒤바꾸는 하나의 변수가 되었다.

한강 유역을 차지하고 관산성 전투에서 큰 승리를 거둔 신라는 가야마저 정복하기



## | 신라의 영토 확장

신라는 진흥왕 때에 이르러 고구려와 백제의 땅 일부를 비롯해, 가야의 대부분을 차지하면서 이전보다 세 배 가까이 영토를 확장했다. 특히 550년대 초반에는 한강 유역을 완전히 장악함으로써 삼국 통일의 교두보를 마련할 수 있었다.

위한 마지막 공세에 들어갔다. 김해의 금관가야는 법흥왕 때 이미 신라의 손에 들어왔으나, 이후 신라의 위협을 느낀 가야의 여러 나라는 대가야를 중심으로 뭉쳐 백제와 동맹을 맺고, 관산성 전투 때에도 백제를 지원했다. 신라는 먼저 아라가야와 비화가야를 차례로 정복하고, 562년에는 고령의 대가야마저 정복해 낙동강 일대를 완전히 손에 넣게 되었다. 비옥한 곡창지대이며 해상무역의 중심지이기도 한 가야 지역은 한강 유역과 더불어 신라의 국력 신장에 큰 보탬이 되었다. 이어서 신라는 말머리를 다시 북으로 돌렸다. 동해안을 따라 북상하던 신라는 556년 안변에 비열홀주를 설치하고, 그 뒤 함흥평야까지 진출했다.

　신라는 한번 점령한 지역을 다시 뺏기지 않으려고 주를 설치해 행정적인 지배 체제를 갖추어 항구적으로 지배하고자 했다. 그리하여 한강 유역에 신주·북한산주를, 가야 지역에는 대야주를, 옛 동예 지역에는 비열홀주를 두어 군사 거점을 확보하고 지방 지배 체제를 강화해나갔다. 이것은 고구려나 백제와는 다른 점이었다. 삼국 간의 치열한 항쟁 속에서 신라가 끝까지 힘을 잃지 않았던 데에는 이 점이 큰 바탕이 되었을 것이다.

**북한산 순수비**
신라의 진흥왕은 한강 유역을 차지하고서 이곳을 순수하여 북한산 비봉에 순수비를 세우고 자신의 업적을 과시했다. 현재 이 비는 국립중앙박물관에 보존되어 있으며, 원래 자리에는 모형비가 서 있다.

낙동강 하구의 금관가야는 백제가 주도하는 동맹 관계에 따라 왜와 함께 신라를 공격했다가 광개토왕이 보낸 고구려 군대의 공격으로 사실상 멸망에 이를 정도로 초토화되었다. 이로써 금관가야 중심의 전기 가야 연맹체는 사실상 무너지고, 백제 역시 가야와 왜로 이어지는 교역망을 한동안 잃게 되었다. 이와 반대로 신라는 고구려의 후원 아래 낙동강 동쪽의 가야 지역을 정벌해 영토를 확장해갔다. 이에 따라 신라에서 멀리 떨어진 경상도 내륙이나 서남부에 위치한 소국들이 가야 연맹을 주도하는 새로운 세력으로 등장했다.

그 가운데 고령의 대가야가 내륙 평야의 농업 생산 기반을 바탕으로 금관가야의 선진 기술을 흡수해, 5세기 중반 이래 급속히 발전했다. 이러한 대가야의 정치적 위상은 고령의 지산동 고분군이 잘 보여준다. 한편 백제가 한성에서 웅진으로 천도하면서 세력이 약화되자, 대가야는 섬진강 유역까지 세력권을 확대해 전성기를 맞았다. 진안이나 남원 등지에서 발견된 대가야 계통의 고분과 토기는 이를 잘 보여준다.

대가야는 이러한 성장을 바탕으로 남제에 사신을 파견해서 보국장군본국왕輔國將軍本國王이라는 책봉를 받으며 국제무대에 등장했다. 또 삼국 간의 관계에서도 고구려의 침공을 받은 신라를 구원

**지산동 고분군에서 나온 금동관**
산봉우리 정상에 펼쳐져 있는 지산동 고분군은 고령가야의 지배층 무덤으로, 그동안 베일에 감추어져 있던 가야 역사의 한 자락을 전하고 있다. 특히 금동관은 나뭇가지나 새, 사슴뿔 모양의 '出' 자형 신라 금관보다 단순하지만 5세기경 가야 문화의 독창성을 보여준다.

하면서 백제, 신라와 함께 고구려의 남진에 공동 대응하는 동맹의 주체로 활동하기도 했다.

　그러나 대가야도 가야 연맹체를 주도하는 중심 세력에 그쳤을 뿐, 고구려나 백제, 신라처럼 정치적으로 고대국가 단계로 성장하지는 못했다. 이는 후기 가야 연맹을 구성하는 여러 소국이 각각 뚜렷한 개성을 갖는 토기 문화를 가졌다는 점에서도 잘 알 수 있다. 특히 대가야에서 멀리 떨어진 경상남도 남부에 있었던 소국의 독립성이 강했는데, 함안의 아라가야가 그 중심을 이루었다.

**나룻배 모양 토기**
4~5세기경 가야의 토기로, 배의 바닥이 얕고 편평하여 내륙의 강에서 사용하던 나룻배의 형태를 본뜬 것으로 보인다. 이러한 배를 통한 교역은 대가야가 새로이 가야 연맹체를 이끌어 나가는 데 중요한 발판이 되었을 것이다.

# 『화랑세기』, 고대사의 타임머신인가?



1989년 2월, '화랑세기 필사본 발견'이라는 충격적인 언론 보도가 있었다. 통일신라의 문장가 김대문이 쓴 『화랑세기花郞世紀』는 『삼국사기』를 편찬할 때까지 전해졌으나, 지금은 『삼국사기』에 그 이름만 남아 있는 '사라진' 역사책이다. 그러기에 정말로 『화랑세기』가 발견되었다면, 신라사 연구에 그야말로 획기적인 자료가 나타난 셈이었다.

그런데 이 필사본의 진위 문제를 둘러싸고 학계의 입장은 처음부터 둘로 나뉘었다. 일부에서는 이를 진본으로 보고 신라사의 새로운 정치·사회·풍속을 밝혀줄 '역사의 타임머신'이라는 평가를 내린 반면, 한쪽에서는 그 필사본에 대한 진위에 의심의 눈길을 거두지 않았다. 그러다가 1995년에 이미 공개된 필사본보다 더 자세한 『화랑세기』가 있다는 사실이 밝혀짐에 따라 최초로 공개된 『화랑세기』는 '발췌본'으로, 1995년에 새로 등장한 『화랑세기』는 '모본'으로 불리고 있다.

이 두 편의 『화랑세기』는 박창화가 일본 궁내성 도서료오늘날 서릉부에서 한국 관련 문헌자료 담당 촉탁사서로 근무할 때 필사했다고 전해지고 있다.

그런데 과연 이 필사본이 김대문이 지은 『화랑세기』 원본을 베낀 것인지, 아니면 박창화가 창작한 것인지가 논쟁의 핵심이다. 박창화는 『화랑세기』 외에도 다수의 필사 저작물을 남겼는데, 내용이 대부분 박창화의 창작물임이 분명했다. 그래서 『화랑세기』 필사본도 그 진위 여부에 더욱 의심이 커지게 되었다.

두 개의 필사본인 '모본'과 '발췌본'을 비교해보면, 박창화가 필사본을 만드는 과정에서 적어도 여러 차례 수정과 가필, 심지어 삭제한 흔적이 있으며, 화랑 집단에 대한 기술이 근대적인 사고방식을 드러내므로 위작일 가능성이 높다는 주장이 제기되었다.

그러나 진본임을 주장하는 학자들의 반론도 만만치 않았다. '모본'에 있는 향가인 「풍랑가」와 「청조가」가 진위 여부를 판가름하는 중요한 기준으로 거론되었다. 즉 박창화가 필사한 1930년대와 1940년대에는 향가 연구가 태동하는 시기였으므로, 박창화가 창작할 능력이 현실적으로 없었을 것이라는 반론이다. 특히 이들 향가가 1930년대와 1940년대의 향가에 대한 연구 성과와는 다른 면모가 드러나 있으며, 일부 용례는 『삼국유사』의 향가보다 더 오래된 유형[占形]에 가깝다고 보고 고려시대 이전에 기록된 것이라는 주장이 제기되었다. 그러나 이 두 편의 향가에 대해서도 국문학자들 사이에 위작이라는 설이 강력하게 나오고 있어, 향가를 논거로 진위 여부를 판가름하기 어려운 실정이다.

필사본 『화랑세기』의 사료적 가치를 인정하는 입장에서는, 이 자료를 통해 『삼국사기』 등에서 전해지는 사회상과 다른 새로운 신라 사회상을 구성하고, 이는 고대사회의 초기에는 충분히 있음직한 사회상이므로 진본이라는 논거가 될 수 있다는 주장을 펴고 있다. 그러나 필사본 『화랑세기』가 사료적 신빙성 문제에서 논란이 되고 있는 상황이기 때문에 이러한 연구 태도는 그리 합리적인 논증 방법은 아니다.

분명한 사실은 『삼국사기』 편찬자들이 김대문의 『화랑세기』를 보았다는 점이다. 그런데 필사본 『화랑세기』와 『삼국사기』의 기사가 서로 부합하지 않으므로, 『삼국사기』 편찬자들이 본 김대문의 『화랑세기』와 이 필사본은 관련이 없다는 결론이 아직은 설득력을 얻고 있다.

고대사 연구에서 무엇보다 중요한 점은 철저한 사료 비판의 태도다. 물론 이러한 사료 비판의 기준을 어떻게 설정하느냐는 결코 쉬운 일이 아니다. 대표적으로 『삼국사기』의 초기 기사를 어떻게 사료로 이용하느냐에 대해 연구자들 사이에도 그 입장이 다양함은 두말할 필요가 없다. 따라서 필사본 『화랑세기』가 처음 공개되었을 때부터 그 진위를 둘러싼 논쟁은 필연적이었던 것이다.

현재 학계에서 필사본 『화랑세기』의 진위 여부를 둘러싼 논쟁은 합리적인 합의점을 찾아가지 못하고, 오히려 서로 제 갈 길로 접어들어 간 인상이다. 『화랑세기』의 진위 논쟁이 역사를 읽어내는 사료에 대한 근본적인 태도를 점검하는 계기로 만드는 것이 무엇보다 중요할 것이다.



『화랑세기』 필사본의 진위 여부를 둘러싸고 논란이 계속되고 있는 가운데, 위작설의 주인공인 박창화가 최근에 한국고대사의 강역 문제와 관련해 많은 논문을 쓴 것으로 알려지고 있다.



1989년에 『화랑세기』 필사본이 발견되고, 다시 1995년에는 그 모본이 알려졌다. 그런데 여기에는 32명의 풍월주의 계보와 그 구체적인 삶의 모습이 기술되어 있다.

# 백제 무왕과 신라 선화공주의 결혼은 사실일까?



2009년 1월 14일에 전라북도 익산에 있는 미륵사지석탑을 해체 보수하는 과정에서 사리장엄구와 사리봉안기 등 많은 유물이 출토되었다. 이 사리봉안기에는 193자의 글자가 쓰여 있었는데, 그 내용은 미륵사를 창건한 목적은 무엇이고, 누가 시주했으며, 석탑의 건립 연대는 언제인지 등 새로운 정보를 담고 있었다. 이에 따르면 639년 미륵사탑의 창건에 중심적인 역할을 한 인물은 백제 무왕의 왕비로, 좌평 사탁적덕의 딸이었다. 이는 그동안 알려진 미륵사 창건 설화와는 전혀 다른 새로운 사실이었다. 그러면 그동안 알려진 사실은 무엇이었을까?

『삼국유사』에는 다음과 같은 미륵사 창건 설화가 전해지고 있다.

무왕과 그의 부인(선화공주)이 사자사에 행차하려고 용화산 못가에 이르니 미륵삼존이 못에서 나타나므로 경의를 표한 뒤 부인이 왕에게 절을 세울 것을 청하였다. 왕이 이를 허락하니 지명법사의 도움으로 하룻밤 사이에 못을 메워 평지를 만들고 미륵법상 삼존과 전, 탑, 낭무를 각각 세 곳에 세우고 미륵사라 하였다.

**사리장엄구**
미륵사지 석탑의 보수 정비를 위해 탑을 해체해 조사하는 과정에서 발견한 사리장엄이다. 사리장엄은 백제 왕실의 안녕을 위해 조성한 것이다.

**2층까지 해체된 미륵사지 석탑**
2001년에 본격적으로 시작된 미륵사지 석탑의 해체 작업이 2층까지 완료돼, 1층과 기단부 조사만 남겨둔 채 2004년 12월에 일반에게 공개되었다.

그런데 이 설화의 전반부를 보면 무왕은 마를 캐서 파는 가난한 맛동이서동 출신으로, 신라로 가서 「서동요」을 퍼뜨려 신라 진평왕의 딸 선화공주를 아내로 맞이했고, 후에 민심을 얻어 무왕이 되었다는 내용이다. 즉 신라의 선화공주가 백제 무왕의 왕비이며, 미륵사 창건의 발원자라는 것이다.

그런데 새롭게 나타난 자료에 따르면, 무왕의 왕비가 신라의 선화공주가 아니라 백제인인 좌평 사탁적덕의 딸이라는 것이다. 따라서 이제는 『삼국유사』가 전하는 선화공주가 실제의 인물인지 궁금해졌으며, 백제 무왕과 신라 왕실이 과연 혼인을 했는지도 의문을 갖게 되었다. 새로운 역사 논쟁거리가 나타난 것이다.

사실 미륵사탑 사리봉안기가 발굴되기 이전에도 백제인 맛동이가 신라의 선화공주와 결혼했다는 내용이나 맛동이가 왕위에 올랐다는 내용 자체가 결코 있을 법한 사실이 아니기 때문에, 그 사실 여부보다는 어떤 역사적 사실이 설화적으로 윤색되었다고 전제하고, 그 소재가 되었던 사실이 무엇이냐가 그동안 논란거리가 되어왔다.

일반적으로 주목한 내용은 백제 서동과 신라 선화공주의 결혼인데, 이를 곧 백제와 신라가 혼인 동맹을 맺은 사실이 설화적으로 윤색된 것으로 보았다. 따라서 백제와 신라의 혼인 동맹은 백제 무왕과 신라 진평왕 때가 아니라 백제 동성왕과 신라 소지왕 때이므로, 위 설화의 무왕(무강왕)은 실제 무왕이 아니라 동성왕이나 무령왕이라는 주장도 제기되었다.

이에 대해 미륵사 창건 연기 설화와 관련시켜 서동을 무왕으로 보는 것이 옳다는 반론도 제기되었다. 또 무왕

이 맛동이 출신이라는 내용에 대해서도, 왕자 출신인 무왕이 어떤 정치적 어려움 속에서 지방에 은거하는 상황을 설화적으로 묘사한 것이라는 견해가 그동안 통설이었다.

그러면 사리봉안기의 발굴로 이런 논의는 다 폐기된 것인가? 그렇지 않다. 백제 무왕의 왕비 중에는 사탁적덕의 딸 이외에도 신라 선화공주에 해당되는 인물이 있었을 가능성을 완전히 배제할 수 없다는 견해가 있으며, 혹자는 친신라계 정치 세력의 등장을 선화공주로 상징했다는 견해도 제기하고 있다.

지금까지 발견된 자료만으로 역사적 '사실'이 무엇인지 명쾌하게 알 수는 없다. 그러나 무왕과 선화공주의 결혼은 아마도 동성왕 무렵의 혼인 동맹이라는 역사적 사실을 후대에 설화적으로 윤색했을 가능성이 더욱 많다는 것이다.

**미륵사지 석탑**
미륵사지는 동아시아에서 가장 크고 오래된 석탑으로, 해체 전까지만 해도 6층까지 불안전하게 남아 있었다.

# 고구려의 수·당 전쟁과 삼국 통일

## ㅣ 7세기 국제 정세의 변동과 전쟁

짐이 천명을 받아 온 세상을 사랑으로 다스리매, 그대에게 바다 한구석을 맡겨서 조정의 교화를 선양하여 모든 인간으로 하여금 저마다 뜻을 이루게 했소. 왕은 해마다 사신을 보내 조공을 바치며 신하의 나라라고 일컫기는 하나 정성을 다하지 않고 있소. …… 왕은 요하의 폭이 양자강과 비교해 어떠하며, 고려의 인구가 진과 비교해 어떠하다고 보고 있소? 짐이 만약 포용하여 길러주려는 생각을 버리고 지난날 왕의 허물을 문책한다면 한 명의 장수로도 족할 것인데, 무슨 많은 힘이 필요하겠소. 간절히 깨우쳐 개과천선할 기회를 허락하노니, 반드시 짐의 뜻을 알아서 스스로 많은 복을 구하기 바라오.

—『수서隋書』 권81,「고려전高麗傳」

590년에 수隋 문제가 보낸 국서가 고구려에 도착했다. 수 문제의 국서 내용은 고구려에 대한 노골적인 선전포고나 다름없었다. 이러한 수의 오만은 어디에서 비롯한 것일까?

**토욕혼**

## 고구려와 수의 전쟁

589년 중국의 수가 남조의 진陳을 정복하면서 오랫동안 유지돼오던 남북조의 분열 구조가 깨지고, 마침내 새로운 통일 제국으로 등장했다. 이는 장차 동북아시아가 한바탕 격변에 휩싸일 것을 예고하는 사건이었다.

5세기 이후에서 6세기 말까지 동북아시아는 중국 세력과 별다른 충돌 없이 평화로운 국제 질서를 유지하고 있었다. 그 배경에는 중국의 남북조 국가와 북방의 유목 국가인 유연, 그리고 고구려라는 4대 강국을 중심축으로 세력의 균형이 이루어졌기 때문이다. 그런데 이제는 가장 강력한 세력인 중국이 통일되었으므로 이전과는 전혀 다른 국제 정세가 펼쳐지게 되었던 것이다.

수는 중원을 통일한 후 오랫동안 골칫거리였던 북방 유목 국가인 돌궐을 제일 먼저 공격해 굴복시켰다. 이후 수는 그 어떤 나라도 맞설 수 없는 강대한 힘을 자랑했으며, 주변 나라들은 수의 눈치를 보기에 급급했다. 한반도의 백제와 신라도 고구려를 견제하려고 수와 외교 교섭에 적극적으로 나섰다.

이러한 국제 정세의 변화는 고구려 세력권의 존재를 근본적으로 위협했다. 이제까지 남북조의 분열 구조 위에서 전개돼온 등거리 외교 전략도 중국의 통일 제국 등장으로



### | 6세기 말 동북아시아의 국제 정세

수 양제는 돌궐과 토욕혼, 고창을 차례로 정복하면서 북방과 서역 일대를 장악하고, 그 다음으로는 동방의 고구려를 넘보았다. 이에 고구려는 백제와 신라를 견제하는 한편 돌궐, 왜 등과 연결을 모색했다.

↔ 적대 관계

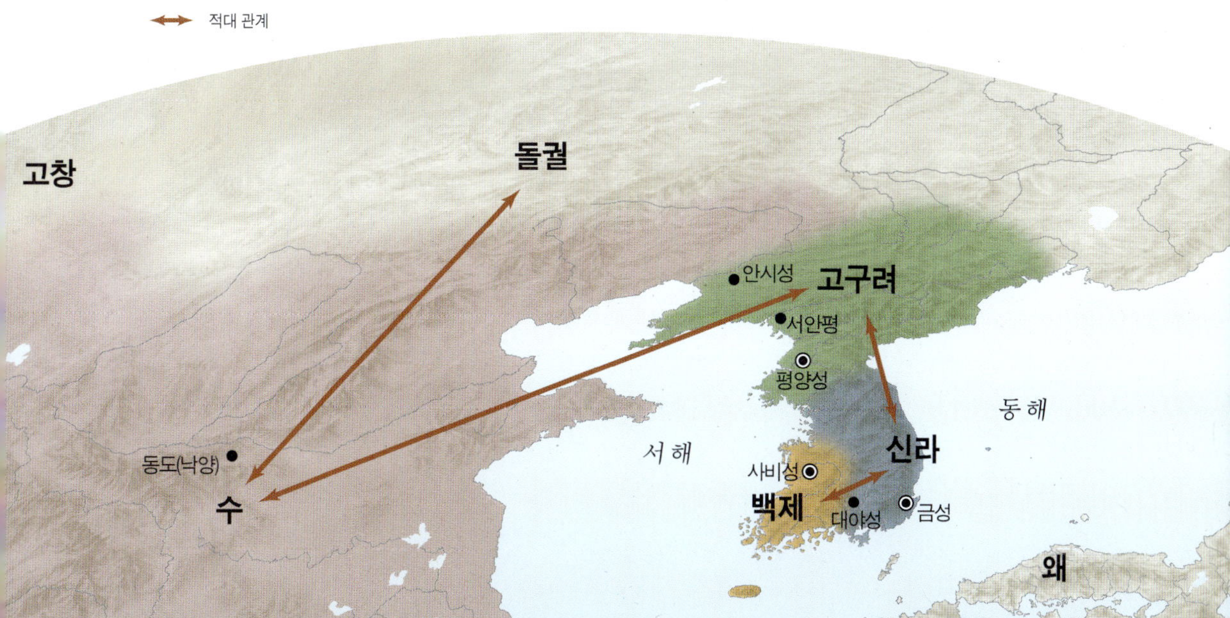

무너지게 되었다. 고구려는 수와 외교 관계를 단절하고, 군사를 모으고 군량을 비축해 다가올 수의 팽창력에 대비했다. 북방과 서방을 장악한 수도 서서히 동방을 넘보고 있었다.

이렇게 고구려와 수 사이의 긴장이 높아져가던 598년에 고구려 영양왕이 1만 명의 말갈군을 이끌고 요서를 공격했다. 이는 당시 고구려와 수 사이의 분쟁 대상이던 요해 지역의 거란과 말갈에 대한 주도권을 먼저 장악하기 위해서였다. 수 문제는 이에 분노해 수륙 30만 명의 군사를 일으켜 1차 고구려 정벌을 시도했으나, 고구려 땅을 밟아보지도 못하고 실패했다. 『수서隋書』에는 1차 고구려 정벌의 실패를 홍수와 풍랑으로 수나라 군대가 심하게 타격을 입었기 때문이라고 기록하고 있다.

수의 1차 침입을 받은 고구려는 더욱 적극적인 대비책을 강구해갔다. 우선 주변 나라들과 손을 잡고 수를 견제하려고 했다. 6세기 중엽 이래 충돌이 잦았던 북방의 돌궐과도 은밀히 교섭을 진행하고, 바다 건너 왜와도 적극적인 외교 교섭을 벌였다. 수 역시 고구려를 자국 중심의 세계 질서를 만드는 데 마지막 장애물로 여겨 고구려 정벌을 포기할 수 없었다. 따라서 두 나라의 충돌은 필연적이었다.

612년 1월, 수 양제는 의기양양하게 고구려 정벌을 개시했다. 당시 고구려 정벌에 동원된 수의 군사는 113만 3800명이었으며, 군량과 물자 수송을 맡은 부대는 그 두 배가

넘을 만큼 역사상 유례를 찾아볼 수 없는 대군이었다.

그러나 수의 대군은 처음 기세와는 달리 요동성 공격에서 그만 발목을 잡히고 말았다. 수 양제는 3개월이 지나도록 요동성을 함락시키지 못해 초초해지자, 우중문에게 30만 5000명의 별동대를 주어 평양성을 직접 공격하라고 명했다. 하지만 을지문덕의 유인책에 빠져 살수에서 크게 패하고 말았다. 그 이전에 이미 수의 수군도 단독으로 평양성을 들이쳤다가 영양왕의 동생 건무가 이끄는 복병에게 크게 패하고 말았다.

100만 명이 넘는 대군을 동원한 수가 고구려 정벌에서 거둔 성과는 거의 없었다. 고구려 역시 돌궐과의 연합이나 요서 진출이 차단당하는 타격을 입었다. 수 양제는 그 뒤에도 여전히 고구려 정벌의 뜻을 버리지 못한 채 두 차례나 더 고구려를 침공했으나 모두 실패했다. 오히려 대규모 공사와 잦은 해외 정벌로 민심을 잃은 수 양제가 618년에 친위군에게 살해되면서 수는 40년도 못 되어 멸망하고 말았다.

## 고구려와 당의 전쟁

수 양제 말기부터 당唐이 중국을 다시 통일할 때까지 중국 중심의 국제 질서는 해체되었다. 새로 등장한 당은 안으로 지방 세력을 통합하고 중원을 재통일해야 했으며, 밖

**수와 고구려의 전쟁**
수는 네 차례에 걸쳐 고구려를 침략했으나, 모두 실패했다. 특히 113만 명이 넘는 대군을 동원한 2차 침략 때에도 평양성을 공격한 수군은 영양왕의 동생 건무가 지휘하는 고구려 복병에게 대패했다. 30만 5000여 명의 별동대는 을지문덕의 유인 전술에 휘말려 살수에서 궤멸하고 말았다. 그 결과 수 양제는 고구려 침략에 대한 실패로 618년 부하에게 피살되고 말았다. 사진은 요동성 옆을 흐르는 태자하와 수의 병사들을 표현한 토용이다.

으로는 돌궐과의 대결에 부심하고 있었다. 이에 당은 고구려에 대해 온건화평 정책을 취하고, 고구려의 독자적인 세력권을 인정할 수밖에 없었다.

628년에 당이 중국을 재통일하자, 동아시아의 국제 관계는 새로운 국면으로 접어들었다. 그 무렵 돌궐은 심각한 내분에 빠져 동돌궐과 서돌궐로 나뉘었는데, 당은 이 틈을 놓치지 않고 629년에 동돌궐을 정벌했다. 가장 큰 적대 세력인 북방의 돌궐을 제거한 당은 이제 고구려로 눈길을 돌렸다. 이는 수가 걸었던 대외 정책의 길과 똑같은 것이었다. 631년에 당은 고구려가 수와 벌인 전쟁에서 승리한 기념으로 세운 경관京觀을 파괴했으니, 이는 노골적인 위협이었다. 이에 고구려도 즉각적인 대응을 보여 부여성에서 요하를 따라 발해만까지 이어지는 천리장성을 16년간에 걸쳐 축조했으며, 이후 한동안 당과의 외교 관계를 단절했다.

당은 서방으로 정벌의 발길을 돌려 635년에는 토욕혼을 정복하고, 640년에는 고창을 멸망시켰다. 중원과 북방의 유목 세력을 통합하고 서역마저 복속시킨 당은 동방마저 자

**고구려 군대의 행렬도**
황해남도 안악군 오국리에 있는 안악 3호분에는 말을 탄 무사, 창을 든 보병, 군악대의 행렬 같은 고구려 군사들이 출전하는 모습을 매우 당차고 씩씩하게 표현한 벽화가 있다.

국 중심의 세계 질서 속에 편입시키려 했으며, 그것은 마침내 고구려 정벌로 나타났다.

이처럼 당의 위협이 현실적으로 고조되는 가운데, 고구려에서는 연개소문이 정변을 일으켰다. 정권을 잡은 연개소문은 처음에 유화적인 대당 정책을 꾀했지만, 중국 중심의 국제 질서를 추구하는 당은 이러한 유화책에 응하지 않았다. 당 태종은 고구려 정벌의 명분으로 왕을 죽이고 권력을 독단하는 연개소문의 죄를 묻는다고 내세웠다. 이에 연개소문도 당의 정벌 명분이 자신의 패륜성에 맞춰져 있는 이상 강경책으로 선회하지 않을 수 없었다. 이제 당과 고구려의 전쟁은 시간문제였다.

645년 1월, 당의 군대는 길을 나누어 요동의 요충지인 현도성과 신성, 건안성, 비사성을 동시에 공격했다. 이러한 작전은 예전에 요동성 공격만 고집한 수 양제의 실패를 거울삼아 주도면밀하게 준비한 것이었다. 당의 군대는 요동성을 제외하고 요하 전선에 배치된 다른 성들을 공격해 후환을 없앤 후, 요동성을 공격하는 전략을 세웠다.

고구려는 당의 기습적인 공격에도 끝내 현도성과 신성, 건안성을 지켜냈다. 이들 성

을 끝까지 지킨 고구려군 때문에 당은 이후 군사 행동에 제약을 받았다. 그러나 결국 요충지인 요동성이 함락되고, 개모성과 백암성, 비사성이 차례로 당의 손으로 들어갔다.

곧이어 당의 군대는 안시성으로 밀려들었다. 안시성이 무너지면 오골성烏骨城, 지금의 랴오닝성에 있는 봉황산산성을 제외하고는 당의 평양성 공격로를 막을 만한 방어선이 없었다. 그런데 당의 공세가 시작될 때에만 해도 고립무원의 상황에 빠진 안시성이 당의 발목을 잡을 줄은 전혀 짐작도 하지 못했다.

고구려 군대는 당의 대공세에도 안시성을 끝내 지켜냈다. 고구려의 수성 능력을 유감없이 보여준 한판 승부였다. 9월에 들어 마침내 당 태종도 철군 명령을 내리지 않을 수 없었다. 중국 대륙의 군웅과 주변의 이민족을 정복하여 통일 대제국을 건설한 당 태종의 위신은 크게 손상되고 말았다.

수와 마찬가지로 1차 정벌에서 패전의 쓴맛을 본 당은 고구려에 대한 공격 전략을 바꾸었다. 대규모 정벌을 지양하고, 소규모 군대를 끊임없이 보내 고구려 군대를 피로하게 만든 뒤에 공격한다는 지구전을 채택한 것이다.

백암성
중국 요령성 등탑현에 위치한 연주성은 요동의 최전선 방어 거점 가운데 하나였던 백암성으로 추정된다. 645년 당 태종이 수십만 명의 군대를
이끌고 고구려를 침략해 현도성과 개모성, 요동성을 차례로 함락시키고 백암성을 공격했다. 이때 백암성 성주 손대음(손벌음)이 당과 내통해 성문을
열어주어 함락되고 말았다. 사진은 백암성 성벽의 '치'인데, 쳐들어오는 적군을 정면과 양쪽 측면에서 공격할 수 있는 방어 시설이다.

## 나당 연합과 백제, 고구려의 멸망

고구려와 당의 대결 구도 속에서 한반도의 삼국 간에도 정세 변화가 나타났다. 백제는 의자왕이 즉위한 후 친고구려 정책으로 전환하고, 신라에 대한 대대적인 공격을 감행했다. 고구려와 백제의 연결은 적극적인 군사동맹으로 발전하지는 않았으나, 고구려에 대한 경계를 푼 백제가 일방적으로 신라를 공격해 곤경에 빠뜨릴 수 있는 상황이었다. 신라는 김유신만이 겨우 백제군을 막아낼 뿐, 계속되는 백제의 공격에 시달리며 나라 전체에 위기감이 고조되고 있었다.

고구려와 백제의 양면 공세에 시달리던 신라는 결국 당과 동맹을 맺는 데 힘을 기울이고, 당 역시 고구려 원정에 실패한 후 고구려의 배후에 있는 신라를 주목했다. 648년에 김춘추가 당으로 건너가서 백제 정벌을 위한 당의 군사 지원을 적극적으로 요청했다. 김춘추는 당과 동맹을 성사시키려고 당의 관복을 요청하고 아들을 당의 조정에 숙위시켰으며, 독자적인 연호를 버리고 당의 연호를 사용하는 중화 정책을 적극적으로 추진했다.

한편 당도 이미 단독 작전에 따른 고구려 정벌이 여러 차례 실패한 후였기 때문에 신라와 연합 작전의 필요성을 절실히 느끼고 있었다. 이에 양국의 이해관계가 맞아떨어

져 백제와 고구려 정벌을 위한 군사동맹이 체결되었다. 그러면서 양국은 백제와 고구려를 멸망시킨 이후 대동강 이남 지역을 신라가 차지한다는 밀약도 따로 맺었다.

660년 나당 연합군은 백제 공략에 나섰다. 당시 백제는 나당 연합군의 공격을 전혀 눈치 채지 못하고 있었다. 게다가 의자왕 집권 후반기에는 귀족들이 분열되고 정사가 크게 혼란스러워 제대로 대항할 준비조차 갖추지 못했다. 황산벌에서 장렬한 최후를 맞은 계백도 백제의 멸망을 다만 며칠 늦췄을 뿐이다. 700여 년 역사의 백제는 불과 며칠 만에 변변한 저항조차 못해보고 허무하게 무너져 내렸다.

사실 백제의 멸망은 국력보다는 나당 연합군의 기습 공격에 당황한 중앙정권이 순식간에 무너진 결과였다. 백제는 지방 곳곳에 주요 군사력이 아직 그대로 남아 있었기에 사실상 백제와 나당 연합군의 전쟁은 이때부터 시작인 셈이었다. 백제 부흥 운동이 격렬하게 전개된 까닭이 여기에 있다.

한편 백제를 멸망시킨 나당 연합군은 그 여세를 몰아 고구려에 대한 공격에 나섰다. 백제의 멸망은 고구려의 전황을 크게 뒤바꾸었다. 예전에 수 양제나 당 태종이 고구려 정벌에 실패한 데는 요동 지역에서 긴 보급로를 유지해야 하는 전략상의 약점을 안고 있었기 때문이다. 그런데 이제는 백제의 멸망으로 한반도 내에 군사 기지를 갖게 된 당 군대가 남쪽에서 평양성을 손쉽게 공격할 수 있었고, 또 신라에서 군량을 공급받아 겨

**황산벌 전경**
황산벌은 백제의 계백 장군이 신라의 김유신이 이끄는 군대를 맞아 싸운 최후의 격전지다. 이곳은 현재 충청남도 논산시 연산면 일대인 천회리, 연산리, 표정리, 관동리, 송정리 등을 포함하는 넓은 들이다.

울철에도 군사 작전이 가능해져 장기전을 수행할 수 있게 되었다.

이처럼 불리한 정세 속에서 고구려는 666년에 집권자 연개소문이 죽자, 그의 아들들 사이에 권력 다툼이 일어났다. 동생들에게 쫓긴 남생이 국내성에서 10만 호를 이끌고 당에 투항했다. 667년 9월 고구려 지배층의 분열을 틈타 당의 총공세가 시작되었고, 마침내 평양성도 무너지고 말았다. 하지만 나라는 멸망했지만 항전은 계속되었으며, 고구려를 재건하려는 부흥 운동도 일어났다. 이처럼 당에 맞선 항전은 이후 한반도 내에서 신라와 당의 전쟁 과정에 중요한 몫을 하게 되었으며, 만주 지역에서는 발해의 건국으로 이어지게 되었다.

## 고구려와 수·당 전쟁의 역사적 의미

6세기 말 이후 중원의 통일 국가 수·당이 등장해 동아시아 전체가 중국 중심의 새로운 국제 질서로 재편되는 과정에서 중국 세력이 동북아시아로 침투하게 되었다. 물론 수·당에 의한 중국의 통일과 이 통일 세력의 동진東進으로 생긴 국제적인 위기와 모순 구조가 삼국의 통합 전쟁으로 직접 이어진 것은 아니었다. 그러나 삼국 간에 치열한 항쟁이 지속되는 상황에서 새로 등장한 중국의 통일 세력이 삼국 간의 갈등

**당 태종**
중국 역사상 가장 뛰어난 군주로 평가되는 당 태종은 귀순한 북방 민족에게서 천가한(天可汗)이라는 칭호를 받았다. 이는 한족의 황제인 동시에 북방 민족의 맹주로 군림했다는 의미였다.

### | 중국적 세계 질서

고대 동아시아는 수많은 국가와 종족들이 등장해 역사의 무대에서 흥망을 거듭하는 다원적인 국제사회였다. 특히 중국 대륙의 중원 왕조, 북방 초원의 유목 국가, 만주·한반도의 삼국과 가야, 일본열도의 왜가 고대 동아시아의 주체였다. 이러한 고대 동아시아의 국제 관계가 본격적으로 전개된 때는 4세기 이후다. 5호16국시대라는 북중국의 정세를 배경으로 동아시아의 여러 국가와 종족이 정치적으로 크게 성장했다. 5~6세기에는 중

구조에 개입하면서, 그 힘이 한반도로 밀려오는 결과가 되었다. 즉 수·당 제국의 성립은 동아시아라는 좀 더 확대된 범주에서 국제적인 운동력이 전개되는 조건을 만들었으며, 이에 따라 이제까지 삼국 간 역관계의 틀이 강제적으로 이 국제 질서에 편입되게 된 것이다. 그 최종적인 결과는 나당의 군사동맹과 백제, 고구려의 멸망이었다.

사실 고구려와 수·당의 전쟁은 주변 나라들을 정복해가는 중국 통일 세력의 구심력과 독자적인 세력권을 유지하려는 고구려 사이의 충돌이었다. 마지막까지 독자적인 세력권을 유지했던 고구려의 멸망에 따라 동아시아는 중국 중심의 일원적인 국제 질서로 개편되었으며, 그것은 정치적인 영역에 그치지 않고 문화와 사상의 분야에 이르기까지 사회 영역 전반에 걸친 것이었다.

신라는 당과 군사동맹을 맺는 과정에서 적극적인 중화 정책을 취했고, 특히 삼국 통일 이후에는 중국의 문물을 적극적으로 수용했다. 일본도 백제 멸망 후에 한반도의 영향력이 배제되고 당의 문물을 직접 받아들여 이른바 율령국가를 구축해갔다. 고구려 유민들이 당의 지배에서 벗어나 세운 발해도 예외는 아니어서 중국 중심의 국제 질서와 문화권에 포괄되었다. 결과적으로 고구려와 수·당의 전쟁은 그러한 중화적 천하 질서의 확대 과정에 대한 가장 강렬한 저항이었던 셈이다.

국의 남북조와 유연, 고구려가 세력 균형을 이루었지만, 6세기 말부터 중원의 통일제국 수와 당이 차례로 등장하면서 동아시아 국제 질서가 재편되었다. 그 결과 한반도의 삼국도 이러한 국제 질서의 영향으로 백제와 고구려가 멸망하면서 신라가 한반도의 통일국가로 성장했고, 만주에서는 발해가 세워졌다. 이후 9세기까지 당을 중심으로 하는 동아시아 국제 질서가 유지되었다.

**경극 속에 등장하는 연개소문**
고구려의 연개소문은 중국인들에게 당 태종을 패배시킨 장군으로 기억되면서 희곡, 경극 등에 등장하는 인물이 되었다.

# 중국 '동북공정'의 실체는?



"고구려는 중국의 소수민족 지방정권이다."

중국이 '동북공정'을 진행하면서 선언한 내용이다. 이러한 사실이 2003년 말부터 우리 사회에 알려지면서, '역사 전쟁'이니 '고구려사 되찾기'니 하는 위기감을 담은 목청이 높아진 바 있다. 이렇게 일반 시민들의 관심이 불처럼 타올라 역사 문제에 집중되는 것도 매우 드문 일이었다.

그러면 이른바 중국의 '동북공정'이란 무엇일까? 중국은 2002년에서 2007년까지 5년 동안 중국 사회과학원의 '변강사지연구중심邊疆史地研究中心'이란 기관의 주도로 이 연구 프로젝트를 추진해 오고 있다. 이 프로젝트는 그 이름에서도 알 수 있듯이, 중국 동북3성 지방의 역사와 지리, 민족문제 등과 관련된 여러 사안을 다루고 있다.

어쨌든 이 '동북공정' 프로젝트에는 과거에 이 지역을 무대로 활동했던 고구려를 비롯해 고조선과 발해 같은 한국 고대사의 주제가 포함될 수밖에 없다. 그런데 동북공정에서는 이들 역사를 한국사에서 분리하여 중국사에 포함시켜, 마침내 한·중 간에 역사 분쟁이라고 할 만큼 심각한 갈등을 불러일으켰다.

그러면 중국은 왜 이렇게까지 역사 왜곡을 시도하게 된 것일까? 여기에는 중국 나름대로 심각한 고민이 없지는 않다. 즉 중국은 한족漢族 이외에도 55개나 되는 많은 소수민족을 포함한 나라이기에, 소수민족의 분리와 독립 문제가 매우 중요하다.

**동북공정의 역사 왜곡 현장**
2005년 중국 정부가 요령성 장하현에 있는 고구려 성산산성 입구 표지석에 "고구려 민족이 고대로부터 중화민족을 구성하는 일원이었다"라는 문구와 "고구려 정권은 중국 동북 소수민족 지방정권"이라는 문구를 새긴 사실이 알려졌다. 이것은 중국 정부가 고구려사를 자국사로 편입시키려는 동북공정의 역사 왜곡 실상을 명백하게 보여주는 증거라고 할 수 있다.

1980년대 개혁·개방 정책을 추진하면서 소수민족 정책에 눈을 돌린 중국은 1989년 동구권의 변화, 1991년 소비에트의 해체 과정에서 각 민족의 독립과 분열을 직접 눈으로 보며, 자국 내 소수민족 문제에 각별히 대처하기 시작했다.

그래서 현재 중국은 중국 내 모든 민족의 융합과 통일을 표방하며 이른바 '중화민족中華民族'이라는 새로운 민족 개념을 내세우고 있다. '통일적 다민족 국가론統一的 多民族國家論'이란 주장이 나타나게 된 배경이다. 1980년대 전반에 일반화된 '통일적 다민족 국가론'은 "중국은 현재뿐 아니라 2000년 전부터 통일적 다민족 국가를 형성했기 때문에, 현재 중국 영역 내에 위치한 소수민족은 다민족 국가인 중국의 구성원으로, 중원 대륙의 통일과 분열에 관계없이 중원 왕조와 항상 정치·경제·문화적으로 밀접한 연계를 가지며, 중국 영역의 일부를 구성하고 중국사에 공헌했다"는 주장이다. 그런데 이 주장은 '현재의 논리'를 '과거 역사의 해석'에 적용함으로써 심각한 역사 왜곡의 폐해를 낳게 되었다.

동북공정의 역사 인식의 배경이 통일적 다민족 국가론이라고 할 때, 그것은 오늘날 중국의 영토를 기준으로 하는 역사 기술의 범위가 설정된다. 따라서 현재 중국 영토 안에 고구려 영역의 일부가 겹쳐지게 되면서 고구려 역사를 중국사에 편입시켜야만 하게 된 셈이다.

즉 고구려의 종족도 한국사와 관계가 없는 중국 내 종족의 일원이며, 또 건국 이래 중국 왕조의 정치적 지배를 받거나 신속 관계를 맺고 있었기 때문에 고구려는 결국 중국 고대 지방정권의

하나라는 것이다.

그러나 고구려만으로 역사 귀속 문제가 해결될 수 없자, 더 소급하여 아예 고조선을 기자조선과 위만조선을 중심으로 파악해 고조선까지 중국사의 일부로 편입하고 있다. 나아가 고조선 이전의 요하 일대 문화를 중심으로 중국 상고문명의 하나인 '요하 문명'으로 파악하면서 동북아시아 전체를 상고시대부터 중국사로 편입하려는 시도가 현재에도 계속되고 있다.

이러한 동북공정이 등장하게 된 배경과 목적은 기본적으로 동북 사회의 안정을 꾀하려는 데 있다. 나아가 한반도의 정세 변화, 즉 남북통일, 특히 한국에 의한 통일을 염두에 두고, 이러한 상황이 동북아의 국제 정세 및 그것이 중국 동북 지방의 조선족 사회 또는 동북 사회에 어떠한 영향을 미칠 것인지에 관한 관심도 두드러져 보인다. 심지어 동북공정은 남북통일 이후에 자칫 불거져 나올지도 모르는 국경과 영토 분쟁에 미리 효율적으로 대비하여 영토 문제를 공고히 하려는 데 또 다른 목적이 있다는 분석까지 나오고 있다.

이러한 정치적이고 현실적인 목적을 달성하기 위하여 동북공정은 역사문제의 해결을 가장 중요한 매개 고리로 설정하고 있다. 따라서 동북공정은 단순한 역사 분쟁이 아니라 중화주의를 내세우며 세계 최강대국으로 성장하고 있는 중국의 동북아 전략과 맥락을 같이하고 있다는 것이 그 실체다.

**만리장성으로 둔갑한 고구려 성곽**
중국 단동의 압록강변에 있는 호산장성은 고구려의 박작성이라 전해진다. 그런데 중국은 이곳을 만리장성의 동쪽 기점으로 선전하고 있다.

▲신라 왕경도  ▶발해 관리의 얼굴이 그려진 벼루 조각

# 남북국 시대

**7세기 후반 • 9세기**

격동하던 동북아시아에는 나당전쟁 이후 당을 축으로 신라와 발해가 공존하는 국제 관계의 틀이 확립되었다. 각국 간에는 사신 왕래가 빈번했고, 민간 차원의 교류도 늘어났다. 신라와 발해는 당의 선진 문물을 받아들이면서 국가 발전에 힘써 귀족 문화를 꽃피웠다.

# 나당전쟁과 발해의 성립

## | 7세기 후반 동아시아 세계

668년 9월 나당 연합군의 대공세로 고구려가 멸망했다. 그러나 신라는 고구려의 멸망을 마냥 기뻐할 수만은 없었다. 이보다 앞서 당은 663년에 신라 영토를 계림주로 삼고, 문무왕에게 신라 왕호 외에 '계림주 대도독'이라는 관호를 추가로 내렸다. 이는 동맹국인 신라까지도 당의 일개 지방으로 삼으려는 속셈을 드러낸 것이다. 신라는 고구려와 백제를 평정하면 대동강 이남의 백제 땅을 신라의 것으로 한다는 김춘추와 당 태종의 밀약만 믿고 기다리고 있을 수만은 없었다. 고구려가 멸망하면 다음 차례는 신라인 것이 명약관화했다.

668년 당이 평양에 안동도호부를 설치하고 고구려 땅을 자신의 영토로 삼았다. 고구려가 멸망하자 백제 땅에 대한 귀속을 둘러싸고 신라와 당의 갈등이 전면에 표출되었다. 신라는 공공연히 백제 땅으로 진격하는 한편, 고구려 부흥 운동 세력을 포섭했다. 마침내 신라는 670년 고구려 부흥 운동군과 합세해 압록강을 건너 당의 전초부대인 말갈 기병을 격파했다. 이후 7년 동안 계속된 신라와 당의 전쟁은 이렇게 신라의 선제공격으로 시작되었다. 그런데 약자인 신라가 왜 먼저 전쟁을 선택했던 것일까?

**고창** — 5~7세기에 동투르키스탄의 투루판 분지 일대에 위치한 국가다. 지배계급은 한인(漢人)이었으며, 토착민들은 대부분 투르크계의 종족이었다.

4세기 중엽 이후부터 — **토욕혼**
7세기까지 청해성과 감숙성 일대에서 활동한 선비족이 세운 나라다.

## 국제 정세 속에서 선택한 나당전쟁

5세기와 마찬가지로 7세기 이후 동아시아 세계도 중심과 주변이 서로 연동되어 있는 다원적인 성격을 지니고 있었다. 당이 백제와 고구려 전선에 전력을 기울이자, 서역에서는 토번吐蕃,지금의 티베트이 성장해 친당 세력인 토욕혼을 누르고 실크로드를 장악했다. 이러한 국제 정세의 변화는 신라인의 눈에도 포착되어 나당전쟁의 발발과 전개 과정에 직접적인 영향을 끼쳤다. 사실 나당전쟁은 이러한 서역의 전황과 톱니바퀴처럼 맞물려 돌아갔다.

669년 9월 토번이 천산남로天山南路, 지금의 톈산남로를 급습하자, 670년 4월 설인귀가 이끄는 한반도 주둔 병력이 청해靑海, 지금의 칭하이에 투입되었다. 이로 인해 요동이나 한반도 북부 지역의 당 군대는 상당히 위축되었고, 670년 3월 신라군은 압록강 이북까지 작전 반경을 넓힐 수 있었다. 670년 7월 청해 지역에서 설인귀가 이끄는 10만 군대가 대비천大非川, 지금의 칭하이성 공화현 부근 전투에서 전멸하자, 그해 같은 달에 신라는 백제의 대부분 지역을 장악해버렸다.

672년 4월 토번의 사절단이 장안長安, 지금의 산시성 시안시에 도착해 당 고종과 측천무후를 접견하여 양국 사이에 화해 분위기가 무르익어가자, 같은 해 8월 당은 전력을 신

| 7세기 동아시아 국제 정세 | |
| --- | --- |
| 연도 | 내용 |
| 669년 9월 | 토번이 천산남로를 급습 |
| 670년 7월 | 설인귀의 10만 군대가 대비천 전투에서 전멸. 천산남로 상실 |
| 673년 12월 | 토번이 천산남로를 봉쇄 |
| 675년 1월 | 당, 장안에 온 토번 사절과 강화 회담 |
| 675년 2월 | 유인궤가 이끄는 당 군대는 임진강 이남까지 남하해 칠중성을 대파하고 매소성 장악 |
| 675년 2월 | 신라가 당의 육군 20만 명을 매소성에서 대파 |
| 676년 | 신라가 당의 수군을 금강 하류 기벌포에서 격파. 나당전쟁 휴전 |

라에 투입할 수 있게 되었다. 당의 장군 고간이 이끄는 정예 기병은 석문石門, 지금의 황

해도 서흥에서 신라의 중앙군을 거의 전멸시켰고, 나아가 12월에는 고구려 유민이 지키

고 있던 백수산을 공격해 함락시키고 신라의 구원군마저 격파했다. 당의 공격은 673년

겨울까지 계속되었다.

그러나 673년 12월에 토번이 천산 지역의 서투르크 여러 부족을 충동해 천산북로를

봉쇄하려 하자, 나당전쟁은 674년과 이듬해 2월까지 14개월 동안 소강상태에 들어갔다.

670년 토번에게 천산남로를 상실한 당이 북쪽으로 우회하는 천산북로를 대안으로 이

용했는데, 이것마저 위협을 당하자 이곳 방어에 전력을 기울이게 되었던 것이다. 나당

전쟁이 소강상태에 있던 시기는 신라가 전열을 재정비할 수 있는 소중한 시간이었다.

신라 조정은 친당 귀족들을 숙청하고 고구려와 백제 귀족들에게 관작을 주었다. 일부

**기벌포 전투**
신라가 매소성 전투에서 당의 군대를 물리친 후, 백강 곧 금강 하구에서도 당의 해군을 격파했다.
이 기벌포 전투는 나당전쟁을 승리로 끝맺은 마지막 전투였다.

고구려 유민 집단을 금마저金馬渚, 백제 때 '익산'을 이르던 이름에 살게 하여 자치국으로 인정하면서 고구려와 백제 유민에 대한 포섭에 힘썼다. 또 장기전을 준비하면서 당의 기병에 대비한 장창 부대와 쇠뇌 부대를 정비하고 확대했으며, 요충지에는 길목마다 산성을 굳건히 쌓아 당의 침공에 대비했다.

675년 1월에 당은 장안에 온 토번 사절단과 강화 회담을 한 후, 2월에 한반도로 다시 침입해왔다. 유인궤가 이끄는 당의 군대는 임진강 이남까지 남하해 칠중성을 대파하고, 그곳을 전진기지로 삼아 매소성買肖城, 지금의 경기도 양주까지 장악했다. 그러나 전쟁의 대세는 신라군이 당의 육군 20만 명을 매소성에서 대파하며 신라로 기울었다. 676년에는 전세를 만회하고자 서해안으로 침공하는 당의 수군을 금강 하류 기벌포에서 격파해 마침내 신라의 승리로 나당전쟁은 끝이 났다. 신라의 전쟁 대비도 완벽했지만, 한편으로는 신라나 토번과 전쟁을 벌일 수밖에 없었던 당의 딜레마가 없었다면 신라는 나당전쟁에서 승리할 수 없었을 것이다.

나당전쟁 이후 당은 신라가 차지한 대동강 이남 지역을 인정할 수 없었다. 당 고종은 고구려와 백제의 왕손을 각각 '고려조선군왕'과 '백제대방군왕'으로 책봉해 장안에 머물게 하고, 기회가 되면 이들을 앞세워 신라를 공격하려는 한반도 지배 야욕을 결코 포기하지 않았다. 당 고종은 신라를 재침하려는 계획을 갖고 있었지만, 이 무렵 토번 정벌이 더 시급해 실행에 옮기지 못했다.

678년 9월에 당은 앞서 토번과 벌인 대비천 전투에서 상실한 안서 4진을 회복하려고 18만 명에 달하는 대군을 다시금 토번에 출병시켰다. 하지만 청해 부근에서 또다시 토번에게 대패하고 말았다. 이후 당은 토번 대책을 논의하는 회의에서 부득이 수세 정책을 취하기로 결정했다. 그때 고종이 독백처럼 "고구려는 요하를 넘을 수 없었고, 백제는 감히 바다를 건널 수 없었는데도 지난날 빈번하게 해마다 군대를 보내 나라를 허비했다. 비록 지난 일이지만 나는 이를 후회한다"라고 했다. 이것은 당시 당이 처한 속사정을 숨김없이 드러낸 말이다. 당은 토번에 발목이 잡혀 신라에게도 패하고, 결국에는 세계 지배 야욕마저 포기할 수밖에 없었던 것이다.

나당전쟁에서 신라가 승리한 가장 중요한 요인은 토번의 등장을 적극적으로 활용한 신라의 외교력이었다. 『일본서기』와 『속일본기續日本記』를 보면, 신라가 668년에서 700년까지 25회에 걸쳐 매우 빈번하게 일본에 사신을 파견한 사실도 확인된다. 그 시작은

**당으로 온 토번 사신**
소매가 좁은 비단옷을 입고 가운데 서 있는 사람이 토번 사신이다. 640년 토번 왕 송첸 캄포가 당에 사신을 보내 통혼을 청하자, 이듬해 당 태종이 문성공주를 토번으로 시집보냈다. 문성공주는 농사 기술과 종이·먹 제조 기술, 방직 기술 등을 전하면서 토번의 발전에 기여했다. 이후 국력이 성장한 토번은 당에 의지하고 있던 토욕혼을 멸망시키면서 당과 여러 차례 전쟁을 벌였다.

고구려가 멸망하기 바로 1개월 전부터였다. 신라 사절단의 대표도 대아찬 이상의 진골 귀족이나 고위 인사가 많았고, 대규모 선물 공세도 이어졌다. 이는 신라가 혹시 있을지도 모를 당과의 전쟁에 대비해, 신라의 배후에 있는 일본을 자신의 편으로 묶어두기 위한 외교적 노력이었다. 사실 나당전쟁은 이처럼 신라의 치밀한 외교전이 뒷받침되었기에 승리로 마무리될 수 있었다.

나당전쟁의 여파는 고비사막 북쪽으로 전파되어, 680년대에는 돌궐突厥이 재차 부흥해 유목 세계를 통일했다. 당의 세계 지배 전략이 하나둘씩 무너지고 있던 696년, 요서의 영주營州, 지금의 랴오닝성 조양에서도 거란인 이진충이 반란을 일으켰고, 이 반란은 결국 발해 건국에 절호의 기회를 제공했다.

## 대조영 집단의 탈출과 발해 건국

당은 고구려를 멸망시킨 뒤 그 지배 집단을 강제로 분산시키는 사민 정책徙民政策을 실시했다. 요서의 영주에도 고구려 유민의 일부를 이주시켰다. 고구려의 통제를 받았던 거란족과 말갈족도 영주 부근으로 이주되어 당의 기미주羈縻州에 예속되었다. 거란족



**조우관을 쓴 신라 사신**
깃털을 꽂은 모자, 즉 조우관을 썼기 때문에 고구려 사신이라는 의견도 있다.

### | 신라와 일본의 외교

신라는 백촌강 전투가 끝난 후부터 고구려가 멸망하기 전까지 당의 압박을 예상해 왜로 사신을 보내 외교 관계의 회복을 꾀했다. 왜에서는 신라 왕에게 배와 비단을 비롯한 각종 선물을 보내고, 신라의 사신을 정중히 대접했다.

이후 670년에 웅진도독부에서 보낸 당 사신이 한 발 늦게 왜에 도착했다. 당 사신은 백촌강 전투에서 붙잡은 왜의 병사와 유학생 1700명을 데리고 와서 신라를 공격하기 위한 군사 협력을 요구했다. 왜는 일단 갑옷과 화살 같은 무기를 제공하며 우호적인 자세를 취했다. 하지만 임신의 난이 일어나 정권이 바뀌는 등 정국이 불안해진 왜 왕권은 당의 침략을 대비하기 위해 당보다도 신라와의 관계를 중시하는 외교 노선을 취했다. 그 후 왜는 702년까지 신라와 거의 매년 사신을 주고받았다.

5호五胡의 침입으로 300년 가까이 분열되어 있던 중국이 수·당에 의해 다시 통일되면서 7세기의 동아시아 세계는 새로운 소용돌이에 휩싸였다. 특히 당은 630년에 동돌궐을, 635년에는 토욕혼을, 646년에는 설연타를 차례로 정복해 몽골고원의 여러 유목 국가의 항복을 받았고, 640년에는 고창마저 멸망시켜 투르키스탄 지역의 내륙 아시아 국가들에도 세력을 미치게 되었다. 수·당 중심의 세계 질서에 맞서 번신藩臣의 예를 끝내 거부한 백제와 고구려마저도 각각 660년과 668년에 정복되었다.

이러한 수·당 제국의 등장에 대해 동아시아에 새로운 세계 질서가 형성되었다고 이해하는 것이 기존 학계의 일반적인 시각이다. 그러나 이는 수·당이 표방한 그들만의 주장을 되풀이하는 것에 불과하다. 이러한 세계 질서는 주변 세계가 용인하지 않은 강압이었을 뿐 '질서'라고는 할 수 없다. 수·당 제국이 성립한 이후 나당전쟁까지는 사실 '전쟁의 시대'로, 수·당의 힘 앞에 명멸해간 숱한 국가와 족속이 있었다. 이러한 전쟁의 시대를 세계 질서가 성립한 체제로 묘사할 수는 없다.

더욱이 당시에는 당의 세계 지배 야욕에 반대하면서, 강력하게 도전한 주변 세계가 엄존하고 있었다. 동북아 지역에서 신라와 당의 전쟁이, 서역에서는 토번과 당의 전쟁이 바로 그것이다. 또한 돌궐과 위구르 같은 주변의 여러 나라와 민족이 교대로 강성해져 당을 위협한, 이른바 '세계의 연환성連環性'을 확인할 수 있다.

이처럼 기존 학계는 고대 동아시아 세계 체제의 변모 과정에서 과도기의 상황을 이미 체제가 완성된 것으로 오인했다. 이러한 시각은 당시 세계 질서를 구성한 동등한 요소인 '중심'과 '주변'에 대해 균등한 눈길을 주지 않은 편향된 관점이다. 5~6세기와 마찬가지로 7세기 이후의 동아시아 세계 질서는 중심과 주변의 세력 균형 속에서 서로 유지되었다. 이는 발해의 성립으로 더욱 구체화되지만, 이러한 세계 질서 성립의 단초는 분명 나당전쟁에서 당을 격멸했던 신라의 승리에서 찾아야 할 것이다.

나당전쟁은 수·당과 고구려 전쟁의 연장선상에 있으며, 고대 동아시아 세계 질서의 확립에 가장 지대한 영향을 끼친 사건이었다. 나당전쟁은 신라가 단순히 당을 축출한 것에 그치지 않았으며, 세계의 중심, 곧 중국을 자처한 당의 일원적 세계 지배 야욕을 좌절시키고, 이후 당과 주변 세계의 공존이라는 새로운 세계 체제를 이끌어낸 국제전이었다. 그런 측면에서 볼 때 발해의 건국도 사실은 나당전쟁을 승리로 이끈 신라로 인해 가능했던 것이다.

**매소성**

신라가 한반도에서 당을 몰아내는 계기를 만든 전투가 벌어진 곳으로, 한탄강이 천혜의 해자 역할을 하는 요충지다.

추장 이진충은 당으로부터 송막도호로, 처남 손만영은 귀성주자사로 책봉되었다. 하지만 이진충은 영주도독 조홰의 거란족에 대한 지나친 우월감과 잔인함에 반발해, 696년 5월 그를 죽인 뒤 무리를 이끌고 반란을 일으켰다.

이 무렵 돌궐이 고비사막 남쪽에서 재차 부흥하여 동남으로 세력을 뻗치고 있었으므로 당은 이진충의 반란 진압에 상당한 어려움을 겪었다. 697년 3월 거란족은 하북의 영평 부근에서 왕효걸이 이끄는 당의 군대를 무찔렀고, 기세를 몰아 유주幽州, 지금의 베이징까지 공격했다. 이 반란은 당이 돌궐과 협상해 그 힘을 빌려 1년 만에 겨우 진압되었다.

그러나 이진충의 반란은 당시 영주 부근에서 당의 보호와 감시 아래 있던 이민족들의 자의식을 충동했다. 속말말갈 출신으로 고구려 장군이었던 걸걸중상과 그의 아들 대조영도 이때 말갈족 추장 걸사비우와 함께 무리를 이끌고 당에 반기를 들었다. 이들은 거란족의 반란에 동조하여 영주를 탈출한 뒤, 요하를 건너 요동 지역에서 자신들의 세력을 키우기 시작했다.

이에 당의 측천무후는 걸걸중상을 진국공에, 걸사비우를 허국공에 책봉해 그들의 죄를 용서하는 회유책을 썼지만, 결국 거란족 출신의 장군인 이해고를 시켜 그들을 공격했다. 이해고가 이끄는 당의 군대는 걸사비우를 죽이며 처음에는 큰 전공을 올렸지만, 걸걸중상을 계승한 대조영 집단을 추격하다 천문령天門嶺에서 크게 패하고 말았다. 그



## | 고구려 유민들의 저항

고구려를 멸망시킨 당은 옛 고구려 땅에 9도독부와 42주, 100현을 설치해 직접 지배하려 했지만, 고구려 부흥 운동이 거세게 일어나 어려움을 겪었다. 그러자 당은 보장왕을 요동도독조선왕으로 책봉하는 한편, 저항 세력을 중국 동북의 변경 지역인 영주 지역으로 강제 이주시켜 감시했다. 하지만 고구려 유민들은 오히려 이 지역의 말갈인들을 포섭해 함께 당에 저항했다.

때 마침 해족奚族이 요서까지 진출해 통로가 막히자, 당 군대는 더 이상 추격군을 보낼 수 없었다.

당 군대에 치명적인 타격을 입힌 대조영은 걸사비우가 이끌던 말갈족을 포섭하고, 지금의 길림성 돈화시에 있는 성산자산성으로 옮겨와 국가의 기틀을 마련했다. 이곳이 바로 발해의 초기 건국지인 동모산이다. 대조영은 698년에 나라를 세워 스스로 진국왕振國王이라 자처했다. 이에 당도 705년에 사신 장행급을 보내 화친을 요청했다. 결국 양국 사이에 화해가 성립되어 대조영의 둘째 아들인 대문예가 당의 수도로 숙위를 가게 되었다.

그러나 대조영은 아직도 당의 위협이 사라진 것은 아니기에 이웃 나라들과 친선 관계를 유지하려고 노력했다. 대조영은 신라에 사신을 파견해 대아찬이라는 벼슬을 받았고, 돌궐 추장 묵철과도 서로 통했다. 이처럼 대조영은 신라와 돌궐과는 가까이하면서 당과는 긴장 관계를 유지했다. 그러나 711년 묵철이 당과 화친을 맺은 뒤로 점차 세력이 와해되자, 대조영은 당과 평화적인 관계를 맺는 쪽으로 전략을 바꿨다. 결국 713년 당에서는 대조영을 발해군왕渤海郡王으로, 대조영의 아들 대무예를 계루군왕桂婁郡王으로 책봉했다. 이때부터 진국 대신 발해국이라는 국명이 쓰이게 되었다. 이 무렵 발해의 영역은 동모산을 중심으로 한 돈화 일대였는데, 이를 훗날 '구국舊國'이라 불렀다.



**동모산**
대조영이 이끈 집단이 요동에서 이곳으로 옮겨와 성을 쌓고 진국을 세웠다.
이후 수도를 상경으로 정한 뒤에는 동모산이 있었던 지금의 중국 길림성
돈화시 성산자산성 일대를 '구국'이라고 불렀다. 성산자산성은 흙과 돌을 섞어
쌓은 성으로, 둘레가 약 2킬로미터다.

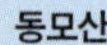

## 동아시아 세계의 새로운 국제 질서

719년에 대조영이 죽고 맏아들 대무예가 무왕으로 즉위했다. 대무예는 즉위 후 '인안
仁安'이란 독자적인 연호를 사용해 독립국가의 위상을 분명히 하고, 영토 확장에도 전
력을 기울였다. 그의 시호가 무왕인 것은 생전에 벌인 무력 정벌에 커다란 업적을 남
겼음을 의미한다. 『신당서新唐書』의 「발해전」에 따르면, "무예가 즉위해 크게 영토를 개
척하자, 동북의 여러 오랑캐가 두려워서 신하로 복속했다"고 전한다. 신라가 성덕왕
때 북쪽 국경에 장성을 쌓았던 것도 바로 무왕의 영토 확장 정책과 관련이 있다.

무왕은 727년에 처음으로 일본에 사신을 파견했다. 그때 외교 문서에는 "욕되게 여
러 나라를 주관하고 외람되게 여러 번국藩國을 아우르게 되어, 고구려의 옛 땅을 회복
하고 부여의 풍속을 계승하게 되었다"고 쓰여 있어, 무왕의 자부심과 함께 당시 고구려
와 부여의 영토를 상당히 회복했음을 알 수 있다.

그런데 발해가 일본에 사절단을 보낸 것은 당과 연합한 신라를 견제하려는 속셈이 강
했다. 당시 발해는 동북쪽의 흑수말갈 문제로 당과 대립하고 있었다. 문제의 발단은 무
왕의 정복에 위협을 느낀 흑룡강黑龍江, 지금의 헤이룽강 유역의 흑수말갈이 당에 사신을
보내면서 비롯되었다. 당 현종은 이들 지역을 자신의 영토로 간주해 흑수주로 삼고 통

치관을 파견했는데, 발해가 이러한 조치를 앞뒤에서 협공하려는 적대적인 정책으로 받아들였다. 그래서 무왕은 고립을 탈피하려고 일본과 국교를 맺었던 것이다.

726년 무왕은 아우 대문예에게 흑수주를 정벌하도록 했다. 하지만 대문예는 무모한 정벌이 발해의 자멸을 초래할 수 있다면서 반대했다. 무왕이 뜻을 꺾지 않자 대문예는 할 수 없이 흑수주로 진격했는데, 국경선에 이르러 다시 한 번 정벌의 철회를 간했다. 이에 노한 무왕은 사촌형인 대일하를 보내 군대의 통솔을 대행시키고 대문예를 소환하려 하자, 대문예는 당으로 망명해버렸다.

대문예의 송환 교섭을 둘러싸고 당과 발해 사이에 긴장이 더욱 고조되었다. 732년 무왕은 장군 장문휴를 시켜 산동반도의 등주登州, 지금의 덩저우를 공격해 등주자사 위준을 살해했다. 이에 당도 대문예를 유주로 보내 군대를 모아 발해를 공격하고, 733년에는 당에 와 있던 신라인 김사란을 귀국시켜 신라가 발해의 남쪽 국경 지대를 공격하게 했다. 당시 당의 힘만으로는 완벽히 제압할 수 없었으므로 발해 남쪽에 있던 신라를 끌어들이는 이이제이夷以制夷의 방법으로 발해를 제어하려 했던 것이다.

신라는 나당전쟁 이후 당과 불편했던 긴장 관계를 일시에 해소하고 발해의 남하를 저지할 수 있다는 점에서 당의 제안을 긍정적으로 받아들였다. 그런데 신라는 큰 추위와 눈을 만나 발해를 공격했던 병사들이 반 이상이나 얼어 죽어 어쩔 수 없이 군대를

**| 당을 공격한 발해**

발해 장수 장문휴는 732년 9월에 무왕의 명령에 따라 해군을 이끌고 당의 등주를 공격해, 그곳 자사인 위준을 죽였다.

되돌렸다고 당에 보고했다. 실제로는 신라가 발해와의 싸움에 전력을 기울였던 것 같지는 않다. 당시 신라는 당과 친선 관계를 재정립하고, 발해의 남하를 저지하는 수준에서 두 나라의 갈등을 조장하거나 관망했다고 볼 수 있는데, 결과적으로 신라의 이러한 정책은 유효했다. 신라는 이러한 당의 이이제이를 역이용해 대동강 이남의 땅을 공식적으로 인정받게 된다. 이때 비로소 나당전쟁이 끝났다고 할 수 있다.

나당전쟁 이후 격동하던 동북아 지역에는 당을 중심으로 신라, 발해, 일본이 공존하는 비교적 안정된 국제 관계의 틀이 정립되었다. 각국 간에는 사신 왕래가 빈번해졌고, 민간 차원의 교류도 늘어났다. 그런 가운데 신라와 발해, 일본은 당의 선진 문물을 받아들이면서 자국의 발전에 힘써 귀족 문화를 꽃피웠다.



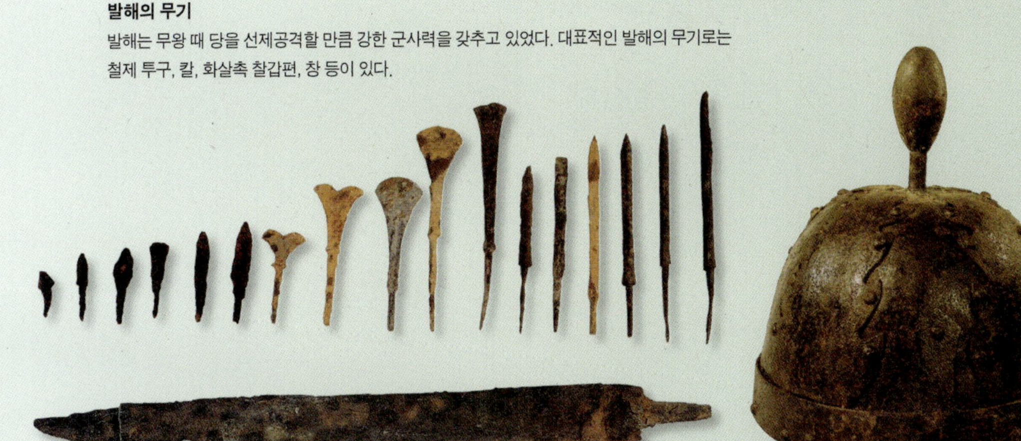

**발해의 무기**
발해는 무왕 때 당을 선제공격할 만큼 강한 군사력을 갖추고 있었다. 대표적인 발해의 무기로는 철제 투구, 칼, 화살촉 찰갑편, 창 등이 있다.

# 통일신라시대인가, 남북국시대인가?



7세기 중엽 백제와 고구려가 멸망하고, 신라는 대동강 이남 지역을 통합했다. 이후 698년에는 고구려의 옛 땅에서 고구려 계승을 표방한 발해가 새롭게 건국되었다. 이 사건에 대해 학계에서는 대체로 신라가 나당전쟁에서 당을 물리치고 삼국을 통일했다는 점을 강조해 '통일신라시대統一新羅時代'로 부르면서 발해를 부차적으로 다루고 있다. 물론 1990년대 이후 발해를 한국사에 포용하기 위해 '남북국시대南北國時代'로 불러야 한다는 주장이 적극적으로 제기되었지만, '남북국시대'라고 하면서도 '통일신라'라는 용어를 굳건히 사용하고 있다. 이는 학계가 아직도 신라 우위의 한국사 체계를 여전히 견지하기 때문이라고 할 수 있다.

그런데 흥미로운 사실은 북한에서 이 시기를 전혀 다르게 보고 있다는 점이다. 북한은 지금의 분단 체제에서 자신의 우월성을 정당화하려고 '고구려-발해-고려-조선-북한'으로 이어지는 한국사의 계통성을 강조한다. 이로 인해 한반도에서 최초의 통일이 신라가 아닌 고려에 의해 이루어진 것으로 보고, 통일신라 대신 발해를 중심에 둔 '발해와 후기 신라'라는 명칭을 사용하고 있다.

이처럼 남북한 학계는 모두 체제 유지를 위한 이데올로기와 연결시켜 신라 또는 발해라는 어느 한 국가만 강조한 시대 구분 명칭을 고집하고 있다. 다만 양쪽 모

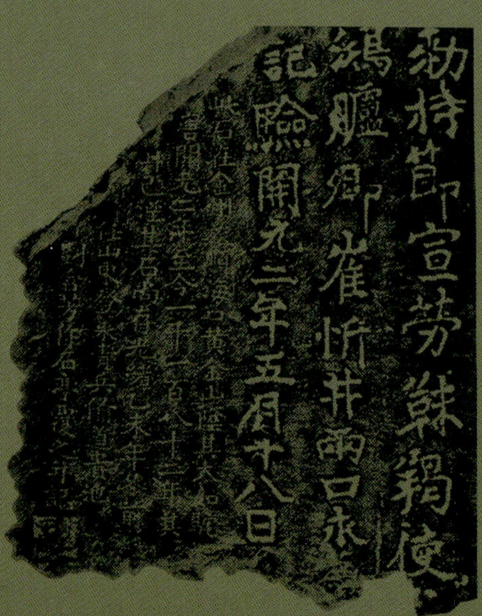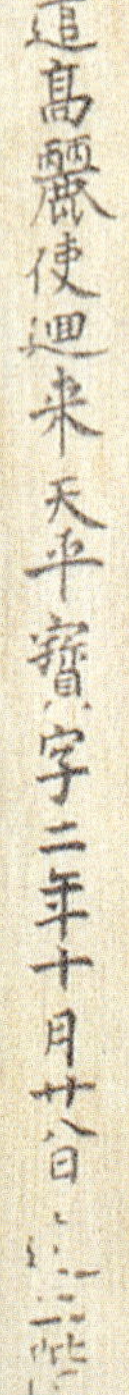

**발해에 갔던 당의 사신이 만든 비석과 고대 일본의 '견고려사' 목간**

왼쪽 비석은 713년에 당이 발해의 건국을 인정하기 위해 보낸 사신 최흔이 새긴 것이다. 당은 대조영에게 '발해군공渤海郡公'이라는 관작을 수여해, 이때부터 나라 이름을 발해로 바꾸었다. 오른쪽 고대 일본의 목간에는 758년 발해 사신 양승경 일행과 함께 귀국한 일본의 오노다모리 일행을 2계급 특진시킨다는 내용이 기록되어 있다. 여기서 발해에 보낸 사신을 '견고려사(遣高麗使)'라고 했는데, 이것은 발해뿐 아니라 일본도 발해가 고구려를 계승한 나라임을 인정했다는 사실을 말해준다.

두가 발해를 우리 역사의 하나로 바라보려는 점만은 일치한다. 이러한 공통된 역사 인식에서 출발해 신라와 발해를 공평히 포괄할 수 있는 시대 명칭을 생각해본다면, '남북국시대'보다 더 적합한 것은 없을 듯하다. 실제로 신라와 발해는 서로 교류하고 경쟁하면서 220여 년을 병존한 이웃 나라였다.

하지만 최근에 발해를 한국사에 포섭하려고 신라와 발해 사이에 동족 의식이 존재했다는 주장이 제기되고 있는데, 이러한 비약은 오히려 한국사의 체계화에 역기능을 초래할 가능성이 높다. 『신당서』에는 신라인이 발해인을 아이를 잡아먹는 야만인으로 인식했던 사실이 기록되어 있다. 또 신라인들은 추석을 발해를 물리친 전승일로 기념했고, 최치원은 발해가 고구려를 계승한 암적인 존재라고 당에 말했다. 이러한 사실로 볼 때, 신라인들은 발해가 고구려를 계승한 적대적인 국가로 인식했음을 알 수 있다. 또한 발해와 신라 사이에는 상시적인 경제 교역이나 우호적인 외교 관계가 거의 확인되지 않는다. 사신을 파견하는 경우가 있었지만, 이를 근거로 동족 의식을 갖고 있었다고 설명하는 것은 문제가 있을 수 있다.

오히려 한국사의 체계화에는 신라와 발해 사이의 동족 의식보다 그 이후 역사에서 후대인들이 두 나라를 어떻게 바라보았는가가 중요하다. 발해가 고구려를 계승했다는 것은 신라인들도 뚜렷이 인식했지만, 후삼국을 통일한 고려도 발해를 인척의 나라로 여겨 발해가 멸망하자 그 지배층과 유민들을 적극적으로 포용했다. 또 송 사신 서긍이 쓴 『고려도경高麗圖經』이나 이승휴의 『제왕운기帝王韻紀』를 살펴볼 때, 고려 지식인들은 발해를 고려의 전사前史로 이해했음을 알 수 있다.

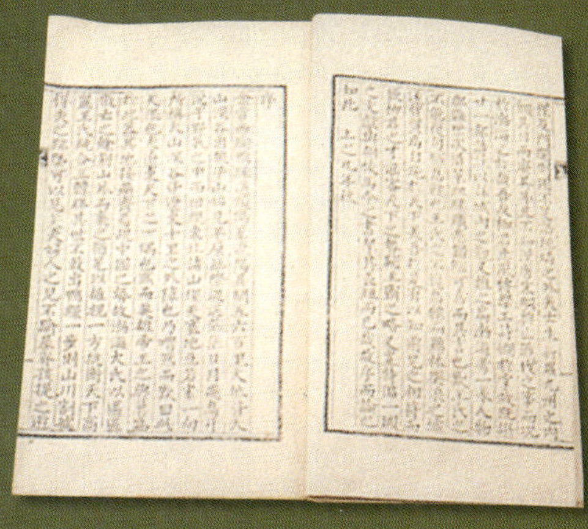

**유득공의 『발해고』**
1784년에 유득공이 쓴 발해의 역사책으로, 서문에 발해가 고구려의 후계자임을 분명히 밝히고, 신라와 병립한 이때를 '남북국시대'로 보아야 한다고 주장했다. 또 고려가 발해사를 쓰지 않았기 때문에 고구려·발해의 영토를 점령하고 있던 여진·거란에 대해 영토적 권리 주장을 내세우지 못하게 되었다고 주장했다.

더욱이 조선 후기에는 신라와 발해의 역사를 삼국시대에 이어지는 '남북국'의 역사로 바라봐야 한다는 유득공의 주장이 제기되었다. 그는 『발해고渤海考』 서문에서 "김씨가 남쪽을 영유하자, 대씨가 그 북쪽을 영유하여 발해라고 했다. 이것이 '남북국南北國'이다. 마땅히 '남북국의 역사'가 있어야 했음에도 고려가 이를 편찬하지 않은 것은 잘못된 일이다"라고 해, 오늘날 우리가 이 시대를 무엇으로 불러야 할지를 준엄하게 가르쳐주고 있다.

지금 우리가 살고 있는 이 시대도 후세에는 '남북분단시대, 남북한시대' 등으로 불릴 것이다. 분단이라는 비극을 극복하고 세계사의 흐름에 능동적으로 대처하려면 신라와 발해의 대내외 정세와 각국의 역사 상황을 냉정하게 분석하는 것이 하나의 실마리가 될 수 있다. 물론 과거의 남북국시대를 현재의 남북 분단과 그대로 동일시하는 것은 피해야 한다. 그러나 신라와 발해, 그리고 이를 둘러싼 주변 세계가 서로 합종연횡했던 상황은 오늘날 우리에게도 시사하는 점이 분명 적지 않다.

# 신라 중대 왕권의 빛과 그림자

## | 전제 왕권과 신라의 천하관

『삼국사기』를 보면 신라인들은 자신의 역사를 상대上代, 중대中代, 하대下代로 구분했는데, 특히 삼국 통일의 기초를 마련한 태종무열왕에서 혜공왕까지를 신라 역사의 중심인 '중대中代'로 설정했다. 이는 신라 때 이미 삼국 통일을 신라사의 획기적 분기로 여겼음을 말해준다.

오늘날 우리도 신라의 중대를 정치적 안정과 문화적 번영을 누린 최고의 전성기로 이해하고 있다. 중대에는 "왕권의 전제화로 귀족 세력이 제압당하고, 태자太子 제도를 통해 무열왕계의 왕통이 안정화되었다. 또 확대된 영토와 인구를 통치하려고 9주5소경과 군현으로 편성해 중앙집권제를 완비했다. 그 결과 성덕대왕신종, 불국사, 석굴암 같은 통일신라의 화려한 문화가 만개할 수 있었다"고 보고 있다.

이러한 신라 중대의 '전제 왕권'에 대한 이미지는 우리에게 너무나 친숙하고 당연해서 의심할 필요조차 없어 보인다. 그러나 전제 왕권과 중앙집권화를 완비하는 것이 과연 국가의 발전일까? 진골 귀족은 백성을 착취하고, 왕은 백성을 보호하는 수호자였을까?

## 나당전쟁 직후의 내우외환

676년 당의 군대를 축출한 문무왕은 더 이상 전쟁을 하지 않기 위해 많은 노력을 했다. 대동강 이남의 고구려 땅을 실질적으로 차지했지만, 당을 자극하지 않으려고 임진강 이북 지역에 대한 군현 지배를 적극적으로 실시하지 않았다. 또 당과 관계를 회복하려고 사신도 파견했다. 그러나 당은 신라를 인정하지 않은 채 재침의 기회만 노렸다. 문무왕은 죽을 때 "동해의 용이 되어 왜적의 침입을 막겠다"는 유언을 남겼다고 한다. 당시 신라에게는 당뿐만 아니라 일본의 협공도 함께 고민해야 할 골칫거리였다.

이처럼 나당전쟁 직후 신라는 대외적으로 매우 불안했다. 나당전쟁 때 문무왕은 내부 분열을 막고 왕권을 강화하는 차원에서 진골 귀족들을 당에 빌붙은 부당배付唐輩나 역적으로 몰아 상당수 숙청했다. 전쟁을 이용해 왕이 정적을 제거한 것이다. 진골 귀족들은 누명을 쓰고 억울하게 죽어간 동료들을 보면서도 전쟁 속에서 비대해진 왕권 앞에 일단 몸을 움츠릴 수밖에 없었다. 그러나 진골 귀족들의 울분은 왕도 충분히 느낄 수 있을 만큼 점점 더 거세졌다.

**문무왕릉**
삼국 통일을 이룩한 문무왕의 해중왕릉으로, '대왕암' 또는 '대왕바위'라고도 불린다. 경상북도 경주시 양북면 봉길리 앞바다에 있는데, 불교식으로 화장해 유골을 동해에 묻으면 용이 되어 왜구의 침입을 막겠다고 한 유언을 따라 만들었다고 한다.

문무왕의 뒤를 이은 신문왕은 즉위하자마자 장인인 김흠돌을 역모죄로 참수했다. 이때 많은 진골 귀족들이 연루되어 죽었는데, 심지어 병부령 김군관과 그 아들에게 모반 사실을 알고도 고발하지 않았다는 죄목으로 자살하라는 명을 내렸다. 신문왕은 주동자뿐 아니라 단순 가담자들도 철저하게 색출했다. 김흠돌의 난을 처리한 후 내린 신문왕의 교서에는 "뜻밖에도 상중喪中에 서울에서 난이 일어날 줄 어찌 상상이나 했겠는가!"라며, 전혀 생각지도 않았던 반란에 충격을 받은 것처럼 기록되어 있다.

하지만 신문왕이 즉위하자마자 일사천리로 처리한 반란의 수습 과정을 좀 더 자세히 살펴보면, 이 역모가 즉위 전에 이미 감지되었던 것으로 짐작된다. 오히려 신문왕이 자신에게 대항할 수 있는 진골 세력의 핵심을 미리 철저하게 숙청하면서 강력한 전제 왕권을 확립하려고 역모를 이용했을 가능성이 높다. 왕의 장인은 왕과 운명을 함께 할 수밖에 없다. 그런데도 장인이 반역을 주도했다는 점에서, 당시 왕과 진골 귀족 세력 간의 갈등이 얼마나 심각했는지 충분히 짐작할 수 있다.

예전부터 신라에서는 박씨·석씨·김씨가 교대로 왕위를 계승한 사실에서 보듯이, 특정 가계가 배타적으로 왕위를 독점할 만큼 왕실의 신성한 권위가 확립되지 못

**감은사 석탑**
문무왕릉에서 1.5킬로미터 떨어진 바닷가에는 아들 신문왕이
지은 감은사가 있다. 이 절에는 금당 밑까지 바닷물이 들어오도록
만든 장치가 있는데, 동해의 용이 문무왕과 김유신의
사신 자격으로 나타나 나라를 지켜주는 '만파식적'이라는
신비한 피리를 신문왕에게 바쳤다는 전설이 전하고 있다.

했다. 신라가 멸망할 무렵 박씨가 다시 왕위를 계승한 것이 이를 잘 말해준다. '대왕'이라 칭할 만큼 왕권이 한층 강화되었던 법흥왕 이후에 왕위를 계승할 수 있는 신성한 왕계라는 의미에서 '성골聖骨' 의식이 나타나기는 했지만, 진지왕의 폐위가 말해주듯이 여전히 왕권은 진골 세력을 대변하는 '대등회의大等會議'를 무시할 수 없었다. 아니, 오히려 대등회의가 절대적인 힘을 발휘했다.

## 중대 신라 왕실의 중앙집권 정책

『삼국사기』에는 선덕여왕 말년에 상대등 비담이 "여왕이 나라를 제대로 다스리지 못한다"는 명분으로 반란을 일으켰다고 기록되어 있다. 하지만 이것은 승리자의 기록일 뿐이다. 실제로는 대등회의에서 여왕의 폐위가 결정되자, 이를 받아들일 수 없던 왕당파 김춘추와 김유신이 연합해 상대등 비담과 대등 세력을 제거한 친위 쿠데타였다.

김춘추는 집권 후에 진골 세력의 대등회의를 어떻게 하면 무력화시키고 강력한 왕권을 확립할 수 있을 것인가에 골몰했다. 그가 추구한 친당 정책은 단순히 외교 전략에만 그친 것이 아니었다. 유교 정치 이념을 수용해 관료제의 확립과 왕권 강화라는 내정 개혁을 단행하는 것이 오히려 본질적인 목표였다. 김춘추는 품주稟主에서 집사부

**태종무열왕릉비**
김유신과 함께 신라의 정치 개혁과 삼국 통일을 주도한
태종무열왕(김춘추)의 공적을 기록했을 비신 부분이 사라진 채,
귀부와 이수만이 남아 있다.

執事部를 독립시켜 왕의 비서 기구를 한층 강화했고, 왕이 임명하는 재상들을 통해 정책을 의결하고 집행하는 새로운 정치 운영 체제를 도입했다. 또 오묘제五廟制를 수용해 왕의 직계 조상만 제사 지내고, 태자 제도를 강화해 왕위의 직계 적통 계승을 내세워 왕권을 확립하는 데 온 힘을 쏟았다.

문무왕은 김춘추의 시호를 중국의 천자와 대등한 '태종太宗'으로 하고, 고구려의 왕족 안승을 보덕국왕으로 책봉해 제후국을 거느린 군주로서 왕권의 위상을 드높였다. 또 왕을 보좌하는 두품頭品 관료들의 경제 기반을 안정화시키려고 녹봉제를 실시해, 진골 중심의 대등 체제를 왕을 중심으로 한 관료제로 쇄신하기 위한 기초를 닦았다.

한편 문무왕은 새로 복속한 백제·고구려 귀족들과 지방 세력들에게도 관등을 주어 삼국의 유민들을 달래고 통합하려는 노력을 기울였다. 원래 신라에는 왕경 출신에게만 경위京位 관등을 주고, 공을 세운 소수의 지방인을 제외하고는 복속된 지방인에게 외위外位 관등을 주는 차별적인 관등제가 실시되고 있었다. 그러나 문무왕은 외위를 없애고 경위로 일원화하여, 진골과 왕경 중심의 관등 체계를 해체하려 했다. 이것은 천하가 모두 똑같은 왕의 신하요, 백성임을 강조한 것이었다.

또 백세와 고구려의 여론 주도층이나 승려들을 우대해 포섭했으며, 지방인들의 신앙과 의례 대상인 산천에 대한 제사도 중앙에서 장악했다. 이들 승려나 각 지

▲관료들의 청동 도장
황룡사지에서 나온 청동 도장(왼쪽)과 곱돌 도장(오른쪽 위), 기와 도장(오른쪽 아래)이다.
통일신라의 도장은 대체로 왕경이 있던 경주의 안압지, 황룡사지 등을 비롯해 양주 대모산성,
이천 설봉산성 같은 지방 성곽에서도 발견되고 있다.

◀신라의 문관상
통일신라의 유교 정치 사상에 입각한 관료 제도를 엿볼 수 있는 토우로, 유교 의식에 따라
오른손을 왼손 위에 포개어 홀을 들고 있다. 그런데 움푹 들어간 눈과 오뚝하게 솟은 코의 생김새
때문에 신라인이라기보다는 서역인을 본떠 만들었을 것으로 여겨진다.

역의 제사는 지방민 결집의 구심점이 될 수 있기 때문에 철저히 통제한 것이다. 이러한 조치들은 경위 일원화와 함께 중앙집권적인 통일국가를 지향한 중대 왕실의 정책 방향을 잘 보여준다.

태종무열왕과 문무왕의 정책을 계승한 신문왕은 왕권 강화를 위해 좀 더 과감한 정책을 단행했다. 즉위하자마자 김흠돌의 세력을 역모죄로 몰아 제거한 것은 비록 장인이라 하더라도 왕권에 도전하는 귀족은 절대로 용납할 수 없다는 선언이었다. 이를 계기로 신문왕은 기존의 권력 구조를 재편하는 왕권 강화 정책들을 숨 가쁘게 쏟아냈다. 통일 이후 신라를 제도적으로 설계하고 완성한 인물은 신문왕이었다.

682년 신문왕은 유교 정치 이념에 따라 인재 교육과 관료 양성을 목적으로 국립대학인 국학國學을 설립했다. 국학은 김춘추가 집권한 후 이미 준비되었지만, 이때 비로소 완성되었다. 국학은 왕권을 보좌할 수 있는 두품 계층들이 정계로 진출하는 통로였다. 6두품인 강수와 설총이 이 길을 여는 데 가장 큰 기여를 했다. 특히 설총은 이두를 체계화해 문서 행정 체제의 정착을 도왔고, 한문 경전을 우리말로 교육할 수 있는 기초를 마련했다.

삼국을 통일한 신라는 늘어난 영토와 인구를 통치하기 위해 좀 더 정비된 중앙 관료 기구와 지방 행정조직이 필요했다. 신문왕은 관료의 인사 업무를 관장한 위화부를 필



## | 설총의 『화왕계』 속에 담긴 뜻은?

『화왕계』는 꽃나라를 다스리는 화왕花王 모란이 처음에 장미를 사랑하다가 새로 나타난 할미꽃의 충직한 모습을 보고는 심적인 갈등을 겪으면서, 결국 할미꽃의 간곡한 충언에 감동해 정직한 도리를 숭상하게 된다는 내용을 담고 있다.

이 작품은 진골 체제에서 벗어나 관료제에 입각한 정치체제를 바랐던 신문왕의 뜻을 우화적으로 표현한 것으로, 국학 설립 이후 두품 계층의 정치적 성장과 열망을 잘 보여주고 있다.

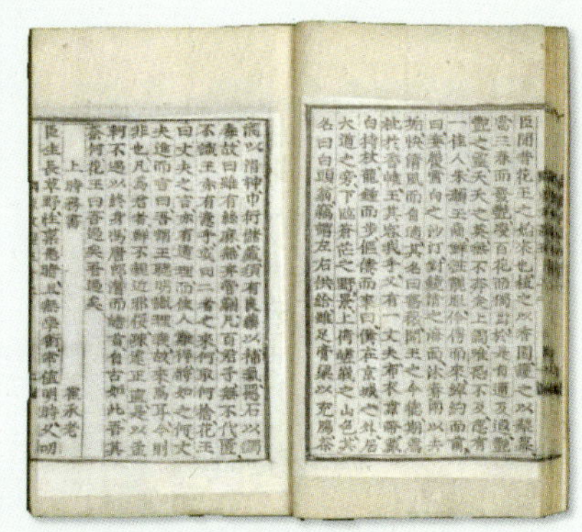

**『화왕계』**
신라 때 설총이 지은 단편 산문이다.

그동안 우리는 신라의 정치 구조를 '왕권 대 신권'으로 단순화하고, 너무나도 단선적으로 왕권 강화와 중앙집권화를 국가 발전의 올바른 방향으로 이해해왔다. 이러한 역사 이해는 1970년대 박정희 정권의 국가우선주의에 조응한 측면이 없지 않다.

당의 도움을 받은 신라의 김춘추는 밖으로 고구려, 백제와 벌인 항쟁에서 승리했지만, 안으로는 권력을 자신이 바라는 대로 독점할 수 없었다. 신라가 국가 체제를 유지하려면 왕만이 아니라 그 대척점에 있는 진골 귀족들의 협조도 절대적으로 필요했던 것이다. 신라는 왕을 포함한 진골 귀족들의 공동지배로 세워진 나라였다. 진골 귀족들의 전횡만이 아니라 왕의 전제정치도 신라를 위태롭게 만들 수 있었다.

『삼국사기』와 달리 『삼국유사』에는 이 시기를 중대로 특화하지 않고, 하대와 함께 묶어 신라의 내리막기인 '하고下古'로 인식한 또 다른 시대 구분법이 있었음을 알려주고 있다. 어쩌면 현재 학계가 인식하는 것과는 달리, 신라의 중대가 정치적인 안정과 번영을 누린 전성기가 아니었던 것이 아닐까? 경덕왕 때 충담사가 바친 「안민가安民歌」는 역설적으로 '불안한 민民'을 대변한 노래일 수 있다. 실제로 국어학계에서는 그렇게 해석하는 경향이 있다. 오늘날 우리가 못 보고 있지만 신라인들이 보았던 중대의 이미지는 어떤 모습이었을까?

한 면만 도드라지게 만든 부조는 사물의 전체를 보여주지 못한다. 스포트라이트를 받은 곳은

분명 화려하지만, 그 빛의 이면에는 늘 그림자가 드리워져 있다. 중대 왕권의 빛과 그림자를 시야에 모두 넣을 때, 비로소 신라의 중대 사회를 온전히 이해할 수 있지 않을까!

임금은 아버지야!
신하는 사랑하실 어머니야!
백성은 경망한 아이고
……
아야 임금답게 신하답게 백성답게
현재 할 것이면 나라 태평합니다!

―「안민가」

두로 공작부, 예작부 같은 중앙정부의 6부 조직을 체계적으로 갖추어갔다. 685년에는 각 관부에 행정 실무를 담당하는 사지舍知를 설치해, 문무왕이 설치한 말단 행정 담당자인 사史와 함께, 영令·경卿·대사大舍·사지舍知·사史로 이어지는 효율적인 5단계 관료 행정조직을 완비했다.

## 신라의 천하관과 9주5소경

신라는 백제와 고구려의 영토를 주州·군郡·현縣으로 편제했다. 주는 신라가 처음에 영토를 확장하는 과정에서 임시적으로 설치한 군사적인 성격의 지방 행정단위였다. 하지만 통일 전쟁이 일단락되면서 광역 행정단위로 변모했다. 신문왕은 685년에 완산주完山州, 지금의 전주와 청주菁州, 지금의 진주의 설치를 끝으로 국토를 '9주'로 재편했다.

신라의 9주는 중국 최초로 왕조를 연 하夏의 우 임금이 천하를 9주로 구분했던 것에서 따온 것으로, 신라의 천하관을 잘 보여준다. 또한 옛 삼국 땅에 균등히 세 개씩 주를 두었는데, 이는 삼국을 아우르는 통일국가의 면모를 드러내기 위한 것이었다.

신문왕은 무열왕의 묘호인 '태종太宗'이 당 태종에 저촉된다며 이를 고치라고 당이 간섭했을 때에도, 무열왕의 '일통삼한' 업적을 들어 묘호의 개변을 거부했다. 그만큼 삼국



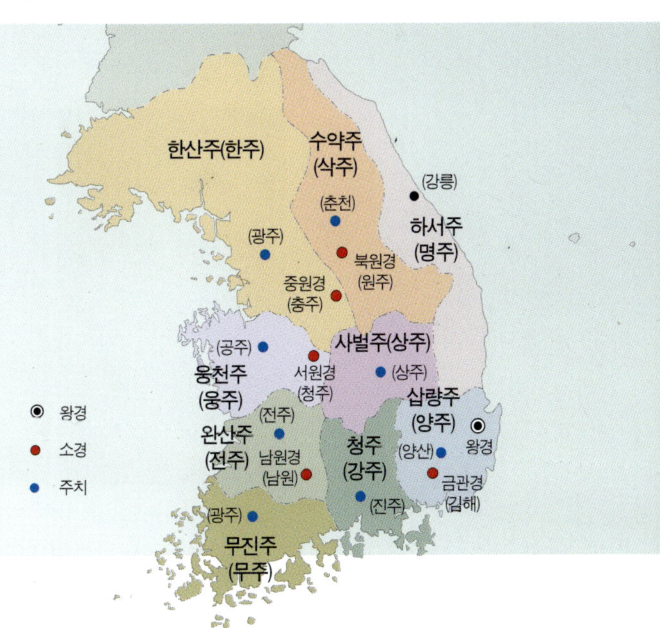

**| 신라의 9주5소경**

통일 이후 신문왕은 확대된 영토와 인구를 통치하려고 전국을 아홉 개의 주로 나누었으며, 지방의 중심 도시에는 다섯 개의 소경을 설치했다. 정치조직 또한 왕의 비서 기구인 집사부 중심으로 확대·재편했다.

통일은 중대 왕권의 큰 자부심이었다.

신문왕은 기존의 중앙 군단에다가 새로이 정복한 고구려인과 백제인, 보덕국인報德國人, 안승이 세운 고구려국 사람, 말갈인으로 편성한 군단을 증설해, 중앙 군사 조직인 9서당九誓幢을 완비했다. 이는 신라가 이들 국가를 정복해 지배하는 천하의 중심 국가임을 표방한 것이다. 심지어 중대 왕실은 일본에 보덕국이나 숙신의 사절을 딸려 보냈는데, 이 또한 신라가 이들을 지배하고 있음을 일본에게 과시한 것이다. 신문왕이 687년에 오묘에 올린 제문에서 "이역의 사신들이 진기한 보물을 바치고 조공을 바친다"고 강조한 것도 같은 맥락에서 이해할 수 있다.

한편 신라의 영토가 소백산맥과 한강을 넘어서고, 한반도의 패자가 되는 과정 속에서 왕경王京, 지금의 경주은 점점 국토의 동남쪽 끝으로 밀려나는 형상이 되고 말았다. 이러한 약점을 보완하려고 지증왕 때부터 이미 왕경 외에 '소경小京'을 설치해 국토를 효율적으로 지배하는 방안을 추진했다. 신문왕은 기존의 금관소경김해, 북원소경원주, 중원소경충주 외에, 685년에 서원소경청주과 남원소경남원을 설치해 5소경을 완비했다. 이 소경에 신라의 중앙 귀족과 함께 새로 병합한 가야·백제·고구려의 귀족들을 살게 하여, 각 지역의 정치적·문화적 거점 역할을 할 수 있도록 했다.

신문왕은 중앙과 지방의 관제 정비와 함께 689년에는 기존의 관료에게 지급하던 녹

**갑옷을 입은 십이지신상**
성덕왕릉을 지키고 서 있는 원숭이 조각상(왼쪽)은 길게 늘어진 소맷자락과 갑옷이 사실적으로 표현되어 왕권의 위엄을 상징하는 십이지상 중에서 가장 뛰어난 솜씨를 보여주고 있다. 십이지신장상은 김유신 묘의 호석(오른쪽)처럼 대개 평면에 돋을새김한 것이 일반적이다.

읍제를 폐지하고, 해마다 곡식을 관청에서 지급하는 녹봉제를 실시했다. 이러한 관수관급官收官給의 녹봉제는 문무왕 때 두품 계층에게 이미 실시한 조치였지만, 신문왕은 진골을 포함한 모든 관료에게 녹봉 지급을 확대했다는 점이 다르다. 대체로 녹읍은 해당 지역의 조세를 국가 대신 진골 귀족이 직접 받아가는 제도였기 때문에, 녹읍의 혁파는 진골 귀족의 지역 지배를 차단하려는 제도 개혁이라 볼 수 있다. 신문왕의 중앙집권 강화 정책 가운데 진골 귀족에게 가장 심각한 타격을 준 것이었다.

같은 해에 신문왕이 왕경을 달구벌達句伐, 지금의 대구로 옮기려 한 천도 계획은 진골 귀족들의 반대에 부딪혀 뜻을 이루지 못했다. 수도는 기존의 지배 체제가 응축된 상징적인 공간이다. 신문왕은 진골 귀족의 본거지인 경주를 벗어나 중대 왕실의 새로운 공간을 마련하려고 시도했지만 결국 실패했다. 이것은 중대 왕실의 왕권 강화 정책이 진골 귀족들의 지지를 받지 못했고, 그 자체도 일정한 한계를 지니고 있었음을 의미한다.

## 녹읍의 부활과 중대 왕실의 붕괴

신문왕 때 중앙집권이 현저하게 강화되면서 새롭게 정비된 중앙과 지방 행정조직을 기초로 강력한 전제 권력을 행사할 수 있었다. 그러나 새로운 정치 운영 체제를 떠받

**신문왕릉**
신문왕은 아버지 문무왕의 뒤를 이어 통일신라의 기반을 구축했다. 국학을 설치해 유학을 정치 이념으로 정착시키고, 관부를 정비했다. 이러한 중대 왕실의 왕권 강화 정책은 피의 숙청을 거쳐 너무나도 급격하게 이루어졌기 때문에, 문무왕과 신문왕은 매우 신뢰할 수 있는 혈족들을 정책 추진의 전면에 내세울 수밖에 없었다.

친 것은 두품 계층의 성장이나 능력을 우선하는 관료 체제가 아니었다. 대등회의를 대신한 것은 소수의 특권층인 진골 가문이었다. 특히 김춘추의 아들과 사위, 그 손자들이 재상직을 독점하면서 권력을 농단했다. 김춘추와 함께 중대 왕실을 연 일등공신인 김유신의 손자조차 성덕왕 초기에는 이미 핵심 권력에서 배제될 만큼 중대 왕권을 지탱한 권력층은 매우 폐쇄적이었다. 두품 신분층의 관직 진출도 실제로는 진골 귀족의 천거薦擧로 이루어졌기 때문에 권력은 점점 이들의 손에 집중되어갔다.

신라의 정치체제는 애초부터 진골 중심의 폐쇄적인 정치 구조였다. 중대에 들어와 이전보다 정치 참여층의 폭이 더욱 좁아지게 되면서 정국의 불안은 한층 심화되었다. 중대에 진골들의 반란이 끊이지 않았던 것은 이를 잘 말해준다. 그런데 이처럼 불안했던 중대 왕권이 신문왕 이후로도 80여 년을 더 지속할 수 있었던 것은 무엇 때문일까? 그것은 바로 백제와 고구려의 멸망으로 세금을 수취할 수 있는 지역이 기존보다 1.5배 이상 증가했기 때문이다. 더욱이 통일 전쟁기에 비하면 국방비의 지출이 대폭 줄어들었기 때문에 국가재정은 그 어느 때보다 튼실했다.

사실 중대 왕권을 떠받친 것은 강화된 왕권도, 재상직을 독점한 왕실의 혈족도 아니

었다. 권력에서 소외된 진골의 불만을 쉽게 잠재울 수 있었던 것은 왕이 그들의 품에 안겨준 경제적인 부였다. 녹읍의 혁파가 진골 세력의 별다른 저항 없이 진행된 것은 기존의 녹읍에 버금가는 녹봉이 진골들에게 반대급부로 주어졌기 때문이다. 그들의 대저택인 금입택金入宅은 말 그대로 금으로 넘실거렸던 것이다. 그러나 국가재정에 문제가 발생해 녹봉이 안정적으로 지급되지 않게 된다면, 억눌렸던 진골들의 저항이 언제라도 다시 일어날 수 있었다. 이것은 곧 현실로 나타났는데, 혁파된 녹읍이 70년 만인 767년에 다시 부활한 것이다.

성덕왕에서 혜공왕에 이르는 중대의 마지막 70여 년은 신라인들에게 가장 가혹한 시기였다. 더욱이 태종무열왕의 백제 원정, 문무왕의 고구려 원정과 나당전쟁까지 포함한다면 신라인들에게 '중대'라는 시기는 일통삼한이라는 중대 왕권의 자부심과는 상관없이 가장 참담한 '재이災異의 시대'로 각인되었다고 볼 수 있다. 특히 경덕왕 때 상대등 김사인이 계속되는 '재이'를 이유로 시정時政의 잘잘못을 극론하고, 혜공왕 때 '재이'가 자주 일어나 민심이 등을 돌리면서 국가가 위태로워졌다는 기사들이 연이어 나오는 것도 이 시기 자연재해를 바라보는 지배층의 불안감이 상당한 수준에 도달했음을 반증해

**안압지**
문무왕 때 만든 안압지 주위에는 원래 왕이 관료와 더불어 풍류를 즐기고 정사를 논했던 임해전이 있었다. 또 안압지 주변에는 태자가 거처하는 동궁인 월지궁도 있었다.

## 왕경의 상징, 금입택

통일신라의 왕경에는 17만 8936호가 살았고, 금입택이 35채 있었다고 한다. 금입택은 금을 입힌 저택이라는 뜻으로, 그 주인은 단순한 부호들이 아니라 왕권에 비견될 만한 유력한 진골 귀족이었다. 이러한 금입택이 있는 왕경에는 불을 피워도 연기가 나지 않는 숯으로 밥을 지었다는 기록도 있다.

**녹유도깨비기와**
두 눈을 부릅뜨고 입을 크게 벌린 채 무서운 표정을 짓는 도깨비기와는 악귀를 쫓는 상징물로, 건물 장식으로 사용되었다.

## 숟가락에서 가위까지

안압지에서 나온 생활용품은 놋쇠로 만든 대접을 비롯해 숟가락, 금동가위, 풍로 등 2000여 점에 달한다. 이러한 생활용품은 무덤에서 나온 껴묻거리와는 달리 실생활에서 사용된 것이어서 귀족들의 호사스러운 생활 모습을 엿볼 수 있다.

**놋쇠 대접과 숟가락**
놋쇠로 만든 대접(아래)과 숟가락(위)을 통해 왕경에 살았던 귀족들의 식생활 문화를 엿볼 수 있다.

**금동 가위**
안압지에서 출토된 90여 점의 가위는 8자형으로 교차된 형태인데, 주로 금, 동, 철, 납으로 만들었다. 특히 반달이 합쳐지는 모양의 금동 가위는 초의 심지를 자르는 데 사용한 것으로 짐작된다.

**기와의 화려한 문양과 금동 도깨비판 문고리**

안압지에서 나온 기와와 금동 도깨비판 문고리를 통해 신라 왕경의 화려한 건축물을 짐작해볼 수 있다. 특히 금동 도깨비판 문고리는 같은 틀에서 떠내어 도금한 것으로, 매우 인간적이고 해학적인 모습과 함께 세련된 솜씨를 뽐내고 있다.

## 안압지의 잔치 한마당

안압지에는 못을 파낸 다음 그 흙으로 인공 섬을 만들어 화초를 심고 귀한 새와 기이한 짐승을 길렀다고 전해진다. 이곳에서 통일신라 왕들은 봄이나 가을에 잔치를 열었다. 이때 잔치에 참석한 사람들은 악사들이 연주하는 음악을 들으며 주사위를 던져 놀기도 하고, 연못에 배를 띄우는 뱃놀이도 즐겼을 것이다.

**주사위와 피리 부는 천인**

주사위(아래)의 각 면에는 '술 석 잔을 한 번에 마시기', '시 한 수 읊기' 같은 벌칙이 쓰여 있어 주연에 쓰였던 놀이 기구로 짐작된다. 그리고 피리 부는 천인(오른쪽)을 통해 신라인의 흥을 느낄 수 있다.

**나무배**

통나무 내부를 파내고 만든 형태지만 세 조각을 붙여 조립해서 만든 배로 길이가 6.2미터다. 잔잔한 못에 띄어 놀이하기 위해 만든 것으로 짐작된다.

주는 것이다.

설상가상으로 이러한 자연재해는 기근으로 연결되고, 이로 인한 사람들의 영양 결핍과 면역 체계의 약화는 다시 전염병의 유행으로 이어졌다. 특히 당시의 전염병은 빈번한 대외 교류 속에서 국제성을 띠었다. 8~9세기는 신라와 당, 그리고 일본이 서로 외교와 교역을 위해 가장 활발히 교류했던 시대고, 이로 인해 국경을 넘나드는 전염병의 종류가 늘어났던 시기다. 특히 특정 병원균에 대해 내성을 갖고 있지 않은 지역으로 전염병이 무차별적으로 전파되면서 그 파괴력은 기존의 전염병과 비교할 수 없었다는 데 문제의 심각성이 있었다.

730년대 일본의 최고 권문인 후지와라노후비토의 네 아들이 완두창豌豆瘡, 천연두에 걸려 차례로 숨졌고, 785년에는 신라의 선덕왕이 역진疫疹에 걸려 사망했는데, 당시 전염병은 지배층도 피해갈 수 없었다. 물론 약재 한번 제대로 쓸 수 없는 일반 사람들은 더 말할 필요가 없었다. 질병은 가난한 사람들에게 훨씬 더 가혹한 법이다.

이러한 자연재해와 전염병을 극복하려고 애쓴 중대 왕실의 대응책은 곳곳에서 확인할 수 있다. 예를 들어 창고를 열어 사람들을 구휼하고, 기후 현상의 정확한 예측을 위해 누각박사나 천문박사를 두기도 했다. 또 의학생을 양성하거나 의박사를 늘리고, 국가 위기 때마다 의술에 뛰어난 사람을 특채하는 정책을 실시했다.

**석조 약사불 좌상**
통일신라 때 유행한 석조 약사불 좌상으로, 광배와 불신, 대좌 윗부분을 하나의 돌로 만들었다. 이 무렵 발생한 자연재해와 전염병으로 인한 사람들의 불안감과 위기감 때문에 약사불은 더욱 유행했다.

『삼국사기』에 기록된 천재지변 관련 기사의 통계를 보면, 전체 43종 584회의 기록 가운데 240회의 기록이 8~9세기에 집중적으로 나타나고 있다. 이는 다른 시기에 비해 두 배나 높은 수치다. 또 천재지변 기사가 가장 많은 왕을 순서대로 나열하면, 성덕왕 42회, 경덕왕 28회, 혜공왕 28회의 순으로 중대 후반기에 집중되어 있다. 이는 기존에 중대의 절정기로 본 성덕왕에서 경덕왕 때가 신라 역사상 가장 불안한 시기였음을 반증한다.

아래 표는 이러한 통계 가운데 농업 생산과 농민의 생존에 좀 더 직접적인 타격을 줄 수 있는 기근과 질병, 홍수, 가뭄, 눈, 서리, 우박, 곤충의 피해만 골라 세기별로 추세를 다시 정리해본 것이다. 이 역시 앞서 살펴본 천재지변 통계 비율과 거의 비슷하다. 8세기 전반 성덕왕 때부터 급증하여 8세기 중엽에서 9세기 전반에는 정점에 도달했다가 9세기 중엽 이후에 잦아든다.

**첨성대**

선덕여왕 때 만든 것으로 위는 네모지고 아래는 둥근 모양이다. 높이는 19척 5촌, 위의 원둘레가 21척 6촌, 아래의 원둘레가 35척7 촌이다. 중간 이상이 위로 뚫려서 사람이 그 속으로 오르내리며 별을 관측했다고 한다. 그러나 오늘날 첨성대가 과연 천문대였는가에 대해서는 학자들마다 의견이 엇갈리고 있다.

따라서 앞서 살펴본 신라의 천재지변 통계는 단순히 천문의 이상 현상을 관측한 수치에 그치는 것이 아니라, 신라 사회의 생산구조를 허물어뜨린 파괴적인 자연재해의 빈도수를 나타낸 것임을 분명히 알 수 있다. 결국 성덕왕 때는 중대의 절정을 알리는 여명이 아니라 몰락의 전야였다.

## | 신라 중대의 자연 재해 발생

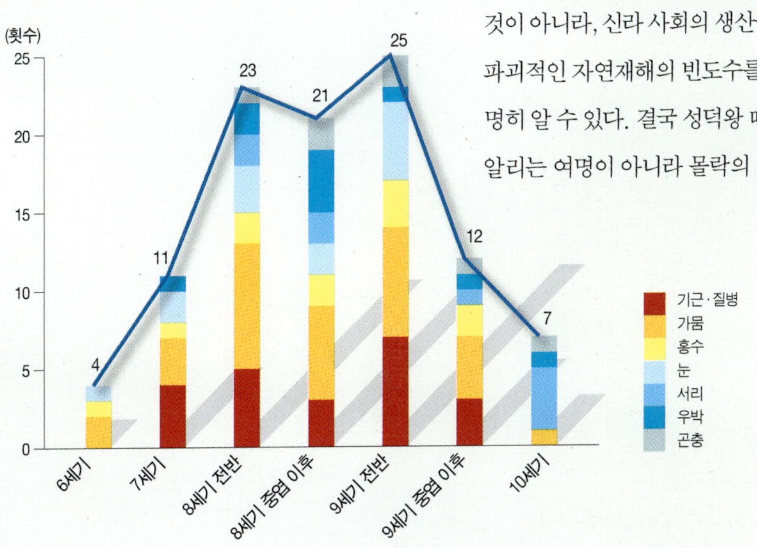

그러나 자연재해와 전염병의 원인을 정확하게 알 수 없었던 당시에 일반 사람들의 불안감과 위기감을 잠재울 수 있는 가장 효과적인 대응은 주술과 종교의 형태를 띨 수밖에 없었다. 병을 고쳐주는 신통력을 가졌다는 약사불이 8세기 말에서 9세기 전반에 집중적으로 나타난 것도 이를 잘 말해주고 있다. 특히 경덕왕 때에는 중앙과 지방에 걸쳐 수많은 불교 관련 공사가 이루어졌다. 황룡사의 거종, 봉덕사종, 불국사와 석굴암, 그리고 분황사에는 30만 근 이상의 거대한 약사불을 국가가 주도해서 조성했다. 그동안 이들 불사는 화려한 중대 문화의 만개로 이해되었지만, 백성들의 불안감을 달래기 위한 국가의 주술적·종교적 치유책이라는 차원에서 재검토할 필요가 있다.

자연재해와 전염병은 지배층의 갈등과 위기감을 증폭시키고, 이러한 불안감을 틈타 중대 말에는 왕권에 도전한 진골 귀족의 반란이 그 이전보다 훨씬 더 빈번하게 일어났다. 자연재해와 전염병, 그리고 정국의 불안이라는 순환 구조가 신라의 생산과 재생산 구조를 황폐화시켰고, 이로 인해 국가재정에 심각한 문제가 발생했다.

결국 경덕왕은 신문왕이 혁파한 녹읍을 다시 부활할 수밖에 없었다. 녹읍제는 진골 귀족에게 지역 지배를 허용하는 단점이 있지만, 진골 귀족이 조세 수취를 위해 일정 지역의 재생산을 책임질 수밖에 없어서 국가재정의 고갈을 해소할 수 있는 유일한 대안이기도 했다. 애초 신라가 진골 귀족들의 공동지배 위에 건설된 것도 고대사회의 생산

◀ **분황사석탑**
분황사 창건 때 세워진 것으로, 안산암을 벽돌 모양으로 다듬어 쌓은 모전석탑(模塼石塔)이다. 원래는 7층이었을 것으로 짐작되는데, 현재는 3층뿐이다. 단층의 기단은 자연석으로 높게 쌓았으며, 그 위에 화강암으로 받침을 마련하고 탑신을 쌓았다.

▶ **불국사와 성덕대왕신종**
불국사는 8세기 중엽에 김대성이 현세의 부모를 위해 지었다고 하는데, 절 안의 석가탑과 다보탑은 이것을 만든 석공의 이야기와 함께 유명하다. 경덕왕이 아버지인 성덕왕의 명목을 빌기 위해 만들었다는 성덕대왕신종은 봉덕사에 안치되어 '봉덕사종'이라고 하지만, 일반 사람들에게는 '에밀레종'으로 더욱 유명하다.

자체가 불안정하고 자연재해에 크게 취약했기 때문이다. 중대 왕실은 새로이 정복한 고구려와 백제 영토에 대한 세수稅收 증대를 기초로 기존의 '진골 공동체 국가'를 뛰어 넘으려고 했지만, 8세기 중반 이후 그칠 줄 모르는 자연재해와 고대사회의 본질적인 한계 앞에서 무릎을 꿇고 말았다.

경덕왕을 이어 어린 나이에 즉위한 혜공왕은 진골 귀족들의 드센 요구를 받아들이고, 이들을 조정하여 새로운 질서를 창출하기에는 역부족이었다. 경덕왕이 천하는 모두 왕의 땅이라는 의미에서 9주의 지명을 스스로 직접 고쳤는데, 혜공왕이 즉위하자마자 예전에 귀족들의 녹읍이었을 때의 지명으로 다시 불리었다. 진골들이 요구하는 대로 왕은 움직여줬지만, 혜공왕은 5도의 주군州郡과 96명의 각간角干이 서로 싸우는 대란에 직면했고, 결국 난병에 시해되고 말았다. 이제 신라의 왕위는 96명의 각간으로 상징되는 진골 세력의 합종연횡 속에서 그 향배가 결정될 수밖에 없었다.

# 신라 사람들, 불국토를 꿈꾸다

고대 도성의 경관과 신라의 성전사원

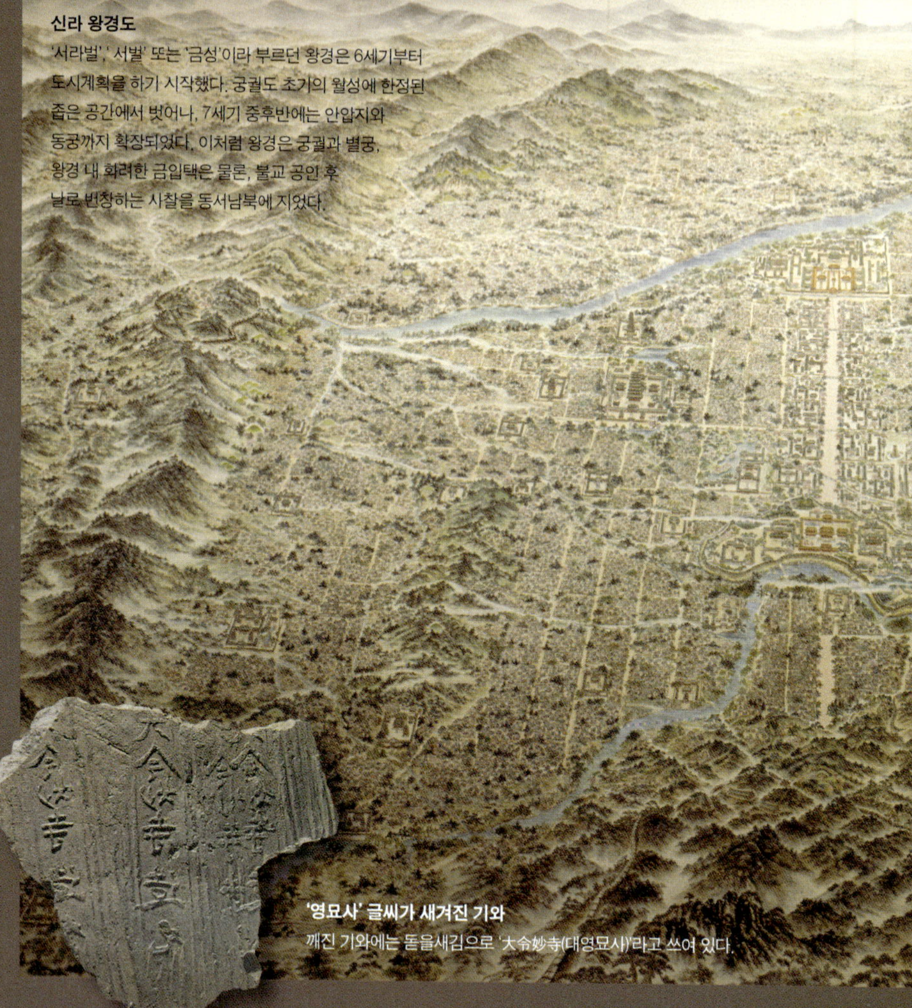



'영묘사' 글씨가 새겨진 기와
깨진 기와에는 돋을새김으로 '大令妙寺(대영묘사)'라고 쓰여 있다.

신라의 도성은 독특한 경관과 상징적인 의례를 통해 국가권력의 중심과 위엄을 연출했다. 도성은 마치 거대한 극장과 같았다. 도성이라는 무대장치에서 베풀어진 국가의례는 도성에 거주하는 관료에게도, 세금을 운반하면서 상경한 지방인에게도 똑같이 거대한 권력을 체감케 하여 왕에 대한 충성과 복속 의식을 그들의 마음속에 불러일으키는 힘으로 작용했다. 이처럼 도성은 지방을 포섭하고 종속시키는 왕권의 중심성을 구현하는 데 가장 적합한 장소라는 점에서 독특한 경관이 연출되었다.

특히 도성의 경계 지점은 도성과 지방을 연결하는 접점이고, 지방인이 도성으로 들어오는 입구이며, 도성이 사방으로 뻗어 나가는 출발점이라는 점에서 고대국가를 압축적으로 상징하는 공간이다. 경주의 사방 입구에도 웅대한 '성전사원'이 건립되었다. 남쪽에는 사천왕사, 북쪽에는 봉성사, 서쪽에는 영묘사, 동쪽에는 봉덕사가 자

**사천왕사 터에서 나온 벽돌**
사바세계의 중심지인 수미산 중턱에 사는 사천왕상을 통해 경주 낭산을 수미산으로 생각했던 신라 사람들의 불국토 사상을 엿볼 수 있다.

**봉성사 명문 곱돌 뚜껑**
통일신라 때 여덟 개의 성전사원 가운데 하나인 봉성사가 왕경의 북방에 있었음을 알려주는 글씨가 새겨져 있다.

리 잡고 있었다. 지금은 그 찬란했던 모습을 볼 수 없지만, 사천왕사의 탑을 장식한 육감적인 조각의 녹유전이나 봉덕사에 걸려 있던 에밀레종을 생각하면 이 사찰들의 위용을 충분히 상상하고도 남는다. 밀교의 만다라적인 세계관을 구현한 이러한 도성 사방의 성전사원을 통해, 신라 중대 왕권은 경주를 천하의 중심이자 사천왕으로 수호되는 불국토의 중심으로 연출했던 것이다.

왕경의 사방에 설정된 성전사원은 이곳에서 다시 사방으로 뻗어 나가는 관도官道를 따라 천하 9주와 연결된다. 지방인들은 도성으로 들어오는 입구에서 이들 '성전사원'을 처음 대면한다. 성전사원에서는 왕실이나 국가의 안녕을 기원하는 여러 국가 의례가 거행되었다. 지방인들은 화려하고 숭엄한 불교 사찰과 그 의례에 압도되어, 영원불멸하는 신라 왕권을 상상했다.

또한 도성의 사방 경계에서는 역병처럼 도성으로 들어올 수 있는 부정을 막기 위해 정기적으로 길신道神에 대한 제사도 베풀어졌다. 이때 음습한 기운을 막는 양물로 '남근男根'을 일으켜 세웠다. 이것이 훗날 마을 경계의 성표가 되는 장승의 기원이다.

이처럼 신라의 도성은 사방 경계에 건립된 성전사원이나 도로에서 베풀어진 국가 의례를 통해 지방과 격절隔絶된 신성한 공간으로 거듭났다. 도성은 이러한 경계 지점의 독특한 비일상적인 경관을 통해, 비로소 도성인과 지방인 모두가 느끼고 의식하는 중심의 장으로 승화되었다.

# 목간으로 본 신라 궁중의 일상



목간木簡은 고대 동아시아 사회에서 종이가 보급되기 이전에 사용된 문자를 기록하기 위해 세로로 길게 만든 나무판을 말한다. 사실 목간보다는 종이가 혁신적인 글쓰기 재료이지만, 종이는 내구성이 약해 오늘날까지 보존된 것이 극히 적다. 물론 목간도 특수한 조건하에서만 보존된다. 예를 들면, 목재의 부식이 지연되는 습한 우물이나 연못, 저수지, 배수로 등에서 주로 출토된다.

현재 우리나라에서 발굴된 고대의 목간은 거의 대부분 신라 목간이다. 경주의 안압지와 월성해자 같은 도성 유적을 비롯해, 하남의 이성산성, 함안의 성산산성 같은 지방 관아 유적에서도 목간이 많이 발굴되었다. 신라 목간들은 그동안 베일에 가려져 있던 신라인의 문자 생활과 궁중의 일상사를 자세히 알려주는 소중한 유물이다.

신라에서는 관료들과 관청 사이에 문서 행정 체제가 상당한 수준으로 발달해 있었다. 문서 행정에는 중국의 한자를 사용했지만, 한문은 아니었다. 한문은 우리말과 어순이 달라 이해하기에 어려운 점이 많았다. 신라인들은 순수 한문을 체득해 나가는 것과 동시에, 한자를 빌려 자신의 말을 표현하는 새로운 문자 체계인 이두를 창안했다. 그래서 신라인들은 7세기 말 이전에 이미 자신의 말을 완벽한 이두 문장으로 표현할 수 있었다.

왕궁의 후원인 안압지에서 출토된 목간 가운데는 궁궐 문의 이름과 그 아래에 한두 명의 이름을 기록한 '문호목간門號木簡'이 있는데, 왕궁의 경비 체제를 자세히 말해준다. 궁문별로 배치한 경비 인원을 목간에 기록한 다음, 그날그날 근무의

**함안 성산산성에서 나온 목간들**
561년 무렵에 작성된 함안의 성산산성 목간에는 낙동강 수계의 각 지역에서 세금을 낸 납세자의 '개별 인명'이 기록되어 있다. 이는 당시 신라 국가에서 납세자를 '호적'으로 파악하고 있지 않았으면 불가능한 일이다. 695년의 「신라촌락문서」보다 130년이나 앞선 시점에 이미 신라의 중앙 정부가 각 지역을 편적했음을 의미한다. 이처럼 성산산성 목간은 신라 문서 행정의 연원이 고구려나 백제 못지않게 오래되었음을 잘 보여주고 있다.

실재 여부를 감독자가 직접 검사해서 경비 인원의 이름 아래에 '있었다'라는 뜻의 '재在' 자를 기록했다. 그리고 이 목간은 나중에 경비원이 지급받을 식량을 청구하는 데 활용되었다. 또 경비 인원이 한두 명이었다는 점이나 안압지에서 폐기되었다는 사실로 볼 때, 문호목간에 보이는 동문東門이나 개의문開義門이 안압지를 후원으로 한 '월지궁', 즉 신라 동궁의 궁문으로 생각된다. 신라의 동궁은 문호목간으로 볼 때, 사방문四方門이 있는 담장으로 둘러싸여 있었고, 그 내부에 중문重門과 내부 담장을 갖춘 우궁隅宮 같은 별도의 부속 건물이 존재했던 것을 알 수 있다. 또 동궁의 경비를 위해 궁문의 개폐에 사용한 신라의 자물쇠와 열쇠도 안압지에서 출토되었는데, 열쇠에 부착된 목간을 통해 신라에서는 열쇠를 '쇠金'라는 이두식 어휘로 표현했음을 알 수 있다.

또 안압지에서 출토된 꼬리표 목간에서는 '식해食醢' 같은 수산 가공물의 이름이 많이 확인된다. 그 가운데 보이는 '고성해高城醢'는 오늘날에도 동해안 지역에서 만들어 먹고 있는 '가자미식해'가 아닐까 생각된다. 당시 신라 왕실에서는 이러한 수산 가공물을 옹瓮과 부缶에 담아 창고에 보관했는데, 삭히는 음식인 경우에는 제조 일자를 명확히 기록해 발효 기간을 고려하여 숙성시켰음을 확인할 수 있다. 이처럼 안압지 꼬리표 목간들을 통해, 과거에는 상상조차 할 수 없었던 신라 궁중의 조리법과 음식 문화까지도 연구할 수 있는 지평이 열리게 되었다.

한편 월성해자 목간에는 의약 처방에 대한 기록도 있다. 안압지에서도 의약 처방이 기록된 8세기의 목간이 출토되었지만, 이 월성해자 목간을 통해 신라에서는 이미 6~7세기부터 중국의 의학책을 학습하고 있었고, 그 약재 효용과 조제량을 숙지한 의약 처방도 시행되었음을 알 수 있다.

이처럼 목간에 기록된 내용은 개인의 간단한 글자 연습에서부터 국가의 복잡한 행정 문서에 이르기까지 고대사회의 각종 기록물이 모두 확인된다. 목간의 기록 내용은 단편적인 기술이라고 하더라도 당대의 살아 있는 정보와 어휘를 담고 있기 때문에, 역사 연구에 끼치는 영향력과 파급도가 매우 크다. 앞으로 목간은 자료 부족으로 허덕여왔던 고대사 연구를 새로운 국면으로 이끌 원동력이 될 것이다.

**안압지에서 나온 목간들**
신라의 왕궁 경비 체제와 부속 건물에 대한 정보뿐 아니라 궁중 요리, 의약 처방전을 짐작케 해주는 내용들도 기록되어 있어 신라사 연구에 매우 중요한 자료로 관심을 끌고 있다.

# 발해,
# 부활을
# 노래하다



698년에서 926년까지 존속한 발해는 고구려 문화를 계승하고, 신라·당·일본과 활발히 교류하면서 독자적인 문화를 발전시켜 '해동성국海東盛國, 해동의 번성한 국가'이라고 일컬어진 나라다. 당시의 발해 영토가 오늘날 북한, 중국, 러시아에 걸쳐 있어서 이들 나라에서는 발해사를 활발히 연구하고 있다.

그런데 발해사 연구는 각국의 정치적, 민족적 과제에 따라 자의적으로 해석되고 있다. 이것은 민족주의에 입각한 근대 역사학에 그 뿌리가 있다. 한국인의 정체성도 이러한 근대의 민족의식에 기초해 형성되었다. 그래서 발해사가 중국사나 러시아사에 속한다는 주변 국가들의 주장은 한국사 체계의 근간을 뒤흔들 뿐만 아니라, 우리의 정체성에 대한 심각한 위협으로 받아들여지고 있다.

발해사 쟁탈은 단순히 역사인식의 문제로만 그치는 것이 아니다. 동아시아의 민족 분쟁이나 국가 분쟁으로 발전할 소지를 다분히 갖고 있다. 따라서 이제부터라도 21세기 동아시아의 공존과 평화를 위해 발해사와 관계된 각국이 근대 민족국가의 외피를 벗고, 서로 협력하며 발해 연구를 진행해야 할 것이다.

## 말갈족에 대한 재인식

오늘날 우리는 발해가 한국사의 일부라는 것을 추호도 의심하지 않는다. 발해는 고구려를 계승했고, 지배층도 고구려계라는 점을 강조해 한국사 속에서 발해를 굳건히 자리매김하고 있다. 그런데도 발해가 우리에게 익숙하지 않은 것은 연구가 덜 되었다거나 지리적으로 그 중심부가 현재 우리 국토와 멀리 떨어져 있기 때문만은 아니다. 그 사회에 살았던 '말갈鞨鞨'이라는 주민들을 우리가 이질적인 존재로 바라보기 때문이다.

현재 국사책에는 발해는 고구려계가 주체가 되어 세웠으며 그 영역 내에 거주하는 여러 말갈족을 지배했던 국가로 묘사되어 있다. 지배층도 고구려계, 문화도 고구려 문화가 주류였다는 식으로 설명되어 있다. 그러다 보니 발해 사회에서 대다수를 차지했던 말갈족이 발해사에서 배제되는 우스꽝스러운 역사가 되고 말았다.

말갈은 숙신肅愼·읍루揖婁·물길勿吉 따위로 칭해졌던 민족으로, 수·당 대에 들어와 말갈이라고 불렸다. 발해가 멸망한 후에는 여진족女眞族이나 청淸을 세운 만주족이라는 명칭으로 그 실체가 이어진다. 실제로 말갈족은 동북아시아의 매우 넓은 지역에 분포해 있었고, 그 안에 속말말갈, 백산말갈, 흑수말갈 같은 '말갈 7부'라 불린 여러 족속이 있었다. 이들 모두가 말갈족으로 통칭되고 있지만, 속말말갈이나 백산말갈은 혈연

**| 말갈 부락**

말갈이라는 명칭은 중국 역사책에 563년에 처음으로 등장한다. 이후 말갈의 일부 부락은 고구려의 지배를 받았다. 고구려 멸망 후 영주로 이주된 고구려 유민과 말갈 세력은 거란인 이진충의 난을 계기로 연합해 당에 맞섰고, 전쟁의 피해가 적었던 속말말갈의 옛 땅으로 돌아와 발해 건국의 기초를 마련했다. 발해의 지배층은 점차 주변의 여러 말갈 부락을 복속시키고, 그들의 대외 활동을 통제해 나갔다.

적으로 부여·고구려와 같은 '예맥계'라고 보는 학자도 있다.

말갈족은 이미 오래전부터 부여나 고구려와 접촉했고, 그 일부 족속은 부여와 고구려에 정치적으로 예속되었다. 특히 고구려는 말갈 외에도 선비와 거란 같은 여러 유목민을 거느린 다민족 국가였다. 오랜 시간에 걸쳐 이들 족속 사이에 혈연적·문화적 융합이 이루어졌고, 고구려와 지리적으로 가까이 있던 속말말갈과 백산말갈은 고구려 문화를 더욱 빨리 받아들였다.

이들 중에는 속말말갈 출신인 걸걸중상이나 대조영처럼 고구려의 중앙정부에 진출해 무장으로 활약한 사람도 있었다. 이들은 고구려인이라는 자의식을 강하게 지니고 있었다. 발해가 부여·고구려의 계승을 표방했던 것이나 국호를 '고려高麗, 고구려'라고 사용했던 것도 모두 이 때문이다. 고구려가 다민족 국가였다는 것은 단지 여러 족속을 복속해서 거느렸다는 말이 아니다. 이들 족속 사이에는 혈연적·문화적 융합이 이루어졌고, 그 결과 여러 족속이 고구려 지배층 내에서 융합된 다민족 국가로 탄생되었다는 뜻이다.

따라서 발해를 세운 주체는 '고구려계'라고 말해서는 안 된다. 현재 우리가 사용하는 고구려계라는 말은 말갈족을 배제한 혈연적인 개념이다. 발해를 세운 주체는 고구려가 멸망한 이후 당이 강제로 영주로 끌고 갔던 고구려의 지배층이었다. 이 속에는 고구려

◀ **말갈계 토기**
발해의 토기는 크게 고구려 계통과 말갈 계통으로 나누어볼 수 있다. 말갈 계통의 토기는 주로 깊은 바리 형태로, 적색이나 갈색 계열의 색조를 띤다. 바탕흙에 모래를 많이 섞고 낮은 온도에서 구운 것들이 많다.

▶ **고구려계 토기**
고구려계 토기는 점토를 반죽해 회전대에서 성형한 다음, 높은 온도에서 구워냈는데, 주로 흑색이나 회색을 띠고 있다. 표면은 매끈하게 되어 있어 고구려 토기와 많이 닮았다.

왕족인 고高씨를 비롯해 말갈 출신으로 고구려의 지배층에 편입되었던 부류, 또 말갈족 추장들도 포함되어 있었다. 이들이 고구려 유민과 말갈 유민들을 데리고 영주를 탈출해서 발해를 세웠다. 다시 말해 고구려계와 말갈계는 발해의 지배층에도, 피지배층에도 모두 존재했던 것이다.

이처럼 발해의 건국 이전을 다민족 융합의 사회로 재정립해야 발해사를 올바르게 다시 세울 수 있다. 발해 건국 이전에 북방 지역에서는 이미 부여, 고구려, 예, 읍루 같은 여러 민족이 융합되어 있었고, 발해가 멸망한 후에도 여진족의 일부가 왕건이 세운 고려로 흡수되어 들어왔다. 따라서 한민족의 형성사 속에서 말갈족이 당당히 한자리를 차지할 때, 고구려 문화를 계승·발전시킨 말갈족의 발해는 한국사의 일원으로 올바르게 자리 잡을 수 있다.

## 문왕의 말갈 사회 통제와 체제 정비

발해는 흑수말갈을 둘러싸고 벌인 당과의 전쟁 이후, 무왕 때 철리부, 불열부, 월희부 같은 미복속 말갈 부족들을 더욱 강하게 압박했다. 그 결과 이들 집단은 무왕을 이은 문왕 때 발해에 복속되었고, 발해의 영토도 송화강 하류까지 이르렀다. 이미 727년 일

**발해사 목간**
목간의 한가운데에 '발해사(渤海使)'라고 쓰여 있고, 그 주변에 '교역(交易)'이라는 글자도 여럿 보인다. 일본 헤이조쿄의 좌대신 나가야노오의 저택이 있던 자리에서 발견되었다. 이 목간은 727년에 무왕이 일본에 보낸 첫 사신인 수령 고제덕 일행이 나가야오 집을 방문해 교역을 할 때 글씨 연습을 하려고 쓴 것으로 짐작된다. 발해 사신들이 외교 활동뿐 아니라 일본 귀족들과 교역을 했음을 말해주는 증거다.

남북한의 역사학자들은 그동안 발해를 고구려의 계승 국가로 설명하기 위해 건국자인 대조영의 출신 문제와 발해의 이중적인 사회 구성 문제 따위를 집중적으로 검토해왔다. 그러면서 기존 국사 체계의 범주에 부합되는 점만 강조하고 그와 반대되는 사실은 소략하게 다루었다.

첫째, 대조영의 출신은 사료에 따라 각각 '고구려 별종'과 '고구려에 예속된 속말말갈'로 달리 서술되어 있다.대조영의 혈통을 고구려계로만 설명하는 것은 문제가 있다는 얘기다. 물론 발해가 일본에 보낸 국서에 고구려 계승 의식을 표방했던 점을 감안하면, 발해를 세운 대조영 집단은 속말말갈이지만 고구려 문화를 받아들여 스스로 고구려인이라는 자의식을 가진 인물로 이해할 수 있다.

둘째, 발해의 사회 구성과 관련해 기존의 연구는 고구려계와 말갈족의 이중 구성으로 보고 지배층을 고구려계로, 피지배층을 말갈계로 설명하고 있다. 그런데 『유취국사類聚國史』에는 "발해의 백성은 말갈이 많고 토인土人이 적은데, 토인이 촌장이 된다"라고 기록되어 있고, 『송막기문松漠紀聞』이나 현존하는 발해 관련 자료에는 고구려 왕성王姓이 분명한 '고高'씨가 유력 귀족의 대다수를 차지하고 있는 점을 근거로 '발해 지배층=토인=고구려계'로 보고 있다.

고구려는 다민족 국가였고, 대조영처럼 말갈족의 일부는 이미 고구려 때 무장으로 출세해 지배층으로 편입되었다. 또 발해 건국 세력에도 걸사비우 같은 말갈족이 포함되어 있었다. 발해의 성장 과정에서 말갈 부락이 중앙에 집단적으로 예

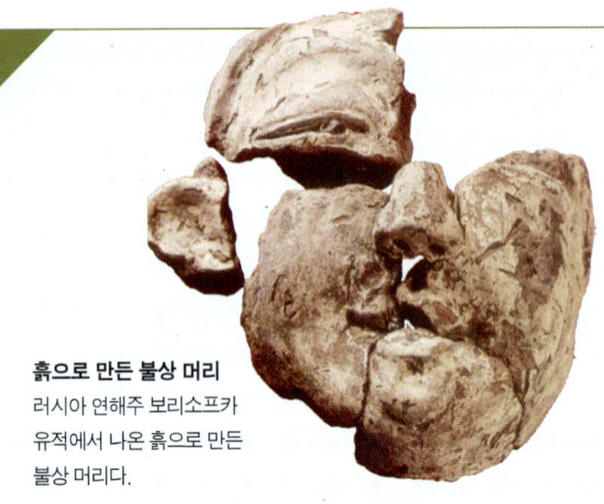

**흙으로 만든 불상 머리**
러시아 연해주 보리소프카 유적에서 나온 흙으로 만든 불상 머리다.

속되었다고 해도, 말갈족의 추장들은 발해의 정치 구조 속에서 피지배층이 아니라 지배층의 주요 일원이었다고 볼 수 있다. 그렇다면 '토인'은 말갈과 혈통적으로 구분되는 고구려계가 아니라, 곳곳의 말갈 부락을 예속하고 통제하려고 건설된 발해 성읍의 주민, 즉 '토착 생활을 하는 사람'을 가리키는 말로, 발해의 지방 지배 구조와 관련된 것으로 이해된다.

따라서 발해의 지배층은 고구려계이고, 피지배층은 말갈족이라는 단순한 이분법은 폐기되어야 한다. 또 대조영이나 걸사비우 같은 발해 건국의 핵심 세력인 말갈족을 더 이상 평가절하해서도 안 된다. 그러려면 고구려 이후 말갈족의 존재 양태와 그 융합 과정이 심도 있게 연구되어야 한다.

앞으로 발해는 '고구려계와 말갈족'이라는 이중성이 아니라, '고구려 문화를 계승한 말갈족의 국가'라는 발상의 전환이 절실히 필요하다. 이는 한국사의 전개 과정을 말갈족을 포함하는 좀 더 폭넓은 기반 위에서 역동적으로 이해할 수 있는 돌파구가 될 수 있다. 또한 발해 문화의 다민족적 성격과 국제적 다양성을 이해할 때, 발해인들이 창조한 문화의 실체에 진정으로 다가갈 수 있다.

본에 보낸 발해 무왕의 국서에도 "고구려의 옛 땅을 회복하고 부여의 풍속을 잇게 되었다"고 과시할 만큼 급속히 중앙집권화를 실현해갔던 것이다.

문왕 때에는 대외적인 안정이 이루어지자 대내적인 체제 정비가 시작되었다. 문왕은 우선 지방을 경京과 부府, 그리고 주州와 현縣으로 편성해 중앙집권화에 박차를 가했다. '부'는 '주'의 상위 행정단위이고, 중요한 부에는 '경'을 설치해 전국을 5경제로 운영했다. 또 주에는 부를 거치지 않고 중앙에 직할된 독주주獨奏州가 세 군데에 별도로 존재했다. 주 아래에는 현이 설치되었는데, 주현은 중앙집권화 과정에서 건설된 중심적인 성읍과 말갈 부락으로 구성되었다. 물론 하나의 중심 성읍이 다수의 말갈 부락을 통제했다. 블라디보스토크에서 북쪽으로 우수리스크와 한카호興凱湖를 지나 무려 440킬로미터나 떨어진 곳에 있는 '마리야노프카' 성터는 현재 확인된 것으로는 발해가 건설한 가장 최북단의 성터지만, 발해는 이보다 더 북쪽으로 진출했을 것으로 보인다. 말갈 부락의 백성들은 주현의 우두머리를 비롯한 밀갈 족장들을 수령首領이라 불렀다. 말갈 족장은 중앙에서 파견된 관리의 행정을 보좌하여 각 촌락의 세금 징수나 노동력 징발 같은 실무를 담당했다.

발해의 지방은 외형상 주현제에 모두 편성되어 일원적으로 통제되었던 것처럼 보이지만, 수렵·채집 단계의 말갈 부락은 자치적인 성격이 강했다. 이들은 말갈 족장인 수

**발해의 관리와 청동부절**
왼쪽은 발해의 관리 얼굴이 새겨진 벼루 조각이고, 오른쪽은 니콜라예프카 성터에서 나온 청동부절이다. 청동부절은 두 개가 짝을 이뤄 서로 합하면 옆면에 '합동(合同)'이라는 글자가 완성되는 명령서로, 뒷면에는 좌효위장군 섭리계라는 글씨가 쓰여 있다. 즉, 섭리계는 사람 이름이며, 좌효위장군은 직책이다. 인명의 어미로 보아, 섭리계는 말갈 계통임을 알 수 있다.

령을 통해 간접적으로 지배되고 있었다. 이들 수령들은 사절단을 따라 일본에 건너가 교역에도 종사했는데, 발해의 사신들이 그들을 제대로 통제하지 못했을 정도로 자치성을 보유하고 있었다.

하지만 발해는 이러한 자치적인 말갈 부락을 통제하려고 당이나 일본과의 대외 교류를 중앙에서 독점하고, 그 교역의 특권을 말갈의 수령들에게 보장함으로써 말갈 부락을 간접적으로 통합·재편해갔다. 이는 다민족 국가인 발해가 대외 관계를 통해 민족 귀속의식을 효율적으로 통제하여 하나의 국가로 수렴될 수 있도록 한 지배 방식이었다.

## 중앙집권화 정책과 발해의 5경

문왕은 지방 행정조직과 함께 중앙 관서도 정비했다. 우선 정당성·선조성·중대성 같은 3성三省과 충부·인부·의부·지부·예부·신부의 6부 조직이 완비되었다. 이는 당의 3성 6부제를 본뜬 것이다. 이외에도 관리의 감찰을 담당하는 중정대, 문서와 서적을 관할하는 문적원, 외교 의례를 담당하는 사빈시 같은 관서도 설치했다. 이러한 중앙 정치조직의 정비는 왕권의 강화를 상징한다.

관료들은 복두를 쓰고 깃이 둥근 원피스 모양의 단령포를 입었는데, 단령포에는 허

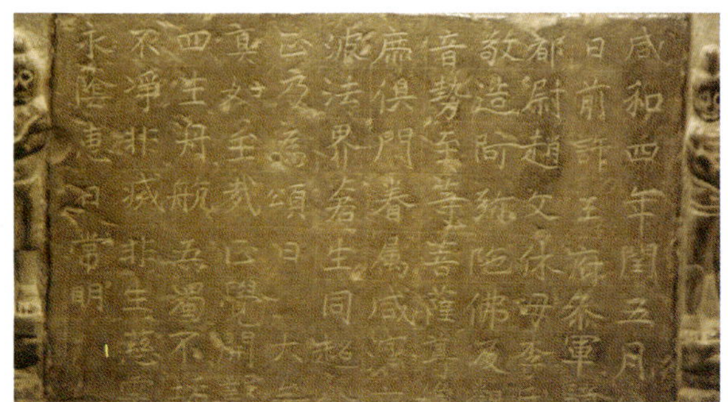

**함화 4년명 불비상**
아미타불을 중심으로 승려와 보살을 좌우에 새긴 발해의 불비상으로, 위에는 용으로 보이는 동물 두 마리를 새겼고, 아래에는 글씨와 인왕상을 조각했다. 글씨의 내용은 834년(함화 4년)에 발해 허왕부 관리였던 조문휴의 어머니가 모든 불제자를 위해 만들었다는 것이다. 이를 통해 발해에서 '함화'라는 독자 연호를 사용했으며, 허왕이 관할하던 관청이 있었고, 그 허왕 위에 발해왕이 있었음을 알 수 있다.

리띠를 했다. 관복은 지위에 따라 자주색, 붉은색, 연붉은색, 녹색으로 색깔이 달랐다. 허남둔에서 출토된 순금제 허리띠는 금알갱이를 누금한 화려하고 정교한 기법으로 제작되어 왕족의 것으로 추정된다. 일반 관료들은 가죽띠를 착용했을 것이다. 허리띠꾸미개에는 가운데 구멍을 뚫었는데, 여러 물건을 매다는 용도로 사용된 발해 특유의 것이다.

문왕은 즉위한 다음 해인 738년에 당에 사신을 보내 유교에 입각한 국가의례인 오례五禮를 정리한『대당개원례』를 요청했다. 유교적 도덕 규범과 사회 규범을 토대로 발해를 이끌어 가려는 문왕의 의지를 엿볼 수 있다. 발해 관청의 6부 명칭으로도 충분히 알수 있듯이, 문왕은 유교 정치 이념을 수용해 충효 이데올로기를 통한 절대왕권을 추구했다. 국립대학인 주자감胄子監을 설치해 유교 경전에 대한 교육을 강화하고, 이를 통해 인재를 양성한 것도 이 무렵이었다.

문왕의 시호는 '대흥보력효감금륜성법대왕大興寶曆孝感金輪聖法大王'인데, 대흥과 보력은 문왕의 연호이고, 효감은 유교 정치 이념을, 금륜·성법은 불교적인 이상 군주를 지향했던 그의 치세를 상징한다. 문왕이 유교와 불교에 기대어 왕권 강화를 추구했음을 단적으로 보여주는 증거라 할 수 있다. 762년에 당이 기존에 '발해군왕渤海郡王'이라 부르던 것을 '발해국왕渤海國王'으로 승격한 것도 문왕이 대내외적으로 이룩한 안정을 반



## | 발해의 중앙 정치조직 : 3성 6부

발해의 3성 6부제는 당의 영향을 받아 정비되었지만, 필요에 따라 변형해서 운영해 나갔다. 특히 귀족 관료들의 합의 기구인 정당성에서 결정한 사항을 중대성과 선조성에서 이원적으로 집행했다. 정당성은 대내상을 장관으로 하는 행정 기구로, 그 아래에는 좌사정과 우사정이 있으며, 충·인·의·지·예·신의 6부를 두어 정무를 관장했다.

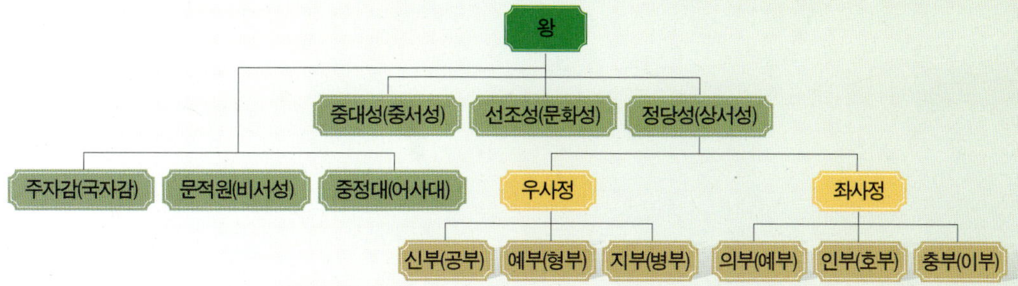

영한 실질적인 조치였다.

그런데 발해는 당의 책봉을 받았지만, 내부적으로는 황제국을 표방했다. 무왕 이래 발해왕들은 연호를 직접 반포했을 뿐만 아니라, 정효공주의 묘지에 문왕을 '황상皇上'이라 표현하고 있어, 대내적으로 황제국을 표방했음을 분명히 알 수 있다.

문왕은 왕권의 위상을 더욱 높이기 위해 수도를 새롭게 건설해 5경을 완비했다. 발해 건국 후 첫 도읍지는 구국의 영승永勝, 지금의 지린성 둔화시 지역이었다. 이후 중경현덕부中京顯德府, 지금의 지린성 화룡현 서고성자 일대로 천도했고, 755년에는 상경용천부上京龍泉府, 지금의 헤이룽장성 영안현 발해진로, 다시 785년에는 동경용원부東京龍原府, 지금의 지린성 훈춘시 팔련성로 옮겼다. 문왕이 죽고 난 뒤, 794년에는 다시 상경용천부로 천도했다. 이후 발해는 926년에 망할 때까지 상경을 수도로 삼았다.

문왕이 이렇게 자주 천도한 까닭은 국내의 연계망을 실현해 중앙집권력을 강화하기

| 발해의 천도 과정

첫 도읍지 동모산 지역에서 중경현덕부로 옮긴 다음, 755년에는 상경용천부로, 785년에는 동경용원부로, 794년에는 다시 상경용천부로 옮겼다.
이러한 천도를 통해 발해는 지방에 대한 통제력을 더욱 강화할 수 있었다.

위해서였다. 중경은 구국보다 동경용원부, 남경남해부, 서경압록부와 거리가 가깝다. 그렇기 때문에 중경 천도는 각 경, 부·주·현과 중경의 연계를 강화하고, 이를 통해 각 지방의 경제와 문화를 고르게 발전시키려는 의도에서 비롯되었다.

중경-상경-동경-상경으로의 천도 과정을 거치면서 발해의 중심 권역과 지방의 연계 망은 더욱 굳건해졌다. "태백산의 토끼, 남해부의 곤포, 책성부의 된장, 부여부의 사슴, 막힐부의 돼지, 솔빈부의 말, 현주의 포, 옥주의 면, 용주의 주, 위성의 철, 노성의 쌀, 미타호의 붕어, 환도의 오얏, 낙유의 배 등을 발해에서 귀하게 여긴다"는『신당서』의 기사는 단순히 발해 각 지역에서 이러한 특산물이 난다는 것을 의미하지는 않는다. 이는 발해가 이들 지역을 효과적으로 통제하고 있는 상황에서만 등장할 수 있는 표현이다.

특히 상경은 이러한 중앙과 지역의 연계망 속에서 발해의 정치·경제·문화의 중심지로 자리 잡아갔다. 상경은 당의 수도인 장안성의 구조를 본떠 만든 계획도시였다. 우선

**상경성 오봉루**
중국 흑룡강성 영안현 발해진 동경성에 있는 상경성 유적이다. 상경성은 외성·내성·궁성의 삼중으로 된 장방형의 평지성이다. 외성의 길이가 16.3킬로미터나 되고, 내성만 해도 3.98킬로미터나 되기에 중경이나 동경에 비해 그 규모가 훨씬 커서 해동성국의 도읍지 면모를 갖추고 있다.

발해 5경의 하나인 상경용천부는 755년에 중경에서 천도한 뒤 9년간 동경으로 갔다 온 기간을 빼놓고는 발해가 멸망할 때까지 계속 수도였다. 상경성은 당의 장안성에 이어 동아시아에서 두 번째 큰 도시였는데, 도성의 구조는 당의 장안성이나 일본의 평성궁과 비슷했다. 특히 내성의 남문에서 외성의 남문에 이르는 너비 110여 미터에 이르는 주작대로라는 큰 길과 관청의 배치 등은 장안성을 모방한 성격이 짙다.

궁성 안에는 모두 다섯 개의 궁전이 있었다. 발해의 황제가 국사를 보던 곳인 제1궁전터는 약 3미터 높이의 기단을 세우고 그 위에 건물을 세웠다. 제1궁전터의 규모는 가로 56미터 세로 25미터로, 웅장한 규모의 주춧돌이 동서로 다섯 줄씩 배열되어 있다. 제1궁전터 뒤로는 일직선으로 모두 4개의 궁전터가 배열되어 있다. 특히 제4궁전은 황제의 침실이었고, 이곳에서는 온돌이 발견되었다.

## | 발해의 건축

**짐승 얼굴 기와**
무서운 짐승의 얼굴 모양으로 벽사의 기능을 가진 마루기와의 하나다. 발해에서는 치미와 서까래기와 같은 장식용 기와에 녹유를 발랐다.

**용머리 조각상**
머리 윗부분에 납작하게 붙은 귀와 짙은 눈썹, 툭 튀어나온 커다란 눈과 코, 귀밑까지 찢어진 큰 입, 그 사이의 굵은 이와 날카로운 송곳니 따위가 사나운 용의 특징을 잘 나타내고 있다. 상경성 궁전지에서 모두 일곱 개가 나왔는데, 원래 궁전 기단부의 석축 사이에 끼워 석축을 튼튼히 하는 쐐기 역할을 했다.

**치미**
상경용천부 제1절터에서 나온 것으로, 기본적인 구조와 선의 흐름을 볼 때 고구려 치미의 영향을 받았음을 알 수 있다.

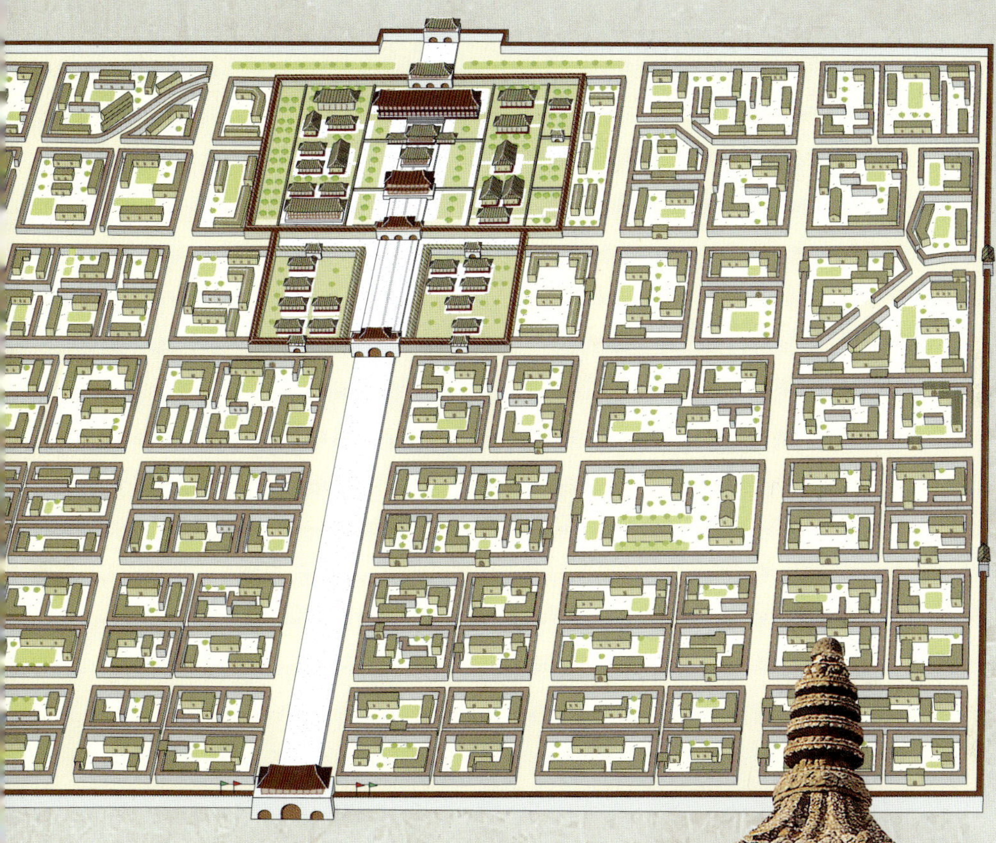

## | 발해의 불교

### 부처

틀에 찍어내어 구운 소조불이다. 발해의 절터에서는 이처럼
작은 소조불이 많이 나왔다. 이 불상들은 법당의 벽면이나 불단에
조성한 천불(千佛)에 사용되었던 것으로 짐작된다.

### 석등

상경용천부 제2절터에서 나온 석등은 중국과 일본의 사찰에서는 거의
찾아볼 수 없는 것으로, 고구려의 색조가 강하게 느껴진다.

수도의 사방을 성곽으로 둘렀는데, 그 둘레가 16킬로미터에 달했다. 이는 당시 장안성 다음가는 거대한 규모였다. 또 광활한 평지에 남북과 동서로 직교하는 도로망을 건설하고 500×300미터 크기의 단위 구획으로 수도 전체를 바둑판처럼 만들었다. 한편 왕이 거주한 궁궐과 관청이 들어선 궁성을 수도의 북단 중앙에 별도로 구획하고, 이 궁성에서 남쪽으로 길이 2195미터, 폭 110미터의 주작대로朱雀大路를 가설했다. 이 길은 마차 12대가 동시에 지나갈 수 있었다고 한다.

## 발해 사람들은 어떻게 살았을까

발해인 중에는 성씨姓氏가 있는 사람이 극히 드물었다. 왕족은 대大, 귀족의 성씨는 고高, 장張, 양楊, 가賀, 오吳씨 등 몇 가지에 불과했다. 귀족들은 부곡·노비 같은 많은 예속민을 거느렸다. 발해에서는 한 무덤에 많게는 17인까지 묻는 다인합장의 풍습이 발굴을 통해 확인되었는데, 다인합장에는 가족만이 아니라 부곡·노비의 순장이 실시되었던 것으로 짐작된다.

결혼은 일부일처제였고, 여성의 지위가 만만치 않았다. 발해 귀족의 부인들은 모두 사납고, 투기가 심해 남편이 바람피우지 못하도록 다른 부인들과 협력해 철저히 감시

**발해 사람들의 꾸미개와 구름 모양 자배기**
발해의 귀족들은 유리구슬이나 옥, 금, 은으로 만든 꾸미개를 사용했다.
또한 음식을 나누어 담을 수 있는 구름 모양의 질그릇을 사용했다.

하고, 첩을 두는 것은 더욱 용납하지 않았다. 이런 일이 발각되면 남편과 내연녀를 독살하기도 했다고 한다. 이로 인해 "거란, 여진의 여러 나라에는 모두 여창女娼이 있고, 남자들이 첩, 시종 등을 거느렸지만, 오직 발해에는 없다"는 말이 남송대의 책인『송막기문』에 전해지고 있다.

왕공 귀족들은 녹유나 자색의 유약을 바른 기와나 치미, 귀면와를 얹은 호화로운 집에 거주했다. 특히 나무기둥이 썩지 않도록 기둥밑과 주춧돌이 만나는 부분을 독특한 '주초장식와'로 덮었다. 이 기와는 커다란 고리 형태인데, 몇 개의 조각으로 나누어 조립하는 방식으로 되어 있다. 또 쪽구들 형태의 온돌을 가설해 추운 겨울을 이겨냈다.

한편 왕공 귀족들은 바다거북의 등뼈로 만든 술잔 같은 진기한 사치품을 수입해 사용하거나, 금 알갱이를 촘촘히 누금한 순금제의 허리띠, 화려한 삼채의 도자기 등을 제작해 사용했다. 발해가 유약을 바른 도자기를 직접 생산한 것은 중국 주변 지역에서는 가장 빠른 사례로 매우 주목되는 현상이다.

문왕의 딸인 정효공주의 무덤에 그려진 시위 무사와 악사, 시종 등의 벽화를 통해 궁중 생활의 일면을 엿볼 수 있다. 이들은 복두에 깃이 둥글고 소매가 좁으며 옷자락이 긴 단령포를 입었다. 얼굴은 둥글고, 살이 쪄서 풍만하다. 눈썹은 가늘며 코는 낮고 입술은 작다. 시위 무사는 검·활·철퇴 등의 무기를 들었고, 악사들은 보자기로 감싼

**말 탄 인물상**
관리로 보이는 사람이 말에 올라 타고 있는 조각상이다. 인물이 앉아 있는 앞부분에 구멍이 뚫려 있는데, 이곳에 줄 같은 것을 통과시켜 몸에 매달았을 것으로 짐작된다.

악기를 들었다. 발해 궁중에서 행해진 음악과 무용은 후대 금金에까지 전승되었다. 지금까지도 일본에서 연주되고 있는 무악곡인 대말갈, 신말갈, 고오소, 신오소 등도 발해악이 변형되어 내려온 것이다.

발해에는 일반인들 사이에 답추踏鎚라는 춤이 유행했다. 세시 때마다 사람들이 모여 노래를 부르며 놀았는데, 춤과 노래를 잘하는 사람을 앞에 내세우고 그 뒤를 남녀가 따르면서 서로 화답하며 빙빙 돌고 구르는데 이를 답추라 했다.

페르시아에서 유래한 타구와 격구 놀이도 당을 통해 들어와 널리 유행했다. 타구는 하키, 격구는 말을 타고 경기하는 폴로와 비슷했다. 둘 다 편을 갈라 채로 공을 상대편 골문에 때려 넣어 점수를 얻는 스포츠였다. 822년 일본에 갔던 발해사신 왕문구는 일본의 왕 앞에서 이 경기를 시연했다. 또 거란인 야율할저가 발해인들이 격구 구경에 심취해 있는 틈을 타서 탈출한 이야기는 당시 발해인들이 이 스포츠에 얼마나 열광했는지를 잘 보여준다. 타구와 격구는 발해인이 무예를 연마하는 군사훈련의 일환으로도 활용되었다.

한편 발해는 상경을 중심으로 5경을 연결하는 육로와 수로 등이 개설되고, 이러한 교통로를 따라서 산성이나 토성을 몇 곳에 두었으며, 장성長成과 관애關隘를 쌓아 올려 방위선을 구축했다. 연해주의 니콜라예프카 성터에는 10미터 높이의 성벽과 물이 담겨

**연해주의 크라스키노 유적**
크라스키노 성지는 발해 62주의 하나인 염주(鹽州)의 중심지로 짐작된다. 이곳에서 가까운 러시아 연해주의 포시예트 만에 있는 발해 유적은 일본으로 출발하던 기점이 되는 곳이다.

있는 방어용 해자가 아직도 그대로 남아 있어, 발해 성읍의 위용을 잘 보여주고 있다. 이러한 내부 소통과 외적 방어를 위해 만든 발해의 교통로는 대외적으로 신라도·영주도·조공도·거란도·일본도 같은 5도로 연장되어 활발한 대외 교류와 교역이 행해졌다.

## 선왕의 등장과 해동성국

문왕의 치세 기간 동안 융성한 발해는 793년 문왕의 죽음과 함께 왕위 계승을 둘러싼 심각한 내분에 빠졌다. 문왕을 이어 즉위한 대원의가 수개월 만에 피살되면서 1년 남짓한 기간 동안 세 명의 왕이 연달아 즉위했다. 이로 인해 영토도 일부 상실했다. 문왕 때 복속되었던 월희말갈과 우루말갈이 802년에 다시 당에 독자적으로 조공했던 사실에서 이를 확인할 수 있다. 이후 강왕이 15년간 집권하면서 정국의 불안이 어느 정도 일단락되었지만, 발해의 중흥은 선왕의 즉위를 기다려야만 했다.

선왕은 대조영의 동생인 대야발의 후손으로, 이러한 방계 왕실의 등장은 그간 문왕 사후 25년 동안 여섯 명의 왕이 즉위한 왕위 계승 분쟁이 완전히 해소되었음을 말해준다. 선왕은 대내적인 안정을 기초로 활발한 대외 활동을 펼쳤다. 북으로는 왕위 계승 분쟁을 틈타 이탈의 조짐을 보인 말갈 부족들을 다시 복속시켰고, 남으로는 신라를 압

**발해 성터에서 발견된 온돌**
러시아의 연해주에 위치한 발해 성터에서 최대 규모의 온돌 유적이 발견되었다. 'ㄷ' 자 모양의 이 온돌 유적은 발해가 고구려를 계승했음을 말해주는 증거다.

박했으며, 서로는 요동 평원으로 진출했다.

　선왕은 즉위 직후 고구려의 옛 땅인 요동 평원으로 진출해 장녕현을 설치했다. 이미 8세기 중반 문왕 때도 요동 방면에 목저주와 현도주를 설치한 적이 있지만, 선왕 때는 요양 일대까지 진출해 장악하게 되었다. 이에 따라 요동 지방의 대부분이 발해의 판도 안에 들어오게 되었다. 남으로는 신라를 압박해 대동강에 이르렀다. 이로 인해 신라는 826년에 헌덕왕이 300리나 되는 장성을 대동강에 쌓았다. 이때 발해와 신라는 대동강과 니하泥河, 지금의 용흥강를 경계로 맞닿게 된다.

　한편 선왕은 미타호湄沱湖, 지금의 홍개호 북쪽의 말갈 부락을 토벌해 북쪽으로도 영토를 크게 개척했다. 우선 미타호 근처의 월희말갈 지역을 정복해 회원부와 안원부를 설치했다. 또 불열, 철리, 우루읍루 같은 말갈 부락도 이때 완전히 장악해 정리부와 안변부를 설치했다. 그러나 그 북쪽 흑룡강에 살던 흑수말갈은 여전히 복속시키지 못했다.

　선왕시대에 발해는 역사상 최대의 영토를 구가했다. 남쪽으로는 대동강과 니하를 경계로 신라와, 북쪽으로는 눈강과 송화강이 합류하는 지점에서 거란과, 동쪽으로는 흑룡강과 송화강이 만나는 지점에서 흑수말갈과, 서쪽으로는 요동의 무순에서 압록강의 박작구를 잇는 선을 경계로 당과 맞서는 대제국을 건설했다. 『신당서』에 전하는 사방 5000리의 강역과 5경 15부 62주의 지방 행정제도는 선왕대에 완비된 것이다. 선왕의

## | 발해와 신라의 석차 경쟁

**당의 과거 시험**
빈공과는 당에서 외국인을 대상으로 시행한 과거 시험이다. 820년부터 906년까지 빈공과에 합격한 신라인은 58명이고, 그 후 발해인을 포함해 32명의 급제자가 있었다.

발해는 당과 빈번하게 교류했다. 사신 파견 횟수가 기록에 남아 있는 것만도 1년에 한 번꼴로 143회나 된다. 사신의 수는 수십 명에서 많을 때는 100여 명에 이르는 경우도 있었다. 당은 동아시아 문화의 중심이자 선진 지역이었으므로 발해가 발달된 문화를 도입하고 학생들을 교육하기 위해 대규모 사신을 파견한 것이다.

발해는 초기부터 당에 학생들을 자주 파견해 중국의 문물을 널리 수용했고, 이를 통해 해동성국의 기틀을 다졌다. 당에서 외국 학생들을 위해 개설한 과거 시험인 빈공과賓貢科는 그동안 신라인들의 독무대였지만, 840년대 이후에는 발해인들도 빈공과에 급제하기 시작했다. 그 가운데 오소도, 고원고, 오광찬의 이름이 알려져 있는데, 오소도와 오광찬은 부자지간이다. 특히 오소도는 872년에 신라인 이동보다도 높은 점수로 수석을 차지했다. 이는 발해 문화가 이전과는 달리 신라와 대등한 수준으로 발전했음을 보여주는 것이다. 최치원은 이 사건을 신라의 수치로 여겼다.

897년에는 당에 사신으로 왔던 발해 왕자 대봉예가 외교 의례의 석차에서 발해가 신라보다 윗자리에 앉아야 한다고 주장했다. 당에서는 국가의 선후는 본래 강약이나 성쇠를 근거로 하는 것이 아니라면서 원래 관례대로 한다는 황제의 칙서를 내렸지만, 이는 당도 당시 발해의 국력이 신라보다 앞섰음을 인정하고 있었음을 말해준다. 이때 신라는 효공왕 원년으로 진성여왕의 폐정 이후 후삼국으로 분열된 시기였고, 발해는 대위해가 14대 왕으로 있으면서 해동성국의 융성이 지속되던 시기였다.

연호가 '건흥建興'이었던 것도 이 시기 선왕이 발해의 중흥을 위해 얼마나 노력했는지를 잘 대변해준다.

선왕은 일본과도 매우 적극적으로 교류했다. 그가 재위한 12년 동안 일본에 다섯 차례나 사신을 파견했다. 727년 발해와 일본의 교류가 성립한 이면에는 당과 연결된 신라를 견제하려는 발해의 필요성에서 시작되었지만, 일본의 입장에서도 발해는 대륙과의 교섭과 교통 창구로서 중요시되었다. 일본이 발해에 대해 우위 입장을 고수하려 해서 몇 차례 외교 분쟁이 발생하긴 했지만, 대체적으로 양국은 우호적인 외교 관계를 유지했다고 평가할 수 있다.

선왕 대에는 일본이 발해와의 관계에 매우 소극적이었음에도 불구하고 발해가 빈번하게 사절을 파견한 것은 교역 자체에 목적이 있었기 때문이다. 825년 12월에 일본에 도착한 발해 사신에 대해, 일본 측에서 "이들은 사실 상인 집단일 뿐이지 이웃 나라의 손님이 아니다. 이들을 맞아들여 나라에 손해를 끼칠 수 없다"고 한 것도 이러한 당시 상황을 잘 말해준다. 이 시기 발해가 일본에 자주 사신을 보낸 것은 사회 발전에 따라 지배층의 물질적인 욕구가 그만큼 커졌음을 반영한다.

선왕의 중흥 노력에 힘입어 이후 발해는 11대 왕인 대이진, 12대 왕인 대건황, 13대 왕인 대현석에 이르기까지 수대에 걸쳐 크게 융성했다. 당 사람들이 발해를 '해동성국'



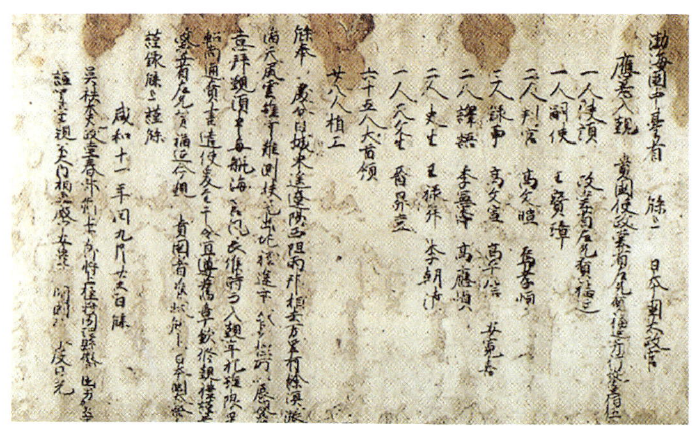

**중대성첩 사본**
841년 발해 중대성에서 일본의 태정관에 보낸 문서의 필사본이다. 이 문서는 발해와 일본 사이에 왕래한 외교 문서의 체제를 보여준다. 여기에 기록된 사신 일행은 841년 일본에 간 대사 하복연 등 105명으로 부사, 판관(대사와 부사를 도와 주요 사무를 처리하던 관리), 녹사(기록을 책임진 관리), 역어(통역), 사생(기록을 맡은 하급 관리), 천문생(기상을 관측하는 관리), 수령, 초공(뱃사공) 등이 있다. 문서 끝에는 정당성 의부(예부)의 장관인 하수겸과 당시 왕의 동생인 대건황이 보인다.

이라 한 것도 바로 이때였다. 선왕의 대외 정복을 기초로 이후 왕들은 문치에 주력했고, 이로 인해 '해동의 번성한 왕국'이라는 영예스러운 이름을 얻게 되었다.

발해는 건국 세력 자체가 다민족의 색채를 강하게 지니고 있었다. 또한 국제적으로도 다양한 나라들과 접촉하고 교류했기 때문에 발해 문화는 그만큼 국제적이고 복합적인 성격을 지녔다. 정혜공주의 무덤 구조, 기와류의 문양, 온돌 장치에서 고구려 문화를 계승한 측면도 찾을 수 있지만, 발해의 문화에는 중앙아시아의 요소는 물론 당이나 말갈의 정서까지 주변의 문화가 모두 응축되어 있다. 발해 3성 6부의 중앙 통치 기구나, 10위의 중앙 군사 제도, 주현의 지방행정 제도 등 국가제도 전반이 모두 당의 제도를 모태로 한 것들이다. 또 기층문화는 말갈족의 문화가 중심이었다. 흙무덤, 말갈식 토기나 단지 등은 말갈의 문화 전통을 계승한 것이다. 이밖에 중앙아시아나 시베리아에서 전파된 요소도 눈에 뜨인다. 연해주에서 발견되는 독특한 장식의 도기, 소그드 화폐, 네스토리우스교의 십자가 등이 그런 것들이다. 심지어 연해주에는 소그드인들의 집단 거류지가 있었다는 주장도 제기되었다. 그래서 당은 발해 역시 자신들에 버금가는 국제성을 갖춘 화려한 문화를 누리고 있다는 뜻에서 '해동성국'으로 칭송했던 것이다.

**정효공주의 무덤 벽화와 정혜공주 무덤 돌사자상**
정효공주 묘실(왼쪽)에는 널길의 동서 벽과 널방의 동서, 북벽에 12명의 인물도가 그려져 있어 발해인의 모습을 짐작케 한다. 정혜공주 묘 앞에 있는 돌사자상은 당의 형식을 따른 것으로 억센 목덜미와 힘차게 뻗친 두 앞다리가 박진감 넘치는 형태를 나타내고 있다.

## 거란족의 등장과 발해의 멸망

발해의 마지막 왕인 대인선 때는 동아시아의 정세가 급격하게 바뀌고 있었다. 당 중심의 국제 질서가 황소의 난을 계기로 9세기 후반부터 급격히 와해되면서, 907년에는 주전충이 당의 애제를 폐위시키고 후량後梁을 세워 '5대10국五代十國'이라는 혼란기에 접어들었다. 이러한 정세 변화는 유목 세계가 발흥할 수 있는 유리한 여건을 조성했다.

시라무렌강의 요서 지역에 거주하던 거란족은 10세기 초에 야율아보기의 지도 아래 발전을 거듭하면서 동아시아의 패자로 등장해 발해를 위협하는 세력으로 성장했다. 907년 야율아보기는 가한에 즉위하여 거란을 통일하고, 916년에는 황제의 지위에 올랐으니 바로 요遼 태조다. 거란은 중원으로 진출하기에 앞서 배후의 발해를 제압하고자 요동으로 진출해서 발해와 격돌하게 된다.

거란은 북여진을 복속시키려고 903년과 906년에 요하 상류를 정벌했다. 908년에는 요동 남쪽으로 진출하기 시작했다. 발해는 이러한 거란의 세력 확대에 대비하려고 해족奚族과 연계했으나, 911년에 해족이 거란에 병합되자 신라와 동맹을 도모했다. 이때 한반도는 후백제와 후고구려가 신라를 압박하고 있던 형국이라 이 동맹은 큰 도움이 되지 못했다. 오히려 915년 10월과 925년 11월에 신라는 거란에 사신을 파견해서 발해



## | 백두산 화산 폭발과 발해 멸망

발해가 백두산의 화산 폭발 때문에 멸망했다는 주장이 있다. 연해주와 일본 홋카이도의 유적에서는 실제로 화산재가 검출되었는데, 이로 보아 10세기 초에 백두산 화산이 분출된 것은 분명하다. 만약 백두산의 화산 폭발이 발해 멸망 직전에 일어났다면, 화산재 때문에 작물의 수확에 심각한 피해를 입었을 가능성이 높고, 이것이 발해의 재정에 어려움을 초래해 정국 혼란이 가중되었을 수도 있다. 그러나 그 폭발 시기가 명확하지 않아, 이를 멸망 원인으로 단정하는 것은 아직 무리다.

거란은 발해를 멸망시킨 뒤 '동쪽의 거란국'이란 뜻으로 동단국을 세웠다. 발해 유민들은 요, 금의 지배에 저항하면서, 후발해국926년, 정안국980년대, 흥료국1029~1030년, 대발해국1116년 등을 세워 발해의 부흥을 꿈꾸기도 했다. 그러나 이들의 노력은 번번이 좌절되었고 일부 세력들은 고려로 망명했다.

와 관계를 끊고 거란과 외교 관계를 맺었다.

야율아보기는 요동 경략을 마친 뒤, 925년 12월에 직접 발해 중심부를 공략했다. 이때 신라도 원군을 파견해 거란군을 도왔다. 12월 21일 부여부를 함락시킨 야율아보기가 발해의 3만 대군을 격파한 뒤 수도 상경을 포위하자, 발해 왕 대인선은 곧 항복했다. 이처럼 거란군이 출정한 이후 한 달도 채 되지 않아 발해가 멸망한 것은 거란 기병의 출중한 전투 능력이 한몫을 했지만, "발해의 내분을 틈타 군사를 움직여 싸우지도 않고 이겼다"는 거란 측의 표현처럼 발해 내부의 분열도 멸망의 중요한 원인이었다. 거란이 쳐들어오기 전인 925년 9월과 12월에 이미 발해의 왕족과 고위 귀족들이 고려로 망명한 사실은 당시 발해 내부에 심각한 분쟁이 있었음을 말해준다.

발해는 고구려를 계승한 동북아시아의 강국으로 신라와 함께 어깨를 당당히 겨루며 남북국시대를 연 큰 나라였다. 또 멀리 중국의 당이나 일본과도 활발히 교류하면서 수준 높은 문화를 자랑했으며, 이웃 나라는 이런 발해를 해동성국으로 칭송했다.

그러나 발해는 조선 후기의 역사학자인 유득공이 『발해고』라는 책을 쓰기 전까지 우리 역사에서 크게 주목받지 못했다. 발해에 대해 아무도 관심을 갖지 않았기 때문에 우리 역사에서 제자리를 잡지 못했던 것이다. 역사는 우리가 기억할 때만 비로소 의미를 갖고 우리에게 다가온다. 이제 발해를 잊지 말자.

# 모든 길은 발해로!

● 발해 5도와 특산물 ●

발해는 아시아의 동북쪽 끝에 치우쳐 있던 국가로 생각하기 쉽다. 그러나 서쪽으로는 당, 남으로는 신라, 동으로는 일본, 북으로는 돌궐·거란·흑수말갈 같은 유목 국가들의 한가운데에 위치해 동아시아의 여러 국가와 활발히 교류한 나라였다. 그 결과 발해는 외교와 교역을 원만히 하기 위해 5경을 잇는 국내 도로와 당·신라·일본·거란 등을 연결하는 교통로를 개설했다. 이 교통로에는 당과 연결된 영주도와 조공도, 신라도, 일본도, 거란도 같은 길이 있었다. 이를 '발해의 5도五道'라고 한다.

영주도는 상경에서 출발해 첫 도읍지인 돈화를 지나 장령부 관내를 통과한 다음, 심양을 거쳐 영주에 이르는 길이다. 영주는 당시 당의 동방 경략의 전진기지였다. 이곳에서 다시 고북구를 지나 당의 수도 장안에 이르게 된다. 이 교통로는 대조영이 영주를 탈출해 돈화에 구국舊國을 세웠던 여정이기도 하다. 발해 건국 후 이 길을 이용한 사례로는 732년에 발해가 당의 등주를 공격하자, 당이 대문예를 유주에 보내 발해를 치도록 한 데서도 찾아볼 수 있다.

조공도는 초기부터 빈번하게 사용된 길은 아니었다. 안사의 난 이후 영주도가 거란에게 막히자, 서경압록부의 수로를 새롭게 택하면서 빈번히 사용되었다. 그 경로는 상경에서 돈화를 거쳐 대포

시하를 따라 서경에 일단 이르게 된다. 그리고 압록강을 따라 서해에 이르러 대련과 여순을 지나 오호해발해 해협를 건너 묘도 열도의 여러 섬을 거쳐서 산동반도의 등주에 이르게 된다. 그리고 이곳에서 다시 장안으로 향한다. 이 교통로를 이용한 구체적인 사례는 당의 사신인 최흔이 대조영을 책봉한 뒤 714년에 당으로 돌아가던 중, 여순 황금산록에 있는 우물에 남긴 기록에서 찾을 수 있다. 732년에는 발해 장수 장문휴가 무왕의 명을 받아 해적을 이끌고 등주를 공격했던 길이다.

신라도는 상경에서 동경, 그리고 남경을 거쳐 신라의 천정군에 이르는 길이다. 신라도를 통해 발해와 신라가 접촉한 구체적인 사실은 『삼국사기』에서 두 번 확인된다. 또 당 사신 한조채가 발해에서 직접 신라로 들어갔다는 일본 측의 기록도 남아 있다. 이 교통로는 발해와 신라를 잇는 기능만 했던 것이 아니라, 때로는 발해 사신이 일본으로 가는 경로로도 사용되었다. 즉 777년 1월에 발해 사신이 남해부의 토호포吐號浦를 출발하여 일본으로 향했다.

일본도는 상경에서 동경용원부로, 다시 러시아 연해주의 포시예트 만의 크라스키노 성에 자리 잡은 염주를 거쳐 일본에 이르는 길이다. 그리고 염주를 지나 직접 동해를 가로질러 일본 혼슈 에치

젠, 노토, 가가 등지에 도착하는 방법과 우회하는 길로는 한반도 동남해안을 따라 남행해 일본 큐슈의 쓰쿠시에 도착하는 방법이 있었다. 이 길은 일본이 발해를 거쳐 당에 들어가는 길이기도 했다. 노토 반도의 후쿠라 항구에서는 난파된 발해 사신을 위해 배를 만든 조선소 유적이 최근 발굴되기도 했다. 1997년 12월 31일 발해 사신의 일본 왕래를 재현하기 위해 블라디보스토크 항구를 떠났던 우리의 발해탐사대가 희생되었던 것으로 알 수 있지만, 이 항로는 당시에도 매우 위험한 길이었다. 발해의 승려 정소도 일본 왕의 부탁을 받고 당에 유학 간 일본 승려 레이센에게 가려다가 풍랑을 만나 목숨을 잃기도 했다.

거란도는 상경에서 부여부를 거쳐 거란으로 가는 길이다. 요의 태조가 발해를 공격할 때 먼저 부여성을 함락시킨 뒤 홀한성을 공격한 것이라든가, 부여부에는 항상 날랜 병사를 주둔시켜 거란을 방비했다는 『신당서』의 기록들은 발해와 거란의 교통에서 반드시 부여부를 거쳐야 했음을 알 수 있

다. 그 경로는 상경에서 숭령을 지나 부여부에 이르고, 여기에서 다시 몇 개의 지역을 거친 다음 거란의 도성인 임황에 이르게 된다. 이 길은 예전에 부여가 있었던 길림 지방을 거쳐 서요하 상류로 향하는 길이었다.

한편 러시아 학계에서는 5도 외에 상경과 남부시베리아, 중앙아시아를 연결하는 '담비의 길sable-road'이 존재했다고 주장한다. 담비 가죽은 당이나 일본과의 교류에서 매우 중요한 교역품이었다. 920년 5월 일본에 갔던 발해 사신 배구가 담비 가죽을 입고 자랑하자, 일본의 접대관이 여름인데도 담비 가죽 여러 벌을 껴입고 으스댔다는 이야기는 발해의 담비가 동아시아 귀족층이 애호했던 고가의 사치품이었음을 잘 말해준다.

담비 가죽은 거란도를 통한 중앙아시아의 여러 유목 국가들을 비롯해 신라도를 통해서도 교역되었을 것이다. 결국 발해의 5도는 외교만이 아니라, 발해의 특산품이 사신이나 상인들과 함께 왕래했던 고대 아시아 물류 유통의 핵심이었다.

## | 발해의 특산물

『신당서』에 따르면, 발해에서는 태백산의 토끼, 남해부의 곤포, 책성부의 된장, 부여부의 사슴, 막힐부의 돼지, 솔빈부의 말, 현주의 포, 옥주의 면, 용주의 주, 위성의 철, 노성의 쌀, 미타호의 붕어, 환도의 오얏, 낙유의 배 등을 귀하게 여긴다고 했다.

# 무너지는
# 천 년 왕국,
# 신라

**| 고대 세계의 종말**

중대의 마지막 왕인 혜공왕은 왕권에 대한 진골들의 끝없는 도전을 제어할 수 없었다. 결국 김지정의 반란을 진압한다는 핑계로 군사를 일으킨 상대 등 김양상과 이찬 김경신에게 피살되고 말았다. 이후 왕위는 김양상에게 넘어가니, 그가 바로 선덕왕이었다. 이로써 태종무열왕 직계의 중대 왕실은 끝이 나고 하대下代가 시작되었다.

선덕왕 사후에는 김경신과 태종무열왕의 방계인 김주원이 왕위를 둘러싸고 다투다가, 김경신이 승리해 원성왕으로 즉위했다. 이후 원성왕의 직계들이 왕위를 연이어 계승하지만, 강릉 지역으로 물러난 김주원 세력으로 인해 분쟁의 불씨는 여전히 남아 있었다. 마침내 822년 김헌창은 자신의 아버지인 김주원이 왕위 다툼에서 패해 왕이 되지 못한 것을 원망하여 반란을 일으켰다. 이 난에 연좌되어 죽음을 당한 김헌창의 종족宗族과 당여黨與가 무려 239명이나 될 만큼, 하대 진골 귀족들의 분열과 항쟁은 매우 격렬했다.

## 귀족의 반란 속에서 성장한 지방 세력

김헌창의 난은 중앙 귀족 내부의 왕위 계승 다툼에서 시작되었지만, 김헌창이 나라 이름을 새로 '장안長安'이라고 내세운 것을 보면 신라를 전면 부정한 반란의 성격이 짙었다. 이와 관련해 지금의 충청도·전라도·경상도를 포괄하는 광범위한 지역에서 난이 일어나 도독都督·사신仕臣 같은 지방관과 상당수의 지방민들이 김헌창의 난에 가담한 사실이 주목된다. 그리고 김헌창의 난 이후에 논공행상에서도 난에 가담하지 않은 지방민들에 대한 면세 조치가 뒤따랐는데, 이는 김헌창의 난에서 지방 세력이 차지했던 비중을 잘 말해준다.

특히 김헌창의 아들인 김범문이 재차 난을 일으켰을 때, 고달산적高達山賊이 그를 후원했는데, 이는 김헌창의 세력 기반 속에 지방 세력이 포섭되어 있었음을 알려준다. 고달산적은 자연재해나 귀족의 토지 강탈로 토지에서 이탈한 민들을 규합해, 산악을 무대로 약탈을 감행하던 '초적草賊'으로 이해된다. 당시 중앙 귀족들은 공적 질서에서 이탈한 지방의 무장 세력이나 민들을 자신의 세력으로 포섭하거나 직접 사병으로 조직했다.

한편 김헌창이 규합한 도독·사신 같은 지방관이나 나중에 김우징의 재기를 도우러 온 김양순의 무주군은 이 시기에 지방의 행정·군사 조직이 귀족의 사병 조직으로 변질되었음을 말해준다. 지방군은 이미 공병公兵이 아니라 지방관이나 유력 귀족에게 포섭된 사병私兵이었다. 이렇게 중앙 권력이 약화된 하대에는 지방관들이 공적 조직에 기초해서 하나의 지역 세력으로 성장해갔다. 김주원처럼 왕위 계승 다툼에 밀려 낙향한 진골 귀족들도 식읍이나 녹읍을 토대로 해당 지역 사회의 유력자로 변모하기 시작했다.

비담의 난을 비롯해 중대에 일어난 신라 귀족들의 반란은 왕경을 중심으로 한 수도권에서의 다툼이었다. 그러나 하대에 들어와서는 중앙 귀족의 무력 기반과 반란 지역이 경주를 벗어나 전국으로 확대되었다. 이러한 양상은 혜공왕 때 96각간의 난에 참여한 5도의 주군州郡 세력에서 처음으로 나타났는데, 중앙 귀족과 왕경 세력 사이의 다툼이던 기존의 반란과는 확연히 달라진 모습이다.

이처럼 신라 하대에는 왕권이 미약해 공적인 군사 조직이 유명무실해졌고, 오히려 진골 귀족 사이의 정권 쟁탈 과정에서 급격히 늘어난 사병들이 언제든지 무장시킬 수 있는 귀족들의 든든한 지지 기반이었다. 이로 인해 당시 유력 귀족들은 크든 작든 종족과 당여를 비롯해 지방 세력까지도 포섭하는 방식으로 사병을 양성하는 데 진력을 다했다.



## | 진골 귀족과 문객

진골 귀족의 사병 조직에는 신분적으로 예속된 노비나 예민隸民과는 대비되는 자유로운 사람들도 존재했다. 김양이 청해진으로 갈 때 "모사謀士와 병졸들을 모집했다"고 하는데, 김양의 모병에 응한 사람들은 자신의 의지에 따라 개인적인 차원에서 김양과 주종 관계를 맺은 부류였다. 이들은 비상시에 모병의 형태로 무사나 책략가가 되어 사병 조직에 흡수되었지만, 평상시에도 직접 유력 귀족의 문하에 모여들어 '문객門客'을 형성했다. 이들은 진골과 두품 신분층을 비롯해 일반 평민에 이르는 광범위한 계층으로 구성되었는데, 배훤백도 제륭에게 의탁한 두품 신분의 문객이었다.

이처럼 귀족과 문객이 결합해 상하 관계를 맺게 되면, 문객은 그들의 주인에게 절대적인 충성을 바쳐야 했고, 귀족은 문객의 충성에 대한 반대급부로 그들의 생계를 보장하고 관직에 진출할 수 있도록 밀어주었다. 김양이 자신을 쏜 배훤백이 '주인을 위해' 한 것이라고 해서 용서한 것은 당시 귀족과

## 진골 귀족들의 사병 조직

신라 하대에 진골 귀족들이 거느리고 있던 사병 조직은 836년 흥덕왕이 죽은 후에 벌어진 왕위 쟁탈 과정에서 더욱 구체적으로 드러났다. 『삼국사기』에 실린 김양의 열전은 당시 유력 귀족들 사이에 벌어진 이러한 알력을 자세히 전해주고 있다.

흥덕왕이 죽고 그를 계승할 적자가 없자, 왕의 사촌인 균정과 그의 조카인 제륭 사이에 왕위 다툼이 일어났다. 이때 김양은 균정의 아들 우징, 균정의 매부 예징과 함께 균정을 받들어 왕으로 삼고 왕궁으로 들어가서 족병族兵으로 대궐을 호위했다. 그러자 제륭의 당黨인 흥덕왕의 조카 김명과 이홍이 대궐을 포위하고 공격했다. 김양은 궁문에 진을 치고 대항하다가 제륭의 부하인 배훤백이 쏜 화살에 다리를 맞았다. 형세가 불리해지자 후일을 도모하라는 균정의 말을 듣고 김양과 우징은 포위를 뚫고 달아나지만, 균정은 미처 피하지 못한 채 난병에게 살해되었다. 왕위 계승 다툼에서 승리한 제륭은 희강왕으로 즉위했다.

837년에 균정의 아들 우징은 잔병을 수습해 청해진으로 들어가서 장보고와 손을 잡고 불구대천의 원수를 갚으려 했다. 김양이 이 소식을 듣고 '모사謀士와 병졸들을 모집하여' 838년에 청해진으로 가서 우징을 만나 더불어 거사할 것을 꾀했다. 당시는 희강

문객 사이에 이루어진 주종 관계의 윤리를 잘 보여주는 것이다. 이러한 김양의 관용은 제륭의 잔여 세력들에게 사면을 베풀어 자신의 사병으로 재차 흡수하려고 한 조치로 이해된다.

**투구와 창, 은입사 발걸이**
투구는 신라 중대의 유일한 것으로, 아래는 두 장의 철판을 맞붙여 머리를 단단하게 보호했다. 창은 자루를 끼우기 위한 구멍이 뚫린 촉과 돌출된 날이 특이하다. 발걸이는 말을 딛고 오를 때 안정된 자세를 유지하기 위한 말갖춤으로, 은입사 기법으로 화려하게 장식했다.

왕이 김명에게 살해되어, 김명이 민애왕으로 즉위한 상황이었다. 그해 12월에 김양이 마침내 군사를 일으켜 왕경으로 진출하려 하자, 김양순이 무주군을 거느리고 도우러 왔다. 또 우징이 염장·장변·정년·낙금·장건영·이순행 같은 여섯 장수를 보내니 군사의 위풍이 자못 당당했다. 무주 철야현 북쪽에서 대감大監 김민주의 군사를 쳐부수고, 839년 정월에 김양의 군사는 대구에 이르렀다.

민애왕은 김흔에게 왕군王軍 10만 명을 이끌고 김양의 군대를 막으라고 했지만, 오히려 크게 패했다. 이에 달아나던 민애왕은 병사들에게 살해되고, 마침내 우징이 신무왕으로 즉위했다. 김양은 전날 자신을 쏜 배훤백을 불러 "개도 주인이 아니면 짖는 법이다. 그대가 주인을 위해 나를 쏘았으니 의사義士다. 내가 그대를 탓하지 않을 것이니 안심하고 두려워 말라"고 했다. 이에 잔병들이 이 말을 듣고 배훤백에게 이러한데 우리가 무엇을 근심하랴 하면서 감복하며 기뻐했다고 한다.

김양이 거느렸던 '족병'은 그 명칭에서 드러나듯이, 친족적 결합 원리로 구성된 사병 조직이었다. 김헌창의 난 이후 죽음을 당한 그의 종족宗族도 마찬가지였다. 신라는 관리를 뽑는 데 친족을 우선시하는 골품제 사회였다. 이것은 친족들이 동일한 정치 세력으로 결합할 여지가 매우 높았음을 말한다. 그러나 하대의 진골 세력이나 사병 조직은 단지 혈연적인 원리로 구성된 것만은 아니었다. 흥덕왕이 죽자 균정과 왕위를 다툰 제

**쥐·닭·돼지 십이지상**
경주 망성리에 있는 민애왕릉 주변을 정리할 때 발견된
쥐·닭·돼지의 특징을 잘 표현한 십이지상이다. 특히 두 손을
가지런히 앞으로 모은 자세를 취한 채 앉아 있는 모습이
당시 귀족 관료를 닮은 듯하다.

릉은 균정의 형제인 헌정의 아들로, 그들은 매우 가까운 친족임에도 불구하고 서로 다른 정치적 입장을 견지했다. 또 김양의 군사를 대구에서 막던 김흔도 김양의 사촌형이었다. 앞서 김헌창의 난에도 그와 형제간인 김종기가 참여하지 않았다. 이후 김종기의 집안은 계속해서 중앙 정치 세력으로 존속했는데, 김양과 김흔이 바로 김종기의 손자들이었다.

이처럼 김헌창의 종족이나 김양의 족병에는 그들과 혈연적으로 가까운 인물들이 참여한 것은 분명하지만, 그것은 어디까지나 개인의 정치적 이해에 따라 '집안〔家〕'를 단위로 구성된 것이었다. 즉 세력이 약한 소귀족은 자신의 정치적 생존을 위해 대귀족에게 의존해 상하 관계를 형성하는 방식이었다. 김양이 균정 및 우징에게 충성을 바쳤던 것은 이러한 사실을 잘 말해준다. 당을 형성한 진골 세력들의 결합도 정치적인 여건에 따라 이합집산이 충분히 가능한 관계였다.

신라 하대에는 그동안 강고했던 혈연적 족당이 진골의 분열과 자기항쟁 속에서 분해되었다. 또 진골 신분이 이해관계를 같이하는 운명 공동체라는 의식도 희박해졌다. 이처럼 신라 하대 사회에서는 골품과 친족의 원리를 대신할 새로운 인간관계가 싹트고 있었다. 진골 귀족 세력도 골품이 아니라 경제력과 사병 조직에 기초해 유지되는 실력 위주의 사회로 변모해가고 있었던 것이다.



## | 노비들, 귀족의 사병이 되다

『신당서』에 따르면, 신라 하대의 재상가에는 녹봉이 끊이지 않았고, 하인이나 노비들이 무려 3000명이나 있었다고 한다. 그뿐만 아니라 하인이나 노비의 수와 비슷한 수의 무기까지 갖추고 있었다. 또 백성들에게 곡식을 꾸어주고 갚지 못하면 노비로 삼았다고 한다. 이는 재상가가 채무를 통해 예속민을 확대해가고 있음을 의미한다. 또 이들 예속민들은 유사시에 언제든지 재상가의 병력으로 동원될 인적 기반이었음을 말해준다.

**기마인물상의 귀족과 시종**
앞쪽은 관과 같은 모자를 쓰고 갑옷을 입고 있어서 주인으로 여겨지고, 뒷쪽은 상투 형태의 모자와 어깨에 등짐을 진 모습이어서 시종으로 짐작된다.

## 지방 호족의 등장과 농민 봉기

진골 귀족들이 각 지역의 식읍과 녹읍에서 원활하게 수취를 하려면 해당 지역 유력자의 도움이 절대적으로 필요했다. 이러한 공생 관계 속에서 지역사회는 한편으로는 중앙 귀족에 기생하며, 또 다른 한편으로는 자신의 힘을 축적하며 분출할 준비를 하고 있었다.

이와 관련해 834년에 지방의 촌주村主들을 4두품, 5두품의 신분층으로 대우해준 골품제의 새로운 정비 과정이 주목된다. 이것은 지방 세력에 대한 처우 개선을 통해 그들의 신분적 불만을 무마하고, 중앙 귀족의 내분으로 약화된 지방에 대한 정치적·경제적 지배를 다시금 강화하려는 중앙 정부의 노력으로 이해된다. 결국 이는 그동안 폐쇄적인 골품제가 지방 사회의 성장으로 아래로부터 해체되고 있었음을 반증하는 것이다. 또한 당시 지방 사회에 촌주 같은 지방 유력자들이 새로운 사회 세력으로 성장하고 있었음을 분명히 말해준다.

이러한 지방 세력을 '지방 호족'이라고 부르는데, 호족은 본래 일반명사로 '세력이 있는 족속 또는 사람'을 가리킨다. 하지만 우리 역사에서는 '신라 말기에 등장한 지방 세력가'라는 의미로 거의 고정해서 사용하고 있다. 경남 함안의 방어산 마애약사불이나

**방어산 마애약사불**
본존은 왼손에 약그릇을 들고 있어서 약사여래상임을 알 수 있으며, 얼굴이 타원형으로 길게 표현되었다. 이는 불상 양식이 8세기의 긴장감과 활력이 넘치던 이상적 사실주의 양식에서 현실적인 모습으로 변화하고 있음을 보여준다.

창녕의 인양사비는 이 무렵 지방 호족들의 재력과 위상을 보여주는 대표적인 유물이다. 전남 영암의 신라매향비에는 관등을 전혀 소지하지 않은 지방민들이 당시 매향결사埋香結社를 주도한 사실을 전해주고 있어서, 하대 초기부터 이미 지역 사회는 요동치고 있었음을 알 수 있다.

　지방 호족에는 재래의 토착 촌주층이 성장한 유형도 있지만, 하대의 새로운 사회경제 환경에서 성장한 계층도 있었다. 즉 중앙으로 세금이 납부되지 않고 국방비로 비축된 변경의 군진軍鎭 지역이나, 상업과 대외 교역이 발달해 내외의 물류가 교차하는 교통의 요지에서도 지방 호족은 활발하게 성장했다. 더욱이 이러한 특징이 복합적으로 나타나는 곳이 바로 중국, 일본과의 삼각 중계무역이 가능했던 남해의 청해진이다. 당과의 교역로였던 북방의 패강진 지역도 지방 군진세력이 하나의 독립된 정치 세력으로 기능할 수 있는 사회경제 기반을 갖추어갔다. 김우징과 김양의 재기를 도와 왕위 계승 다툼에 참여했던 장보고나 고려를 건국한 왕건 같은 거대한 호족 세력은 이러한 배경에서 탄생한 것이다.

　한편 헌덕왕 때를 기점으로 신라에서는 자연재해와 기근이 빈번하게 일어났다. 진골 귀족들의 분열로 공적인 구휼 기능이 약화된 상태였기 때문에 농민들은 고리대에 의지할 수밖에 없었다. 하지만 되갚을 능력이 없는 농민들은 점차 유랑민이나 도적으로 몰

**청해진 목책 터**
청해진이 있던 장도 남서쪽에는 지름이 약 30센티미터, 높이 1미터의 말뚝으로 만든 목책이 있다.
목책은 적군의 기습을 막기 위한 방어 역할뿐 아니라, 부두를 통해 하역한 물자를
보호하기 위한 것으로 짐작된다.

락해갔다. 이것이 국가재정의 궁핍을 더욱 부채질했다.

게다가 중앙 권력이 약화되어 지방의 세금이 제때 왕경으로 수송되지 못하자, 진성여왕은 관리를 파견해 조세를 더욱 독촉하게 되었다. 이에 궁지에 몰린 농민과 노비들이 국가에 조직적으로 저항하는 반란을 일으켰다. 889년에 사벌주沙伐州, 지금의 상주에서 일어난 원종과 애노의 난을 기점으로 농민 봉기는 전국으로 확대되었다.

이를 진압하기 위해 정부군을 대거 파견했지만, 백성들의 반발은 격렬했다. 초적의 무리들은 조세를 약탈하고, 지방관아와 사찰을 습격했다. 신라의 공적 기능은 속수무책으로 무너져 내렸다. 이 틈을 타고 지방 호족들은 오히려 세력을 확대했다. 이들은 초적으로부터 자신들의 지역을 보호하기 위해 성을 쌓고, 군사력을 독자적으로 보유해 스스로 성주城主나 장군將軍이라 불렀다. 이들은 일정 지역을 행정적으로나 군사적으로 관장하면서 점차 그 지배 범위를 확대해갔다. 이처럼 세력이 커진 대호족들은 중앙의 관반官班을 흉내 내어 지방 통치에 활용했다. 이들은 신라의 지배를 부정하고 새로운 세상을 꿈꾸기 시작했다.

**견훤산성**

옛 백제 땅의 군진 세력인 견훤은 완산주를 근거지로 삼아, 의자왕의 원한을 갚는다는 구호 아래 후백제를 건국했다. 그는 정치나 외교에서 기민한 수완을 보여주었으나, 새로운 사회에 대한 전망을 갖지 못함으로써 지방 호족의 협력을 이끌어내는 데 실패한 채 무력만 과시했다.

## 고대에서 중세로의 전환

통일신라의 260여 년의 역사는 110여 년에 걸친 중대와 그 뒤의 150여 년에 이르는 하대로 구분할 수 있다. 중대가 통일의 여세를 몰아 체제를 정비한 시기였다면, 하대는 지배 체제의 한계가 드러나면서 점차 멸망으로 치닫는 시기였다. 진골의 왕위 계승 분쟁으로 중앙 권력이 무너져 내리고, 각지에서 초적과 농민들이 봉기했던 것이다. 또한 그 틈을 타고 지방의 호족 세력을 규합한 궁예와 견훤이 새로운 국가를 열어 '후삼국 시대後三國時代'가 도래했다.

그런데 후삼국을 통일한 주인공은 궁예나 견훤이 아닌 왕건이었다. 왕건은 궁예의 뒤를 이어 고려의 왕으로 추대된 인물이었다. 후백제의 견훤은 왕위 계승 문제로 아들 신검에 의해 금산사에 유폐되자, 곧바로 그곳을 탈출해 왕건에 투항했다. 이러한 상황에서 명목만 유지하던 신라의 경순왕도 고려에 항복했고, 936년 왕건은 투항한 견훤을 앞세워 후백제마저도 정복했다.

왕건이 후삼국을 통일할 수 있었던 까닭은 지방 호족들과의 연합 정책을 적극적으로 추진해 경주 중심의 진골 체제와 골품제를 타파하고, 취민유도取民有度를 표방하며 세금을 완화해 농민을 비롯한 일반 백성들의 민심을 수습하는 데 크게 힘을 썼기 때문이

**반월산성**
경기도 포천에는 궁예가 축성했다는 전설이 전해 내려오는 반월산성이 있다. 하지만 성 내부에서 신라 통일기의 지명인 '마홀(馬忽)'이라는 글씨가 새겨진 기와가 발견되어 신라 통일기 역시 이 산성을 이용했음을 알 수 있다.

다. 대외적으로는 중국 5대10국의 여러 나라와 외교를 펼쳐 대외 관계를 안정시켰다. 후삼국의 분립은 역사상 분명히 큰 혼란기였지만, 이는 고려의 통일로 더 큰 발전을 이루게 되는 전환기였다.

1000년을 이어온 신라는 사로국경주에 뿌리를 둔 진골의 나라였다. 삼국 통일의 위업을 달성한 후에도 신라의 귀족들은 사로 6촌 시기부터 이어져온 왕경인으로서 그 지위와 골품제의 특권을 버리지 않았다. 이처럼 지극히 폐쇄적이고 배타적인 권력 구조는 진골에 대항할 수 있는 지방 호족이 새롭게 등장하면서 바뀌었다.

그런데 당시 신라의 주변국에서도 유사한 역사적 상황이 나타났다. 중국의 당은 안록산의 난을 계기로 중앙 권력이 지방 세력인 번진藩鎮에 휘둘렸고, 결국에는 907년에 멸망했다. 이 무렵 일본에서도 후지와라노 스미토모나 타이라노 마사카도의 난이 일어나, 지방 세력이 중앙에 도전하던 시기였다. 이처럼 신라에서 고려로 넘어가던 때는 동아시아 전체가 중앙과 지방의 격돌로 커다란 변화를 겪던 전환기였다.

따라서 신라에서 고려로의 변화는 단순한 왕조의 교체가 아니라, 중앙에 수탈당하고 억눌렸던 지방 사회가 새로이 주인공으로 부상해 미래에 대한 새로운 비전을 제시하면서 골품제 사회를 무너뜨린 역사적인 전환기였다. 특히 지배 세력의 교체로 폐쇄적인 사회가 좀 더 개방적인 사회로 변했으며, 신화와 주술을 대신해 보편적인 불교와 유교 이념이 정치와 사회를 이끌어간 중세 사회로의 전환이었다.

**마의태자 미륵불**
둥근 얼굴에 활 모양의 눈썹과 긴 눈, 넓적한 코, 두터운 입술이 고려 초에 지방화된 커다란 불상 양식을 잘 보여준다. 신라 말 마의태자가 나라의 멸망을 비통하게 여겨 이곳까지 와서 불상을 만들고 개골산으로 들어갔다고 한다.

신라의 육두품 계층은 진골만큼 우대를 받은 것은 아니지만, 신라 사회의 지배층이었다. 이들은 국학에서 교육을 받거나 당에 건너가 유학했고, 이후 관료로 진출해 행정 실무를 담당하거나 문한文翰 기구에 참여해 국왕의 근시近侍가 되었다.

그러나 육두품 계층은 골품제 아래서 정책 결정권자가 될 수 없었고, 실력이 있어도 신분의 제약 때문에 장관직에 진출하는 것이 제한되었다. 결국 육두품 계층은 골품제 아래서 상대적인 박탈감이 어떤 계층보다 강했고, 신라 체제에 대해 가장 비판적인 세력으로 자라났다. 특히 중국의 개방적인 정치체제를 직접 보고 온 도당 유학생들은 이러한 신라의 폐쇄적 정치체제에 불만을 품기에 이르렀다. 물론 여전히 2인자로서 진골 주도의 정치 구조에 만족하는 부류도 있었지만, 지방 호족들의 성장 속에서 그들과 함께 골품제를 무너뜨릴 꿈을 꾸는 자들도 하나둘씩 나타나기 시작했다.

견훤을 도와 후백제의 정치체제를 안정시킨 최승우나 고려의 왕건을 보좌한 최응은 이러한 부류를 대표한다. 하지만 최치원은 정계를 등지고 유

랑 생활을 했는데, 신라의 기존 정치체제를 변혁할 수 없는 자신의 한계를 절감했기 때문이다. 이러한 육두품 계층의 진골 귀족에 대한 도전은 골품제 해체를 촉진하는 요인이 되었다.

한편 육두품 계층 말고도 선종 승려들이 호족 세력의 정신적 기반이 되었다. 선종 사찰은 경주 중심의 교종 사찰과는 달리, 각 지방에 퍼져 대체로 그 지방의 호족 세력과 연계를 맺으면서 그들의 경제적인 후원을 받았다. 누구나 불성을 갖고 있으므로 스스로 참선을 통해 깨달음을 얻을 수 있다는 선종의 가르침은 호족들이 진골과 대등한 존재라는 사실을 자각하는 정신적인 기반이 되었다. 또 이 시기 선종과 함께 수용된 풍수지리설은 호족들이 경주 중심의 지리 인식에서 벗어날 수 있는 계기가 되었다.

**해인사 묘길상탑지**
해인사 묘길상탑에서 나온 탑지 네 매 가운데 최치원이 쓴 것을 보면, 신라 하대에 굶주린 농민 집단이 해인사를 습격해 승군과 격돌을 벌인 사실과 이때 숨진 승군을 애도하는 내용이 담겨 있다.

## | 신라 선종의 분포

# 동아시아 네트워크를 장악하다



골품제의 나라 신라는 한낱 섬 출신인 장보고를 포용하지 못했다. 그래서 장보고는 신라를 떠나 자신의 능력을 인정해줄 드넓은 당으로 가서 새로운 인생을 찾았다. 모험임을 알면서도 그는 자신의 능력만 믿고 기회의 땅인 당으로 건너간 것이다.

무예 실력이 뛰어났던 장보고는 서주徐州 무령군武寧軍의 장교로 출세했다. 무령군은 산동반도에 웅거한 절도사 이정기 세력을 정벌하려고 만든 부대였다. 이정기, 아들 이납, 손자 이사도로 이어진 이정기 세력은 이 무렵에 하남과 하북을 연결하는 산동 지역을 장악한 채, 발해·신라와 교역을 통해 최고의 지방 군벌로 성장했다. 장보고는 이런 이정기 세력을 보면서 자신의 미래를 새롭게 그려 나갔다. 828년에 장보고는 섬 소년 '활보'에서 이제 당의 대성인 장씨張氏가 되어

신라로 금의환향했다. 그는 흥덕왕을 만나 해적을 소탕하겠다고 당당히 말했다. 당시 해적은 신라의 골칫덩어리였다. 해적들은 신라인들을 잡아 당에 노예로 팔거나 해로로 수송되는 세금과 귀족의 농장 수취물을 약탈했다. 장보고는 흥덕왕에게 청해진淸海鎭을 설치할 것을 요청했다. 마침내 흥덕왕의 허락을 받은 장보고는 지방민을 규합해, 1만여 명의 군대를 양성해 완도에 청해진을 건설했다. 그에게 내려진 대사大使라는 벼슬은 당시 신라의 관직 체계에는 없는 특별한 직함이었다. 청해진은 처음부터 장보고의 개인적인 역량을 토대로 독자적인 성격을 띠었다.

이후 장보고의 세력이 급속히 성장한 데에는 골품제에 구애되지 않는 그의 인적 네트워크 창출 능력이 큰 몫을 했다. 이 무렵 신라에는 진골 귀족의 가혹한 수탈로 몰락한 농민들이 생존을 위해 산적이나 해적이 되었다. 장보고는 과도한 세금 수탈로 내몰린 이들을 보듬어주고, 진골에게 천대받던 지방 출신의 인재들을 포용했다. 또 8세기 이래로 황해의 연안에서 왕성하게 활동하는 신라인들의 해상 능력을 적극 활용해 이들을 묶고 조직화했다.

마침내 장보고는 해적을 소탕하고 동중국해 일

**적산 법화원의 장보고 동상**
섬 출신인 장보고는 어려서부터 물에 익숙했고, 친구 정년과 단짝이 되어 무예를 열심히 익혔다.
'활보'라는 장보고의 어렸을 적 이름은 그가 활을 무척 잘 쏜 소년이었음을 말해준다.

**| 장보고의 해상 무역로**

중국의 황해 연안 지역(남으로는 양자강 하구에서 북으로는 산동성 등주까지)에는 많은 신라인이 거주하고 있었다. 그들 중에는 연안 운송업과 상업에 종사하는 자들도 있었고, 아라비아 상인과 교역하거나 중국·신라·일본을 왕래하며 국제무역에 종사한 사람들도 많았다.

**청해진**

청해진은 오늘날의 완도로 해상 교통의 길목이기 때문에 조운선과 교역선을 보호할 수 있는 요충지였다. 이곳에서 병사를 키워 해적을 소탕하고, 신라의 공적인 유통망을 재건한다는 것이 장보고의 계획이었다.

대의 해상권을 장악했다. 장보고는 무역 활동을 더욱 발전시키려고 당과 일본의 실세 권력자와도 교섭했다. 일본 조정에 무역선과 함께 회역사廻易使를 파견해 서신과 공물을 보냈고, 당에도 견당매물사遣唐賣物使의 인솔 아래 교역선을 보냈다. 널리 알려진 이야기지만, 일본의 관리가 장보고에게 서신을 보내 승려 엔닌의 입당과 귀국 여정을 도와줄 것을 탄원했다는 사실은 당시 일본과 당을 잇는 해상 교통로에서 그의 위세가 얼마나 컸는지를 여실히 보여준다.

그런데 장보고가 회역사와 견당매물사의 칭호가 붙은 사절단을 파견했다는 사실은 그의 야망이 무역을 넘어 정치를 지향했음을 암시하는 것이다. 장보고는 이미 강력한 군대와 많은 선박을 보유하고 부를 축적한 신라의 최고 지방 세력, 아니 동아시아의 해상왕으로서 그 누구도 무시할 수

없는 인물이 되어 있었다.

836년 신라의 왕위 계승에서 패배한 김우징이 장보고에게 의탁한 것은 당연한 일이었다. 결국 중앙의 내분과 정변을 틈타 장보고의 지원을 받은 김우징이 수도를 탈환해 신무왕으로 즉위했다. 그러나 일등공신인 장보고는 오히려 막강한 힘 때문에 중앙정부에 부담스러운 존재가 되었다. 결국 장보고는 중앙정부에서 보낸 자객 염장에게 암살되고, 청해진의 시대는 끝나고 말았다.

장보고는 불의에 살해되었으나, 8세기 후반 이후 성장하고 있던 신라 지방 세력의 선구적인 존재였다. 골품제의 테두리 속에 얽매여 있던 진골 귀족들과는 달리, 혈연보다는 능력을 기준으로 자신의 세력을 뭉쳐 나갔다. 기존의 정치 질서 속에서는 볼 수 없었던 이 새로운 인간관계는 1000년을 버텨 온 신라를 무너뜨리는 새 시대의 서막이었다.

▲백제 금동 대향로 ▶남여 인물 토우

# 고대의 사회와 문화

**70만 년 전 • 9세기**

고구려 고분벽화는 자료가 귀한 고대사에서 일종의 타임캡슐이라고 일컬어진다. 크기를 서로 달리하는 인물들을 통해 신분제 사회의 일면을 엿볼 수 있다. 의식주를 묘사한 생생한 그림에서 당대 생활상을 복원할 수 있는 단서를 찾을 수 있고, 주로 천장에 그려져 있는 천상 세계의 이미지를 통해 고구려 사람들의 생각과 꿈과 종교를 더듬어볼 수 있다. 벽화 자료만이 아니다. 많은 유물과 유적, 그리고 문헌 자료를 통해 고대인들의 삶과 문화를 어느 정도 복원해가고 있다. 여전히 많은 부분이 공백처럼 남아 있지만, 고대인의 삶이나 오늘 우리의 삶의 본질에는 그리 큰 차이가 있지 않다는 점을 확인할 수 있을 것이다.

# 신분에 따라 삶도 달라지다



온달과 평강공주의 결혼이나 맛동이와 선화공주의 결혼은 지금까지 우리가 알고 있는 역사적 지식으로는 결코 이루어질 수 없는 일이다. 사실 이런 식의 혼인은 신분제가 존재하지 않는 오늘날에도 커다란 뉴스거리가 될 만큼 극히 예사롭지 않은 사건이다.

그렇다고 이들 설화를 단지 꾸며낸 이야기로만 간주해도 좋다는 것은 아니다. 예컨대 온달이나 서동이 공주와 결혼을 했든 안 했든, 두 설화에 나타난 온달이나 서동이 살아가는 모습은 당시 사람들의 입에 오르내린 사회 현실을 반영하고 있음은 틀림없다. 그렇기 때문에 우리는 이 이야기에서 사실과 허구의 경계를 조심스럽게 찾아내야 한다. 그렇다면 설화 속에 담긴 역사적인 사실을 어떻게 찾아낼 수 있을까? 또 그러한 사실을 통해 우리는 고대사회의 모습을 제대로 그려낼 수 있을까?

## 설화에 담긴 고대사회의 신분제

『삼국사기』나 『삼국유사』에 등장하는 인물은 대개 왕이나 귀족 같은 지배 신분층이고, 피지배 신분층인 평민이나 천민의 모습은 찾아보기 어렵다. 다만 귀족 신분층의 사람이 이런저런 인생 역정 속에서 평민과 다름없는 불우한 처지에 있다가 나중에 본래 신분을 되찾는 경우나, 충효로 이름을 높인 평민들의 모습이 간간히 그려지기도 한다. 우리는 이런 인물들의 모습을 통해 고대의 신분과 사회 모습을 어느 정도 엿볼 수 있다. 온달 설화와 서동 설화가 그러한 인물들의 대표적인 이야기다.

먼저 온달 설화는 바보라고 불릴 정도로 가난하고 미천한 출신인 온달이 평원왕의 공주와 혼인을 하고, 무공을 세워 높은 벼슬자리에 올랐다는 내용이다. 서동 설화 역시 맛동이라는 가난한 출신이 신라 선화공주와 결혼하고 황금을 얻어서 부자가 되어 마침내 백제 무왕이 되었다는 내용이다. 우리는 이 두 설화에서 온달과 서동의 사회적 위치가 바뀌어가는 과정을 통해 고대사회의 여러 신분과 인간상을 만날 수 있다.

첫째, 온달과 서동 같이 홀어머니를 모시고 밥을 빌어먹거나 마를 캐어 내다 팔면서 살아가는 가난한 사람들의 모습이다. 다만 두 주인공은 경제적으로 몰락한 존재이지만, 신분적으로는 누구에게도 예속되지 않는 자유로운 존재로 묘사되고 있는 점이 주목된

**귀족 부부의 나들이**
고구려의 고분벽화 가운데 수산리 벽화에는 신분에 따라 사람의 크기가 다르게 그려져 있는 것을 볼 수 있다. 귀족은 항상 크게 그리고, 그보다 낮은 신분의 사람이나 노비는 작게 그렸다. 이것은 당시 엄격한 신분제를 반영하는 인간관을 회화적으로 형상화한 것이라고 할 수 있다.

다. 또 두 사람 모두 왕경에 거주한다는 점도 눈길을 끈다.

둘째, 황금의 소유로 경제적인 부를 축적한 부민 계층이다. 가난했던 온달과 서동이 공주와 혼인하고 황금을 팔아 부자가 되었다는 이야기처럼, 이들은 전통적으로 경제적인 부를 향유하던 귀족 신분과는 다른 존재로 묘사되고 있다.

셋째, 온달과 서동처럼 경제적인 부를 기반으로 정치적으로도 국가 지배 세력으로 편입되어가는 계층의 존재를 설정해볼 수 있다. 물론 두 설화는 공주와의 결혼을 전제로 하고 있지만, 온달의 경우 뛰어난 무예를 바탕으로 왕의 총애를 받는 신하가 되고, 서동은 민심을 얻어 그 자신이 스스로 왕위에 오른 것으로 그려지고 있다.

넷째, 평강공주와의 결혼에서 온달과 경쟁적인 관계에 있었다고 볼 수 있는 상부上部 고씨 같은 귀족 세력의 존재도 당연히 고려해야 할 것이다.

다섯째, 두 설화에서 모두 가난하고 미천하지만 자유민인 온달과 서동이 부자가 되어 신분 상승을 하는 이야기로 구성되어 있지만, 실제는 오히려 노비 같은 천민으로 신분이 떨어지는 일이 좀 더 많았을 것이라는 사실이다.

이처럼 온달과 서동의 설화를 통해 고대사회의 여러 신분을 엿볼 수 있는 실마리를 찾아낼 수 있다. 하지만 실제 고대사회에서는 좀 더 다양한 신분과 계급으로 구성되었을 것이라는 사실도 항상 기억해야 한다.

**온달산성**
충청북도 단양군 영춘면 하리에 있는 온달산성으로, 고구려 평원왕의 사위 온달이 신라군의 침입 때 이 성을 쌓고 싸우다가 전사했다는 전설이 전해 내려오고 있다. 이처럼 설화에는 한 인간의 인생 역정이라는 이야기적 요소를 제외하면, 고대사회의 인간상이 여러 유형으로 서로 얽혀 있는 당시 시대상과 역사상을 그려낼 수 있는 실마리가 있다.

## 평민과 노비들은 어떻게 살았을까

고대사회에서는 평민의 신분과 계급 구성을 좀 더 여러 계층으로 자세히 나누어 살펴볼 수 있다. 고구려의 미천왕이 신분을 속이고 일반 평민으로 숨어 지내던 시절의 이야기는 바로 이러한 사정을 잘 보여준다. 『삼국사기』에는 다음과 같은 이야기가 전한다.

봉상왕은 아우 돌고가 배반할 마음을 가지고 있다고 의심해 그를 죽이니, 아들 을불은 살해당할 것이 두려워 도망쳤다. 처음에는 수실촌 사람인 음모의 집에 가서 고용살이를 했는데, 음모는 일을 매우 고되게 시켰다. 그 집 곁에 있는 늪에서 개구리가 울면, 을불을 시켜 밤새 기와 조각과 돌을 던져 그 소리를 못 내게 하고, 낮에는 나무하기를 독촉해 잠시도 쉬지 못하게 했다. 을불은 괴로움을 이기지 못해 1년 만에 그 집을 떠나, 동촌 사람 재모와 함께 소금 장사를 했다.

배를 타고 압록강에 이르러 소금을 내려놓고 강 동쪽 사수촌 사람의 집에서 기숙했다. 그 집의 할멈이 소금을 청하므로 한 말쯤 주고 다시 청하는 것을 주지 않았더니, 그 할멈은 원망하고 노하여 소금 속에 몰래 신을 넣어두었다. 을불은 알지 못한 채 짐을 지고 길을 떠났는데, 할멈이 쫓아와 신을 찾아내고는 을불이 신을 숨겼다고 꾸며 압록

**신라 향가 「서동요」**
「서동요」는 서동이 신라 진평왕 때 만들었다는 노래로,
『삼국유사』의 '무왕조'에 이두로 표기된 원문과 함께 그 설화가
실려 있다. 그런데 서동요는 『삼국유사』 판본마다 선화공주가
밤에 안고 간 대상에 해당하는 글자(붉은색)가 다른데, 조선 중종 때
판본인 정덕본(위쪽)에서는 이 글자가 확연치 않은 반면, 조선 초기
고판본(오른쪽)은 분명히 나타난다.

재(수령)에게 고소했다. 압록재는 신 값으로 소금을 빼앗아 할멈에게 주고 볼기를 때리고는 놓아주었다

미천왕 설화에는 여러 인물이 등장한다. 을불에게 벌을 내린 압록재는 수령이라는 관리니 당연히 지배 신분층이겠지만, 수실촌의 음모, 동촌 사람 재모, 사수촌의 할멈은 모두 일반 평민들이다. 물론 원래 왕족이지만 신분을 속인 을불도 평민이다. 먼저 을불의 처지부터 살펴보자.

을불은 재산을 전혀 갖지 못한 빈털터리였기 때문에 음모의 집에서 힘든 고용살이를 했다. 그러나 신분으로는 여전히 자유민이므로 1년 뒤에는 고용살이를 그만둘 수 있었다. 실제로 고대사회에는 일반 평민 가운데 경제적으로 몰락해서 을불과 같은 처지에 속하는 용작傭作 농민들이 적지 않았을 것이다. 게다가 중요한 사실은 이들이 여전히 자유민으로서의 신분을 유지했다는 것이다.

한편 평민 가운데는 수실촌의 음모처럼 경제적으로 윤택한 사람들도 있었을 것이다. 음모는 자영농민일 텐데, 제법 경제적인 기반이 있었는지 을불과 같은 용작 농민을 거느렸다. 다른 평민 가운데는 농민 말고도 소금 장수를 하는 을불이나 동촌 사람 재모와 같은 상인들도 적지 않았을 것이다. 특히 소금은 생활필수품이기 때문에 을불이나 재

◀미소 짓는 신라 여인과 문관상
한 손으로 살포시 입을 가린 채 수줍은 듯 웃고 있는 여인(왼쪽)과 두 손을 모은 채 관복을 차려입은 문관(오른쪽)의 모습이다.

▶지게를 지고 짐을 나르는 토우
5~6세기 신라 무덤에서 나온 토우로, 큰항아리가 올려진 지게를 지고 나르는 모습이다. 신라의 평민들이 일할 때 모습을 엿볼 수 있다.

모처럼 압록강을 오르내리면서 소금 장사를 하는 상인들은 일찍부터 등장했을 것이다. 사수촌의 할멈처럼 상인들을 위해 여각을 운영하는 사람도 있었음을 이 설화 속에서 알 수 있다.

이처럼 일반 평민 가운데는 신분으로는 자유민에 속하더라도 계급적 기반에서는 매우 다양한 상황에 처한 사람들이 있었음을 알 수 있다. 평민 가운데 최하층인 용작 농민은 결국에는 신분이 천민으로 떨어질 가능성이 매우 높았다고 생각된다. 대표적인 예가 『삼국사기』의 「열전」에서 전하는 효녀 지은의 이야기다.

지은은 신라 한기부漢岐部 출신인 연권의 딸로, 어려서 아버지를 일찍 여의고 홀어머니를 모시면서 서른두 살이 되도록 출가하지 않은 채 효도를 다했으나, 끝내는 살림살이가 어려워져 스스로 남의 집 종이 되었다. 이를 알게 된 어머니는 딸과 함께 목 놓아 울었는데, 이 광경을 본 화랑 효종랑은 그 효성에 감격해 즉시 곡식 100섬과 옷가지를 보냈으며, 이 말을 들은 효공왕도 곡식 500섬과 집을 내려주어 모녀가 잘 살도록 했다.

이 설화에서 효녀 지은은 가세가 기울어 결국에는 자신의 몸을 팔아 노비가 되었다. 이를 '매매노비'라고 하는데, 흉년이나 과중한 조세 부담을 견디지 못해 이처럼 경제적



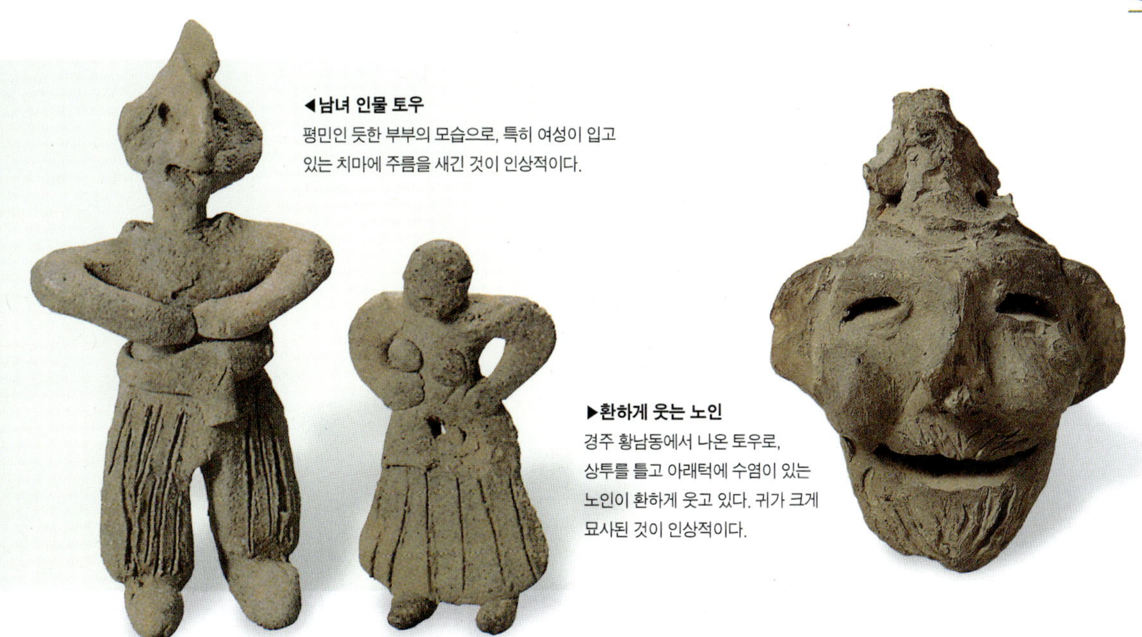

**◀남녀 인물 토우**
평민인 듯한 부부의 모습으로, 특히 여성이 입고 있는 치마에 주름을 새긴 것이 인상적이다.

**▶환하게 웃는 노인**
경주 황남동에서 나온 토우로, 상투를 틀고 아래턱에 수염이 있는 노인이 환하게 웃고 있다. 귀가 크게 묘사된 것이 인상적이다.

으로 몰락해서 노비 신분으로 떨어지는 농민들도 실제로는 적지 않았을 것이다.

이와 같이 평민이 노비로 전락하면 상대적으로 국가의 조세 부담 계층이 줄어들기 때문에 국가에서는 평민이 경제적으로 몰락하는 것을 막는 정책을 실시했다. 대표적인 예가 고구려의 진대법賑貸法이다. 즉 고구려에서는 고국천왕 때 가난한 농민을 구제하려고 먹을거리가 모자라는 봄에 곡식을 빌려주었다가 가을에 추수한 것으로 갚게 하는 진대법을 실시했다. 백제나 신라의 경우도 이와 비슷한 제도가 있었을 것이다. 효녀 지은 설화에서 보듯이 미담으로 전해진 경우이기는 하지만, 국가에서는 평민의 몰락을 막으려는 노력을 지속적으로 했음도 엿볼 수 있다.

고대사회에서는 노비 신분이 되는 상황으로 여러 가지가 있었는데, 가장 일반적인 것이 전쟁포로가 천민으로 전락하는 경우였다. 특히 삼국은 전쟁의 성과물을 귀족처럼 전쟁 참여자들에게만 분배했는데, 성과물의 대부분은 전쟁포로였다. 이러한 포로들은 공동체의 구성원이 아니므로 쉽게 천민으로 편제되었다. 또 효녀 지은의 경우처럼 매매되거나 형벌에 의해 천민으로 전락하는 경우도 적지 않았다. 삼국시대에는 전쟁포로로 천민이 되는 경우가 많았으나, 통일신라 이후에는 전쟁이 거의 일어나지 않아서 주로 매매와 형벌에 의한 노비가 많았을 것으로 보인다.

**무용총의 시녀**
무용총 벽화를 보면, 귀족들이 사는 대저택에서 시중을 드는 여자 하인들과 말 탄 주인의 뒤에서 시중을 들고 있는 시종을 볼 수 있다.

# 귀족도 차별한 신분제도

고대사회에서는 왕과 왕실은 물론 귀족들 사이에도 일정한 신분적 차별이 있었다. 신라의 경우가 대표적인데, 이른바 '골품제'가 그것이다. 골품제는 신라가 중앙집권 국가로 발전하면서 신라에 편입된 지배층을 그 세력의 크기에 따라 등급을 나누어 편제하는 과정에서 성립했다. 왕족이나 최고 귀족은 성골이나 진골에 속했고, 일반 귀족들은 6두품 이하의 각 두품에 속했다. 그러다가 점차 3두품 아래는 일반 평민 신분이 되었다.

관등이나 관직을 맡는 것처럼 정치 활동은 골품에 따라 결정되었다. 진골은 최고 신분으로서 중요한 관직을 독점했다. 6두품은 6등급 아찬까지만 오를 수 있으므로, 주로 학문과 종교 분야에서 활동했다. 이처럼 골품제는 개인의 정치 활동이나 사회 활동의 범위를 엄격히 규제했을 뿐만 아니라, 골품에 따라 가옥의 규모나 복색, 수레 같은 일상생활까지도 규제했다. 그런데 이러한 골품에 따른 신분적인 차별은 결국에 귀족 사회 내부의 갈등을 야기하기도 했다.『삼국사기』의「신라본기」에는 다음과 같은 설계두의 이야기가 전한다.

설계두는 신라 귀족 가문의 자손이었다. 일찍이 친구 네 사람과 함께 모여 술을 마시



## | 신라의 골품제도

| 등급 | 관등 | 골품 진골 | 6두품 | 5두품 | 4두품 | 복색 | 중앙 관직 중시 | 시랑 | 대사 | 사자 | 시 | 지방 관직 도독 | 사신 | 태수 | 현령 | 집크기 |
|---|---|---|---|---|---|---|---|---|---|---|---|---|---|---|---|---|
| 1 | 이벌찬 |  |  |  |  | 자색 |  |  |  |  |  |  |  |  |  | 24척 |
| 2 | 이 찬 |  |  |  |  | 자색 |  |  |  |  |  |  |  |  |  | 24척 |
| 3 | 잡 찬 |  |  |  |  | 자색 |  |  |  |  |  |  |  |  |  | 24척 |
| 4 | 파진찬 |  |  |  |  | 자색 |  |  |  |  |  |  |  |  |  | 24척 |
| 5 | 대아찬 |  |  |  |  | 자색 |  |  |  |  |  |  |  |  |  | 24척 |
| 6 | 아 찬 |  |  |  |  | 비색 |  |  |  |  |  |  |  |  |  | 21척 |
| 7 | 알길찬 |  |  |  |  | 비색 |  |  |  |  |  |  |  |  |  | 21척 |
| 8 | 사 찬 |  |  |  |  | 비색 |  |  |  |  |  |  |  |  |  | 21척 |
| 9 | 급벌찬 |  |  |  |  | 비색 |  |  |  |  |  |  |  |  |  | 21척 |
| 10 | 대나마 |  |  |  |  | 청색 |  |  |  |  |  |  |  |  |  | 18척 |
| 11 | 나 마 |  |  |  |  | 청색 |  |  |  |  |  |  |  |  |  | 18척 |
| 12 | 대 사 |  |  |  |  | 황색 |  |  |  |  |  |  |  |  |  | 15척 |
| 13 | 사 지 |  |  |  |  | 황색 |  |  |  |  |  |  |  |  |  | 15척 |
| 14 | 길 사 |  |  |  |  | 황색 |  |  |  |  |  |  |  |  |  | 15척 |
| 15 | 대 오 |  |  |  |  | 황색 |  |  |  |  |  |  |  |  |  | 15척 |
| 16 | 소 오 |  |  |  |  | 황색 |  |  |  |  |  |  |  |  |  | 15척 |
| 17 | 조 위 |  |  |  |  | 황색 |  |  |  |  |  |  |  |  |  | 15척 |

신라의 경우에는 왕경인과 지방민 사이에도 신분상 큰 차별이 있었다. 같은 평민이라 하더라도 왕경인은 지방의 촌락민보다 우월한 위치에 있었다. 또 지방민은 그 지역의 지배 세력일지라도 결코 중앙의 관직을 얻을 수 없었으며, 그들에게는 지방민에게만 주어지는 별도의 관등인 외위(外位)가 주어졌다.

면서 각자 자신의 뜻을 말했는데, 설계두는 "신라에서 사람을 등용하는 데 골품을 따지기 때문에 진실로 그 족속이 아니면, 비록 큰 재주와 뛰어난 공이 있어도 그 한계를 넘을 수가 없다. 나는 원컨대 서쪽 중국으로 가서 세상에서 보기 드문 지략을 드날려 특별한 공을 세우고 스스로 그 힘으로 영광스런 관직에 올라 의관을 차려입고 칼을 차고서 천자의 측근에 출입하면 만족하겠다"고 말했다. 그리하여 진평왕 43년(621년)에 몰래 바다 배를 따라 당에 들어갔다.

이미 삼국시대부터 골품제의 한계를 인식하고 있었던 6두품 이하의 귀족들은 통일신라 때 주로 왕권과 결합해서 자신의 정치적 지위를 높이려고 노력했다. 하지만 골품의 벽을 깨지는 못하고, 주로 문한직의 관리에 임용되거나 당에 유학하여 유학이나 불교를 공부하고 돌아와 통일신라 말기에 새로운 사회 변화를 시도하려는 움직임을 보였다. 고구려나 백제의 경우에도 귀족들 내부에 골품제와 유사한 신분제와 관등제가 존재했을 것으로 보인다.

신분제를 바탕으로 중앙의 정치조직과 지방의 지배 체제를 마련한 삼국은 이를 율령이라는 틀 속에서 운영했다. 따라서 율령은 나라 전체를 일정한 기준 아래 통일적으로 지배하기 위해 마련된 것으로, 기본적으로는 당시 삼국 지배 세력의 계급적 이해관계



**고구려 귀족의 관 꾸미개**
해뚫음무늬 금동 장식은 평양시 역포구역 용산리 진파리 7호분에서 나온
것으로, 가운데 원 안에는 고구려의 상징인 삼족오가 있다.
삼족오 좌우에는 각각 용 한 마리가 용틀임을 하고 있고,
삼족오 위에는 봉황이 날고 있다.

를 대변하는 입장에서 만들어진 것이었다. 이처럼 고대의 신분 사회가 갖고 있던 모순은 소수의 지배 귀족들을 제외하고는 모든 계층과 신분에게 여러 가지 질곡으로 작용했다. 이를 변혁하려는 시도는 일반 평민이나 천민들에게 너무나 지난한 일이었지만, 오히려 6두품이나 지방 호족들이 새로운 신분 사회로의 재편을 추진하게 되었다.

# 고대사회의 황금과 부자



온달과 서동 설화를 보면 공통적으로 황금을 얻어 부자가 되었다는 내용이 나온다. 즉 두 설화를 보면 온달이나 서동은 일단 공주가 궁을 나오면서 몸에 지니고 나온 황금 때문에 부자가 되었다. 온달은 공주의 금팔찌를 팔아 저택과 전답은 물론 노비와 우마까지 마련한다. 더욱이 서동은 전에는 모르던 황금의 가치를 알고는 흙더미처럼 쌓여 있는 황금을 신라 궁궐에 보내어 진평왕의 신임을 얻는다. 선화공주의 말대로 당시에는 황금만 있으면 평생 부자로 살 수 있었으므로 다시없는 보물이었던 셈이다.

미국의 서부 개척기에도 많은 사람들이 황금을 찾아 서부로 몰려갔듯이, 초기 자본주의 사회에서도 황금은 여전히 부의 상징이었다. 우리의 민담에도 우연히 황금을 얻어 벼락부자가 되었다는 이야기가 많은데, 중세 사회의 가난한 민들은 이야기 속에서나마 일확천금의 꿈을 키워갔던 것이다. 그러면 언제부터 황금이 이처럼 일반 민에게까지 부의 상징으로 인식되었을까?

고대사회 초기에는 황금을 소유하고 황금으로 된 물건을 사용할 수 있는 계급은 일부 지배 세력에만 한정되었을 것이다. 그때에는 황금이 부의 상징으로 인식되었던 것 같지는 않다. 오히려 당시는 황금 제품을 향유하는 계층은 극히 한정되어 있어 최고 신분층의 상징, 권위와 위엄의 상징으로 인식되었던 것으로 이해된다. 고대의 고분을 발굴하면 금관이나 금제품이 출토되는 고분과 금동관이나 금동 제품이 출토되는 고분이 뚜렷이 구별된다. 이것은 고분 주인공의 세력 기반의 차이에서 비롯된다고 볼 수 있다. 물론 세력 기반의 차이는 곧 경제 기반의 차이와도 밀접한 연관이 있지만, 그보다는 고분 주인공의 정치적·사회적 지위와 관련된 것으로 보는 것이 보통이다.

백제 무령왕릉이나 4~6세기 초 신라의 적석목곽분에서 쏟아져 나오는 화려한 금관이나 금제 장식품은 그 고분을 왕릉으로 보는 일차적인 표지 유물이다. 『삼국사기』의 「신

**백제 무왕의 금으로 만든 사리 항아리**
전라북도 익산 미륵사지 석탑의 해체·보수 과정에서 나온 백제 무왕 때의 금제 사리호다. 사리장엄의 핵심으로 사리공 중앙에 있던 것으로, 작은 병 형식이며 보주 모양의 뚜껑을 덮었는데 X선으로 내부를 투시한 결과 내·외함의 이중 구조로 이루어져 있음을 확인했다.

라본기」에 일성이사금 11년에는 민간에서 금은 주옥金銀珠玉의 사용을 금지했다는 기록이 있다. 이 기사를 어느 정도까지 인정해야 될지는 모르지만, 삼국 사회의 초기에는 황금이 특정한 사회 신분층에만 한정되어 사용되었음을 짐작할 수 있다. 그 대신 옥이나 진주를 더 귀하게 여긴 것으로 보인다.

그런데 앞서 말한 두 설화에서는 황금이 더 이상 특정한 신분층의 향유물이 아님을 보여주고 있다. 물론 두 설화에서도 평강공주나 선화공주가 궁궐을 나설 때 황금을 싸가지고 나왔다는 대목에서 알 수 있듯이, 왕실이나 최고 귀족층에서 주로 향유하고 있었을 것이다. 그러나 우리가 여기서 주목해야 할 것은 선화공주의 말처럼 황금만 있으면 평생 부자로 살 수 있다는 새로운 인식이 나타나고 있는 사실이다.

온달 설화에서는 공주의 금팔찌를 팔아 저택과 전답은 물론 노비와 우마까지 마련했다. 이처럼 황금은 시장에서 매매되고, 다른 물건과 교환할 수 있었다. 즉 황금은 교환가치를 갖는 재화였던 것이다. 서동 설화에서도 이 사실은 충분히 확인된다. 황금이 교환가치를 갖는다는 것은 그것의 수요층이 확대되었다는 것을 의미한다. 왕실이나 귀족은 물론 온달과 서동 같이 낮은 신분층에서도 부를 축적한 계층이 새로이 황금의 수요층으로 등장했을 것으로 짐작된다.

황금이 교환가치를 갖는다는 것은 그것의 수요층이 확대되었다는 것을 의미한다. 왕실이나 귀족은 물론 새로이 부를 축적한 계층도 포함되었을 것이다. 이와 같이 황금을 획득한 온달과 서동의 존재를 통해 6세기를 전후한 고대사회에서는 새로이 부를 축적하며 성장하는 부민층의 존재도 확인할 수 있다.

# 고대 사람들도 세금을 냈을까

**｜ 고대사회의 생산과 경제**

인간의 삶은 경제활동이 이루어지지 않으면 존재할 수가 없다. 그래서 인간은 좀 더 나은 생활을 위해 경제적인 조건을 끊임없이 발전시켜왔다. 이러한 경제활동은 인간 생활의 기초로, 원시 및 고대 사회를 이해하는 아주 중요한 열쇠다.

농경을 하기 전에는 사냥과 채집을 통해 식량을 얻었다. 이러한 수렵·채집 단계에서는 여전히 자연환경의 제약으로 몇 날 며칠을 굶주리기도 하는 불안한 삶을 살아야 했다. 하지만 농경 생활이 시작되면서 인간의 경제활동은 큰 전환을 맞이한다. 자연재해만 없다면, 농경은 인간이 쏟아 부은 노동력만큼 안정된 식량을 약속해주었다. 이는 정착 생활과 촌락공동체의 발전을 가능하게 했으며, 더욱이 필요 이상의 식량을 생산해 문명 탄생의 물질적인 기초를 제공했다.

결국 원시 공동체 사회는 잉여생산물에 대한 사적 소유를 통해 계층의 분화가 진전되면서 해체되었다. 그렇다면 고대사회에서는 생산 활동과 경제가 어떻게 바뀌었을까?

## 읍락 사회의 하호와 호민

고대사회에서 기본적인 생산 활동을 담당한 사람들은 대부분 읍락에 거주하면서 농사를 짓는 촌락민이었다. 촌락민은 원시 공동체 사회가 해체된 이후에도 여전히 혈연 질서가 강하게 남아 있는 읍락 공동체의 구성원이었다. 그런데 읍락 공동체의 생산력이 차츰 발달하면서 촌락민 사이에도 계층의 분화가 생겨났다. 이에 따라 촌락민의 사회적, 경제적 처지도 조금씩 달라졌다.

부여의 읍락에는 잘살고 권세 있는 호민豪民이 있었는데, 이들은 하호下戶를 노비처럼 부렸다고 한다. 여기서 하호는 읍락의 생산 활동을 직접 담당한 사람들을 일컫고, 호민은 이들 가운데 경제적으로 부유한 사람들을 가리킨다. 부여에서 하호가 노비에 버금가는 존재로 취급된 것은 계층의 분화가 상당히 진전되어 읍락 공동체도 점차 해체되기 시작했음을 말해준다. 부여에서는 권세 있는 자가 죽으면 순장도 했다.

삼국 초기에는 건국 주체 세력인 제가諸加 같은 지배층이 식읍을 토대로 하호를 수탈했다. 국가가 제가의 읍락에 대한 지배권을 인정해주었기 때문이다. 이렇듯 제가의 하호에 대한 수탈은 읍락을 단위로 실현되었고, 국가와 하호는 읍락을 매개로 결합하게 되었다. 이러한 과정에서 성장한 호민은 관직을 통해 중앙으로 진출하는 경우도 있었

**쟁기와 보습**
대부분 농사를 지은 하호들의 사회적·경제적 처지는 원시 공동체 사회가 해체된 이후 민(民)의 존재 양태가 어떠한 방향으로 변했는지를 이해하는 열쇠라고 할 수 있다. 사진은 중국 길림성 유수현 노하심의 부여 유적에서 나온 쟁기(왼쪽)와 고구려의 아차산 보루에서 나온 보습(오른쪽)이다.

지만, 읍락에 남아 지방 세력을 형성하기도 했다.

국가나 지배계급의 가혹한 수탈 속에서도 생산력은 꾸준히 발전해갔다. 4세기 이후에는 일반 농가에도 철로 만든 농기구가 널리 보급되었으며, 쇠스랑이나 낫 등을 비롯해 여러 효율적인 농기구가 새로 만들어졌다. 더욱이 소의 힘을 이용한 쟁기 농사가 보급되면서 농사에 드는 품이 크게 줄어들고, 반대로 곡물의 수확량은 크게 늘어났다. 한편 조와 수수 등의 잡곡을 대신해 밀과 보리 같은 작물이 널리 재배되기 시작했다. 남부 지방에서는 수리 시설의 확대에 힘입어 벼농사도 행해졌다.

새로운 농기구와 농작물이 보급되고 농업기술이 발전하면서 사회적으로도 큰 변화가 일어났다. 일반 농민 중에서 소와 철제 농기구를 가진 부유한 농민은 사람을 고용해 농사지을 만큼 넉넉한 땅을 확보하거나 이자놀이로 재산을 늘려갔다. 이들은 점차 사회적 지위도 높아져 중앙정부로부터 관등을 받는 경우도 나타났다.

이러한 생산력의 발전과 호민의 성장으로 계층 분화가 이루어지면서 읍락 공동체가 해체되었다. 이를 바탕으로 중앙 권력의 지방 통제도 읍락을 매개로 한 방식에서 촌락민을 직접 지배하는 방식으로 발전했다. 이후 읍락은 촌이라는 일원적인 지방 행정조직으로 재편되었고, 읍락의 공동체적 관계를 토대로 통치되던 지배 질서는 무너졌다. 소국의 지배층과 읍락의 유력 계층을 분리해 통제하는 방식으로 소국의 결속력을 약화시

**말·소·수레 토용**
해학적이면서도 사실적으로 커다란 눈을 따로 만들어 붙인 소(왼쪽)와 함께 안장을 얹은 말(가운데)이 무척 인상적이다. 수레(오른쪽)는 바퀴와 차체, 끝채 등이 매우 사실적으로 표현되어 있는데, 살이 촘촘한 바퀴는 중앙에 차축을 끼우기 위한 구멍이 있다.

켜 나갔다. 이러한 읍락 공동체의 해체와 촌村의 성립을 주도한 세력이 바로 호민이었다.

한편 고구려와 백제, 신라가 고대국가를 형성하면서 정복 전쟁이 더욱 빈번해졌다. 이에 따라 이들 국가들은 늘어난 영토와 사람들을 효과적으로 다스릴 수 있는 중앙집 권적인 지배 체제를 갖추게 되었다. 읍락이나 소국을 다스리던 지배층의 일부가 수도 로 옮겨와 중앙 귀족이 되면서 신분제가 재편성되었다. 국가를 운영하는 기준으로 율 령이 반포되었고, 새로운 정치·사회·경제 제도도 마련되었다.

이러한 가운데 촌락민의 처지도 달라졌다. 읍락 사회의 하호에서 삼국의 공민公民으 로 발전했고, 이에 따라 수취제도도 읍락 지배를 기반으로 한 방식에서 점차 인신人身 과 토지를 매개로 하는 방식으로 바뀌어갔다.

## 삼국의 농민들은 어떻게 살았을까

읍락이 정치 단위로 기능하던 삼국 초기의 수취제도는 공납제의 형태를 띠었다. 공납 제는 정복한 읍락의 우두머리를 통해 임시 또는 정기적으로 읍락의 생산물을 공물로 바치게 하는 제도였다. 이때 정복에 의해 공납이 강제된 집단을 속민屬民이라고 불렀 다. 이러한 수취제도가 성립된 까닭은 읍락에 잔존해 있는 공동체적인 요소가 작용했

**벽화 속의 농사신**
고구려 벽화 속에는 소의 얼굴을 한 농사신이 그려져 있다. 이러한 사실로 볼 때 고구려에서 농사의 비중이 컸음을 알 수 있다.

기 때문이다. 정복 국가의 생산력과 통치 수준이 읍락을 해체할 만큼 발전하지 못해서 간접 지배를 할 수밖에 없었던 것이다.

그러나 읍락의 해체 과정에서 삼국 초기의 수취제도도 달라졌다. 그동안 읍락을 단위로 하호를 노예처럼 지배하던 수취제도가 개별 호의 경제적인 정도를 고려하는 호등제戶等制로 발전했다. 이 과정에서 읍락의 하호는 율령제의 실시로 법률의 보호를 받는 공민公民이 되었다. 역역力役에서는 무차별적인 징발이 지양되었고, 일정한 일수만 동원되었다. 군량만을 등짐으로 운반했던 하호와 달리 공민은 의무와 권리로서 군역에 참가했다. 즉 생산력의 발전을 통한 읍락의 해체로 공납제가 소멸하고, 개별 인호人戶에 대한 국가의 직접 지배가 실현되었다.

당시 농민들은 해마다 농사를 짓고 생산물의 일부를 국가에 바쳐야 했다. 또 농사일이 끝나면 수시로 궁전 건축이나 성 쌓기, 수리 시설 축조 같은 여러 부역에 끌려 나갔다. 대규모 토목 공사에는 수천 명에서 수만 명의 농민이 장기간 동원되기도 했다. 예컨대 신라의 삼년산성을 쌓는 데 이름처럼 3년이나 걸렸고, 고구려의 천리장성은 16년 만에 완성되었다. 이때 남자들이 성 쌓기에 동원되어 여자들만 집에 남아 농사를 짓기도 했다.

또 삼국 간의 전쟁이 치열해지면서 모자라는 병력을 충원하려고 민을 군대에 동원했다. 이들은 전투나 수자리 근무를 위해, 또는 군량이나 장비 등을 운반하기 위해 끌려



## | 고구려 사람들은 세금을 얼마나 냈을까?

고구려에서는 인두세人頭稅로 베 다섯 필과 곡식 다섯 섬을 거두었으며, 심지어 빈민들에게까지 세금을 부과해 3년마다 포布를 거두었다. 이러한 인두세는 15세 이상의 남자에게 부과되고 연령별로 차등이 있었다. 또 가호家戶를 경제력에 따라 세 등급으로 나누어 다섯 말에서 한 섬까지 차등을 두어 곡식을 징수했다.

백제와 신라의 경우에도 조세의 양은 알 수 없지만, 그 내용은 고구려와 비슷했을 것이다. 삼국은 조세 수취제도를 갖추면서 더불어 지방제도도 정비해 나갔다.

디딜방아 토우

**하찰**

하찰은 대체로 가로 3센티미터, 세로 20센티미터의 세로로 긴 형태다. 그리고 목간에 구멍을 뚫거나 하단 좌우에 각각 V자 모양의 홈을 파서 끈으로 묶어 매달 수 있도록 가공했다. 때로는 세금을 포장한 끈이나 쌀과 같은 곡식용 가마니 자체에 꽂아 넣기 위해 하단을 뾰족한 모양으로 깎아놓은 것도 있다.

고대에는 세금을 현물로 중앙에 납부했다. 이때 관아에서는 납세자를 분명하게 확인하기 위해 납부자의 소속 지명과 이름, 세액 따위를 기록한 꼬리표를 나무로 만들어 세금에 매달았다. 세금은 최종 목적지인 중앙의 수납처까지 장시간 이동하기 때문에, 내구성이 좋은 나무가 꼬리표로 애용되었던 것이다. 이것을 '하찰荷札', 즉 짐표라고 부른다.

경남 함안 성산산성에서 500점 이상 출토된 하찰은 561년 무렵 신라의 각 지방에서 함안으로 보낸 세금에 매달았던 꼬리표다. 여기에는 세금을 낸 납세자의 소속 지명과 인명, 세액 따위가 기록되어 있는데, 이를 통해 당시 신라의 유통망과 생산·수취 구조를 알 수 있다.

이들 하찰에 기록된 촌명村名은 오늘날 영주·안동·예천·김천·성주 등인데, 낙동강의 수계水系에 위치한 지역이라는 공통점을 가지고 있다. 이곳에서는 낙동강 수로를 통해 쉽게 함안에 도달할 수 있다. 당시 함안은 '아라가야'가 위치했던 곳이다. 성산산성의 하찰은 신라가 이 지역을 차지하고, 백제의 가야 진출을 봉쇄하려고 낙동강 수로를 활용해 함안에 물자를 집중시켰음을 말해준다.

한편 하찰에는 각 촌에서 세금을 낸 사람의 개별 이름이 기록되어 있다. 이는 당시 국가에서 납세자를 파악할 수 있는 호적을 작성하지 않았다면 불가능한 일이다. 신라촌락문서보다 130년이나 앞선 시점에 이미 신라의 중앙정부가 수취를 위해 각 지역의 인민을 조사 등록했음을 의미한다. 그리고 중앙의 행정 관서에서는 주·군에서 보고한 문서를 토대로 전국의 인구를 집계하고, 각 지방 행정단위의 경제력을 파악했다. 촌락문서가 바로 그러한 문서 가운데 하나다.

중앙에서 세금 수납을 담당하는 부서인 조부調府나 창부倉部는 이 자료를 바탕으로 세금과 부역을 부과하고, 국가의 여러 가지 수취 정책을 수립했을 것이다.

나갔다. 이러한 군역도 민을 몹시 괴롭혔다. 신라 진평왕 때 가실은 약혼녀의 늙은 아버지를 대신해 변방에 수자리를 살러 나갔다가 3년의 기한을 훨씬 넘긴 6년 만에 고향으로 돌아올 수 있었다. 그런데 고생을 심하게 해서 모습을 알아보기 힘들었다고 한다.

한편 읍락을 기초로 한 삼국 초기의 수취 체제가 완전히 사라진 것은 아니었다. 공신이나 관료에게 공훈이나 복무의 대가로 지급된 식읍과 녹읍은 여전히 지역 단위로 지급되었다. 즉 일정 지역을 신분과 지위에 따라 나누어 주고, 이를 바탕으로 역역 같은 인신 지배도 가능하게 한 제도였다. 신라 지배층은 식읍 및 녹읍을 바탕으로 자신들의 경제적인 이권을 보장받았다. 그러나 이는 삼국 초기의 공납제와는 분명히 다르다. 인호의 생산 능력을 기준으로 한 토지 소유와 경작 능력을 바탕으로 수취제도가 발전한 것이다.

신라가 삼국을 통일한 후 토지를 매개로 한 수취제도도 발전했다. 관료전은 결부結負를 단위로 지급한 '직전職田'으로, 고려의 전시과처럼 관료들에게 수조지收租地를 나누어준 것이다. 신라에서 직전이 지급된 사례는 신라촌락문서의 '내시령답內視令畓'을 통해 확인할 수 있다. 촌락문서에는 내시령에게 지급된 관료전인 내시령답 이외에도 촌주에게 지급된 촌주위답村主位畓이나 촌민들에게 지급된 연수유답烟受有畓, 지방관아의 운영과 재정을 위해 지급된 관모답官謨畓 같은 토지 항목도 기록되어 있다.

이런 다양한 토지는 촌주의 감독 아래 농민들이 직접 경작했고, 생산된 곡식은 세금을



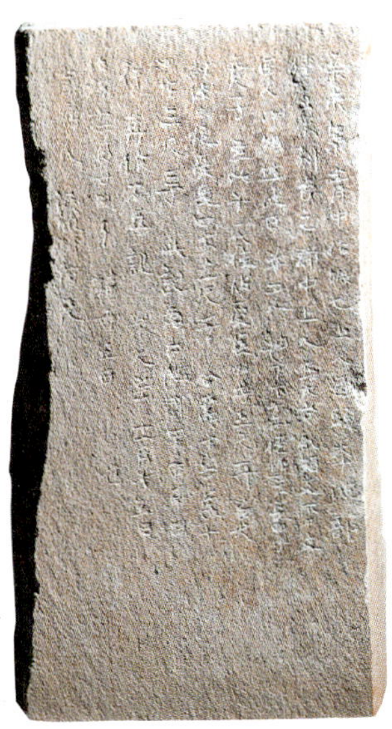

**명활산성비와 탁본**
경주시 보문동 명활산성 성벽 터에서 나온 것으로, 551년에 명활산성을 만들 때 참여한 지방관과 촌주, 실무자의 이름을 비롯해 공사 구간과 기간 등이 새겨져 있다.

신라의 촌락문서는 민정문서民政文書 또는 장적帳籍으로도 부르는데, 신라의 지방관아에서 소속 촌락의 경제적 상황을 조사해 중앙에 보고한 일종의 호구 조사서다. 현재 남아 있는 촌락문서는 695년효소왕 4년경덕왕 때인 755년에 작성된 문서라는 설도 있다에 서원경西原京, 지금의 청주 부근의 4개 촌을 조사한 일부분인데, 우리나라가 아닌 일본 토다이지의 정창원에서 1933년에 발견되었다. 신라 중앙정부에서 촌락문서를 다 사용한 뒤에는 이를 사찰에 주어 이면지를 불경 제작에 재활용했는데, 이 불경이 신라 화엄종 승려 심상에 의해 일본으로 건너가 토다이지 창고인 정창원에 보관되었던 것이다.

촌락문서에는 4개 촌락의 이름과 소속 현, 각 촌락의 둘레, 호구의 수, 말과 소의 수, 전답의 면적, 뽕나무·잣나무·호두나무 등의 수가 기록되어 있다. 여러 항목에 걸쳐 매우 상세히 기록된 이유는 지방을 지배하고 세금을 수취하기 위해서였다. 이 문서는 3년 주기로 작성되었는데, 이것을 통해 당시 중앙정부가 지방의 농민들을 통제하고 지배하는 힘이 매우 컸다는 것을 알 수 있다.

신라의 지방 사회는 맨 밑에 농민이 자연 촌락에 거주하고, 이런 자연촌이 몇 개 합쳐져 행정단위인 현을 형성하고 있었다. 촌의 대표자를 '촌주'라 불렀고, 중앙에서 현에 관리가 파견되어 촌주의 보좌 하에 촌민들을 관리하고 감독했다. 촌의 주민들은 가족을 이끌고 이사할 때마다 전입과 전출 신고를 해야 했으며, 지방관은 국가의 세금 수취를 피해 몰래 도망간 사람들도 문서에 상세히 기록했다.

신라촌락문서에서는 민들을 남녀 성별, 신분에 따라 구분하고, 이를 다시 나이의 많고 적음에 따라 노인은 노老, 세금이 면제된 자는 제除, 세금을 부담하는 장정은 정丁, 곧 장정이 될 사람은 추追, 청소년은 조助, 어린이는 소小 등의 여섯 등급으로 나누어 기록했다. 현존하는 촌락문서에 기록된 4개 촌은 전체 가호 수 43호, 총인구 442명남자 194, 여자 248에 노비는 25명에 불과했다. 말 61마리, 소 53마리를 비롯해, 뽕나무 4249그루 등의 경제림도 갖고 있었다. 촌락문서에는 토지보다 호구에 대한 항목이 양적으로 훨씬 많고 상세해서, 당시 세금 수취가 토지의 많고 적음에 기초한 것이 아니라 사람 머리 수, 즉 노동력에 기초해 거두었음을 알 수 있다.

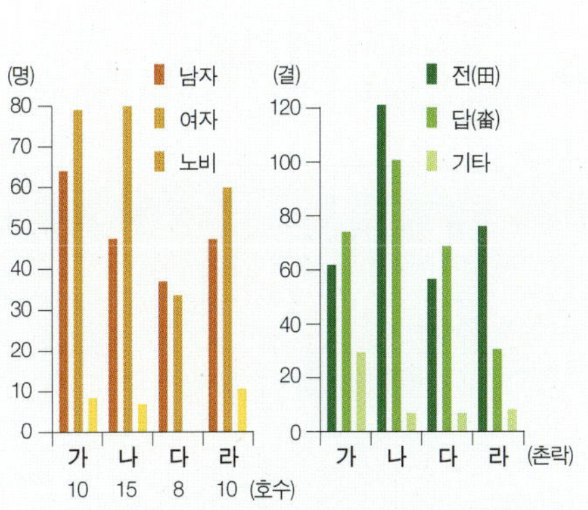


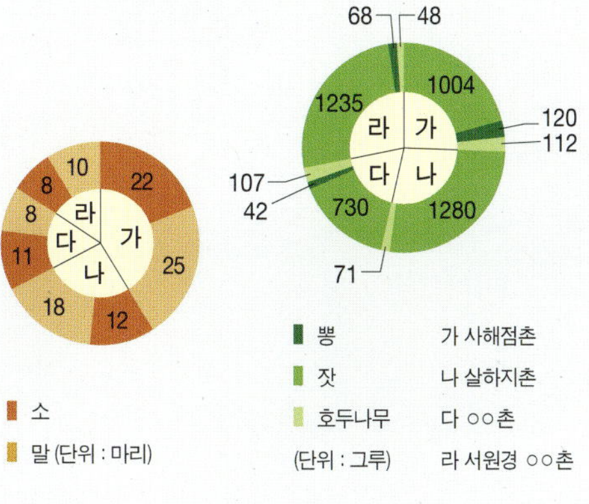

내거나 지대로 지불되었다. 이때 토지 소유 관계는 왕토 사상에 입각해 관념적으로는 모두 왕의 소유였으나, 실제로는 개인 소유와 경작권을 인정하고 있었다. 이처럼 통일 이후 신라는 토지에 대한 수조권적 분급제를 실시할 만큼 새로운 사회로 발전했던 것이다.

그런데 687년 신문왕은 귀족의 경제적 기반인 녹읍제를 폐지하고, 녹봉제를 실시했다. 녹봉제는 국가에서 일률적으로 조를 거두어 관료들에게 경제적인 대가를 나누어 주는 제도였다. 이는 귀족과 농민 사이의 사적 지배를 통제하여 자영 농민을 육성하고 동시에 왕권 강화를 꾀하려는 목적에서 시행되었다. 왕이 귀족들의 경제력을 억제하고 역역 징발 권한을 빼앗아 중앙정부가 직접 통제하려고 했던 것이다.

그러나 경덕왕 때 녹읍이 다시 부활하게 되면서 농민은 다시 귀족들에게 인신 지배를 받았다. 귀족들은 기존의 개인 사유지와 목장, 공훈자가 받는 식읍, 관료가 받는 녹읍을 통해 다시 막대한 경제력을 보유하게 되었다. 게다가 귀족들은 노비 같은 예속민은 물론 문객 같은 사민私民을 함께 거느려 군사적·경제적 기반을 든든히 다질 수 있었다.

## 농민, 초적이 되다

신라의 귀족들은 주로 토지 겸병·투탁·사원 등을 통해 땅을 늘리며 꾸준히 경제적 기

**촌의 이름이 나오는 깨진 기와 조각들**
신라의 지방 행정조직인 '촌'의 이름이 적힌 깨진 기와 조각들이다. 왼쪽은 충청남도 홍성의 석성산성에서 나온 수키와이고, 오른쪽은 충청북도 청주의 상당산성에서 나온 수키와 조각이다.

반을 다져 나갔다. 그 결과 토지에서 유리된 많은 농민들은 날품팔이로 생계를 이어가는 용작 노동자로 전락하거나, 심지어는 자신을 노비로 팔 수밖에 없었다.

이처럼 직접 생산자인 농민은 국가의 공민이었지만, 귀족들의 전장田莊에 긴박된 예민으로서 이들에게도 조세 등을 바쳐야 하는 이중의 부담에 시달려야 했다. 이러한 부담 속에서 농민은 몰락해갔고, 끝내 가혹한 수탈을 견디지 못해 온 집안이 정든 고향과 땅을 버리고 이리저리 떠돌아다니다가 도적의 무리가 되거나 귀족이나 부잣집의 노비로 전락하기 일쑤였다. 결국 농민들은 경제적인 자위 수단으로 초적이 될 수밖에 없었다. 이러한 초적은 지방관의 폭력적인 진압으로 잠시 진정되기도 했지만, 빈부의 차이가 첨예화되는 한 항쟁의 형태로 계속 발전할 수밖에 없었다.

이처럼 농민들이 농토를 떠나 사방으로 흩어지게 되면서 자연히 국가에 세금을 내고 부역이나 군역을 부담할 사람이 줄어들게 되었다. 결국 신라 하대에는 귀족들의 토지 집적과 농민에 대한 인신 지배로 농촌 사회의 재생산 구조가 붕괴되었으며, 그 결과 국가재정도 파탄 상태에 이르렀다. 하지만 농촌 경제의 파탄에 대한 중앙정부의 대책은 거의 전무했다. 골품제라는 신분 질서를 바탕으로 경제제도를 운영한 신라의 지배층에게는 해결할 수 없는 문제였던 것이다.

▶**기도하는 인물 토우**
마치 두 손을 모아 기도를 하는 듯한 모습이다. 1000년 전 신라 사람들도 오늘날 우리처럼 기쁘면 웃고 슬프면 우는 희로애락의 감정을 가진 똑같은 사람이었다.

▼**슬퍼하는 인물 토우**
죽은 사람의 얼굴에 천이 덮여 있다. 슬퍼하는 인물은 남편의 죽음을 애도하는 여자처럼 보인다.

# 동아시아 문명의 기준을 세우다

### ● 고구려척 ●

고구려가 광활한 영토를 정복한 것은 누구나 알고 있지만, 그 드넓은 세계가 어떻게 고구려라는 하나의 울타리 속에 통합되고 장기간 지속될 수 있었는가에 대해서는 잘 알지 못한다. 고구려의 철갑 기병 같은 뛰어난 군사적 능력 때문이라고 답할 사람이 많겠지만, 무력 정복은 세계가 만들어지는 과정에 불과하다.

세계를 하나로 유지하기 위해서는 주변부가 중심의 권위를 용인하는 지배 질서의 문명적 고양이 필요하다. '고구려척'은 바로 그러한 고구려 천하의 새로운 문화적 표준으로 기능한 척도였다. 길이의 표준, 부피의 표준, 무게의 표준을 정하고, 그 표준량의 간단한 배수치倍數値로서 물량을 표현하는 '도량형度量衡' 제도는 각 지역의 이질적인 문화를 하나로 소통시키고 통합시킬 수 있는 힘을 갖고 있다.

고구려는 중국의 척도제와 길항하면서도 독자의 '문화적 표준'을 만들어냈다. 도량형을 통일하면 같은 지역 안에서는 세금 수취나 상거래가 간편하고 공정하게 이루어진다. 더욱이 과학 기술도 일정하고 표준화된 수치로 표시되어, 다른 지역으로 전파도 가능해진다. 고구려의 선진 문화는 도량형의 표준과 함께 후진국으로 전파되었다. 이는 '고구려척 문화권'을 통해 잘 알 수 있다.

오늘날 우리는 '미터법'을 표준 척도로 삼고 있다. 미터법은 우리가 수용한 서구 문명 가운데 한 요소에 불과한 것이 아니라, 문화적으로 서구 문명에 예속되고 포섭된 우리의 정치 현실을 보여준

## | 고대사회의 도량형

도량형의 통일은 국가와 지역에서 물물교환이나 상거래 같은 경제활동의 기준이 된다. 또한 조세나 공무의 행정 집행에도 활용되어 국가 운영을 원활하게 뒷받침할 수 있다.

**'일근( 一斤)'이 새겨진 금궤**
1근 무게의 금궤 또는 은궤를 제작하기 위해 만든 백제 사비 시기의 주형틀과 그것에 기초해 복원 생산한 1근 무게의 온궤들이다.

다. 그런데 고대에는 신라와 일본을 포함한 동북아시아 세계가 35.6센티미터를 1척尺으로 하는 고구려 척도를 수용해 표준 척도로 사용했다.

고구려척 문화권은 단순히 고구려척이 탄생하고, 전파되어 수용된 국가군을 의미하지 않는다. 고구려척 문화권은 고대 동아시아 세계가 어떻게 소통하고, 어떻게 형성되었는가를 좀 더 구체적으로 보여주는 프리즘이다. 고구려척 문화권은 고대 동아시아 세계가 중국 문화 일색이 아니라, 주변부에 의해 변용된 다양한 문화를 내포한 시공간이었음을 말해준다. 또한 동아시아 세계의 형성에 중심부보다는 주변부인 고구려가 오히려 능동적인 역할을 수행했음도 알려준다.

고구려는 지정학적으로 중국 문화 수용의 최전선에 위치하며, 다른 어떤 지역보다도 가장 일찍부터 중심 세계와 접촉했다. 이로 인해 고구려는 좀 더 후발적인 신라나 일본에게는 중국 문화를 이해하는 통로로 기능했다. 신라와 일본은 중심 문화를 직접 수용해 번안한 것이 아니라, 이미 중심 문화를 번안해 자기

화한 고구려 문화를 수용하고, 또 그것을 이차 변용하는 방법으로 중국 문화와 소통했다.

고구려 문화에는 중국 문화의 주체적인 변용과 그 정착 과정이 농축되어 있으므로, 이를 중국 문화와 비교하면 후진적 단층이 확연히 드러난다. 그러나 이러한 단층은 고구려가 내적으로 체제의 보존과 유지를 위해 주체적으로 실험한 결과물이라는 점에서, 후발 이웃 나라에게는 오히려 중심 문화를 안정적으로, 압축적으로 받아들일 수 있는 토대로 작용하게 된다. 즉 짧은 시간 내에 주변부가 중심 문화를 소화하면서, 후진적인 단층과 문화적인 낙차를 극복해 나가게 된다. 이는 고대 동아시아 문화의 보편성 창출로 이어진다.

7~8세기에 들어와 신라와 일본이 당척으로 척도제를 일원화하고, 당의 율령 체제에 접근할 수 있었던 것도 일차적으로 이러한 고구려척 문화권 속에서, 비록 변용 번안된 형태로나마 중심 문화와 소통한 경험이 주요했다고 생각된다. 결국 고구려가 경험하고 응축해놓은 문화적 단층은 후발 주변부가 중심 세계에 다가가는 손쉬운 계단이었다.

**부피를 재는 솥 모양 그릇과 길이를 재는 자**
청주 지역에서 발견된 손잡이 달린 바리(아래)로, 부피나 양을 잴 때 사용했을 것으로 짐작된다. 부여의 쌍북리에서는 29센티미터 정도인 당척(왼쪽)이 발견되었다. 이외에도 하남 이성산성에서도 자가 발견되었다.

**십이지 저울추**
무게를 달 수 있는 저울추로, 윗부분에 줄을 매달 수 있는 고리가 있다. 몸통에는 열두 개의 연꽃잎이 조각되어 있으며, 꽃잎마다 십이지상이 새겨져 있다. 통일신라의 도량형은 명확하지 않지만, 이 추는 무게의 기준을 밝히는 데 매우 귀중한 자료다. 실제 무게를 달던 추가 왕경과 지방에서도 발견되고 있다.

# 3

# 고대 사람들은 무엇을 바랐을까

**| 고대사회의 사상과 종교**

성군의 지혜는 만세를 내다보는데
구구한 여론이 터럭조차 트집 잡네.
법륜이 앞서가니 금륜도 따라 돌아
부처님 광명의 빛 온 세상에 비춘다.

충의 위해 목숨 던지니 뉘 아니 놀래리.
하늘꽃에 우웃빛 피 다정하기 그지없다.
칼 한 번 휘몰아쳐 한 생명 다한 뒤엔
절마다 종 울려 제경帝京이 진동하네.

『삼국유사』에 실린 법흥왕과 이차돈에 대한 찬미의 시다. 많은 반대를
무릅쓰고 불교를 공인해 이땅을 불국토로 거듭나게 했다고 법흥왕을 찬
양하고, 충성된 마음으로 목숨을 내놓아 불교 공인의 계기를 만들었다고
이차돈을 기리는 내용이다. 부처님 광명의 빛이 온 누리에 비추고 절에
서 울리는 종소리가 신라의 수도를 진동시켰다는 일연의 말처럼, 불교의
공인은 고대사회의 모습을 크게 바꾸어 놓았다.

## 천신 신앙에서 불교로

불교가 들어오기 전에 고대인들은 어떤 종교나 신앙을 갖고 있었을까? 특별히 거론할 만한 종교나 신앙 형태는 따로 없었던 것일까?

원시 공동체 사회 이래 사람들은 자연계에서 벌어지는 갖가지 변화에 대한 경외심과 그 변화의 이유에 대한 나름의 해석을 토대로 다양한 종교적 현상을 만들어냈다. 모든 사물에 정령이 깃들어 있다고 믿는 애니미즘이나 특정 동물을 부족의 수호신으로 삼아 경배하는 토테미즘, 제사장을 매개로 신과 접촉하고 신의 뜻에 따라 삶의 방향을 결정하는 샤머니즘 등을 흔히 원시 종교라고 한다. 이러한 종교 현상들은 상호 복합적으로 작용하면서 오랫동안 사람들의 삶을 지배했고, 불교가 들어온 이후에도 사라지지 않은 채 사회의 기층으로 명맥을 유지하였다.

이러한 원시 종교를 바탕으로 삼아 고대인들이 자신들의 신앙 체계의 정점에 둔 것은 '천신신앙'이었다. 모든 신들 가운데 하늘의 신이 최고의 신이라고 믿고 숭배하는 천신신앙은 동서고금을 가리지 않고 나타나는데, 우리 고대사회도 예외가 아니었다. 『삼국지』「동이전」에 나라별로 하늘에 제사를 지내는 제천 행사가 치러졌다고 전하는 것이

**국동대혈**
중국 길림성 집안시의 동쪽에 있는 큰 동굴로, 고구려 사람들은 하늘에 제사 지낼 때 이곳에서 신을 맞았다. 『삼국지』의 「동이전」에는 "10월에 하늘에 제사 지내는 나라 안의 큰 모임을 동맹東盟이라고 부른다. …… 그 나라 동쪽에 큰 동굴이 있어 수혈隧穴이라고 부른다. 10월의 나라 안 큰 모임 때 수신隧神을 맞이해 나라 동쪽 (강)가로 모시고 제사 지내는데, 신의 자리에 나무 수신隧神을 둔다"라는 기록이 있다. 수隧는 굴·구멍·터널을 뜻한다.

나, 마한에서는 소국마다 '천군天君'이 하늘에 대한 제사를 주관했다고 한 것은 그 증거가 된다. 특히 지배층은 아예 자신들이 그 천신의 후예라고 주장하면서 피지배층이나 새로 복속시킨 지역의 인민들에게 통치의 정당성을 주입시키려 했다. 단군신화와 동명설화, 주몽 설화, 혁거세 설화, 김알지 설화, 수로 설화 등에서 시조가 하늘에서 직접 내려오거나 하늘에서 내려온 자의 아들이라고 내세운 것은 바로 그 때문이었다.

인도에서 발생해 중국을 거쳐 들어온 고등 종교로인 불교는 처음에 천신 신앙과 마찰을 빚었지만, 점차 지배층의 보편적 종교로 자리 잡아갔다. 삼국의 지배층 가운데서도 불교를 적극적으로 수용한 이들은 왕실이었다. 특히 왕은 곧 부처임을 내세우며 왕권 강화에 불교를 이용했던 북조의 불교를 받아들인 고구려와 신라에서는 불교가 지배 이념으로까지 부각되었다. 신라의 경우, 여러 차례에 걸쳐 탄압이 있었지만 법흥왕이

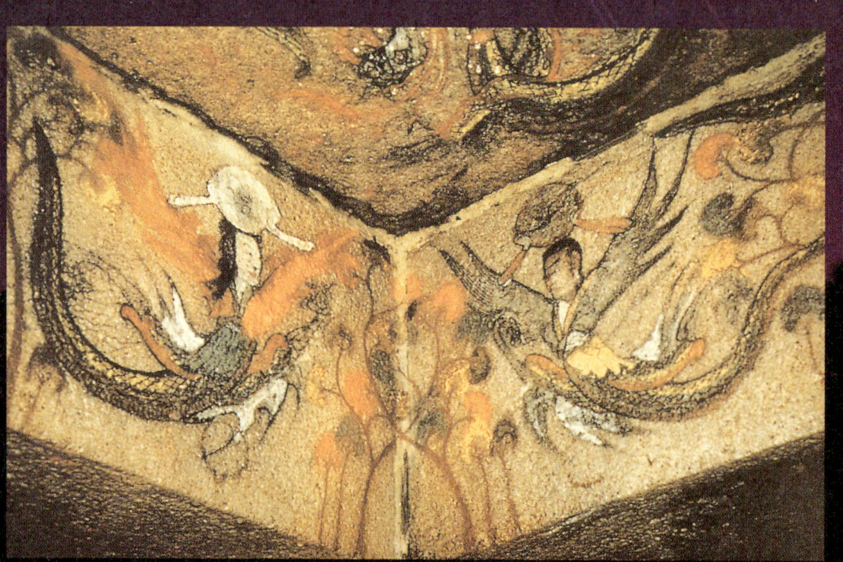

**태양의 상징, 삼족오**
고구려 고분벽화의 별자리 그림 한가운데에는 태양이 있고, 그 속에 세 발 달린 검은 까마귀인 '삼족오'가 있다. 그래서 흔히 삼족오를 고구려의 상징으로 알고 있지만, 중국이나 일본을 비롯해 동아시아 곳곳에서 삼족오의 흔적을 찾아볼 수 있다고 한다.

**고구려 벽화 속의 해신과 달신**
고구려 고분벽화에는 해와 달, 별자리 등이 그려져 있는데, 특히 오회분 4호묘 벽화에 나오는 해신과 달신을 통해 고구려 사람들의 하늘에 대한 생각이나 신앙을 짐작해볼 수 있다. 반인반용半人半龍의 해신과 달신은 고구려 사람들이 하늘과 땅, 물의 세 세계를 잇는 용을 숭상했고, 그러한 고구려는 바로 '용의 나라'였음을 잘 보여준다는 견해도 있다.

이차돈을 희생시키면서 귀족들의 반대를 억누르고 불교를 공인했다. 이후 불교는 왕실의 권위를 높이는 데 크게 기여했다. 진흥왕은 불교에서 천하사방을 다스리는 이상적인 군주의 표상으로 전륜성왕 설화를 끌어들여, 아들들의 이름을 동륜, 금륜 같은 전륜성왕의 이름으로 지었다. 또 진평왕은 자신과 부인의 이름을 석가모니의 부모 이름으로 바꾸고 자신의 혈족을 인도의 석가족이 신라에 환생한 것이라고 선전하면서 진골 위에 성골을 새로운 최상위 골품으로 만들어냈다. 신라 최초의 여왕인 선덕여왕의 출현은 불교를 통한 왕실의 신성화 작업이 맺은 결실이라고 할 수 있으며, 삼국시대에 불교가 사회적으로 어떤 기능을 수행했는지를 잘 보여주는 것이라 할 수 있다.

**천상열차분야지도**
이성계가 고려에 전해진 고구려 천문도를 조선왕조의 권위를 나타내려고 권근을 비롯한 11명의 천문학자들에게 명해 다시 그린 것이다. 이 천문도는 당시 육안으로 볼 수 있는 거의 모든 별을 망라한 것으로, 4~6세기경에 관측된 고구려 성도 가운데 중성中星의 오차만 새로 관측해 바로잡았다.

## 불교 철학의 발전과 선종의 유행

6세기 후반부터 중국에 유학하는 승려들이 늘어남에 따라 불교 철학에 대한 이해가
깊어졌다. 이와 함께 불교를 단지 정치적 차원에서 이용하는 단계를 벗어나, 철학과
종교 그 자체로 인식하는 분위기도 점차 무르익어갔다. 「세속오계」를 지은 신라 진평
왕 때의 원광이나 황룡사 구층목탑의 건립을 건의한 선덕여왕 때의 자장 등은 중국에
서 불교 철학을 공부하고 돌아온 승려들이었다. 이들은 아직 불교와 정치의 분리에까
지 나아가지는 못했지만 신라 불교계가 심오한 철학의 세계로 나아가는 데 징검다리
역할을 했다. 이들의 뒤를 이어 7세기 후반에 신라와 당에서 활약하며 동아시아 불교
계의 철학적 과제를 해결하는 데 나름의 역할을 한 고승들이 속속 출현하였으니, 원효
와 의상, 원측 등이 그들이다.

　7세기 무렵 중국을 비롯한 동아시아 불교계에서는 중관학파와 유식학파 사이의 교
리적 대립이 극심하게 일어났다. '공유空有 대립'이라고 일컬어지는 두 학파간의 분쟁은,
모든 사물 현상은 연기緣起할 뿐 독자적인 존재성은 없다고 보는 입장[空]과 인식의 대
상으로서의 사물 현상은 비록 공하다고 하더라도 그 인식 자체까지 부정할 수는 없으
며 인간의 마음에서 일어나는 현상과 객관적인 세계의 모든 사물 현상은 오직 하나의

**원효 영정**
신라의 승려로 의상과 함께 당으로 유학길을 떠나다 당항성에 이르러 한
고총에서 잠을 자다 깨달음을 얻어 되돌아왔다. 이후 태종무열왕의 딸
요석공주와 함께 설총을 낳았다.

근본의식인 아뢰야식阿賴耶識의 산물이라고 보는 입장[有]이 격돌하면서 100여 년간 해결을 보지 못한 채 지속되고 있었다.

원효는 신라에 수입된 불교 경전들을 광범위하게 섭렵한 후,『대승기신론소』같은 저술을 통해 공유 대립을 해소할 방안을 제시했다. 원효는 세상의 시원이자 만물의 발생 근원으로 '일심一心'을 상정하고, 이 일심이 지니고 있는 '본질'과 '현상'의 두 측면을 각각 '공'과 '유'에 대응시켰다. 그래서 중관학파와 유식학파의 교리적 대립을 한 차원 높게 극복할 수 있는 실마리를 마련했다. '일심 사상', '화쟁和諍 사상'이라고 불리는 그의 사상은 중국 불교계에 곧바로 전해져 통합 불교로서의 화엄종의 철학 체계 구성에 크게 기여했다. 이후 원효는 우리 불교계의 정신적 지표로 자리 잡으면서 고려시대 불교계의 통합 운동에도 지대한 영향을 끼쳤다.

원효와 같은 시대에 활동한 의상은 당을로 건너가 화엄종의 제2조 지엄의 문하에서 화엄학을 공부했다. 그는 원효만큼 저술을 남기지는 않았지만, 중국 유학을 마무리하던 무렵에 지었다고 전해지는『화엄일승법계도華嚴一乘法界圖』는 210자의 짧은 글 속에 통합 불교를 지향하던 화엄 사상의 핵심을 압축적으로 담은 명저다. 의상은 670년에 신라로 귀국해 해동화엄종을 개창하고, 영주의 부석사를 근본 도량으로 삼아 많은 제

**부석사**
의상이 문무왕의 명을 받들어 화엄의 큰 가르침을 폈던 곳이다. 『삼국유사』에 있는 설화를 보면, 의상이 당에서 유학을 마치고 귀국할 때 그를 흠모한 여인 선묘가 용으로 변해 이곳까지 따라와서 줄곧 의상을 보호하면서 절을 지을 수 있게 도왔다고 한다. 이곳에 숨어 있던 도적 떼를 선묘가 바위로 변해 날려 물리친 후 무량수전 뒤에 내려 앉았다고 전한다. 그래서인지 무량수전 뒤에는 '부석浮石'이라고 새겨져 있는 바위가 있다.

불상은 부처佛陀, Buddha, 깨달은 자를 조각으로 표현한 형상을 말한다. 1세기경 인도의 쿠샨왕조부터 인간 모습의 부처 형상이 나타난다. 당시 인도 서북부 간다라현재의 아프가니스탄 동부지역과 파키스탄 북서부지역 지방에 퍼진 헬레니즘 문화의 영향이 불상을 만드는 데 자극을 준 것으로 짐작된다.

중국에 불교가 전해진 것은 1세기경인 후한 때다. 특히 4세기경에는 5호16국의 북방 민족들이 불교를 적극적으로 수용하면서 불상이 만들어졌다. 특히 석굴사원의 불상을 통해 지역과 시대에 따른 다양한 불상의 변화를 살펴볼 수 있는데, 둔황의 천불동과 운강 석굴사원이 대표적이다.

우리나라에서는 고구려(372년)와 백제(384년)에 불교가 전해진 이후부터 불상을 만들었는데, 지금까지 남아 있는 것은 대부분 6세기 이후의 불상이다. 특히 6세기 후반부터 유행하기 시작해 통일신라 초기까지 금동 또는 석조로 만든 반가사유상이 대표적이다. 이러한 반가사유상은 일본에도 전해졌는데, 당시 한반도와 일본의 교류 관계를 짐작해볼 수 있다.

**간다라 불상**
간다라 불상은 소조나 회색 편마암을 주로 사용해, 서구적인 부처의 얼굴에 사실적으로 조각한 것이 특징이다.



**불국토의 세상, 경주 남산**
경주 남산에는 수많은 바위에 새겨진 80여 개의 불상을 품은 채 신라의 왕경을 한눈에 내려다보고 있는 불국토 그 자체였다.

**운강 석굴사원**
중국에서 가장 큰 석굴사원으로, 북위 때인 460년경에 만들었다. 동서의 길이가 약 1킬로미터로,
5만 1000여 개의 불상이 있다.

**일본 목조미륵보살반가사유상**
일본 고우류 사에 있는
목조반가사유상은 우리나라
국보 83호의 반가사유상과 거의
같은 형태일 뿐만 아니라, 재질이
한반도에 많은 적송(赤松)이어서
우리나라에서 만들었을 것으로
추정된다.

**금동미륵보살반가사유상**
반가사유상은 부처가 태자
때 인생의 무상함을 느끼고
출가해, 중생 구제라는
큰 뜻을 품고 고뇌하는
태자사유상(太子思惟像)에서
유래했다고 한다.

자들을 양성했다.

한편 원측은 일찍이 당유식학을 공부하다가 『서유기西遊記』에 나오는 삼장법사의 실제 모델인 현장의 문하에 들어가, 인도에서 새로 수입된 유식학 경전의 번역 사업에 참가했다. 그는 '서명학파'라고 불리는 유식학파의 비조가 되어 중국 유식학의 발전을 이끌었다. 그의 저술 가운데 일부는 티베트어로 번역되어 실크로드 지역까지 전해졌다.

불교 교학의 발전이 두드러졌던 중대를 지나 하대에 들어선 9세기 전반에 신라 불교계에는 혁신적 변화의 바람이 불기 시작했다. 중국 유학을 다녀온 승려들이 새로이 선종禪宗을 수입한 것이다. 화엄종을 위시한 기존의 교종이 경전 연구를 통해 깨달음을 추구한 것에 비해, 선종은 경전에 의지하지 않고 참선의 수행 방식을 통해 깨달음을 얻으려 했다. 전통적 권위를 인정하지 않는다는 점에서 선종의 수용과 확산은 불교계의 혁명에 그치지 않고, 사회적으로도 지방 호족들로 하여금 진골 중심의 폐쇄적 지배 체제에 반항하는 분위기를 불러일으켰다.

헌덕왕 때인 821년에 귀국한 도의를 시작으로 수많은 유학승들이 수도인 경주와 멀리 떨어진 지방에 사찰을 짓고 선종을 보급했다. 선종은 신라 말의 혼란기에 지방 호족들의 후원을 받으면서 그들의 세력 확장에 큰 힘이 되었다.

**진전사지 삼층석탑과 팔부중상**
진전사는 통일신라시대에 도의국사가 창건한 절이라 전하는데, 터 주변에서 '진전(陳田)'이라 새겨진 기와 조각이 발견되어 절의 이름이 밝혀졌다. 탑은 2단의 기단에 3층의 탑신을 올려놓았다. 위층 기단에는 구름 위에 앉아 무기를 들고 있는 웅건한 모습의 8부신중(八部神衆)이 있고, 아래층 기단에는 날아갈 듯한 옷을 입은 천인상(天人像)이 있다. 통일신라의 대표적인 석탑 가운데 하나인 이 탑은 전체적으로 균형이 잡혀 있으면서 지붕돌 네 귀퉁이가 추켜 올라가면서 경쾌한 아름다움을 더해준다. 기단에 새겨진 아름다운 조각과 1층 몸돌의 세련된 불상 조각은 진전사의 화려했던 모습을 떠올리게 한다.

## 유학의 발전과 도당 유학생

불교와 함께 중국으로부터 들어온 유학도 고대사회의 정치, 문화, 사상의 발전을 이끈 또 하나의 이념 체계였다. 유학은 사후 세계에 대한 전망을 담고 있지 않아 종교의 성격은 약하지만, 이상적인 현실 사회를 구현할 방도를 제시한다는 점에서 정치적으로 체제 정비 등에 매우 유용했다. 일찍부터 중국 문화의 세례를 받았던 고구려는 4세기 후반 소수림왕 때 이미 태학을 설립해 체계적인 유학 교육을 실시했고, 바다를 통해 중국과 교류가 활발했던 백제도 유교 경전에 해박한 사람을 오경박사로 임명해 귀족 자제를 상대로 유학을 가르치게 했다. 유학에 대한 이해의 심화는 한문 구사 능력을 키웠는데, 고구려의 광개토왕릉문과 모두루묘지, 백제의 대남·북조 표문과 사택지적비 등에서 보이는 한문 문장은 마치 중국인이 작성한 것과 같은 세련됨을 갖추었다.

상대적으로 발전이 더뎠던 신라의 경우도 6세기를 지나면서 유학에 대한 이해 수준이 높아져 진흥왕 순수비에서 유교 경전인 『서경書經』의 구절이 인용되었고, 7세기 전반에 작성된 것으로 추정되는 임신서기석에서는 『시경詩經』, 『상서尙書』, 『예기禮記』 등의 유교 경전을 3년간 열심히 공부할 것을 서약하는 내용이 담기도 했다. 삼국 통일의 전쟁 과정에서 신라의 외교 문서 작성을 도맡아 큰 활약을 펼친 강수는 일찍이 불교와

### | 임신서기석과 비문

비석의 첫머리에 '임신壬申'이라는 간지가 새겨져 있고, 내용 가운데 충성을 서약하는 글귀가 자주 보여서 붙여진 이름이다. 또 『시경』·『상서』·『예기』 같은 국학의 주요한 교과목에 대한 습득을 맹세하고 있다. 비문은 다섯 줄로 다음과 같은 내용의 74자가 새겨져 있다.

壬申年六月十六日 二人幷誓記 天前誓 / 今自三年以後 忠道執持
過失无誓 若此事失 / 天大罪得誓 若國不安大亂世
可容行誓之 又別先辛未年 / 七月廿二日 大誓 詩尙書禮傳倫得誓三年

임신년 6월 16일에 두 사람이 함께 맹세해 기록한다. 하느님 앞에 맹세한다. 지금부터 3년 이후에 충도를 집지하고 허물이 없기를 맹세한다. 만일 이 서약을 어기면 하느님께 큰 죄를 지는 것이라고 맹세한다. 만일 나라가 편안하지 않고 크게 세상이 어지러워지면 모름지기 충도를 행할 것을 맹세한다. 또한 따로 앞서 신미년 7월 22일에 크게 맹세했다. 즉, 시·상서·예기·전(左傳 또는 春秋傳의 어느 하나일 것으로 짐작됨)을 차례로 습득하기를 맹세하되 3년으로 했다.

유교 중 어느 것을 공부하겠느냐는 아버지의 물음에 세속을 등지는 불교보다는 인간 세상의 도를 다루는 유교를 택하겠다고 대답했다. 그러고 나서 스승을 찾아『효경』과 『곡례』,『이아』등의 경전을 배웠다고 한다. 그렇지만 7세기 전반까지 신라에서는 유학 교육을 체계적으로 실시하는 교육 기관이 아직 설립되지 않았다.

삼국 통일 이후 신라 사회의 유학 이해 수준은 현격하게 높아졌다. 고구려와 백제의 지식층 일부가 신라로 편입된 것도 그 이유의 하나였을 것으로 짐작된다. 하지만 불교 철학의 발전에서 보는 것처럼 신라인 스스로 자기 계발이 두드러지게 일어났다. 통일 직후인 신문왕 때 설치된 국학은 유학이 발전하는 획기적인 계기였고, 8세기 말 원성왕 때 실시된 독서삼품과 역시 유학의 수준을 끌어올리는 데 크게 기여했다. 삼국 통일 이전에는 대체로 '충'의 윤리가 강조되었음에 반해, 통일 이후에는 유교 경전 중『효경』이 중시되면서 '효'가 더 비중 있게 다루어진 것도 유교의 본질에 대한 이해가 그만큼 심화 되었다는 것을 보여준다.

통일신라 때에는 많은 승려들이 선진 불교를 배우려고 당로 건너간 것처럼, 유학을 더 깊이 알기 위해 수많은 학생들이 당을 찾아갔다. 이들을 흔히 '도당유학생渡唐留學生' 이라고 부르는데, 최치원, 최승우, 최언위 같은 신라말의 이른바 '3최'가 그 대표적인 인물이다. 대체로 6두품 신분을 지녔던 이들은 당에서 실시하는 외국인 대상의 과거 시

**『논어』목간**
옛 금관가야 지역이었던 경상남도 김해시 봉황동에서 출토된『논어』목간으로, 길이 20.9센티미터, 폭 1.5~1.9센티미터의 4개 면에 모두 53~57자의『논어』구절이 적혀 있다.

**백제의 벼루**
충청남도 부여군 쌍북리에서 나온 7세기의 청자 벼루(왼쪽)와 흙으로 만든 벼루로, 이 같은 문방구는 문자 행정의 가능성을 말해주는 자료다.

험인 빈공과에 급제해 자신의 능력을 과시하는 한편, 뛰어난 한문 실력으로 사방에 명성을 날리기도 했다.

## 도교의 수용과 노장 사상

한편 고대사회의 종교를 거론할 때, 빠뜨릴 수 없는 것이 중국에서 발원한 도교다. 노장 사상老莊思想으로도 일컬어지는 도가사상을 바탕으로, 중국 민간의 신선 사상과 오행 사상 등이 결합하여 나타난 종교로서 도교는 '불로장생'과 '사후승선死後昇仙'을 표방하며 세력을 넓혀갔다. 그 도교가 중국 문화의 하나로 삼국에 전해졌는데, 특히 고구려와 백제에서는 자못 성행했다.『삼국사기』의 기록에 따르면, 7세기 전반에 고구려와 당 사이에 국교가 성립한 후 당으로부터 도사道士와 더불어 천존상天尊像 등이 고구려에 들어오면서 도교가 공식적으로 전래된 것으로 나온다. 그러나 이미 그 이전에 만들어진 고분벽화에 천인天人과 선인仙人의 모습이 흔히 나타나는 것을 보면 도교가 고구려 사회에 파급된 것은 6세기 이전으로 거슬러 올라갈 것이다. 다만 7세기에 고구려에서 도교가 크게 유행했던 것은 분명한데, 연개소문 집권기

**백제금동대향로**
향로의 뚜껑은 산 모양으로 만들어 정상에는 봉황을, 아래에는 용을 장식했다.
이것은 불로장생하는 신선이 용과 봉황과 같은 상상의 동물들과 어우러져 살고 있다는
'해중(海中)의 박산(博山), 즉 신선 세계이자 별천지인 이상향'을 닮게 만들었다는 전형적인
박산 향로(博山香爐)임을 말해준다.

에 기존의 불교 사찰을 도교 사원으로 바꾸고 승려들을 탄압하면서 도교를 장려했다는 기록이 그것을 증명한다.

백제의 경우, 도교의 성행을 알려주는 문헌 기록은 현재 남아 있지 않으나, 고고학적 유물을 통해 그것을 충분히 짐작할 수 있다. 일제강점기에 부여군 규암면 외리에서 발견된 백제 후기의 각종 무늬 벽돌에 도교적 신선 세계가 표현되어 있는 것이나, 1993년에 부여 능산리 절터에서 발굴된 백제금동대향로의 뚜껑 부분에 도교적 신산神山과 선인들의 모습이 나타나 있는 것은 백제에서 불교와 함께 도교가 널리 퍼져 있었음을 웅변한다. 그렇지만 도교와 불교가 갈등을 일으켰던 고구려와는 다르게 백제에서는 양자가 상호 용인하면서 공존하는 모습을 보여, 백제 문화의 특징인 개방성과 융합성을 잘 드러내준다.

신라에서는 통일 이전에 지배층 사이에 노장사상에 대한 이해가 일정하게 있었던 것으로 알려져 있으나, 고구려나 백제에서처럼 하나의 종교로서 도교가 유행했던 것 같지는 않다. 통일신라의 효성왕때 당의 사신이 신라에 오면서 노자의 『도덕경道德經』을

| 고구려 벽화 '사신도'

동서남북의 방위를 나타내고,
우주의 질서를 상징적인 동물로
그린 그림으로, 동쪽의 청룡,
서쪽의 백호, 남쪽의 주작,
북쪽의 현무를 일컫는다. 이러한
사신도는 오행 사상에 기초한
천문 · 방위 · 색채의 전통과
밀접한 관계가 있다.

왕에게 바쳤다는 기록이 있고, 8세기 전반에 조성된 감산사 미륵보살조상기와 아미타여래조상기 등에도 노장 사상과 관련된 서적들이 언급되어 있다. 그리고 9세기에 당으로 건너가 빈공과에 합격했던 김가기는 도교에 심취하여 도사의 생활을 하다가 생을 마치기도 했다. 이처럼 노장 사상이나 도교가 신라 사회에 일정한 영향을 끼친 것은 분명하지만, 그 파급력은 불교나 유학에 미치지 못했고, 오히려 천신 신앙을 비롯해 화랑도 등의 기반이 된 재래의 신선 신앙에 묻혀서 독자성을 발휘하기도 어려웠다.

# 한 시대를 살아간 두 고승



원효와 의상은 신라를 대표하는 고승들이다. 그들은 같은 시기를 살았고, 같은 고민을 하면서 승려의 길을 걸었다. 그렇지만 각각 6두품과 진골이라는 속세의 신분 차이로 말미암아 깨달음을 얻는 과정과 승려로서의 행적에는 큰 차이를 나타냈다.

지금의 경북 경산시 자인면에서 태어난 원효는 속성俗姓이 설씨였다. 할아버지와 아버지가 모두 경주 출신의 왕경인이었기에, 비록 그는 근무했던 지방의 한 고을에서 출생했어도 지방민이 아닌 어엿한 왕경인이었다. 그러나 최고 신분인 진골이 아닌 이상, 그가 출중한 능력을 지녔다고 한들 세속에서의 출세는 애초에 한계가 있었다. 출가를 한 후에도 그 제약은 엄연했다. 중국 유학을 함께 모색하던 진골 출신의 의상이 뜻을 이룬 반면 원효는 결국 포기할 수밖에 없었던 것은 서로 갖고 있던 배경의 차이에서 기인한 것이다.

원효는 중국 유학을 단념한 후, 당시 신라에 들어와 있던 불교 경전을 대승과 소승을 가리지 않고 거의 모두 섭렵했다. 당의 고승들을 직접 만날 수는 없었으나 사신들을 통해 새로운 경전들이 바로바로 수입될 수 있었기에, 신라에 있어서도 중국 불교계의 동향을 파악할 수 있었다. 그는 중국 유학을 단념한 것을 만회하기 위해서라도 더욱 열심히 경전 연구에 몰입했고, 타고난 재능이 더해져 마침내 어느 누구도 찾지 못했던 난제의 해결책을 발견했다. 바로 『대승기신론소』와 『금강삼매경론』, 『십문화쟁론』 같은 수많은 명저들이 바로 그 노고의 산물이었다.

원효는 우리 역사상 최고의 학승이었지만, 불교를 일반 민중들에게 전파하는 데 앞장선 선구적 실천가이기도 했다. 원효의 일생에서 중간에 해당하는 7세기 중엽은 삼국 간의 전쟁이 가장 치열하게 전개된 시기로, 많은 백성들이 전쟁의 참화를 겪으며 고통 속에서 하루하루의 삶에 절망하고 있었다. 대승불교의 참뜻은 중생의 구제에 있음을 누구보다도 잘 알고 있던 원효는 고통 받는 일반 대중에게 '부처님께 귀의함으로써 내세에는 구원을 받을 수 있다'는 희망의 메시지를 전달하고자 했다. 그에게 있어 파계와 환속은 민중 속으로 더 깊이 들어가는 하나의 방편이었다.

원효는 경주를 중심으로 옛 신라 땅의 곳곳을 돌아다니면서 하층민들과 어울리고, 그들에게 '나무아미타불'이라는 주문을 외우도록 가르쳤다. 서방의 극락정토를 주재하는 아미타불에게 귀의하겠다는 의미를 지닌 이 주문이 백성들 사이에 널리 퍼지면서, 그동안 귀족 중심의 지배층 종교에 머물렀던 불교는 마침내 신라인 모두 사랑하는 종

**의상이 관음보살을 만난 홍련암**
강원도 양양군의 낙산사에는 「삼국유사」에서 의상이 관음보살을 만난 곳으로 전해지는 홍련암이 있다.

교로 발돋움할 수 있었다. 그는 기성 불교 교단으로부터 배척을 받아 제자를 제대로 두지 못한 외톨이였지만, 그로 말미암아 불교가 신라에 확고히 뿌리를 내릴 수 있었다. 이를 역사의 아이러니라 불러야 할까?

원효보다 여덟 살 어린 의상은 속성이 김씨로, 지체 높은 진골 가문에서 태어났다. 세속의 훌륭한 배경을 토대로 당시로서는 쉽지 않았던 당 유학도 순조로이 이루어졌다. 귀국 후에도 왕실의 지원을 받으면서 부석사와 같은 큰 사찰을 짓고, 훌륭한 제자들을 많이 길러낼 수 있었다. 의상은 분명 현세의 삶에서는 원효에 비해 순탄하고 다복했다.

그렇지만 의상 역시 7세기라는 시대 상황이 주는 고민과 압박을 벗어날 수는 없었다. 불교계의 최대 현안 과제였던 공유 대립의 해소가 일차적 과제였는데, 그는 중국에서 통합 불교를 지향했던 화엄종에 몸담아 해결 방안을 모색했다. 원효처럼 스스로 대립과 극복의 사상 체계를 내놓은 것은 아니었지만, 화엄종을 통해 모순의 해결책을 얻어냈던 것이다.

의상은 민중의 고통을 해소하기 위한 불교 신앙의 포교에도 많은 관심을 가졌다. 그도 원효처럼 아미타신앙을 널리 전파하면서 내세의 구원 가능성을 제시했지만, 거기에 그치지 않고 새로운 신앙을 덧붙임으로써 민중에게 보다 큰 희망의 메시지를 전했다. 바로 관음 신앙이 그것이다. 관음은 불교에서 아미타불의 중생 구제를 돕는 보처보살 가운데 하나로, 특히 현세에서 고통 받는 사람들이 그의 이름을 부르며 도움을 요청할 때는 어디서든 나타나 구원의 손길을 내미는 존재로 인식되었다. 그래서 내세의 구원을 약속하는 아미타불보다는 현세의 고통을 구제해주는 관음보살이 민중들에게는 훨씬 더 친숙했다. 의상은 양양의 낙산사를 관음신앙의 성지로 부각시키고, 위난의 구제자로서 관음보살을 널리 알렸다.

원효와 의상은 삶의 궤적에서 뚜렷한 차이점을 보였지만, 둘 다 통합 불교의 이상을 실현하려 했고 일반 민중들에게 불교를 통해 희망의 등불을 비추려 했다는 점에서 공통점이 더욱 위대한 승려들이었다.

# 고대 사람들은 어떻게 살았을까



5세기 말 백제 사람들은 지배층의 착취에 반대해 곳곳에서 난을 일으켰으나 실패하자, 한산漢山, 지금의 경기도 광주에서는 2000명이 집단으로 고구려에 옮겨가 살았다고 한다. 이처럼 삼국 사람들은 지배층의 수탈을 피하려고 이웃 나라로 도망가거나, 평상시에도 서로 왕래하는 경우가 종종 있었다. 그렇다면 그런 경우 나라가 달랐는데도 서로 대화를 하는 데 아무런 문제가 없었을까?

삼국 사람들은 같은 말을 썼으므로 지경地境을 달리하고 있어도 서로 손쉽게 접촉할 수 있었다. 그러다 보니 같은 겨레로서 끊임없이 왕래하며 수준 높은 문화와 생산 기술, 정보를 주고받으며 친연적인 관계를 더욱 발전시킬 수 있었다. 이러한 삼국 사람들의 삶은 의식주를 비롯해 여러 가지로 공통점이 많았다. 그 결과 중국이나 일본과는 다른 삼국만의 독특한 문화를 만들 수 있었다.

## 위에는 저고리, 아래는 바지를 입고

고대 사람들은 주로 흰옷을 즐겨 입었다. 옷의 형태는 바지와 저고리가 기본이었는데, 여성들은 바지 위에 치마를 입기도 했다. 이러한 풍습은 깨끗하고 소박한 것을 좋아하는 우리 민족의 전통이 되었다.

삼국 사람들의 옷은 신분에 따라 차이가 있었다. 귀족의 옷은 여러 색의 바탕에 화려한 무늬를 장식한 비단옷으로, 통이 넓고 긴 것이 많았다. 그에 반해 평민의 옷은 색깔이 단조롭고 무늬가 없지만, 통이 좁아 활동하기 편한 것이 많았다.

옷차림은 나라별로도 조금씩 차이가 있었다. 가령 여성의 겉옷은 소매 품이 넓고 좁은 것에서 차이가 있었는데, 고구려 여성의 옷은 백제나 신라 여성과 달리 소매 품이 좁았다. 이것은 기후 조건의 차이에서 비롯된 것으로 짐작된다.

고구려 고분벽화에 나오는 사람들의 옷차림을 보면, 윗옷은 저고리를 입고 허리에는 띠를 매어 고정하고, 아래옷은 바지와 치마를 입었다. 그리고 머리에는 관모를 쓰고 발에는 신을 신었다. 추울 때는 그 위에 두루마기를 입기도 했다. 특히 여자 저고리의 깃과 소맷부리의 가장자리는 다른 색깔의 천으로 띠를 둘렀는데, 이것은 오늘날 한복 저고리의 '회장回裝'이나 '끝동'에도 그 전통이 남아 있다.



### | 벽화로 보는 고구려 사람들의 옷차림

고구려의 고분벽화에는 당시 사람들의 옷차림뿐만 아니라 먹을거리, 집의 구조도 자세히 나와 있다. 특히 쌍영총 수산리 고분벽화에 나오는 귀족 부인의 머리 모양이나 주름치마는 일본 다카마쓰총의 인물 풍속도에도 비슷하게 그려져 있어 두 나라의 문화 교류를 짐작케 한다.

요즘도 외국에서 유행하는 옷이 곧바로 우리나라에서 유행하듯, 고대 동아시아 세계도 마찬가지였다. 신라의 상류층에서는 당의 세련된 옷차림을 따라 입고, 일본에서는 고구려의 옷차림이 유행했다. 또 발해 사람들은 통일신라에서 유행한 단령團領을 주로 입었다. 깃을 둥글게 만든 단령은 두루마기[포]라고도 불렀는데, 당을 비롯해 이웃 나라에서 널리 유행한 옷이었다. 발해 사람들은 추위를 막으려고 담비나 표범 같은 동물 가죽으로 만든 갖옷을 입기도 했다.

## 디딜방아로 찧어 시루떡을 해 먹고

오늘날 우리나라 사람들의 주식은 쌀이다. 쌀은 맛도 좋고 낟알도 커서 생산성이 좋은 곡식이다. 하지만 따뜻한 기후와 충분한 물, 그리고 농사기술이 필요하다. 그럼 언제부터 벼농사를 짓기 시작했을까?

벼농사는 청동기시대부터 이미 시작되었지만, 널리 보급된 것은 삼국시대 후기부터다. 고구려의 고분벽화에는 시루를 올린 부뚜막과 디딜방아로 곡식을 찧는 모습이 나오는데, 산악 지대인 고구려에서도 벼농사가 일정한 비중을 차지했음을 말해준다. 백제나 신라는 고구려에 비해 넓은 평야 지대에 자리 잡고 있었기 때문에 벼농사가 훨씬

▼보리
삼국시대에는 보릿가루를 토기에 넣고 물과 함께 끓여 멀건 죽처럼 만들어 먹는 경우가 많았을 것이다.

◀쌀
청동기시대 유적에서 나온 불에 탄 쌀이다. 청동기시대에는 주로 조·기장·수수·콩·팥을 밭농사로 지었는데, 쌀은 상대적으로 비중이 낮았다.

▶조
조와 같은 곡물을 갈돌로 갈거나 절구 또는 방아로 찧어 가루를 만든 다음, 끓이거나 쪄서 만든 죽이나 밥이 주식이었을 것이다.

◀◀콩
콩은 소금과 함께 발효시켜 장을 만들었는데, 삼국 사람들의 단백질 공급원이었다.

◀수수
삼국시대 사람들도 디딜방아로 찧은 수수가루를 팥과 함께 시루에 쪄서 요즘처럼 수수팥떡을 해 먹지 않았을까?

더 큰 비중을 차지했을 것이다.

　벼농사가 일반화되기 전에는 주로 콩과 보리가 주식이었다. 북쪽에서는 콩을, 남쪽에서는 보리를 많이 재배했다. 콩과 보리는 가뭄에 잘 견디는 농작물이어서 재배하기 쉬웠다. 특히 고구려와 발해에서는 콩이나 메밀, 수수 같은 잡곡을 주로 재배해서 먹었다고 한다.

　고대 사람들의 먹을거리는 곡식 말고도 가축, 물고기, 과일 같은 특산물이 있었다. 특히 안악 3호분 벽화를 자세히 보면 고깃간에 노루, 돼지, 닭, 꿩과 같은 짐승들이 갈고리에 걸려 있다. 이를 통해 고구려 귀족들이 사냥과 사육으로 즐겨 먹던 고기의 종류를 구체적으로 알 수 있다. 또 함경도 일대의 옥저 사람들은 고구려 사람들에게 '물고기와 소금'을 갖다 바쳤다고 한다. 이로써 고구려 귀족들의 식탁에는 해산물이 함께 올랐음을 짐작해볼 수 있다.

　하지만 이러한 먹을거리는 대부분 호화로운 생활을 한 귀족들이나 먹을 수 있었다. 일반 평민들은 어느 시대나 마찬가지로 늘 부족한 먹을거리 때문에 힘겨운 삶을 살았다. 고구려의 바보 온달 이야기를 보면, 온달이 굶주림을 참다못해 느릅나무 껍질을 벗기러 산에 올라갔다는 내용이 나온다. 이처럼 평민들은 양식이 떨어지면 도토리를 주워 먹거나 그마저도 떨어지면 나무껍질이라도 벗겨 먹으면서 굶주림을 해결해야 했다.

▶김치
소금에 절인 채소를 반찬으로 먹는 습관은 삼국시대부터 있었는데, 오늘날 백김치와 비슷했을 것이다.

▶멧돼지와 사냥꾼
화살통을 허리에 차고 자신보다 큰 활을 멧돼지에게 겨누고 있는 사냥꾼이다. 신라 토우의 동물 가운데 멧돼지는 개 다음으로 많이 등장한다.

◀고구려의 대표 음식 '맥적'
맥적은 고기를 꼬챙이에 꿰어서 불로 직접 굽는 요리로, 조선시대 고기산적의 전신이라고도 할 수 있다.

▶약식
신라 소지왕이 정월 대보름날 경주 남산 천천정에 거동했을 때, 까마귀 덕분에 역모를 피할 수 있었다. 그 후로 까마귀에게 찰밥을 지어 제사 지내면서 약식이 유래했다.

## 평민은 초가집에, 귀족은 기와집에

고대의 왕궁 터와 절터에서는 화려한 무늬를 새긴 벽돌과 기와 조각이 많이 발견된다. 이것은 모두 지배층의 가옥에 쓰인 것들이며, 일반 평민들은 대부분 초가집에서 생활했다. 그런데 초가집은 허술해서 큰비라도 오면 다 쓸려가, 평민들은 집을 잃고 떠돌이 생활을 하는 경우가 많았다.

고구려 고분벽화를 보면, 귀족들은 중문을 사이에 두고 바깥채와 안채로 나뉜 저택에 살았다. 바깥채에서는 공적인 업무를 처리하고, 안채에서는 일상생활을 했다. 저택의 실내에서는 평상이나 좌식 생활이 보편적이었다. 귀족의 저택에는 거처와 부엌 외에도 고깃간, 외양간, 마구간, 방앗간, 수렛간, 곡식 창고 같은 여러 기능을 지닌 부속 건물이 갖추어져 있었다. 또한 뒤뜰에는 잘 꾸며진 연못과 놀이터까지 마련되어 있었다 .

한편 온돌은 우리나라에서 발달한 고유의 난방시설로, 고구려 시기까지는 살림방의 한쪽 벽 가까이에 바닥을 조금 돋우고 그 아래 외 고래를 놓거나, 이어지는 두 벽에 잇닿은 바닥 아래에 'ㄱ'자로 두 개의 고래를 놓아 난방을 하는 쪽구들이 대부분이었다. 발해 역시 고구려의 문화를 계승했으므로, 주택 형태가 비슷하고 온돌을 이용해 건축했다.





**| 나라마다 신분마다 달랐던 삼국의 집들**

삼국의 집 모양을 본떠 만든 토기와 뼈단지로, 당시 신분에 따른 집의 차별성을 상징적으로 보여주고 있다.

**▶신라의 집 모양 뼈단지**
신라 귀족들의 팔작지붕을 인 화려한 기와집을 연상케 한다.

**▼가야의 집 모양 토기**
평민들의 초라한 집 모양을 짐작케 하는데, 고양이 한 마리가 지붕 위를 뛰어올라 가는 모습이 해학적이면서도 재치 넘친다.

**▼고구려의 집 모양 토기**
소박한 기와집 모양이지만, 앞쪽의 창과 문을 사람 얼굴의 눈과 귀처럼 뚫어놓은 것이 무척 인상적이다.

**우물**
우물에서 물을 긷고 있는 여성이 그려져 있다. 그 주위에는
항아리와 물구유, 도드래도 보인다.

**차고**
두 대의 수레가 있는데, 오른쪽 것은 가리개와 칸막이가 있어
여성들이 타는 수레로 짐작된다.

**외양간**
색깔이 서로 다른 세 마리의 소가 외양간 안에서 여물을 먹고 있다.

**고기 창고와 부엌**
오른쪽 고기 창고에는 개와 사슴 같은 고기들이 갈고리에 걸려
있고, 부엌에서는 아궁이에 불을 지펴 시루로 음식을 만들고 있다.

## | 고구려 고분벽화의 대저택 그림과 구조

4세기 말의 고구려 무덤인 황해도 안악 1호분에 그려진 벽화를 보면, 귀족들이 살았을 것으로 짐작되는 성안의
초호화 저택이 있다. 한가운데의 2층 전각 지붕에는 뿔처럼 솟은 치미가 있고, 이것을 둘러싸고 있는 담 위에도
지붕과 그 위에 치미가 있다. 네 귀퉁이와 담 벽 가운데에는 기와지붕을 가진 대문이 보인다. 황해도 안악
3호분에는 이러한 대저택의 내부 부속 건물인 차고, 외양간, 고기 창고와 부엌, 우물 등이 사실적으로 묘사되어
있어 당시 귀족들의 생활 모습을 짐작케 한다.

## 말 타고, 활 쏘고, 곡예를 구경하고

고구려는 지정학적인 조건 때문에 크고 작은 전쟁을 자주 치러야 했다. 그래서 고구려에서는 말타기, 활쏘기, 씨름, 수박手撲 같은 전투적이면서도 실용적인 신체 활동을 국가 행사로 많이 개최했다. 특히 평소 말을 달리며 과녁을 맞히는 마사희馬射戲를 통해 사람들은 갈고 닦은 말타기와 활쏘기 솜씨를 크고 작은 사냥대회에서 뽐내기도 했다. 매년 음력 3월 3일에 낙랑 언덕에서 열린 국가적 차원의 사냥대회를 통해 이러한 신체 활동은 한 차원 높게 성숙되었다.

사냥은 원래 먹고살기 위해 시작되었으나, 농사를 지으면서 점차 놀이의 성격이 강해졌다. 활쏘기 실력은 장수들이 갖추어야 할 기본 조건이었다. 또한 일상적인 놀이의 일부로 여겨졌던 씨름과 수박은 마을 단위의 추수감사제나 연례적인 국중대회國中大會 등을 통해 그 기량을 겨루었다.

한편 국중대회나 제천 행사에 참가한 사람들은 노래와 춤, 기예를 즐겼다고 한다. 이것은 고분벽화 가운데 악기 연주와 이에 맞춘 노래, 춤 장면이 자주 등장하는 것을 통해서도 알 수 있다. 문헌 기록에도 이러한 장면이 묘사되어 있다. 『삼국지』의 「동이전」에는 삼한 사람들이 축제 때 밤새 음주가

**고구려 사람들의 서커스 곡예단**
수레바퀴나 공, 나무 막대기를 공중으로 던져서 번갈아 받는 묘기와 마치 죽마놀이처럼 높은 나무다리 위에 올라가 균형을 잡는 묘기를 펼치고 있다.

**격구를 하는 토우**
주로 지배층 청년들이 무예 연습을 하기 위해 말을 타고 채로 공을 쳐서 상대방 문에 넣는 경기다. 격구는 오늘날 폴로나 크리켓 경기와 비슷한데, 원래는 페르시아에서 시작해 당을 거쳐, 7세기 무렵 우리나라에도 들어왔다. 이후 고려나 조선에서도 무예의 한 과목으로 크게 유행했다고 한다.

무를 즐겼다고 기록하고 있다.

특히 고구려에서는 왕과 귀족이 베푼 연회나 야유회, 고취鼓吹 행렬을 할 때 기예를 선보였다. 당시 기예는 말타기, 손놀리기, 발재주, 칼 부리기, 나무타기, 원숭이 재주 따위가 대표적이었다. 이 가운데 긴 나무다리 타는 묘기나 공 또는 수레바퀴를 던지는 묘기는 오늘날 서커스 공연과 다를 바 없었다. 하지만 이러한 기예를 즐길 수 있는 사람들은 주로 귀족들이었다.

씨를 뿌리고 김을 매는 농사가 본격적으로 시작되는 시기에는 건강을 유지하기 위한 놀이가 행해졌다. 그 대표적인 것이 씨름이었다. 길쌈은 여성들이 하는 중요한 일 가운데 하나였다. 길쌈내기는 서울 안의 여성들이 두 편으로 나뉘어 한 달 동안 길쌈을 한 뒤, 그 성적으로 승부를 결정하는 것이었다. 지는 편은 술과 음식을 마련해 이긴 편을 대접하고 춤과 노래로 즐겁게 해주었다고 한다.

## 순장에서 삼년상으로

고대사회에서는 장례를 치를 때, 대체로 시신과 함께 껴묻거리를 '후하게' 묻는 후장厚葬의 풍습이 있었다. 돌무지무덤 양식이 유행한 고구려에서는 금은과 각종 재화를 무



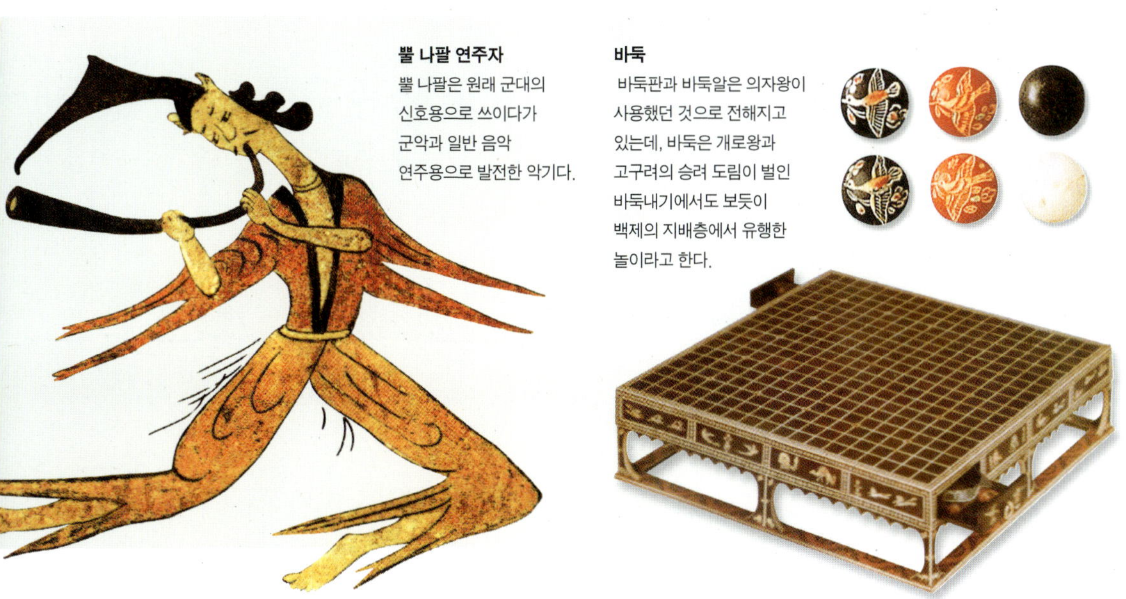

**뿔 나팔 연주자**
뿔 나팔은 원래 군대의 신호용으로 쓰이다가 군악과 일반 음악 연주용으로 발전한 악기다.

**바둑**
바둑판과 바둑알은 의자왕이 사용했던 것으로 전해지고 있는데, 바둑은 개로왕과 고구려의 승려 도림이 벌인 바둑내기에서도 보듯이 백제의 지배층에서 유행한 놀이라고 한다.

덤 속에 넣었다는 기록이 있다. 그런데 이러한 후장과 함께 장례 풍습으로 주목되는 것은 순장殉葬이다. 고대사회에서는 신분이 높은 사람이 죽으면 주변 인물이나 노비를 함께 묻었는데, 이러한 장례 풍습을 순장이라 부른다.

순장을 당한 사람들은 대개 물건처럼 취급된 노비들이 대부분이었지만, 무덤 주인공보다 신분이 낮은 신하나 가족들도 있었다. 이들의 신분은 말갖춤과 무기를 지닌 호위병에서 귀금속 장신구를 착용한 여성까지 매우 다양했다.

부여에서는 왕이나 귀족이 죽을 경우 "사람을 죽여 순장을 하는데, 많을 때는 100명을 헤아렸다"고 한다. 이보다 숫자는 적지만, 5~6세기경 고령의 대가야에서도 왕족의 무덤에 수십 명씩 사람들을 순장했다. 부산, 김해, 함안 같은 가야 지역에서는 왕릉에 버금가는 무덤을 발굴하면 대개 순장의 흔적이 확인되는 경우가 아주 많다.

신라에서도 왕이 죽으면 남성과 여성을 함께 순장하는 풍습이 있었는데, 경주의 대릉원에 있는 황남대총이 그러한 경우다. 황남대총은 남북으로 두 개의 무덤이 서로 맞붙어 있는 쌍무덤이다. 남쪽 무덤에는 남성이, 북쪽 무덤에는 여성이 묻힌 것으로 보아 부부로 짐작된다. 무덤의 규모가 크고 무덤 주인공들의 화려한 황금 장신구로 볼 때 5세기 무렵 마립간으로 불린 신라 왕과 왕비의 무덤으로 짐작된다.

그런데 황남대총의 남쪽 무덤에서는 10대 후반으로 여겨지는 젊은 여성의 뼈가 발견

**▲대가야의 순장 무덤 도면**
대가야의 왕릉은 한가운데 왕이 묻히는 큰 돌방 주위에 껴묻거리를 넣는 작은 돌방 1~2개를 마련하고, 그 주변으로는 순장자들을 안치하기 위한 널을 설치했다. 사진은 고령의 지산동 고분군 44호분(왼쪽)과 45호분 도면(오른쪽)이다.

**◀1500년 전 순장된 가야 소녀**
1500년 전 무덤에 순장된 인골을 토대로 복원한 가야 여성의 모습이다. 발굴 당시 키는 135센티미터였고, 나이는 16세 정도였다.

고구려의 대표적인 무덤 양식은 돌무지무덤(적석총)으로, 5세기경까지 주로 만들었다. 처음에 돌무지를 쌓아 만들다가 차츰 널길이 딸린 돌방을 만드는 방형 돌방무덤(석실묘)을 거쳐, 장군총에 이르러 절정에 이르렀다. 이후 중국과 교류가 활발해지면서 굴식 돌방무덤을 만들기도 했는데, 5세기 이후부터는 대표적인 무덤 양식으로 자리 잡았다.

백제도 고구려와 같이 돌무지무덤이 처음에 유행하다가 웅진 시기에 중국 남조의 영향을 받아 벽돌무덤을 만들었다. 하지만 차츰 돌방무덤이 일반화되었다. 한편 영산강 하류에는 독무덤(옹관묘)이 많은데, 아가리가 넓은 큰 항아리에 작은 항아리를 맞대어 만들었다. 항아리를 관으로 쓰는 풍습은 나중까지 간간이 이어져, 조선시대에도 어린아이의 관으로 사용하기도 했다.

무덤에 들인 공력으로만 보면 신라와 가야의 무덤을 따를 나라가 없다. 엄청난 규모의 봉분과 막대한 양의 껴묻거리는 지금도 우리를 놀라게 한다. 특히 오늘날 경주평야에 밀집해 있는 돌무지덧널무덤(적석목곽분)은 구덩이를 파거나 땅 위에 덧널을 설치해 그 속에 널과 껴묻거리를 넣은 다음, 덧널 위와 둘레를 냇돌로 쌓고 다시 그 위에

**고구려의 장군총**
돌무지무덤 양식의 절정을 이룬 모습으로, 고구려의 대표적인 무덤이다.

**백제의 벽돌무덤**
벽돌무덤은 중국 무덤 양식으로, 백제와 중국의 교류를 보여주는 증거다.

흙으로 덮어 봉분을 높게 만든 것이다.

이후 통일신라에는 굴식 돌방무덤이 일반화되고 무덤 주위에 십이지신상을 돌리는 전통이 생겼다. 한편 발해는 고구려의 전통을 계승한 돌방무덤과 중국식 벽돌무덤을 함께 만들었다. 8세기를 지나면서 벽돌로 만든 무덤이 나타나지만 그 수는 그리 많지 않다.



**신라의 천마총**
돌무지덧널무덤의 구조적인 특성으로 거의 도굴되지 않아 황금 장신구 같은 화려한 껴묻거리가 많이 나오고 있다.

되었다. 이 젊은 여성은 무덤 주인공인 60대 남성과 함께 묻힌 첩이나 시녀로 짐작된다. 왜냐하면 남쪽 무덤 주인공의 부인은 북쪽 무덤에 묻힌 여성이기 때문이다. 한 번 매장을 하면 무덤 내부에 다시 접근할 수 없는 돌무지덧널무덤〔적석목곽분〕의 구조로 볼 때, 노인과 함께 묻힌 젊은 여성은 순장당한 것이 분명하다.

신라의 순장 풍습은 6세기에 지증왕이 왕위에 오르면서 금지되었다. 사회가 발전하면서 인간의 가치와 노동력에 대한 인식이 높아졌다. 그리하여 순장 풍습은 점차 불교가 보급되면서 저승에 대한 인식의 변화로 사라지게 되었다.

고대사회의 지배층은 우월한 신분을 과시하고, 이승에서 누렸던 안락한 생활을 저승에서도 누리기 위해 무덤을 만드는 데 많은 공을 들였다. 가령 부여의 귀족들은 여름에 얼음을 사용해 장례를 치르기도 했다. 또 빈소를 5개월씩이나 차렸는데, 오래 끌수록 영예롭게 여겼다고 한다. 그런데 이처럼 장례 기간이 길어지면 시신은 어디에 보관했을까? 대개는 빈소나 가묘에 임시로 안치했던 것으로 보인다.

고구려에서는 사람이 죽으면 시신을 집에 안치했다가 3년이 지난 후에 좋은 날을 택해서 장례를 치렀다. 부모와 남편이 죽으면 상복을 3년 동안 입고, 형제일 경우에는 석 달을 입었다. 백제의 경우도 삼년상을 치렀다. 523년에 죽은 무령왕이 현재의 무덤에 묻힌 때가 525년이고, 526년에 죽은 왕비는 다른 곳에 묻혔다가 529년에 왕과 합장했



## | 동옥저의 장례 문화

장례 풍습 가운데 독특한 것으로 동옥저의 이차장二次葬 풍습이 있다. 동옥저에서는 장사를 지낼 때 커다란 덧널〔목곽〕을 만들어 한쪽 끝이 열리도록 문을 만들어놓고, 죽은 시신을 우선 가매장했다가 살이 썩으면 뼈만 추려서 목곽 안에 안치했다. 한 집안 사람들은 모두 한 목곽에 이런 식으로 매장되어 집단묘의 형식을 취했는데, 동옥저 사회에 공동체적 유대 관계가 여전히 강하게 남아 있음을 보여주는 사례다.

**단결 유적**
옥저 사람들이 살았던 곳으로 나무 주변에서 무덤과 주거지가 발견되었다.

다. 삼년상을 치르는 동안 왕과 왕비의 시신이 부패하는 것을 막으려고 얼음까지 사용한 빈전을 공산성 바로 맞은편에 있는 정지산에 마련했다고 한다.

하지만 일반 백성들은 빈소를 오랫동안 차려놓을 수 없었으며, 삼년상 같은 장례는 꿈도 꿀 수 없었다. 게다가 변변한 무덤조차 만들기 어려워 지금까지 남아 있는 경우는 매우 드물다. 대개는 땅에 구덩이를 파고 그냥 묻거나 심지어 나무에 걸어두고 짐승들의 먹이로 삼은 경우도 있었을 것이다.

무덤은 극소수 지배층의 전유물이었다. 지배층은 화려한 껴묻거리를 무덤까지 잔뜩 가져갔지만, 일반 평민들은 고작 평소에 사용하던 그릇 몇 개와 함께 구덩이 속에 묻히는 것으로 만족해야만 했다. 이러한 불평등은 무덤 주인공이 죽었다고 해소되는 것이 아니었다. 무덤의 위치, 구조와 크기, 껴묻거리의 질과 양에서 살아 있을 때만큼이나 신분 차이가 또 한 번 있었기 때문이다.

이처럼 고대사회는 엄격한 신분제 사회였기 때문에 무덤뿐만 아니라 가옥의 크기, 옷감이나 색깔, 일상 용품의 종류까지 거의 모든 생활에서 엄격한 규제가 있었다.

# 고분벽화로 보는 고대인의 삶과 죽음

**고구려의 하늘 세계**
덕흥리 고분벽화의 남쪽 부분에는 하늘 세계를 노니는 선인 선녀와 무수한 별들 사이로 날아다니는 상서로운 새들과 짐승들이 화려하게
그려져 있다. 고구려 사람들의 내세관과 우주론적 세계관을 엿볼 수 있는 대표적인 벽화다.

"자손들이 더욱 부자가 되고 벼슬은 후왕에 이르게 하소서. 언제까지나 쇠고기, 양고기와 술 및 쌀밥과 맛있는 반찬이 끊이지 않게 해주소서."

덕흥리 고분의 벽면에 쓰인 글이다. 아직 무덤의 주인공이 왕인지 귀족인지 논란은 있지만, 무덤의 주인공을 누구로 보든 간단한 글귀에서 고구려의 왕과 귀족들이 정성껏 고분을 만들고 벽화를 그린 까닭을 잘 읽을 수 있다. 무덤 주인공의 후손들은 주인공의 은덕을 입어 더욱 잘되기를 바라는 마음으로 무덤에 벽화를 그렸던 것 같다.

고대 사람들은 육체의 죽음과 관계없이 영혼이 계속 활동한다는 영혼 불멸을 믿었다. 죽은 사람의 영혼이 사는 세계도 사회구조나 신분 질서, 생활 방식은 현세와 동일하다고 믿었다. 그래서 죽은 다음에 영혼이 머무는 무덤 안을 땅 위의 궁궐이나 집처럼 장식했다. 무덤에는 금은 패물과 의복, 여러 생활 도구를 껴묻고, 묘실 내부를 생전의 저택과 같은 구조로 지으며, 영혼을 지켜달라는 뜻으로 여러 수호신을 벽에 그렸다. 또 무덤 안의 벽은 땅이고 천장은 하늘로 구분해 현실 세계는 땅 부분(벽)에, 천상 세계는 하늘 부분(천장)에 그렸다. 이런 생각은 이집트 사람들도 마찬가지여서 그들도 무덤 안에 벽화를 그렸다.

고분벽화는 백제와 가야, 발해 사람들도 남겼지만, 고구려의 것이 대부분이다. 무덤 안의 벽화는 선명한 오색과 자유로운 필치로 여러 내용이 그려져 있다. 지금 보아도 생생한 고분벽화는 고구려 사람들의 우주나 세계에 대한 생각과 귀족들의 생활 모습을 그대로 보여준다. 의관을 차려입고 있는 귀족들의 행차와 무용하는 사람들, 씨름하는 사람들, 사냥하는 사람들 등 여러 생활 모습이 그려져 있다.

고구려의 벽화고분은 벽화 내용으로 크게 인물 풍속도 무덤, 인물 풍속과 사신도가 함께 그려진 무덤, 사신도 무덤으로 나눌 수 있다. 크게 세 단계로 그 내용이 구분된다고 할 수 있다.

전기에 해당하는 4세기에서 5세기 중반경까지는 벽화의 주제가 생활 풍속과 인물도가 중심이었다. 실제 평양 지역에서는 사신四神이 주제인 벽화도 발견된다. 돌방 벽에 백회를 바른 다음 그 위에 그림을 그리는 방식이 적용되었다. 평양 지역 벽화의 구성과 인물 표현 등은 대체로 중국풍을 크게 벗어나지 않았다. 안악 3호분 벽화가 대표적이다.

다음 단계의 벽화는 생활 풍속, 장식 무늬, 사신 등이 서로 어우러진 예가 많다. 역시 백회가 마르기 전에 그림을 그리는 프레스코법과 마른 다음에 그리는 세코법으로 제작되는 것이 일반적이었다. 집안 지역 벽화에서 특히 고구려 특유의 인물 표현이 잘 나타난다. 산악 풍경 등이 점

차 독립적 제재로 바뀌어간다. 일부 벽화에서 중앙아시아와 북중국을 통해 전해진 불교회화의 영향도 엿보인다.

4세기에서 6세기 초에 만들어진 인물 풍속도에는 무덤 주인의 초상화를 중심으로 일상생활이나 기념할 만한 사건 등을 그렸다. 인물 풍속화는 시간이 지남에 따라 무덤 주인공 그림이 사라지고 대신 사신도가 그려졌다. 인물 풍속화도 처음에는 전체적으로 어두웠지만 5세기 후반에 이르면 밝고 또렷하게 발전했다.

이상의 과도기를 지나 6세기 후반이 되면 사신도만이나 사신도에 나무, 구름, 연꽃 등으로 장식한 사신도 무덤이 만들어졌다. 고구려 후기에는 도교를 적극 장려한 결과로, 벽화의 동서남북에 청룡·백호·주작·현무의 4신과 부귀나 장생불사 같은 도교적인 내용이 들어가게 되었다. 이 무렵 그려진 사신도는 과도기에 비해 약동하는 긴장감과 힘차고 세련된 필치로 보는 사람들을 숨죽이게 한다. 전기의 인물 풍속도는 대부분 돌벽에 회칠을 한 뒤 그림을 그린 반면, 후기의 사신도는 돌벽에 직접 그림을 그렸다.

후기 단계의 벽화를 보면 집안과 평양 사이에 묘사 기법과 색채 구성상의 차별성이 뚜렷하게 유지되는 것이 눈길을 끈다. 고분벽화에서 현실의 생활 모습을 표현하는 것은 내세가 현세와 본질적으로 같다는 재래 신앙에서 나온 것이며, 부처에게 공양하는 장면과 연꽃을 중심으로 천상계를 구성하는 것은 불교적 관념에서 나온 것이다. 또 사신도와 부귀, 장생불사를 비는 내용은 도교적 관념을 보여주는 것이다.

백제 고분에서 벽화는 그 예가 많지 않다. 송산리 고분벽화, 능산리 고분벽화 등에서 약간의 흔

## 1. 백제, 그 희미한 흔적을 찾아서

### ▶백제의 사신도 벽화

부여 능산리 동하총 모형으로, 사비 시기의
고분이다. 화강석과 편마암을 곱게 다듬어
장방형으로 축조한 횡혈식석실분으로 남쪽 앞에
연도가 있다. 현실은 연꽃과 구름을 그린 천장을
비롯해 동서남북 모두 판석 한 장을 사용했고,
각 벽면에 청룡·백호·현무·주작의 사신도를
그렸다. 웅진 시기의 공주 송산리 6호 전축분이 그림
부분만 점토를 바른 뒤 프레스코 기법으로 그린 데
비해, 이곳은 석재 표면에 직접 그렸다.

### ◀벽화가 그려진 벽돌무덤

지구상에서 발견된 유일한 벽화 전축분으로, 무령왕의
첫 번째 부인 무덤으로 추정하는 학자도 있다. 이 무덤은
무령왕릉과는 또 다른 아름다움을 전하고 있는데,
작고 납작한 벽돌에는 연꽃, 인동, 마름모꼴 무늬 등
갖가지 모양이 새겨져 있다. 사진은 충청남도 공주시
금성동 송산리 고분군의 6호분 모형 내부의 벽화다.

## 2. 일본으로 건너간 사신도를 찾아서

### ▶일본 키토라 고분 속의 '백호'

1983년 발견된 이후로 보존 문제 때문에 최근에 다시 무덤에서
해체된 벽화인 백호 가운데 머리와 앞발 부분이다.
특히 이 무덤은 타카마쓰 고분벽화처럼 고구려 고분벽화의
영향을 받은 것으로 알려지면서 많은 관심을 끌고 있다.
현재 일본 나라현 아스카무라에 있다.

## 3. 중국에서 찾은 '현무'

### ▶벽돌 속의 현무

남조 때의 회채(繪彩) 현무 화상전(畵像塼)이다.
현무는 사신 가운데 하나로 북쪽을 관장하는 동물인데,
고구려 고분벽화의 사신도에 나오는 현무와도 흡사하다.
현재 중국 정저우 하남박물원이 소장한 정저우시
학장 유적에서 나왔다.

적을 볼 수 있으며, 무령왕릉에서 다량으로 출토된 공예품들을 통해 백제 사람들의 예술 감각이나 의식의 단면을 볼 수 있다.

송산리 고분과 능산리 고분에 희미하게 남아 있는 사신도 등은 고구려와 매우 유사한 면을 보이면서도 고구려의 것이 웅장하고 씩씩한 기상을 느끼게 하는 반면, 백제의 것은 부드럽고 친근함을 느끼게 한다.

신라의 경우 무덤 양식이 돌무지덧널무덤으로 땅을 판 후에 목곽을 넣고 그 위에 돌을 쌓은 후 봉토를 했기 때문에 내부 출입이 자유롭지 않다. 그래서 도굴된 무덤이 고구려나 백제에 비해 적다. 반면 무덤 내부의 공간이 없어서 벽화 등이 그려질 수 없고, 목곽이 썩은 뒤 무덤 속의 돌이 내려앉아서 무덤 내부가 파괴된 형태로 발견된다.

반면 가야의 경우 고령 대가야 시기에 무덤 안에 벽화를 남겼다. 현재 고령 고아동 고분이 유일한 벽화무덤인데, 무덤은 백제 무령왕릉과 비슷한 구조를 하고 있어 백제의 영향을 받았다는 것을 알 수 있다. 무덤 내부에는 회칠을 한 벽면에 연꽃무늬를 그렸는데, 그 모습이 고구려 진파리 고분이나 부여 능산리 고분의 벽화를 연상케 한다. 이는 고구려, 백제 문화가 가야 지역까지 영향을 끼쳤음을 말해준다.

발해의 경우 고구려의 문화를 계승한 나라답게 지배자들의 무덤에는 벽화가 그려졌다. 발해 무덤 가운데 벽화가 있는 무덤으로는 정효공주 무덤과 삼릉둔 2호 무덤을 들 수 있다. 두 무덤 모두 고구려 무덤을 본떠 들어가는 입구가 있고, 문을 열면 주검을 모셔놓는 무덤 칸이 있다. 무덤 칸 네 벽면과 천장에는 그림을 그렸다.

벽화를 그리는 방법에는 두 가지가 있다. 먼저 밑그림을 붙인 다음, 그 위에 바늘로 찔러 가면서 선을 직접 그리고 그 안에 색칠하는 방법이다. 또 하나는 먹으로 테두리 선을 직접 그리고 그 안에 색칠하는 방법이다. 발해 무덤의 벽화들은 두 번째 방법으로 그려졌다.

정효공주 무덤에는 주로 발해 사람들이 그려졌는데, 대부분 여성스러우면서도 얼굴이 둥글고 크며 살찐 모습이다. 삼릉둔 2호 무덤에는 얼굴이 통통한 여성들과 노란 꽃이 가득 그려져 있다. 흰색 바탕의 천장에 그려진 이 꽃들은 자세히 보면 아주 커다란 꽃 뭉치를 이루고 있다.

이렇듯 고분벽화에는 고대 사람들의 생활과 문화, 종교, 사상이 다양하고 생생하게 표현되어 있다. 고분은 죽은 사람을 위해 만든 것이기 때문에 껴묻거리와 벽화는 자연히 당시 사람들의 죽음과 사후 세계에 대한 관념을 보여준다. 또한 다양한 그림의 내용에서 우리는 역사책에서 읽을 수 없는 고대 사람들의 생활 모습과 생각을 생생하게 볼 수 있다.

| 연도 | 월 | 정치 | 사회·경제 | 문화 | 대외관계 |
|---|---|---|---|---|---|
| 기원전 70만 | | - | - | 구석기시대 시작 | - |
| 기원전 1만 | | - | - | 중석기 문화 형성 | - |
| 기원전 6000 | | - | - | 신석기시대 시작 | - |
| 기원전 2333 | | 고조선 건국 | - | - | - |
| 기원전 2000 | | - | - | 청동기 문화의 보급 | - |
| 기원전 1100 | | - | 범금 8조 시행 | - | - |
| 기원전 1000 | | - | - | 청동기시대의 전개 | - |
| 기원전 400 | | - | - | 철기 문화의 보급 | - |
| 기원전 195 | | 위만, 고조선에 망명 | - | - | - |
| 기원전 194 | | 위만조선 성립 | - | - | - |
| 기원전 190 | | - | - | - | 위만, 진번과 임둔을 복속시킴 |
| 기원전 128 | | 예군 남려, 28만 명의 주민을 이끌고 요동군으로 들어감 (한, 창해군 설치) | - | - | - |
| 기원전 126 | | 창해군 폐지 | - | - | - |
| 기원전 110 | | - | - | - | 고조선, 진국과 한의 통교 방해함 |
| 기원전 109 | | - | - | - | 고조선, 수륙으로 한의 침입을 받음 |
| 기원전 108 | | 고조선 멸망(한사군 설치) | - | - | - |
| 기원전 82 | | - | - | - | 고구려, 임둔군과 진번군 축출 |
| 기원전 75 | | - | - | - | 고구려, 현도군 공격 |
| 기원전 57 | | 신라, 혁거세 거서간으로 즉위 | - | - | - |
| 기원전 37 | | 고구려 건국 | 신라, 금성 축조 | - | - |
| 기원전 34 | 7 | - | 고구려, 성곽과 궁실 건축 | - | - |
| 기원전 28 | 11 | - | - | - | 고구려, 북옥저 병합 |
| 기원전 18 | | 비류와 온조, 졸본부여에서 남하함 | - | - | - |
| | | 백제, 시조 온조왕이 위례성에서 즉위 | - | - | - |

| 연도 | 월 | 정치 | 사회 · 경제 | 문화 | 대외관계 |
|---|---|---|---|---|---|
| 기원전 17 | 10 | - | - | 유리왕, 「황조가」 지음 | - |
| 기원전 6 | 11 | 부여 대소왕, 고구려 침입 | - | - | - |
| 3 | 10 | 고구려, 국내성으로 천도 | - | - | - |
| 8 | | 백제, 마한을 멸망시키고 통합 | - | - | - |
| 23 | 2 | - | 백제, 위례성 개축 | - | - |
| 28 | | - | - | 「도솔가」 지음 | - |
| 33 | 2 | - | 백제, 남쪽에서 논농사 시작함 | - | - |
| 37 | | - | - | - | 백제, 후한의 낙랑군 멸함 |
| 42 | | 금관가야 시조 수로왕 즉위 | - | - | - |
| 56 | | 고구려, 동옥저를 통합 | - | - | - |
| 65 | | 신라, 국호를 '계림'으로 개칭 | - | - | - |
| 85 | | 백제, 군사를 보내 신라의 변경을 침공 | 점제현신사비 건립 | | |
| 118 | | - | - | - | 고구려, 예맥과 함께 한의 현도군 공격 |
| 132 | | - | 백제, 북한산성 축성 | - | - |
| 146 | | - | - | - | 고구려, 요동군의 서안평 공격 |
| 184 | | - | - | - | 한의 요동태수 침입 |
| 194 | 10 | - | 고구려, 진대법 실시 | - | - |
| 209 | 10 | 고구려, 환도성으로 천도 | - | - | - |
| 234 | | 백제, 고이왕 즉위 | - | - | - |
| 242 | | - | - | - | 고구려, 요동의 서안평을 공격 |
| 246 | | - | - | - | 고구려, 위의 관구검 침입으로 환도성 함락 |
| | | - | 평양성을 쌓음 | - | - |
| | | - | - | - | 백제, 낙랑군과 대방군 공격 |
| 249 | | 신라, 남당(도당)을 궁궐 남쪽에 세움 | - | | |
| 260 | 1 | - | 백제, 6좌평과 16품을 정함(공복을 정함) | - | - |
| 261 | | 신라, 13대 미추이사금 즉위 | - | - | - |
| 302 | | - | - | - | 고구려, 현도군 공격으로 8000여 명 사로잡음 |
| 307 | | 신라, 국호를 계림에서 신라로 개칭 | - | - | - |
| 311 | | - | - | - | 고구려, 요동군의 서안평 탈취 |
| 313 | | - | - | - | 고구려, 낙랑군 점령 |
| 314 | 9 | - | - | - | 고구려, 대방군 점령 |
| 315 | 2 | - | - | - | 고구려, 현도성 점령 |
| 334 | 8 | - | 고구려, 평양성 증축 | - | - |
| 342 | 10 | - | - | - | 고구려, 연의 침입으로 환도성 함락 |
| 346 | 10 | - | - | - | 부여, 모용씨 침입으로 멸망 |

| 연도 | 월 | 정치 | 사회 · 경제 | 문화 | 대외관계 |
|---|---|---|---|---|---|
| 357 | 9 | - | - | 안악 3호분 동수 묵서명 작성 | - |
| 369 | | 백제, 치양성에서 고구려 침입 격파 | - | - | - |
| 371 | | 백제의 평양성 공격으로 고국원왕 전사, 소수림왕 즉위 | - | - | - |
| 372 | | - | 고구려, 태학 설치 | 고구려, 전진의 승려 순도가 불교 전래 | 백제, 왜왕에게 칠지도를 줌 |
| 373 | | - | 고구려, 율령 반포 | - | - |
| 375 | | - | - | 백제, 고흥『서기』를 편찬 | - |
| 382 | | - | - | | 신라, 전진과 외교 관계 수립 |
| 384 | | - | - | 백제, 동진의 승려 마라난타가 불교를 전함 | - |
| 391 | 5 | 고구려, 광개토왕 즉위 광개토왕, 백제의 관미성 함락시킴 | - | - | - |
| 392 | | 신라, 실성을 고구려에 볼모로 보냄 | - | - | 백제-가야-왜 연합군의 신라 침입 |
| 396 | | 광개토왕, 수군을 거느리고 백제의 58성 함락해, 아신왕의 항복을 받음 | - | - | - |
| 400 | | 광개토왕, 5만 명의 보병과 기병으로 왜군을 토벌하여 신라를 구함 | - | - | - |
| 401 | | - | - | - | 고구려, 연의 숙군성 공격 |
| 408 | | - | - | 고구려, 덕흥리 고분 묵서명 작성 | - |
| 410 | | - | - | - | 고구려, 동부여 통합 |
| 413 | | 고구려, 광개토왕 죽고 장수왕 즉위 | - | - | 장수왕, 동진에 사신 파견 |
| 414 | 9 | - | - | 고구려, 광개토왕비 세움 | - |
| 417 | | 신라, 눌지왕이 즉위해 마립간이라 칭함 | - | - | - |
| 422 | | - | - | - | 고구려, 송으로부터 작위 받음 |
| 427 | | 고구려, 집안에서 평양으로 천도 | - | - | - |
| 433 | | 백제, 신라에 사신을 보내 화친함 | - | - | - |
| 434 | | 백제, 신라 서로 사신 파견(나제동맹) | - | - | 백제 개로왕, 동생 곤지를 왜에 파견 |
| 472 | | - | - | - | 백제 개로왕, 북위에 사신 파견(고구려를 정벌할 것을 요구) |
| 473 | | - | - | - | 장수왕, 흥안령산맥 일대 거주하던 지두우족 분할 점령 꾀함 |

| 연도 | 월 | 정치 | 사회 · 경제 | 문화 | 대외관계 |
|---|---|---|---|---|---|
| 475 | | 고구려, 장수왕이 백제의 수도 한성 함락시킴, 백제 웅진으로 천도 | - | - | - |
| 489 | | - | - | - | 북위, 남제 사신과 고구려 사신을 나란히 앉게 하자 남제 사신 항의함 |
| 490 | | - | 신라, 시장을 개설해 사방의 화물을 통함 | - | - |
| 494 | | 부여, 고구려에 멸망 | - | - | - |
| 502 | | - | 신라, 우경 실시, 순장 금지 | - | - |
| 503 | | 국호를 '신라'로 정하고 존호를 '왕'이라 함 | - | - | - |
| 509 | 1 | - | 신라, 동시 설치 | - | - |
| 514 | | 신라, 법흥왕 즉위 | - | - | - |
| 520 | | - | 신라, 율령 반포하고 공복 제정 | - | |
| 526 | | - | - | 백제 성왕, 겸익을 통해 인도에서 불교 계율 수입 | - |
| 527 | | - | - | 신라, 이차돈 순교, 불교 공인 | - |
| 532 | | 신라, 금관가야 통합 | - | - | - |
| 536 | | 신라, '건원' 연호 사용 | - | - | - |
| 538 | | 백제, 성왕이 도읍을 사비로 옮기고 국호를 '남부여'로 고침 | - | - | - |
| 545 | | - | - | 신라, 거칠부 등 『국사』 편찬 | - |
| 546 | | 고구려, 추군과 세군 사이에 왕위 계승전 일어남 | - | - | - |
| 551 | | 신라, 고구려 공격해 10군을 취함, '개국' 연호 사용 | - | - | - |
| 552 | 2 | - | - | 백제, 노리사치계가 일본에 불교 전파 | - |
| 553 | | - | - | 신라, 황룡사 건립 시작 | - |
| 554 | 10 | 백제, 성왕이 관산성 전투에서 전사 | - | - | - |
| 555 | | 신라, 이사부가 대가야 통합 | - | - | - |
| | 9 | 신라, 북한산순수비 건립 | - | - | - |
| 562 | | 고구려, 대산성으로 천도 | - | - | - |
| 598 | | - | - | - | 고구려 영양왕 1만 명의 말갈군으로 요서 공격 |
| 600 | 7 | - | - | 고구려, 이문진이 사서 『신집』 5권 편찬 | - |
| 612 | | - | - | - | 고구려, 수의 113만 대군을 물리침(살수대첩) |
| 622 | | - | - | - | 당과 고-수 전쟁 포로 교환 |
| 624 | | - | - | 고구려, 도교 전래 | - |
| 631 | 2 | - | 고구려, 천리장성 쌓기 시작(~647) | - | - |
| 642 | 10 | 고구려, 연개소문이 보장왕 옹립해 정권 장악 | - | - | - |

| 연도 | 월 | 정치 | 사회·경제 | 문화 | 대외관계 |
|---|---|---|---|---|---|
| | | 백제, 신라의 미후성 등 40여 성을 탈취하고 대야성 함락시킴, 고구려와 함께 신라의 당항성 탈취 | - | - | - |
| 645 | | - | - | 신라, 지장이 통도사를 세워 계율종을 폄 | - |
| | | - | - | 신라, 황룡사 구층 목탑 완성 | - |
| | 9 | - | - | - | 고구려, 안시성 전투 승리 |
| 647 | | - | - | 신라, 첨성대 건립 | 나당 군사 동맹 체결 |
| 650 | | 신라, 당의 연호 사용 | - | - | - |
| 653 | | 백제, 왜와 국교 재개 | - | - | - |
| 654 | | 신라, 진덕여왕 죽고 태종 무열왕(김춘추) 즉위 | - | - | - |
| | 1 | - | - | 백제, 사택지적비 만듦 | - |
| | 10 | - | - | - | 고구려, 신성 전투 승리 |
| 655 | | 백제, 고구려 말갈 등과 함께 신라 변경 대대적으로 침략 | - | - | - |
| 659 | | - | - | - | 신라 태종무열왕, 당에 백제 토벌군 파병 요청 |
| 660 | 7 | 황산벌 전투 | - | - | - |
| | 8 | 백제 멸망, 당이 백제 땅에 5도독부 설치 | - | - | 나당연합군, 백제 공격(3월 소정방 13만 명 원정군과 신라 대장군 김유신과 장군 품일, 흠춘 등 정예 5만 명) |
| 661 | | 복신, 도침, 흑치상지, 백제 부흥운동 시작. 주류성 왕자 풍 옹립 | - | - | 붕풍, 복신 죽이고 고구려와 왜에 구원 요청 |
| 662 | | 고구려, 연개소문이 당군을 사수에서 격파 | - | - | - |
| 663 | | - | - | - | 주류성과 임존성도 함락 |
| | 8 | - | - | - | 왜의 구원병이 백강(금강) 하구에서 당군에 패배 |
| 664 | | - | 고구려, 남건과 남산의 반란 | - | 당, 백제 왕자 부여융을 웅진도독으로 삼음 |
| 666 | | 고구려, 남생이 당으로 망명함 | - | - | - |
| 668 | 9 | 신라와 당 연합군, 고구려의 평양성 함락(고구려 멸망) | - | - | - |
| 669 | | - | - | - | 당, 평양에 안동도호부 설치 |
| 670 | | 신라, 안승을 금마저에 두고 고구려 왕에 책봉 | - | - | - |
| 675 | | 신라, 매소성 일대에서 20만 명의 당군 격파 | - | - | - |
| 676 | | 신라, 기벌포에서 당군 격파(삼국 통일) | - | - | - |
| 681 | | 신라, 신문왕 즉위, 김흠돌 등 모반하다 사형 | - | - | - |
| 682 | | - | - | 신라, 국학 설치 | - |

| 연도 | 월 | 정치 | 사회 · 경제 | 문화 | 대외관계 |
| --- | --- | --- | --- | --- | --- |
| 687 | | - | 신라, 문무관에게 관료전 지급, 전국을 9주 5소경으로 편성 | - | - |
| 689 | | - | 신라, 녹읍 폐지 | - | - |
| 698 | | 대조영, 진[발해] 건국 | - | - | - |
| 713 | | 발해, 국호를 '진'에서 '발해'로 개칭 | - | - | - |
| 719 | | 발해, 무왕 즉위하고 연호를 '인안'이라고 함 | - | - | - |
| 722 | | - | 신라, 정전 지급 | - | - |
| 723 | | - | - | 혜초, 『왕오천축국전』 지음 | - |
| 732 | | - | - | - | 발해, 장문휴가 당의 등주 공격 |
| 733 | | - | - | - | 당, 신라와 연합해 발해 공격 |
| 735 | | - | - | - | 당, 신라의 패강 이남 영유를 인정 |
| 751 | | - | - | 신라, 불국사와 석굴암 건축 | - |
| 756 | | 발해, 상경용천부로 천도 | - | | |
| 757 | 1 | - | 신라, 녹읍 부활 | - | - |
| 759 | | - | 신라, 국학을 대학감으로 개칭 | - | - |
| 765 | | - | - | 충담사, 「찬기파랑가」와 「안민가」 지음 | - |
| 771 | 12 | - | - | 신라, 성덕대왕신종 주조 | - |
| 788 | | - | 신라, 독서삼품과 설치 | - | - |
| 802 | | - | - | 신라, 해인사 창건 | - |
| 810 | 8 | 신라, 국내의 제방을 수리 | - | - | - |
| 822 | 3 | - | 신라, 김헌창의 난 일어남 (국호를 '장안'이라 하고 연호를 '경운'이라 함) | - | - |
| 825 | | - | 통일신라, 김범문이 지휘하는 농민군이 반란을 일으킴 | - | - |
| 828 | 2 | 신라, 장보고가 청해진 설치 | - | - | - |
| 829 | | 신라, 집사부를 집사성으로 고침 | - | - | - |
| 834 | | 신라, 백관의 복색 제도 공포 | - | - | - |
| 838 | | 신라, 김양이 우징을 추대하고 청해진에서 장보고의 군사로 모반 | - | - | - |
| 846 | | - | 신라, 장보고의 난 일어남 | - | - |
| 880 | | - | 신라, 사벌주(상주)에서 민란 일어남 | - | - |
| 888 | | - | - | 신라, 위홍과 대구화상이 『삼대목』 편찬 | - |
| 900 | | 견훤의 후백제 건국 | - | - | - |
| 901 | | 궁예의 후고구려 건국 | - | - | - |
| 904 | | 후고구려, 백관을 제정하고 국호를 '마진'이라 칭함 | - | - | - |

| 연도 | 월 | 정치 | 사회 · 경제 | 문화 | 대외관계 |
| --- | --- | --- | --- | --- | --- |
| 911 | | 마진, 국호를 '태봉'으로 고침 | - | - | - |
| 918 | 6 | 왕건의 고려 건국 | - | - | - |
| 919 | 1 | 고려, 송악으로 천도 | - | - | - |
| | 10 | - | 고려, 평양성 축성 | - | - |
| 926 | 7 | 발해의 멸망 | - | - | - |
| 927 | 11 | 후백제, 신라 왕궁 점령 | - | - | - |
| 935 | 12 | 신라 멸망 | - | - | - |
| 936 | 9 | 후백제 멸망, 고려의 후삼국 통일 | - | - | - |

# 이 미 지  제 공 처

- 이 책은 아래의 단체 및 저작권자의 도움으로 만들어질 수 있었습니다. 사진을 제공해주신 분들께 감사드립니다.
- 저작권자를 찾지 못하여 게재 허락을 받지 못한 사진에 대해서는 저작권자가 확인되는 대로 게재 허락을 받고 통상의 기준에 따라 사용료를 지불하도록 하겠습니다.

| | |
|---|---|
| 국립경주박물관 | 송기호 |
| 국립대구박물관 | 송호정 |
| 국립공주박물관 | 신라역사과학관 |
| 국립부여박물관 | 연합포토 |
| 국립제주박물관 | 유로크레온 |
| 국립중앙박물관 | 이미지클릭 |
| 강종훈 | 전쟁기념관 |
| 궁중음식연구원 | 최종택 |
| 박진호 | 타임스페이스 |
| 북앤포토 | 토픽포토 |
| 사계절출판사 | 포인스 |
| 서울대학교박물관 | 풀무원김치박물관 |
| | 호림박물관 |


국립중앙박물관 [중박 201011-540] : 25, 26, 31, 34, 35, 37, 40, 44, 45, 48, 49(우), 52

[중박 201101-18] : 56, 58, 59, 60, 68, 77(우), 84, 136, 139, 141, 161, 163(좌), 236, 275, 302, 329, 330

[중박 201102-70] : 26, 35, 37, 40, 42, 47, 51, 53, 55, 56, 85, 116, 126, 140, 236

[중박 201102-85] : 273, 290

[중박 201102-109] : 77, 82, 138, 139, 237, 244, 245, 273, 274, 285

국립경주박물관 [경박 201102-145] : 126, 185, 228, 236, 237, 290, 297, 300, 309, 319

(본문의 이미지는 국립중앙박물관에서 발행한 『국립중앙박물관』, 『겨레와 함께 한 쌀』, 『고대 문화의 완성 통일신라 발해』, 『낙랑』, 『신라토우 영원을 꿈꾸다』, 『아름다운 우리 문화재』, 『즐거운 역사체험 어린이박물관』, 『철의 왕국 가야』, 『통일신라』, 『특별전-첫 번째 통일 새로운 나라, 통일신라』, 『한국 고대국가의 형성』, 『한국미의 태동-구석기 신석기』의 이미지를 사용하였습니다.)

# 미래를 여는 한국의 역사 1

초판  1쇄 발행 2011년  2월  14일
초판 13쇄 발행 2023년 10월  30일

기획 역사문제연구소 **기획총괄** 이승렬 **책임기획** 박종린
**지은이** 강종훈 송호정 윤선태 임기환
**발행인** 이재진 **단행본사업본부장** 신동해 **편집장** 김경림
**디자인** 매핑 디자인아이엠 **교정** 임미영 **제작** 정석훈
**마케팅** 최혜진 이은미 **홍보** 반여진 허지호 정지연 송임선

**브랜드** 웅진지식하우스 **주소** 경기도 파주시 회동길 20
**문의전화** 031-956-7350(편집)  02-3670-1123(마케팅)
**홈페이지** www.wjbooks.co.kr
**인스타그램** www.instagram.com/woongjin_readers
**페이스북** www.facebook.com/woongjinreaders
**블로그** blog.naver.com/wj_booking

**발행처** (주)웅진씽크빅 **출판신고** 1980년 3월 29일 제406-2007-000046호

글 ⓒ 역사문제연구소, 2011
이미지 및 편집 ⓒ 웅진씽크빅, 2011

ISBN 978-89-01-11723-2  04910
ISBN 978-89-01-11722-5(세트)

웅진지식하우스는 (주)웅진씽크빅 단행본사업본부의 브랜드입니다.
저작권법에 의해 한국 내에서 보호를 받는 저작물이므로 무단전재와 무단복제를 금합니다.
이 책 내용의 전부 또는 일부를 이용하려면 반드시 저작권자와 (주)웅진씽크빅의 서면 동의를 받아야 합니다.

※ 책값은 뒤표지에 있습니다.
※ 잘못된 책은 구입하신 곳에서 바꾸어드립니다.